Bayer/Lieder · Examens-Repetitorium Handels- und Gesellschaftsrecht

UNIREP JURA

Herausgegeben von Prof. Dr. Mathias Habersack

Examens-Repetitorium Handels- und Gesellschaftsrecht

von

Dr. Walter Bayer

o. Professor an der Friedrich-Schiller-Universität Jena

und

Dr. Jan Lieder, LL.M. (Harvard)

o. Professor an der Albert-Ludwigs-Universität Freiburg

2., neu bearbeitete Auflage

 C.F. Müller

Bibliografische Information der Deutschen Nationalbibliothek
Die Deutsche Nationalbibliothek verzeichnet diese Publikation in der Deutschen Nationalbibliografie; detaillierte bibliografische Daten sind im Internet über <http://dnb.d-nb.de> abrufbar.

ISBN 978-3-8114-4831-5

E-Mail: kundenservice@cfmueller.de
Telefon: +49 6221/1859-599
Telefax: +49 6221/1859-598

www.cfmueller.de
www.cfmueller-campus.de

Satz: preXtension, Grafrath
Druck: Westermann Druck, Zwickau

Vorwort

Das vorliegende Buch ist aus dem Repetitorium für Handels- und Gesellschaftsrecht an der Friedrich-Schiller-Universität Jena hervorgegangen, das von beiden Autoren über viele Semester durchgeführt und stetig fortentwickelt wurde. Im Rahmen der Neuauflage ist das Werk moderat ausgebaut und insgesamt auf den Stand von September 2020 gebracht worden. Die für den Pflichtfachbereich relevanten höchstrichterlichen Entscheidungen wurden dabei ebenso berücksichtigt wie examensrelevante Beiträge aus der Ausbildungsliteratur.

Gemäß seinem Zuschnitt als universitäres Repetitorium richtet sich das Werk an den Examenskandidaten, der innerhalb überschaubarer Zeit eine sichere Orientierung in den zum Pflichtfachstoff gehörenden Teilen des Handels- und Gesellschaftsrechts sucht. Das Buch eignet sich allerdings auch zur Vor- und Nachbereitung der grundständigen Vorlesungen zum Thema. Mit Blick auf die unterschiedlichen Zuschnitte dieses Prüfungsfachs in den einzelnen Bundesländern wurde von uns eine bewusste Selektion des Prüfungsstoffes vorgenommen. Behandelt werden die examensrelevanten Teile des Handelsrechts und des Personengesellschaftsrechts. Im Kapitalgesellschaftsrecht liegt ein Schwerpunkt auf der Gründung und der Haftung der juristischen Person.

Aus den genannten Gebieten haben wir die klassischen Probleme, deren Kenntnis im Examen in jedem Fall vorausgesetzt wird, mit aktuellen Fragestellungen kombiniert und anhand einer Vielzahl von Beispielsfällen aufgearbeitet. Mit dieser Ausrichtung fügt sich das Buch nahtlos in die hergebrachte Konzeption der Reihe UNIREP JURA ein.

Wir danken Frau *Ariane Antolic* vom Freiburger Lehrstuhl für die kritische Durchsicht des gesamten Werkes sowie Herrn *Sven Möller* vom Jenaer Lehrstuhl.

Kritik und Anregungen erreichen uns am besten per E-Mail (w.bayer@recht.uni-jena.de und jan.lieder@jura.uni-freiburg.de).

Jena und Freiburg im Breisgau, im Dezember 2020   *Walter Bayer*
                                                                   Jan Lieder

Inhaltsverzeichnis

Literatur

Baumbach, Adolf/Hopt, Klaus J.	Handelsgesetzbuch, 39. Aufl., 2020 (zit.: Baumbach/Hopt/ *Bearbeiter*, HGB)
ders./Hueck, Alfred	Gesetz betreffend die Gesellschaften mit beschränkter Haftung, 22. Aufl., 2019 (zit.: Baumbach/Hueck/*Bearbeiter*, GmbHG)
BeckOK-BGB	BGB – Beck'scher Online Kommentar, Edition 53, Stand: 1.2.2020 (zit.: BeckOK-BGB/*Bearbeiter*)
BeckOK-HGB	HGB – Beck'scher Online Kommentar, Edition 29, Stand: 15.7.2020 (zit.: BeckOK-HGB/*Bearbeiter*)
Bitter, Georg/Heim, Sebastian	Gesellschaftsrecht, 5. Aufl., 2020
ders./Schumacher, Florian	Handelsrecht mit UN-Kaufrecht, 3. Aufl., 2018
Bork, Reinhard	Allgemeiner Teil des Bürgerlichen Gesetzbuchs, 4. Aufl. 2016 (zit.: *Bork*, BGB AT)
ders./Schäfer, Carsten	Kommentar zum GmbHG, 4. Aufl., 2019 (zit.: Bork/Schäfer/ *Bearbeiter*, GmbHG)
Brox, Hans/Henssler, Martin	Handelsrecht, 23. Aufl., 2020
ders./Rüthers, Bernd/ Henssler, Martin	Arbeitsrecht, 20. Aufl., 2020
Bülow, Peter/Artz, Markus	Handelsrecht, 7. Aufl., 2015
Canaris, Claus-Wilhelm	Handelsrecht, 24. Aufl., 2006
Drygala, Tim/Staake, Marco/Szalai, Stephan	Kapitalgesellschaftsrecht, 2012
Ebenroth, Thomas/Boujong, Karlheinz/Joost, Detlef/ Strohn, Lutz	Handelsgesetzbuch Band 1 (§§ 1-342e), 4. Aufl., 2020 Band 2 (§§ 343-475h), 4. Aufl., 2020 (zit.: EBJS/*Bearbeiter*, HGB)
Ensthaler, Jürgen	Gemeinschaftskommentar zum Handelsgesetzbuch mit UN-Kaufrecht, 8. Aufl., 2015 (zit.: GK-HGB/*Bearbeiter*)
Erman, Walther	Bürgerliches Gesetzbuch, 16. Aufl., 2020 (zit.: Erman/*Bearbeiter*, BGB)
Fischinger, Philipp S.	Handelsrecht, 2. Aufl., 2019
Flume, Werner	Allgemeiner Teil des Bürgerlichen Rechts Erster Band: Teil 1: Die Personengesellschaft, 1977 (zit.: *Flume*, AT I/1) Zweiter Band: Das Rechtsgeschäft, 4. Aufl., 1992 (zit.: *Flume*, AT II)
Gehrlein, Markus/Born, Manfred/Simon, Stefan	GmbHG, Kommentar, 4. Aufl., 2019 (zit.: Gehrlein/Born/Simon/*Bearbeiter*, GmbHG)
Grunewald, Barbara	Gesellschaftsrecht, 11. Aufl., 2020

Habersack, Mathias/ Casper, Matthias/ Löbbe, Marc	Großkommentar zum Gesetz betreffend die Gesellschaften mit beschränkter Haftung (GmbHG), 3. Aufl., seit 2019 Band 1 (§§ 1-28), 2019 Band 2 (§§ 29-52), 2020 (zit.: Habersack/Casper/Löbbe/*Bearbeiter*, GmbHG)
Heidel, Thomas/Schall, Alexander	Handelsgesetzbuch, Handkommentar, 3. Aufl., 2020 (zit.: Hk-HGB/*Bearbeiter*)
Henssler, Martin/Strohn, Lutz	Gesellschaftsrecht, 4. Aufl., 2019 (zit.: Henssler/Strohn/*Bearbeiter*)
Heymann, Ernst	Handelsgesetzbuch Band 1 (§§ 1-104a), 3. Aufl., 2019 (zit.: Heymann/*Bearbeiter*, HGB) Band 2 (§§ 105-237), 3. Aufl., 2020 (zit.: Heymann/*Bearbeiter*, HGB) Band 4/1, (§§ 343-475h), 3. Aufl., 2020 (im Erscheinen) (zit.: Heymann/*Bearbeiter*, HGB) Band 4, (§§ 343-475h), 2. Aufl. 2005 (zit.: Heymann/*Bearbeiter*, HGB, 2. Aufl.)
Hübner, Ulrich	Handelsrecht, 5. Aufl., 2004
Hüffer, Uwe/Koch, Jens	Aktiengesetz, 14. Aufl., 2020 (zit.: Hüffer/Koch/*Koch*)
Jauernig, Othmar	Bürgerliches Gesetzbuch, 18. Aufl., 2020 (zit.: Jauernig/*Bearbeiter*)
Jung, Peter	Handelsrecht, 12. Aufl., 2019
Junker, Abbo	Grundkurs Arbeitsrecht, 19. Aufl., 2020
Kindl, Johann	Gesellschaftsrecht, 2. Aufl., 2019
Kindler, Peter	Grundkurs Handels- und Gesellschaftsrecht, 9. Aufl., 2019
Koch, Jens	Gesellschaftsrecht, 11. Aufl., 2019
Koller, Ingo/Kindler, Peter/Roth, Wulf-Henning/Drüen, Klaus-Dieter	Handelsgesetzbuch, 9. Aufl., 2019 (zit.: Koller/Kindler/Roth/Drüen/*Bearbeiter*, HGB)
Kölner Kommentar zum Aktiengesetz	*Zöllner, Wolfgang/Noack, Ulrich* (Hrsg.), 3. Aufl., seit 2004 (zit.: KölnKomm-AktG/*Bearbeiter*)
Kübler, Friedrich/Assmann, Heinz-Dieter	Gesellschaftsrecht, 6. Aufl., 2006
Leipold, Dieter	BGB I: Einführung und Allgemeiner Teil, 10. Aufl., 2019 (zit.: *Leipold*, BGB AT)
Lettl, Tobias	Handelsrecht, 4. Aufl., 2018
Lutter, Marcus/Hommelhoff, Peter	GmbH-Gesetz, Kommentar, 20. Aufl., 2020 (zit.: Lutter/Hommelhoff/*Bearbeiter*, GmbHG)
Medicus, Dieter/Petersen, Jens	Allgemeiner Teil des BGB, 11. Aufl., 2016
ders./Petersen, Jens	Bürgerliches Recht, 27. Aufl., 2019
Meyer, Justus	Handelsrecht, 2. Aufl., 2011

Michalski, Lutz/Heidinger, Andreas/Leible, Stefan/ Schmidt, Jessica	Kommentar zum Gesetz betreffend die Gesellschaften mit beschränkter Haftung (GmbHG), 3. Aufl., 2017 (zit.: Michalski/*Bearbeiter*, GmbHG)
Münchener Kommentar zum Aktiengesetz	*Goette, Wulf/Habersack, Mathias* (Hrsg.), Band 1 (§§ 1-75), 5. Aufl., 2019; Band 4 (§§ 179-277), 4. Aufl., 2016 (zit.: MünchKomm-AktG/*Bearbeiter*)
Münchener Kommentar zum Bürgerlichen Gesetzbuch	*Säcker, Franz Jürgen/Rixecker, Roland/Oetker, Hartmut/Limperg, Bettina* (Hrsg.), Band 1 (§§ 1-240), 8. Aufl., 2018 Band 2 (§§ 241-432), 8. Aufl., 2019 Band 3 (§§ 433-610), 8. Aufl., 2019 Band 4 (§§ 611-704), 8. Aufl., 2019 Band 5 (§§ 705-853), 8. Aufl., 2020 Band 6 (§§ 854-1296), 8. Aufl., 2020 Band 9 (§§ 1922-2385), 8. Aufl., 2019 (zit.: MünchKomm-BGB/*Bearbeiter*)
Münchener Kommentar zum GmbH-Gesetz	*Fleischer, Holger/Goette, Wulf* (Hrsg.) Band 1 (§§ 1-34), 3. Aufl., 2018 Band 2 (§§ 35-52), 3. Aufl., 2019 Band 3 (§§ 53-85), 3. Aufl., 2018 (zit.: MünchKomm-GmbHG/*Bearbeiter*)
Münchener Kommentar zum Handelsgesetzbuch	*Schmidt, Karsten* (Hrsg.), Band 1 (§§ 1-104a), 4. Aufl., 2016 Band 2 (§§ 105-160), 4. Aufl., 2016 Band 3 (§§ 161-237), 4. Aufl., 2019 Band 5 (§§ 343-406), 4. Aufl., 2018 (zit.: MünchKomm-HGB/*Bearbeiter*)
Oetker, Hartmut	Handelsrecht, 8. Aufl., 2019
ders.	Kommentar zum Handelsgesetzbuch, 6. Aufl., 2019 (zit.: Oetker/*Bearbeiter*, HGB)
Palandt, Otto	Bürgerliches Gesetzbuch, 79. Aufl., 2020 (zit.: Palandt/*Bearbeiter*)
Raiser, Thomas/Veil, Rüdiger	Recht der Kapitalgesellschaften, 6. Aufl., 2015 (zit.: *Raiser/Veil*, Kapitalgesellschaftsrecht)
Röhricht, Volker/Westphalen, Friedrich Graf v./ Haas, Ulrich	Handelsgesetzbuch, 5. Aufl., 2019 (zit.: Röhricht/Graf von Westphalen/Haas/*Bearbeiter*)
Roth, Günter/Altmeppen, Holger	Gesetz betreffend die Gesellschaften mit beschränkter Haftung (GmbHG), 9. Aufl., 2019 (zit.: Roth/Altmeppen/*Bearbeiter*, GmbHG)
ders./Weller, Marc-Philippe/Prütting, Jens	Handels- und Gesellschaftsrecht, 10. Aufl., 2020
Rowedder, Heinz/Schmidt-Leithoff, Christian	Gesetz betreffend die Gesellschaften mit beschränkter Haftung (GmbHG), 6. Aufl., 2017 (zit.: Rowedder/Schmidt-Leithoff/ *Bearbeiter*, GmbHG)
Saenger, Ingo	Gesellschaftsrecht, 5. Aufl., 2020
Schäfer, Carsten	Gesellschaftsrecht, 5. Aufl., 2018
Schlegelberger, Franz	Handelsgesetzbuch, Band V, (§§ 373-382), 5. Aufl., 1982 (zit.: Schlegelberger/*Bearbeiter*, HGB)
Schmidt, Karsten	Handelsrecht – Unternehmensrecht I, 6. Aufl., 2014 (zit.: *K. Schmidt*, Handelsrecht)

ders.	Gesellschaftsrecht, 4. Aufl., 2002 (zit.: *K. Schmidt*, Gesellschaftsrecht)
ders./Lutter, Marcus	Aktiengesetz, Kommentar, 4. Aufl., 2020 (zit.: K. Schmidt/Lutter/*Bearbeiter*, AktG)
Scholz, Franz	Kommentar zum GmbH-Gesetz, Band 1 (§§ 1-34), 12. Aufl., 2018; Band 2 (§§ 35-52), 11. Aufl., 2014 (zit.: Scholz/*Bearbeiter*, GmbHG)
Schulze, Reiner	Bürgerliches Gesetzbuch, Handkommentar, 10. Aufl., 2019 (zit.: Hk-BGB/*Bearbeiter*)
Soergel, Hans-Theodor	Bürgerliches Gesetzbuch mit Einführungsgesetz und Nebengesetzen, Band 3 (§§ 433-515), 12. Aufl., 1991 (zit.: Soergel/*Bearbeiter*, BGB, 12. Aufl.); Band 11/1 (§§ 705-758), 13. Aufl., 2011 (zit.: Soergel/*Bearbeiter*, BGB)
Spindler, Gerald/Stilz, Eberhard	AktG – beck-online.Großkommentar, Stand: 21.4.2020 (zit.: BeckOGK-AktG/*Bearbeiter*)
Staub, Hermann	Handelsgesetzbuch, Großkommentar Band 1, 5. Aufl., 2009; Band 2, 5. Aufl., 2008; Band 3, 5. Aufl., 2009; Band 9, 5. Aufl., 2013; Band 4 (§§ 343-382), 4. Aufl., 1983–2004 (zit.: Staub/*Bearbeiter*, HGB)
Staudinger, Julius von	Kommentar zum Bürgerlichen Gesetzbuch, laufende Neubearbeitungen
Steinbeck, Anja	Handelsrecht, 4. Aufl., 2017
Teichmann, Artur	Handelsrecht, 3. Aufl., 2013
Wiedemann, Herbert	Gesellschaftsrecht Bd. I: Grundlagen, 1980 Bd. II: Recht der Personengesellschaften, 2004 (zit.: *Wiedemann*, Gesellschaftsrecht)
Windbichler, Christine	Gesellschaftsrecht, 24. Aufl., 2017
Wolf, Manfred/Neuner, Jörg	Allgemeiner Teil des Bürgerlichen Rechts, 10. Aufl., 2012 (zit.: *Wolf/Neuner*, BGB AT)

§ 1 Gegenstand und Bedeutung des Handelsrechts

I. Konzeption der lex lata

Handelsrecht ist das **Sonderprivatrecht der Kaufleute**.[1] Dies bedeutet: Handelsrecht ist der Teil des Privatrechts, der für Kaufleute Sonderregelungen enthält. Die lex lata knüpft daher nicht „objektiv" an einen *acte de commerce* an (wie das französische Recht, vgl. Art. 1 und 632 Code de Commerce von 1807), sondern hat sich für eine **„subjektive Anknüpfung"** entschieden: Normadressat handelsrechtlicher Vorschriften ist nach der gesetzlichen Konzeption grundsätzlich nur der Kaufmann.[2] Weitere subjektive Anknüpfungen finden sich im Arbeitsrecht, das maßgeblich an den Arbeitnehmerbegriff anknüpft,[3] sowie im Verbraucherrecht, welches den Verbraucher iSd § 13 BGB in den Mittelpunkt seiner Schutzbemühungen stellt.[4]

Allerdings gibt es im HGB vielfältige **Ausnahmen** von der Anknüpfung an den Kaufmann: Zum einen gelten bestimmte Regelungen auch für nichtkaufmännische Unternehmer – sei es bereits nach dem Wortlaut der lex lata (zB § 383 II HGB), sei es, weil sich die Rechtsentwicklung über die Beschränkungen des historischen Gesetzgebers hinweggesetzt hat (unten Rn. 18). Zum anderen unterliegen bestimmte Sachverhalte bereits dann dem Handelsrecht, wenn nur eine Partei Kaufmann ist (zB § 345 HGB, dazu unten Rn. 255).

Der Spezialität des Handelsrechts wird auch im Zivilprozessrecht Rechnung getragen. Mit der **Kammer für Handelssachen** (KfH), geregelt im Siebenten Titel des GVG (§§ 93–114 GVG), besteht ein auf Handelssachen spezialisierter Spruchkörper, der sich auch in anderen Rechtsordnungen findet.[5] Die am Landgericht eingerichteten Kammern entscheiden nach Maßgabe des § 105 I GVG in der Besetzung mit einem Berufsrichter als Vorsitzendem und zwei **ehrenamtlichen Handelsrichtern**, die alle gleiches Stimmrecht haben (§ 105 II GVG). Während der Vorsitzende branchenspezifische Kenntnisse im Rahmen seiner Befassung mit Handelssachen iSd § 95 GVG erwirbt, muss es sich bei den Handelsrichtern um Kaufleute, Vorstandsmitglieder, Geschäftsführer oder vergleichbar am Handelsverkehr beteiligte Personen handeln.

1   *Canaris*, Handelsrecht, § 1 Rn. 1; *K. Schmidt*, Handelsrecht, § 1 Rn. 1.
2   *K. Schmidt*, Handelsrecht, § 1 Rn. 4; *Fischinger*, Handelsrecht, Rn. 2.
3   *Junker*, Grundkurs Arbeitsrecht, § 2 Rn. 91. – Zum Arbeitsrecht im HGB siehe *Wank* JA 2007, 321 ff.
4   Instruktiv zu Fragen der Anwendung des BGB, HGB und Verbraucherrechts: *Wolf/v. Bismarck* JA 2010, 841 ff. Zum Verbraucherrecht insgesamt *Schürnbrand/Janal*, Examens-Repetitorium Verbraucherschutzrecht, 3. Aufl. 2018.
5   Zu Entwicklungslinien und Zukunftsperspektiven ausf. *Fleischer/Danninger* ZIP 2017, 205 ff.; rechtsvergleichend *Fleischer/Cools* RabelsZ 81 (2017), 608 ff.

II. Bedeutung des Handelsrechts und Verhältnis zum Bürgerlichen Recht

4 In einer Vielzahl handelsrechtlicher Vorschriften[6] werden Kaufleute strenger (zB Rügeobliegenheit gem. § 377 HGB)[7] oder auch großzügiger (zB Formfreiheit der Bürgschaft gem. § 350 HGB)[8] behandelt als Privatpersonen nach den einschlägigen Regelungen des BGB.[9] Diese Modifikation hat mehrere Gründe, die miteinander verwoben sind: Kaufleute sind aufgrund ihrer Geschäftsgewandtheit und -erfahrung weniger schutzbedürftig; daher ist es möglich, dem Interesse nach Schnelligkeit und Leichtigkeit des Handelsverkehrs Rechnung zu tragen. So kann einerseits der Spielraum der **Privatautonomie erweitert**, andererseits aber auch ein **Mehr an Sorgfaltspflichten** und kaufmännischen **Obliegenheiten** statuiert werden. Darüber hinaus ist für das Handelsrecht ein **gesteigerter Verkehrs- und Vertrauensschutz** charakteristisch (Beispiele: § 366 HGB, kaufmännisches Bestätigungsschreiben, gesetzlicher Umfang der Prokura; dazu unten Rn. 209 ff., 267, 269, 304, 308).[10] Wo es hingegen an handelsrechtlichen Spezialvorschriften und Rechtsfiguren fehlt, kann gem. Art. 2 I EGHGB auf die Vorschriften des BGB zurückgegriffen werden. Es ist gerade dieses Zusammenspiel bürgerlichrechtlicher und handelsrechtlicher Vorschriften, dessen Beherrschung im Referendar-[11] wie auch Assessorexamen[12] verlangt wird.

5 Weiterhin enthält das HGB zahlreiche **Organisationsvorschriften**, die das Auftreten des kaufmännischen Unternehmens im Rechtsverkehr zum Gegenstand haben, nämlich das Register- (§§ 8 ff. HGB), das Firmen- (§§ 17 ff. HGB) und das Bilanzrecht (§§ 238 ff. HGB). Von ganz besonderer Bedeutung für das Examen sind hier Rechtsprobleme im Zusammenhang mit der Publizität des Handelsregisters (§ 15 HGB, dazu unten Rn. 59 ff.) und der Haftung bei Fortführung eines Unternehmens durch den Erwerber oder Erben gem. §§ 25 ff. HGB (unten Rn. 152 ff.).

III. Fortentwicklung zum (Sonder-)Außenprivatrecht der Unternehmen?

6 Teile der Rechtswissenschaft wollen das Handelsrecht zu einem speziellen Außenprivatrecht der Unternehmen fortentwickeln.[13] Dieser Gedanke ist reizvoll, wenngleich nicht unumstritten.[14] Jedenfalls sind **Rechtsfortbildungen** durch das geschriebene Recht verschiedentlich Grenzen gezogen, die nur der demokratisch legitimierte Ge-

---

6 Eine Auflistung der wichtigsten Abweichungen findet sich etwa bei *Brox/Henssler*, Handelsrecht, Rn. 21.
7 Ausf. unten Rn. 336 ff.
8 Ausf. unten Rn. 318.
9 Aber auch das BGB differenziert zwischen dem weniger schutzbedürftigen Unternehmer (§ 14) und dem schutzbedürftigen Verbraucher (§ 13): §§ 241a, 288 II, 310 III, 312 ff., 355 ff., 474 ff., 491 ff., 499, 500, 501, 505 ff. und 661a BGB.
10 *Brox/Henssler*, Handelsrecht, Rn. 7 ff.; *Canaris*, Handelsrecht, § 1 Rn. 15 ff.
11 Für einen Überblick vgl. *Petersen* Jura 2013, 377 ff.; *Steinbeck* Ad Legendum 2013, 298 ff.
12 Dazu im Überblick *Markgraf/Kießling* JuS 2010, 881 ff.
13 So insbesondere *K. Schmidt*, Handelsrecht, § 1 Rn. 21 f., § 2 Rn. 10.
14 Tendenziell abl. *Canaris*, Handelsrecht, § 1 Rn. 27 ff.

setzgeber verschieben kann.[15] Examenskandidaten sind gut beraten, sich im Rahmen der Fallbearbeitung am gesicherten Stand von Rechtsprechung und Lehre zu orientieren.

Davon zu unterscheiden ist allerdings die Frage nach der (analogen) Anwendung handelsrechtlicher Vorschriften auf **Nichtkaufleute** in speziellen Konstellationen.[16] Hierauf wird etwa im Rahmen des kaufmännischen Bestätigungsschreibens (unten Rn. 284) und für den redlichen Erwerb von beweglichen Sachen nach § 366 HGB (unten Rn. 304, 310) zurückzukommen sein.   **7**

IV. Rechtsvergleichung und Harmonisierung des Handelsrechts

Während neben Deutschland und Frankreich auch Spanien, Portugal, Brasilien und Japan durch eine **Zweiteilung des Privatrechts** in große Kodifikationen des Zivilrechts einerseits und des Handelsrechts andererseits gekennzeichnet sind, existiert in anderen Rechtsordnungen, wie zB in der Schweiz und den skandinavischen Länder[17], **kein gesondertes Handelsrecht**. Eine dritte Gruppe von Rechtsordnungen, zu der beispielsweise Italien und die Niederlande gehören, verfügte zunächst über ein eigenständiges Handelsrecht, gab diese Zweiteilung im Laufe der Zeit aber wieder auf. Nun verfügen diese Staaten jeweils über ein einheitliches Zivilgesetzbuch, das allerdings auch spezielle materielle Regelungen des Handelsrechts enthält.[18]   **8**

Bei einem transatlantischen Vergleich wird deutlich, dass die USA über ein einheitliches Handelsrecht verfügt, das die Europäische Union bisher vermissen lässt.[19] Eine gewisse Harmonisierung des europäischen Handelsrechts hat bisher nur im Rahmen von EU-Sekundärrecht, Völkerrecht und einzelnen Übereinkommen stattgefunden. Exemplarisch dafür steht die (frühere) **Publizitätsrichtlinie**,[20] die sich inzwischen in der konsolidierten Gesellschaftsrechtsrichtlinie (GesRRL)[21] findet[22] und im Zuge der Digitalisierungsrichtlinie[23] nicht unerhebliche Änderungen erfahren hat (unten   **9**

---

15 Abl. die hM: *Canaris*, Handelsrecht, § 1 Rn. 24 mwN; zur Rechtsfortbildung im Gesellschaftsrecht *Röthel*, FS K. Schmidt II, 2019, 273, 281 ff.
16 *K. Schmidt*, Handelsrecht, § 2 Rn. 20 ff.; *Canaris*, Handelsrecht, § 1 Rn. 25.
17 *Fischer*, Schwedisches Handels- und Verfahrensrecht, 1965, S. 13 f.
18 Ausf. zum europäischen Ist-Zustand *Lehmann* ZHR 181 (2017), 9, 15 f.
19 Zur Diskrepanz zwischen den USA und der EU *Magnus*, FS Drobnig, 1998, S. 58.
20 Erste Richtlinie 68/151/EWG des Rates der Europäischen Gemeinschaften zur Koordinierung des Gesellschaftsrechts vom 9. März 1968, ABl. vom 14. März 1968 Nr. L 65/8; abgelöst durch Richtlinie 2009/101/EG des Europäischen Parlaments und des Rates vom 16. September 2009 zur Koordinierung der Schutzbestimmungen, die in den Mitgliedstaaten den Gesellschaften im Sinne des Artikels 18 Absatz 2 des Vertrags im Interesse der Gesellschafter sowie Dritter vorgeschrieben sind, um diese Bestimmungen gleichwertig zu gestalten (EU-Publizitätsrichtlinie 2009), ABlEU vom 1. Oktober 2009, L 258/11.
21 Richtlinie (EU) 2017/1132 des Europäischen Parlaments und des Rates vom 14. Juni 2017 über bestimmte Aspekte des Gesellschaftsrechts, ABlEU vom 30. Juni 2017 Nr. L 169/46.
22 Siehe dazu ausf. *Lutter/Bayer/J. Schmidt*, Europäisches Unternehmens- und Kapitalmarktrecht, § 18 (mit Abdruck der RL).
23 Richtlinie (EU) 2019/1151 des Europäischen Parlaments und des Rates vom 20. Juni 2019 zur Änderung der RL 2017/1132/EU im Hinblick auf den Einsatz digitaler Werkzeuge und Verfahren im Gesellschaftsrecht, ABlEU vom 11. Juli 2019 Nr. L 186/80.

Rn. 52). Erwähnenswert erscheinen auch die nicht mehr zum Pflichtfachstoff gehörende **Handelsvertreterrichtlinie**[24] oder auch die in der konsolidierten GesRRL aufgegangene **Zweigniederlassungsrichtlinie**.[25] Demgegenüber hat die Diskussion über ein Europäisches Handelsgesetzbuch gerade erst begonnen.[26]

---

24   Richtlinie 86/653/EWG des Rates v. 18. Dezember 1986 zur Koordinierung der Rechtsvorschriften der Mitgliedstaaten betreffend die selbstständigen Handelsvertreter, ABlEG Nr. L 382/17.

25   Elfte Richtlinie 89/666/EWG des Rates v. 21. Dezember 1989 über die Offenlegung von Zweigniederlassungen, die in einem Mitgliedstaat von Gesellschaften bestimmter Rechtsformen errichtet wurden, die dem Recht eines anderen Staates unterliegen, ABlEG Nr. L 395/36, heute Teil VI der neuen GesRRL (bei Fn 21); dazu näher *Lutter/Bayer/J. Schmidt*, Europäisches Unternehmens- und Kapitalmarktrecht § 26.

26   Dazu ausf. *Lehmann* ZHR 181 (2017), 9, 18 ff.; zu Vor- und Nachteilen einheitlicher Regelungen am Beispiel der USA vgl. die Studie von *Ribstein/Kobayashi*, 25 Journal of Legal Studies (1996), 131, 137 ff.

§ 2 Kaufmannseigenschaft

In Klausuren stellt sich die Frage der Kaufmannseigenschaft regelmäßig nur mittel- **10**
bar, etwa im Rahmen der Prüfung, ob der Kauf „für beide Teile ein Handelsgeschäft"
und deshalb § 377 HGB anwendbar ist.[1] In diesem Zusammenhang kann dann zB
auch die Abgrenzung zwischen der OHG – die ein Handelsgewerbe betreibt und
Kaufmann ist – und der (nichtkaufmännischen) BGB-Gesellschaft erforderlich werden (ausf. unten Rn. 437, 472 f.). Ein häufiger Fehler ist es, wenn sich Studierende in
diesem Fall ohne weitere Überlegung auf § 1 HGB stürzen, diese Vorschrift durch-
subsumieren und dabei ihr Lehrbuchwissen loswerden wollen. Eine gute **Falllösung**
zeichnet sich gerade dadurch aus, dass der Bearbeiter die Systematik der §§ 1–6 HGB
erkennt und die praktischen Hilfestellungen des Gesetzes in sachgerechter Weise
nutzt. So ist es etwa verfehlt, die Kaufmannseigenschaft eines in das Handelsregister
eingetragenen Unternehmers mit der Argumentation in Frage zu stellen, er sei nur ein
Kleingewerbetreibender (mag dies auch zutreffen) und deshalb gem. § 1 II Hs. 2
HGB nicht Kaufmann; dieses Ergebnis ist wegen § 2 S. 1 HGB, zumindest wegen § 5
HGB unrichtig (unten Rn. 22).

Anders ist dagegen zu prüfen, wenn zB in einer **Anwaltsklausur** die Frage aufgewor- **11**
fen wird, ob der Mandant, der ein neues Unternehmen gegründet hat, Kaufmann ist
und welche Schritte nunmehr einzuleiten sind. Bei dieser Fragestellung steht materiell § 1 HGB im Vordergrund. Wird die Kaufmannseigenschaft bejaht, dann tritt ergänzend die Anmeldepflicht gem. § 29 HGB hinzu (unten Rn. 54). Ähnlich ist das
Prüfungsprogramm, wenn etwa eine bislang nicht in das Handelsregister eingetragene
vermögensverwaltende Personengesellschaft die Auskunft begehrt, ob sich die persönliche Haftung ihrer Gesellschafter (unten Rn. 470, 595 ff.) durch Umwandlung in
eine KG begrenzen lässt: Die Antwort ergibt sich hier aus §§ 105 II, 2 HGB (iVm
§ 161 II HGB).

I.   System der §§ 1–6 HGB

1.   Istkaufmann

Kaufmann iSd HGB ist nach dem Grundtatbestand des § 1 I HGB, „wer ein Handels- **12**
gewerbe betreibt". Diese gesetzliche Qualifikation ist **zwingend**; auf die (hier nur deklaratorische[2]) Handelsregistereintragung (Rn. 58) kommt es deshalb nicht an. Daher
die Bezeichnung: Istkaufmann.[3]

2.   Kannkaufmann

Dies gilt allerdings gem. § 1 II Hs. 2 HGB nicht für den **Kleingewerbetreibenden**. **13**
Dieser ist jedoch kraft Gesetzes berechtigt, die Kaufmannseigenschaft durch (hier

---

1   Siehe auch den instruktiven Beitrag von *Petig/Freisfeld* JuS 2008, 770 ff.
2   *Canaris*, Handelsrecht, § 3 Rn. 13; *Oetker*, Handelsrecht, § 2 Rn. 25.
3   *Brox/Henssler*, Handelsrecht, Rn. 41; *K. Schmidt*, Handelsrecht, § 10 Rn. 51; zum Einzelunternehmer
    ausf. *K. Schmidt* JuS 2017, 809 ff.

konstitutive[4]) Eintragung in das Handelsregister zu erwerben (§ 2 HGB). Praxisrelevant ist diese Option weniger für den Einzelkaufmann als für die kleingewerbliche Personengesellschaft. Sie ist materiell BGB-Gesellschaft, also Nichtkaufmann (unten Rn. 473). Durch Eintragung kann sie gem. §§ 161 II, 105 II 1 Hs. 2 iVm § 2 HGB zur KG werden und so die persönliche Haftung ihrer Gesellschafter begrenzen (dazu oben Rn. 11 sowie ausf. unten Rn. 478, 633 ff.). Ein solches Wahlrecht haben auch die **land- und forstwirtschaftlichen Unternehmen**, die grundsätzlich nicht dem Handelsrecht unterfallen (§ 3 HGB). Da sowohl der Kleingewerbetreibende als auch der Land- und Forstwirt kraft freiwilliger Eintragung die Kaufmannseigenschaft erlangen können, spricht man insoweit vom Kannkaufmann.[5]

3. Formkaufmann

14 Der Vorschrift des § 6 HGB kommt nur eine klarstellende Funktion zu. Sie bestimmt, dass Handelsgesellschaften kraft ihrer Rechtsform Kaufleute sind – daher auch die Bezeichnung Formkaufmann.[6] *Abs. 1* bestimmt, dass die Kaufmannsvorschriften auch auf Handelsgesellschaften Anwendung finden. Dies ist eine Selbstverständlichkeit, denn die Rechtsform der *Personenhandelsgesellschaft* (OHG, KG und EWIV) hat zur Voraussetzung, dass entweder ein Handelsgewerbe iSv § 1 HGB betrieben wird (§ 105 I HGB) oder die Eintragung im Handelsregister gem. § 2 HGB erfolgt ist (§ 105 II HGB).[7] Die *Kapitalgesellschaften* (GmbH, AG, KGaA und SE) sind bereits nach ihren eigenen spezialgesetzlichen Regelungen stets Kaufleute.[8] Dies gilt auch dann – und das wird von *Abs. 2* nochmals ausdrücklich hervorgehoben –, wenn ihr Unternehmensgegenstand *nicht* der Betrieb eines (Handels-)Gewerbes ist (§§ 3 I, 278 III AktG, § 13 III GmbHG). So ist insbesondere auch auf *Unternehmen der öffentlichen Hand*, die in der Rechtsform der Kapitalgesellschaft organisiert sind, aber kein (Handels-)Gewerbe betreiben, Kaufmannsrecht anwendbar; zweifelhaft ist allein die Anwendung handelsrechtlicher Vorschriften auf öffentliche Unternehmen mit anderer Rechtsform (dazu unten Rn. 28 ff., 393).

15 **Hinweis für die Klausur:** Handelt also ein Unternehmen in der Rechtsform einer Kapitalgesellschaft, so ergibt sich die Kaufmannseigenschaft unmittelbar aus § 6 II HGB; die Voraussetzungen der §§ 1–3 HGB sind *nicht* zu prüfen. Dies gilt allerdings nur, wenn bereits die Eintragung im Handelsregister erfolgt ist; auf sog. Vorgesellschaften (zum Begriff unten Rn. 507) findet § 6 II HGB dagegen keine Anwendung.[9] Handelsgesellschaft ist die Vorgesellschaft nur (aber auch stets), wenn sie ein Handelsgewerbe iSv § 1 HGB betreibt.[10]

16 Problematisch ist, ob auch auf die **Gesellschafter einer Handelsgesellschaft** die Vorschriften über Kaufleute Anwendung finden:

---

4 *Hübner*, Handelsrecht, Rn. 14; *Oetker*, Handelsrecht, § 2 Rn. 38.
5 Baumbach/Hopt/*Hopt*, HGB, § 2 Rn. 4, § 3 Rn. 6 f.
6 *Hübner*, Handelsrecht, Rn. 16; *Oetker*, Handelsrecht, § 2 Rn. 71.
7 Dazu unten Rn. 33 f.
8 Auch die eingetragene Genossenschaft (eG) ist nach § 17 II GenG Kaufmann kraft Rechtsform.
9 *K. Schmidt*, Handelsrecht, § 10 Rn. 19 (hM).
10 Lutter/Hommelhoff/*Bayer*, GmbHG, § 11 Rn. 8.

Fall 1:[11] Der persönlich haftende Gesellschafter G der X-OHG sowie der Alleingesell- **17**
schafter-Geschäftsführer A der Y-GmbH haben sich gegenüber dem Lieferanten L für eine
Schuld des Unternehmers U per Telefax verbürgt.

Die Übersendung einer Bürgschaftsurkunde durch Telefax wahrt nicht die gem. § 766 **18**
BGB geforderte Schriftform (vgl. § 126 BGB).[12] Die Bürgschaft wäre somit nach allgemeinen Regeln aufgrund des Formmangels gem. § 125 S. 1 BGB nichtig.[13] Formlos sind Bürgschaften nach § 350 HGB nur wirksam, wenn sie für G und A Handelsgeschäfte sind. Dies setzt voraus, dass G und A Kaufleute sind (§§ 343, 344 HGB).[14]
Kaufmann ist jedoch stets nur der Unternehmensträger selbst, also die Kapitalgesellschaft als juristische Person, aber auch die Personenhandelsgesellschaft (**Trennungs-
prinzip**). Daher sind bei streng dogmatischer Betrachtung die Gesellschafter generell
nicht Kaufleute. Dies ist für Anlagegesellschafter (Aktionäre oder Kommanditisten[15])
auch allgemein anerkannt. Die Kaufmannseigenschaft wird vom BGH jedoch auch
für den Alleingesellschafter-**Geschäftsführer** einer GmbH verneint;[16] für den persönlich haftenden Gesellschafter einer OHG oder KG in Übereinstimmung mit der
ganz hL[17] dagegen bejaht.[18]

Dieser Auffassung ist nur im Ergebnis zu folgen. Dogmatisch stimmig wird die hM **19**
allein durch eine Veränderung der Blickrichtung: Es kommt nicht darauf an, ob der
Gesellschafter einer Handelsgesellschaft Kaufmann ist – dies ist generell zu verneinen –, sondern ob die betreffende Norm (hier: § 350 HGB) nach ihrem Zweck auch
auf bestimmte Nichtkaufleute entsprechend anwendbar ist.[19] Diese Frage kann – unabhängig vom Recht zur Geschäftsführung[20] – im Hinblick auf einen persönlich haftenden Gesellschafter (wie hier G) in Übereinstimmung mit der hM bejaht werden.[21]
Dagegen erscheint es nicht angebracht, den Schutz des § 766 BGB dem geschäftsführenden (Allein-)Gesellschafter einer GmbH – hier A – zu verweigern.[22]

---

11 Vgl. auch *Beck* Jura 2015, 383.
12 Ausf. BGHZ 121, 224, 228 ff. mwN.
13 Vgl. hierzu nur BGH NJW 2000, 1179, 1180; OLG Düsseldorf ZIP 2003, 1696, 1697; OLG Köln ZIP
   1998, 150 mit Anm *Bayer/Rzesnitzek* EWiR 1998, 399.
14 Siehe auch unten Rn. 250 ff.
15 BGHZ 45, 282, 285; bestätigt durch BGH NJW 1980, 1571, 1573; *Canaris*, Handelsrecht, § 2 Rn. 21
   mwN; aA die früher hL; vgl. etwa *Ballerstedt* JuS 1963, 253, 259.
16 BGHZ 5, 133, 134; bestätigt durch BGHZ 121, 224, 228; 132, 119, 122.
17 *Brox/Henssler*, Handelsrecht, Rn. 52a; *Canaris*, Handelsrecht, § 2 Rn. 20; *Oetker*, Handelsrecht, § 2
   Rn. 22; Röhricht/von Westphalen/Haas/*Ries*, HGB, § 1 Rn. 75.
18 BGHZ 34, 293, 296 (allerdings mit der heute dogmatisch unzutreffenden Prämisse, Rechtsträger seien
   die Gesellschafter; vgl. unten Rn. 419).
19 So auch *K. Schmidt*, Handelsrecht, § 18 Rn. 4; Staub/*C. Schäfer*, HGB, § 105 Rn. 80.
20 Str.; wie hier *Canaris*, Handelsrecht, § 24 Rn. 12 mwN; abw. Staub/*C. Schäfer*, HGB, § 105 Rn. 77.
   Zur Geschäftsführungsbefugnis bei OHG und KG: unten Rn. 534 ff., 538.
21 MünchKomm-HGB/*K. Schmidt*, § 350 Rn. 10 mwN; abw. allerdings Baumbach/Hopt/*Hopt*, HGB,
   § 350 Rn. 7; Koller/Kindler/Roth/Drüen/*Roth*, HGB, § 350 Rn. 5; Heymann/*Horn*, HGB, 2. Aufl.,
   § 350 Rn. 5.
22 Abw. allerdings *Canaris*, Handelsrecht, § 24 Rn. 13; MünchKomm-BGB/*Habersack*, § 766 BGB
   Rn. 3; MünchKomm-HGB/*K. Schmidt*, § 350 Rn. 10; wie hier aber Baumbach/Hopt/*Hopt*, HGB,
   § 350 Rn. 7; Röhricht/von Westphalen/Haas/*Ries*, HGB, § 1 Rn. 74; zur Anwendung des VerbrKrG
   (= §§ 491 ff. BGB) auch BGHZ 165, 43, 47 mwN.

4. Fiktivkaufmann

20 Die Regelung in § 5 HGB resultiert aus dem öffentlichen Glauben an die Richtigkeit des Handelsregisters (unten Rn. 51). Daher ist gegenüber demjenigen, der sich auf die Firmeneintragung beruft, der Einwand ausgeschlossen, das betriebene Gewerbe sei kein Handelsgewerbe. Da diese Rechtsfolge auch zugunsten eines bösgläubigen Dritten und sogar gegenüber dem Unternehmer selbst gilt,[23] handelt es sich *nicht* um eine *Rechtsscheinvorschrift*.[24]

21 Problematisch ist seit der Handelsrechtsreform von 1998 die Abgrenzung gegenüber einer Eintragung gem. § 2 HGB. Es stellt sich nämlich die Frage, ob dem § 5 HGB überhaupt noch ein relevanter Anwendungsbereich verbleibt, da mit der (heute zulässigen) Eintragung des kleingewerblichen Unternehmers dieser zum Kaufmann wird (oben Rn. 13) und somit für eine gesetzliche Fiktion – im Gegensatz zur früheren Rechtslage – prima vista kein Bedürfnis mehr existiert. Dieser Befund hat einen sehr heftigen akademischen Streit ausgelöst,[25] der jedoch kaum praktische Bedeutung hat und auch in der Klausurbearbeitung regelmäßig dahinstehen kann.

22 Paradigmatisch ist das Herabsinken des Istkaufmanns zum Kleingewerbetreibenden. Stellt man allein auf das objektive Kriterium der Eintragung ab, ist in Anwendung des § 2 S. 1 HGB die Kaufmannseigenschaft trotz Einschränkung des Geschäftsumfangs zu bejahen.[26] Verlangt man mit der Gegenposition eine positive Ausübung des in § 2 S. 2 HGB niedergelegten Optionsrechts, scheidet die Anwendung des § 2 S. 1 HGB aus und § 5 HGB schützt die berechtigten Interessen des Rechts- und Handelsverkehrs.[27]

23 **Wichtig:** Es muss ein Gewerbe betrieben werden (zum Begriff unten Rn. 25). Allein die Eintragung eines nichtgewerblichen Unternehmens vermag nach herrschender und zutreffender Auffassung[28] den fiktiven Kaufmannsstatus nicht zu begründen.[29] Denn § 5 HGB fingiert nach seinem klaren Wortlaut – wie § 2 S. 1 HGB (oben Rn. 22) – lediglich, dass das betriebene Gewerbe ein Handelsgewerbe ist. Bei Eintragung eines Unternehmens ohne Gewerbebetrieb kommt zugunsten des gutgläubigen Rechtsverkehrs allerdings § 15 III HGB zur Anwendung (unten Rn. 110).[30]

II. Der Grundtatbestand des § 1 HGB

24 Kaufmann ist, wer ein Handelsgewerbe betreibt; Handelsgewerbe ist jeder Gewerbebetrieb, es sei denn, dass das Unternehmen nach Art und Umfang einen in kaufmännischer Weise eingerichteten Geschäftsbetrieb nicht erfordert.

---

23 BGH NJW 1982, 45; *Brox/Henssler*, Handelsrecht, Rn. 61.
24 *Canaris*, Handelsrecht, § 3 Rn. 51; *Oetker*, Handelsrecht, § 2 Rn. 54.
25 Zum Meinungsstand anschaulich *Oetker*, Handelsrecht, § 2 Rn. 31 ff.; *Fischinger*, Handelsrecht, Rn. 74 ff.
26 *K. Schmidt*, Handelsrecht, § 10 Rn. 27.
27 *Canaris*, Handelsrecht, § 3 Rn. 50.
28 BGHZ 32, 307, 313 f.; Baumbach/Hopt/*Hopt*, HGB, § 5 Rn. 5; *Brox/Henssler*, Handelsrecht, Rn. 56.
29 Abw. *K. Schmidt*, Handelsrecht, § 10 Rn. 29 ff.; gegen ihn *Canaris*, Handelsrecht, § 3 Rn. 56.
30 *Hübner*, Handelsrecht, Rn. 22.

1. Betrieb eines Gewerbes

a) Was ein „Gewerbebetrieb" ist, definiert das Gesetz nicht. Nach allgemeiner Meinung müssen jedoch folgende Merkmale erfüllt sein:[31]   **25**

- Es muss sich um eine **selbstständige Tätigkeit** handeln; Anhaltspunkte für die Abgrenzung gibt § 84 I 2 HGB. Maßgeblich ist demnach, ob die Tätigkeit im Wesentlichen frei gestaltet und die Arbeitszeit selbst bestimmt werden kann.
- Der Gewerbetreibende muss **auf dem Markt auftreten** und seine Leistungen **entgeltlich** anbieten. Kein Kaufmann ist also derjenige, der kostenlos Suppe an Arme verteilt[32] oder Briefmarken zur späteren Veräußerung sammelt.[33] Auch das heimliche Spekulieren an der Börse[34] oder die „Verwaltung eigenen Vermögens" (arg e § 105 II HGB)[35] ist keine gewerbliche Tätigkeit. Allerdings ermöglicht die Öffnungsklausel des § 105 II HGB die reine Vermögensverwaltung und die Errichtung von Besitzgesellschaften, wie zB Grundstücksgesellschaften, in der Rechtsform der OHG.[36] Stets muss der Gewerbebetrieb seine Leistung **rechtsgeschäftlich** am Markt anbieten; die Verwendung öffentlichrechtlich ausgestalteter Handlungsformen scheidet aus.[37]
- Die Tätigkeit muss **planmäßig** betrieben werden und auf eine **gewisse Dauer angelegt** sein; wer nur gelegentlich Geschäfte tätigt, ist nicht Kaufmann.[38] Unschädlich ist dagegen ein eng umgrenzter Zeitraum, ebenso ein Saisonbetrieb (zB Skischule, Strandbar). In der neueren Rechtsprechung umstritten ist der Sachverhalt einer längerfristig angelegten Bau-ARGE: Während solche Arbeitsgemeinschaften nach traditioneller Sichtweise stets als BGB-Gesellschaften qualifiziert wurden[39], wird in neuerer Zeit jedenfalls ein Zusammenschluss zur Errichtung von Großvorhaben als OHG angesehen.[40]

b) Als **negatives Tatbestandsmerkmal** sind aus dem Gewerbebegriff Tätigkeiten   **26** künstlerischer, wissenschaftlicher, sportlicher oder **freiberuflicher** Art auszuscheiden. Hier steht die höchstpersönliche Leistung im Vordergrund, die nicht unter den Gewerbebegriff fällt. Dies ist teilweise gesetzlich angeordnet (s. etwa § 2 II BRAO; § 2 S. 3 BNotO; § 1 II BundesärzteO; § 1 II WiPrO; vgl. weiter § 1 II PartGG)[41] und im Übrigen durch eine gefestigte Rechtstradition im Rang von **Gewohnheitsrecht** begründet. Auch eine Anwendung des § 5 HGB scheidet nach zutreffender hM aus

---

31 Ausf. *Oetker*, Handelsrecht, § 2 Rn. 7 ff.; *Hübner*, Handelsrecht, Rn. 7 ff.
32 Beispiel nach *Canaris*, Handelsrecht, § 2 Rn. 3.
33 Beispiel nach *Oetker*, Handelsrecht, § 2 Rn. 10.
34 So ROHGE 22, 303.
35 *Brox/Henssler*, Handelsrecht, Rn. 25a; *Canaris*, Handelsrecht, § 2 Rn. 5; *Jung*, Handelsrecht § 5 Rn. 7; vgl. auch OLG Hamm NJW 1994, 392, 393 (str.).
36 Baumbach/Hopt/*Roth*, HGB, § 105 Rn. 13; Hk-HGB/*Heidel*, § 105 Rn. 259.
37 OLG Brandenburg NZG 2020, 423 Rn. 17; MünchKomm-HGB/*K. Schmidt* § 1 Rn. 29; EBJS/*Kindler*, HGB, § 1 Rn. 30.
38 *Hübner*, Handelsrecht, Rn. 9; *Brox/Henssler*, Handelsrecht, Rn. 26.
39 BGHZ 146, 341, 342; OLG Schleswig NZG 2001, 796, 797.
40 So OLG Frankfurt ZIP 2005, 1559; OLG Dresden NZG 2003, 124; *Wertenbruch* NZG 2006, 408 ff.; anders aber OLG Karlsruhe BauR 2006, 1190.
41 Gerade umgekehrt ist aber die gewerbliche Tätigkeit des Apothekers gesetzlich in § 8 ApothekenG angeordnet; vgl. BGH NJW 1983, 2085, 2086.

(Rn. 20, 23); in Betracht kommt aber die Anwendung der Lehre vom Scheinkaufmann (Rn. 37).

27 **Abgrenzungsprobleme** treten auf, wenn ein Unternehmer sowohl freiberuflich als auch gewerblich tätig wird: Der Arzt betreibt zusätzlich ein Sanatorium, der Architekt ein Bauträgergeschäft, der Künstler produziert in Serie. Hier ist zu differenzieren: Ist die unternehmerische Tätigkeit organisatorisch getrennt, so werden zwei Unternehmen betrieben, ein freiberufliches und ein gewerbliches.[42] Liegt dagegen keine organisatorische Trennung vor *("gemischtes Unternehmen")*, so ist nach hM entscheidend, welche Komponente den Schwerpunkt der Tätigkeit bildet.[43]

28 c) Streitig ist, ob der Gewerbebegriff die **Absicht der Gewinnerzielung** erfordert. Entgegen der früher ganz hM[44] verzichtet heute die hL darauf.[45] Praktische Relevanz hat die Frage hinsichtlich der Kaufmannseigenschaft von öffentlichen Unternehmen, die nicht bereits kraft Rechtsform Kaufmann sind:[46]

29 **Fall 2:** Die Stadt X betreibt den Schlachthof S als Eigenbetrieb, der nach seiner Satzung keinen Gewinn erzielen soll. Im Rahmen von Geschäftsbeziehungen zur Großschlachterei des G stellt sich die Frage, ob S Kaufmann ist.

30 Entgegen dem OLG Stuttgart[47] kann es für die Anwendung der handelsrechtlichen Vorschriften nicht auf die Gewinnerzielungsabsicht ankommen. Ausreichend ist vielmehr, dass S am Wirtschaftsleben durch das entgeltliche Auftreten am Markt (Rn. 25) teilnimmt. Allein der Verzicht auf Gewinn rechtfertigt keine privilegierte Behandlung.[48] Insbesondere ist es mit dem durch das Handelsrecht intendierten Verkehrsschutz unvereinbar, auf rein innerliche Tatsachen abzustellen. Zutreffend hat daher auch der BGH die Kaufmannseigenschaft der damaligen Deutschen Bundesbahn bejaht[49] (heute ist die Deutsche Bahn AG Kaufmann gem. § 6 HGB iVm § 3 I AktG: oben Rn. 14). Demgegenüber ist eine Stiftung des öffentlichen Rechts nicht Kaufmann, solange sie ausschließlich öffentliche Aufgaben erfüllt, da eine Tätigkeit, die allein und herkömmlich mit der Zielrichtung einer öffentlichen Aufgabe betrieben wird, grundsätzlich nicht den Gewerbebegriff erfüllt.[50] Gleiches gilt für einen kommunalen Zweckverband, der sich ausschließlich öffentlichrechtlich ausgestalteter Handlungsformen bedient (oben Rn. 25).[51]

---

42 Baumbach/Hopt/*Hopt*, HGB, § 1 Rn. 20; *Bülow/Artz*, Handelsrecht, Rn. 34; MünchKomm-HGB/ *K. Schmidt*, § 1 HGB Rn. 35.
43 So BGH NJW 1999, 2967; vgl. weiter OLG Zweibrücken NZG 2013, 105 m. zust. Anm. *Wachter* EWiR 2013, 319 für ein Ingenieurbüro für technische Gebäudeausrüstung und Energieberatung.
44 BGHZ 33, 321, 325; 36, 273, 276; 49, 258, 260; 57, 191, 199; 83, 382, 386.
45 *Canaris*, Handelsrecht, § 2 Rn. 14; *K. Schmidt*, Handelsrecht, § 9 Rn. 37; *Jung*, Handelsrecht, § 5 Rn. 10; *Brox/Henssler*, Handelsrecht, Rn. 28; *Oetker*, Handelsrecht, § 2 Rn. 19; zustimmend OLG Dresden NZG 2003, 124; OLG Brandenburg NZG 2020, 423 Rn. 14.
46 Nunmehr ausdrücklich offengelassen von BGHZ 155, 240, 246, wo aber zutreffend entschieden wurde, dass Darlehen der öffentlichen Hand unter das (frühere) VerbrKrG (= §§ 491 ff. BGB) fallen.
47 OLG Stuttgart NJW-RR 1999, 1557; dazu krit. Röhricht/von Westphalen/Haas/*Ries*, HGB, § 1 Rn. 53 f.
48 So auch *Karsten Schmidt* in seiner Urteilsbesprechung JuS 2000, 298.
49 BGHZ 95, 155; vgl. für ein karitatives Krankenhaus OLG Düsseldorf NJW-RR 2003, 1120.
50 OLG München NZG 2013, 346.
51 OLG Brandenburg NZG 2020, 423.

d) Die **zivilrechtliche Wirksamkeit** der vom Unternehmer getätigten Geschäfte ist **31** für das Vorliegen eines Gewerbes nach heute herrschender und zutreffender Lehre nicht erforderlich.[52] So kann etwa auch der Ehevermittler trotz der Unklagbarkeit seiner Entgeltforderung (§ 656 BGB)[53] oder der Kreditwucherer trotz der Sittenwidrigkeit der Darlehen (§ 138 BGB)[54] Kaufmann sein. Die Voraussetzung des „ehrbaren Kaufmanns" ist dem HGB fremd – anders als dessen Leitbild in den Empfehlungen des Deutschen Corporate Governance Kodex.[55] Warum soll etwa der Waffenhändler (vgl. § 134 BGB) vor den Gefahren der mündlich abgegebenen Bürgschaft (vgl. bereits Rn. 19) geschützt werden?[56] Für die hier vertretene Auffassung spricht auch, dass das Fehlen *öffentlichrechtlicher* Voraussetzungen von § 7 HGB ausdrücklich für unbeachtlich erklärt wird.[57] Dies bedeutet natürlich nicht, dass der Drogenhändler als Kaufmann in das Handelsregister einzutragen wäre; eine verbotene Tätigkeit ist vielmehr von den zuständigen Behörden zu unterbinden.[58]

e) Kaufmann ist derjenige, der das Gewerbe **im eigenen Namen betreibt**. Dies **32** kann zB auch der Pächter des Unternehmensgrundstücks sein. Im Falle der Treuhand ist Kaufmann der Treuhänder (auch der Strohmann), nicht der Treugeber.[59] Im Falle der Stellvertretung ist Kaufmann der Vertretene, nicht der Vertreter; das gilt auch für die Geschäftsführungsorgane einer Handelsgesellschaft (dazu schon oben Rn. 18).[60] Keine Rolle spielt dagegen, auf wessen Rechnung die Geschäfte getätigt werden (zB Kommissionär, § 383 HGB[61]).[62] Auch der beschränkt Geschäftsfähige kann Kaufmann sein, doch ändert dies nichts an der Geltung der §§ 104 ff. BGB.[63]

f) **Beginn** und **Ende** der Kaufmannseigenschaft korrespondieren mit der gewerbli- **33** chen Tätigkeit. Beim Istkaufmann ist die Registereintragung deklaratorisch, so dass es weder auf die Eintragung des Handelsgeschäfts noch auf deren Löschung ankommt (oben Rn. 12). Während die Planung und Errichtung des Handelsgewerbes für sich noch unzureichend sind,[64] genügen nach zutreffender hM Vorbereitungs- und **Anlaufgeschäfte**, die auf den Betrieb eines in kaufmännischer Art und Weise eingerichteten Gewerbebetriebs gerichtet sind, wie zB der Abschluss von Miet- und Arbeits-

---

52 *Canaris*, Handelsrecht § 2 Rn. 13; *K. Schmidt*, Handelsrecht, § 9 Rn. 32; *Oetker*, Handelsrecht, § 2 Rn. 17; Baumbach/Hopt/*Hopt*, HGB, § 1 Rn. 21; Röhricht/von Westphalen/Haas/*Ries*, HGB, § 1 Rn. 57.
53 Abw. noch OLG Frankfurt/M NJW 1955, 716; BayObLG NJW 1972, 1327.
54 Richtig *Canaris*, Handelsrecht, § 2 Rn. 13 mwN.
55 Präambel des Deutschen Corporate Governance Kodex in der Fassung vom 16.12.2019; abrufbar unter https://www.dcgk.de/de/kodex/aktuelle-fassung/praeambel.html (14.9.2020): „Diese Prinzipien verlangen nicht nur Legalität, sondern auch ethisch fundiertes, eigenverantwortliches Verhalten (Leitbild des Ehrbaren Kaufmanns)"; dazu ausf. *Fleischer* DB 2017, 2015 (zur gleichlautenden Regelung in der früheren Kodex-Fassung).
56 So schon zutreffend Röhricht/von Westphalen/Haas/*Ries*, HGB, § 1 Rn. 57.
57 Vgl. auch BGH NZG 2017, 1226: Keine Prüfung eines Verstoßes gegen § 7 ApoG bei Erteilung der Prokura nach dem Rechtsgedanken des § 7 HGB.
58 Richtig Baumbach/Hopt/*Hopt*, HGB, § 1 Rn. 21, § 7 Rn. 2.
59 *Canaris*, Handelsrecht, § 2 Rn. 19; *Oetker*, Handelsrecht, § 2 Rn. 20.
60 BGHZ 104, 95, 98; *Canaris*, Handelsrecht, § 2 Rn. 18; *Brox/Henssler*, Handelsrecht, Rn. 33.
61 Ausf. zum Kommissionär: unten Rn. 361 ff.
62 Zur Führung des ererbten Unternehmens durch den Testamentsvollstrecker: BGHZ 12, 100, 102; vgl. dazu noch unten Rn. 792 f.
63 Dazu *Brox/Henssler*, Handelsrecht Rn. 38.
64 Baumbach/Hopt/*Hopt*, HGB, § 1 Rn. 51; MünchKomm-HGB/*K. Schmidt* § 1 Rn. 7.

verträgen.[65] Umgekehrt können auch **Abwicklungsgeschäfte** in maßgeblichem Umfang ein Handelsgewerbe begründen, nicht aber die reine Vermögensverwaltung (oben Rn. 25).[66]

2. Ausnahme: Kleingewerbe

34 a) Kleingewerbetreibende sind gem. § 1 II Hs. 2 HGB ex lege keine Kaufleute. Sie können den Kaufmannsstatus nur durch ihre **Eintragung** in das Handelsregister gem. § 2 HGB erlangen (oben Rn. 13).

35 b) Für die Frage, wann ein in kaufmännischer Weise eingerichteter Geschäftsbetrieb erforderlich ist, verweist das Gesetz auf „Art oder Umfang" der unternehmerischen Tätigkeit. Im Ergebnis nimmt die hM eine Gesamtbetrachtung vor, wobei Kriterien insbesondere die Zahl und Art der Geschäfte, Höhe von Kapital und Umsatz, Zahl der Beschäftigten sowie Vielfalt der Erzeugnisse sind. Entscheidend ist, ob die Anwendung der kaufmännischen Regelungen über Buchführung und Bilanzierung, über Firmenbildung und Mitarbeiterorganisation (Lohnbuchhaltung, Prokura usw.) auf das konkrete Unternehmen **sachlich geboten** ist; demgegenüber ist die tatsächliche Einrichtung des Gewerbebetriebs ohne Belang. Die Kasuistik der Rechtsprechung ist uneinheitlich.[67] Jedenfalls ab einem Umsatz in Höhe von 500 000 € pro Jahr ist die Schwelle zum Handelsgewerbe überschritten.[68] Auch wenn die Voraussetzungen des § 1 II Hs. 2 HGB im Einzelfall zweifelhaft sein können, bereiten unklare Sachverhalte in einer Klausur regelmäßig kein Problem. Denn nach der negativen Formulierung („es sei denn") ist **zu vermuten**, dass ein Gewerbebetrieb „groß" und daher als Handelsgewerbe zu qualifizieren ist.

36 c) Das bedeutet für die **Klausurbearbeitung**: Finden sich im Sachverhalt keine Anhaltspunkte, die gegen das Bedürfnis nach einem in kaufmännischer Weise eingerichteten Geschäftsbetrieb streiten, ist nach § 1 II HGB das Vorliegen eines Handelsgewerbes und damit die Kaufmannseigenschaft zu unterstellen.[69]

III. Scheinkaufmann

1. Grundlagen und Dogmatik

37 Tritt eine Person, die nicht im Handelsregister eingetragen ist – so dass weder § 2 HGB und § 5 HGB (oben Rn. 13, 20) noch § 15 HGB (unten Rn. 59 ff.) zur Anwendung kommen –, im Rechtsverkehr wie ein Kaufmann auf, obwohl sie kein Handelsgewerbe betreibt, so muss sie sich gegenüber einem Dritten, der auf diesen Rechts-

---

65 BGHZ 10, 91, 95 f.; Röhricht/von Westphalen/Haas/*Ries*, HGB, § 1 Rn. 139; Oetker/*Körber*, HGB, § 1 Rn. 108.

66 MünchKomm-HGB/*K. Schmidt* § 1 Rn. 8; Oetker/*Körber*, HGB, § 1 Rn. 110; EBJS/*Kindler*, HGB, § 1 Rn. 41.

67 Dazu ausf. *Kort* DB 2019, 771.

68 Vgl. OLG Dresden NJW-RR 2002, 33: 500 000 bis 600 000 DM; OLG Karlsruhe NJOZ 2002, 1595, 1596: 800 000 DM.

69 *Oetker*, Handelsrecht, § 2 Rn. 29.

schein vertraut hat, so behandeln lassen, als sei sie Kaufmann.[70] Diese Lehre vom Scheinkaufmann ist ein wichtiger Unterfall der allgemeinen Rechtsscheinhaftung (siehe auch unten Rn. 816).[71] Mit den Bedürfnissen einer zügigen und rechtssicheren Abwicklung von Handelsgeschäften ist es nicht vereinbar, wenn der redliche Vertragspartner jeweils die Kaufmannseigenschaft nachprüfen müsste. Daher müssen sich Personen, die wie Kaufleute am Markt auftreten, im überindividuellen Interesse der Sicherheit und Leichtigkeit des Rechts- und Handelsverkehrs, gegenüber gutgläubigen Dritten auch als solche behandeln lassen. In der Klausur ist an die Fallgruppe des Scheinkaufmanns immer dann zu denken, wenn die Kaufmannseigenschaft bisher nicht auf anderem Wege bejaht werden konnte. Die Rechtsfigur ist subsidiär zu §§ 1, 2, 3, 5, 15 HGB und insbesondere für Freiberufler sowie nichteingetragene Kleingewerbetreibende relevant.[72]

2. Tatbestandsvoraussetzungen

In der Sache gelten die allgemeinen Rechtsscheingrundsätze[73]:   **38**

a)   Zunächst muss der Nichtkaufmann den **Rechtsscheintatbestand in zurechenba-**   **39**
rer Weise gesetzt haben, wie zB durch Verwendung von „e.K." auf dem Briefbogen oder durch Erteilung einer Prokura, wozu nach § 48 I HGB nur ein Kaufmann berechtigt ist.[74] Demgegenüber ist ein rein tatsächliches, kaufmannstypisches Verhalten, wie zB im Rahmen von Vertragsverhandlungen, in Ermangelung rechtlicher Qualität nicht ausreichend.[75] Der Rechtsscheintatbestand ist dem Nichtkaufmann zurechenbar, wenn er ihn selbst veranlasst hat oder er zumindest für die Veranlassung durch einen Dritten verantwortlich ist. Das setzt kein Verschulden aufseiten des Nichtkaufmanns voraus.[76] Eine Zurechnung kommt auch durch **Unterlassen** in Betracht, und zwar wenn der Betroffene nachträglich vom nicht veranlassten Rechtsschein Kenntnis erlangt oder zumindest hätte erlangen müssen, aber gleichwohl nicht für die Beseitigung sorgt.[77] Umgekehrt scheidet eine Zurechnung des Rechtsscheins bei **Geschäftsunfähigen und beschränkt Geschäftsfähigen** nach den allgemeinen Grundsätzen der Vertrauenshaftung und des Minderjährigenschutzes aus.[78] Anders als etwa bei § 15 I HGB (unten Rn. 59 ff.) geht hier Minderjährigenschutz stets vor Verkehrsschutz.

b)   Der zurechenbar gesetzte Rechtsschein muss weiterhin für den Abschluss des   **40**
Rechtsgeschäfts **kausal** gewesen sein.[79] Nach allgemeinen Grundsätzen wird die Kausalität vermutet; der Nichtkaufmann muss also darlegen und notfalls beweisen,

---

70   Vgl. BGHZ 17, 13, 15 (für den Scheingesellschafter einer Handelsgesellschaft); *Lettl*, Handelsrecht, § 2 Rn. 66 ff.
71   Allgemein zum Rechtsschein im Zivilrecht *Ott* JuS 2019, 745.
72   Dazu etwa *Kneisel* JA 2010, 337 ff.
73   *Oetker*, Handelsrecht, § 2 Rn. 60 ff.; *Canaris*, Handelsrecht, § 6 Rn. 11 ff; zum Rechtsschein in Examensklausuren *Wüstenberg/von der Ohe* JA 2018, 820.
74   *Bitter/Schumacher*, Handelsrecht, § 2 Rn. 39; *Hübner*, Handelsrecht, § 1 Rn. 69 f.
75   Aus der Rechtsprechung vgl. exemplarisch OLG Stuttgart BeckRS 2005, 8432 Rn. 23.
76   *Jung*, Handelsrecht, § 8 Rn. 43; *Steinbeck*, Handelsrecht, § 7 Rn. 40.
77   *Bülow/Artz*, Handelsrecht, Rn. 111 f.; *Steinbeck*, Handelsrecht, § 7 Rn. 41.
78   *Hübner*, Handelsrecht, § 1 Rn. 70; *Jung*, Handelsrecht, § 8 Rn. 43.
79   Zu den Anforderungen im Einzelfall s. BGHZ 17, 13, 19; Oetker/*Körber*, HGB, § 5 Rn. 36 ff.

dass der Dritte im Zeitpunkt seiner Vertrauensdisposition – regelmäßig beim Vertragsschluss – nicht auf den Rechtsschein vertraut hat.[80]

41 c) Schließlich muss der Dritte in Bezug auf die vermeintliche Kaufmannseigenschaft auch **gutgläubig** gewesen sein. In Anlehnung an § 932 II BGB schadet in diesem Zusammenhang positive Kenntnis und grob fahrlässige Unkenntnis.[81] Zwar sprechen die Wertungen der §§ 173, 405 BGB außerdem für die Einbeziehung bereits einfacher Fahrlässigkeit. Allerdings würde das Schutzanliegen der Rechtsscheinhaftung weitgehend sinnentleert, wäre der andere Teil stets verpflichtet, die Richtigkeit der von einem Vertragspartner getroffenen Angaben zu überprüfen. Schadete also bereits leichte Fahrlässigkeit, mangelte es der Rechtsscheinhaftung an der notwendigen Effektivität, als wirksames Schutzinstrument der Sicherheit und Leichtigkeit des Rechtsverkehrs zu dienen.[82] Der Dritte braucht daher normalerweise keine Nachforschungen über die Kaufmannseigenschaft seines Gegenübers anzustellen. Eine entsprechende Nachforschungsobliegenheit trifft den Dritten nur bei Vorliegen besonderer Verdachtsmomente.[83]

3. Rechtswirkungen

42 a) Umstritten ist auf Rechtsfolgenseite, ob alle handelsrechtlichen Regelungen, die **zwingende BGB-Schutzvorschriften abbedingen**, auf den Scheinkaufmann Anwendung finden:

43 **Fall 3:** Der nicht im Handelsregister eingetragene Kleinhandwerker H ist gegenüber seinem Vertragspartner V als Kaufmann H aufgetreten und hat für den Fall der nicht fristgerechten Erfüllung eine hohe Vertragsstrafe versprochen. Da H in Verzug gerät, macht V die Vertragsstrafe geltend. H verlangt Herabsetzung gem. § 343 BGB.

44 Das Herabsetzungsverlangen ist gem. § 348 HGB ausgeschlossen, wenn H Kaufmann ist. Zwar ist H laut Sachverhalt „klein" und nicht eingetragen, daher weder Istkaufmann (vgl. § 1 II Hs. 2 HGB) noch Kannkaufmann gem. §§ 1 I, II, 2 S. 1 HGB. Allerdings könnte § 348 HGB auf H anwendbar sein, weil er sich aufgrund des zurechenbar gesetzten Rechtsscheins gegenüber dem gutgläubigen V als Kaufmann behandeln lassen muss.[84] Jedenfalls für Kleingewerbetreibende wie H (oben Rn. 13) ist dies anzunehmen,[85] weil es diese Personengruppe selbst in der Hand hat, für das Kaufmannsrecht zu optieren (§ 2 S. 1 HGB) und sich so der zwingenden BGB-Schutzvorschriften zu begeben. Ein Teil des Schrifttums geht sogar noch weiter und lässt – nicht nur bei arglistigem Handeln – die Durchbrechung zwingender BGB-Schutzvorschriften auch bei nichtgewerbetreibenden Scheinkaufleuten zu.[86]

---

80 *Steinbeck*, Handelsrecht, § 7 Rn. 43; *Teichmann*, Handelsrecht, Rn. 275.
81 *Bitter/Schumacher*, Handelsrecht, § 2 Rn. 42; *Brox/Henssler*, Handelsrecht, § 4 Rn. 66; *K. Schmidt*, Handelsrecht, § 10 Rn. 138; aA *Hübner*, Handelsrecht, Rn. 71.
82 *Canaris*, Die Vertrauenshaftung im deutschen Privatrecht, 1971, S. 505.
83 *Canaris*, Handelsrecht, § 6 Rn. 71; *Teichmann*, Handelsrecht, Rn. 274.
84 So OLG Stuttgart MDR 2005, 518, 519 (Verstoß gegen Vertriebsverbot).
85 Wie hier *Canaris*, Handelsrecht, § 6 Rn. 23; *Oetker*, Handelsrecht, § 2 Rn. 66.
86 *K. Schmidt*, Handelsrecht, § 10 Rn. 141; *Hübner*, Handelsrecht, Rn. 77.

b) Der Rechtsschein wirkt stets **nur zugunsten des Dritten**, nie zugunsten des 45
Scheinkaufmanns[87] (beachte hingegen: die Rechtswirkungen des § 5 HGB gelten
auch zugunsten des Fiktivkaufmanns, vgl. oben Rn. 20). Umstritten ist allerdings, ob
die Rechtswirkungen des § 366 HGB im Falle des Handelns eines Scheinkaufmanns
zulasten des Eigentümers eintreten können:

Fall 4:[88] Der eingetragene Kannkaufmann K beschließt, das Sortiment seines Modege- 46
schäfts auf einen anderen Lieferanten umzustellen. Er verschickt deshalb zum Abverkauf
auf Geschäftsbriefpapier gedruckte Einladungen an seine besten Kunden. Aufgrund einiger
Misserfolge in den Tagen danach beschließt K, sein Geschäft vollständig aufzugeben. Die
Löschung der Firma wird wenig später vorgenommen und bekanntgemacht. Als K die Geschäftsabwicklung schon weitgehend abgeschlossen hat, betritt der befreundete G – durch
die Einladung angelockt – den Laden, der von der Geschäftsaufgabe jedoch nichts weiß.
Aus einem früheren Gespräch weiß G aber, dass K alle Kleidungsstücke vom Lieferanten L
unter Eigentumsvorbehalt bezieht, nicht aber, dass wegen großer Außenstände L dem K bereits vor Monaten den Weiterverkauf bis zur vollständigen Zahlung untersagt hat. Gleichwohl verkauft K dem G einen Mantel, für den noch einige Raten ausstehen. Nachdem L davon erfährt, verlangt er von G Herausgabe.

Durch die aufschiebend bedingte Übereignung (§§ 929 S. 1, 158 I BGB) scheidet ein 47
Eigentumsverlust des L an K aus, da infolge noch ausstehender Raten die Bedingung
der vollständigen Kaufpreiszahlung für den Mantel nicht eingetreten ist. Auch ein
gutgläubiger Erwerb des G von K nach §§ 929 S. 1, 932 BGB scheitert, weil G bekannt war, dass K nicht **Eigentümer** der Ware ist. In Betracht kommt ein redlicher
Erwerb nur nach § 366 I HGB, weil G zumindest an die **Verfügungsbefugnis** des K
glaubte (dazu ausf. unten Rn. 303 ff.). Allerdings hatte K seinen Gewerbebetrieb gerade aufgegeben und die Firma war auch im Handelsregister gelöscht, so dass weder
§ 2 noch § 5 HGB eingreifen. Zwar können auch **Abwicklungsgeschäfte** eine Kaufmannseigenschaft nach § 1 HGB begründen.[89] Abgesehen davon, dass K die Abwicklung schon weitgehend beendet hatte, erforderte sein Modegeschäft auch keine kaufmännische Einrichtung iSd § 1 II HGB. Umstritten ist nun, ob ein gutgläubiger Erwerb nach § 366 I HGB auch vom **Scheinkaufmann** in Betracht kommt. Während
dies die hM[90] unter Hinweis darauf verneint, dass die nachteiligen Wirkungen des
§ 366 I HGB hier nicht den Scheinkaufmann treffen, sondern den Eigentümer, der
sich das Handeln des Scheinkaufmanns hingegen nicht zurechnen lassen muss, meint
die Gegenauffassung[91], dass es für den redlichen Erwerber keinen Unterschied ma-
che, ob der Verfügende tatsächlich Kaufmann sei oder dies nur vorspiegle.

Wenn die Gegenauffassung nun auf die subjektive Sichtweise des Erwerbers abstel- 48
len will, dann übersieht sie, dass – nach der Lehre vom unwirksamen Rechtsschein-

---

87 *Hübner*, Handelsrecht, Rn. 75; *Oetker*, Handelsrecht, § 2 Rn. 67.
88 Siehe auch die Fallbearbeitung bei *Lieder* JuS 2014, 1009, 1012.
89 MünchKomm-HGB/*K. Schmidt* § 1 Rn. 8; *Brox/Henssler*, Handelsrecht, Rn. 43.
90 So OLG Düsseldorf NJW-RR 1999, 615 = JuS 1999, 921 *(K. Schmidt)*; Baumbach/Hopt/*Hopt*, HGB,
    § 366 Rn. 4; Röhricht/von Westphalen/Haas/*Steimle/Dornieden*, HGB, § 366 Rn. 5; *Kindler*, Grund-
    kurs Handels- und Gesellschaftsrecht, § 7 Rn. 56; offen gelassen von BGH NJW 1999, 426.
91 *Canaris*, Handelsrecht, § 6 Rn. 26, § 29 Rn. 5; zust. *Hübner*, Handelsrecht, Rn. 543.

träger[92] – der bloße Anschein für das Vorliegen eines Vertrauenstatbestands als taugliche Legitimationsgrundlage für einen redlichen Erwerb nicht ausreicht. Legitimationsgrundlage für das Eingreifen des § 366 I HGB ist die Eigenschaft des Veräußerers als Kaufmann im Rechtsverkehr. Hier vertraute G auf das bloße Gerede des K, nicht aber auf einen tatsächlich vorliegenden Rechtsscheinträger. Daher muss die von § 366 I HGB intendierte Lösung des Interessenkonflikts – mangels Zurechnung gegenüber dem wahren Eigentümer – zulasten des redlichen G ausfallen.[93]

49   **Abwandlung zu Fall 4:** Wie ändert sich die Rechtslage, wenn durch den Antrag des K beim Registergericht nicht seine Firma, sondern versehentlich die des Konkurrenten H gelöscht wird?

50   Hier war K noch fälschlich im Handelsregister als Kaufmann eingetragen. § 5 HGB kommt nicht zur Anwendung, da K im Zeitpunkt der Veräußerung sein früheres Gewerbe nicht mehr ausübte. Das Betreiben des Gewerbebetriebs ist aber Voraussetzung für § 5 HGB: oben Rn. 20. Nach verbreiteter Auffassung muss jedoch der Eigentümer L als Dritter gem. § 15 I HGB die Wirkungen der fehlenden Handelsregistereintragung gegen sich gelten lassen (negative Publizität des Handelsregisters: unten Rn. 59 ff.), obgleich nicht er, sondern der zur Eintragung verpflichtete K Adressat des § 15 I HGB ist.[94] Dieses Ergebnis mag zwar angesichts der Registerpublizität naheliegen. Der Wortlaut des § 15 I HGB ist insofern jedoch klar: Die einzutragende Tatsache kann einem Dritten nur „von demjenigen, in dessen Angelegenheiten sie einzutragen war", nicht entgegengesetzt werden. Zudem ist auch der Eigentümer Dritter iSd § 15 HGB und dementsprechend stets berechtigt, sich auf die wahre Rechtslage zu berufen. Mithin kann § 366 I HGB auch in dieser Situation nicht zulasten des wahren Eigentümers wirken.[95] Daher gilt § 366 HGB weder für den Scheinkaufmann noch für den im Handelsregister eingetragenen Nichtkaufmann (§ 15 I HGB).

---

92   Dazu eingehend *Lieder* AcP 210 (2010), 857 (in Bezug auf künstliche Rechtsscheinträger).
93   Vgl. noch die Klausurlösung bei *Lieder* JuS 2014, 1009, 1012.
94   So *Canaris*, Handelsrecht, § 27 Rn. 5; *Hübner*, Handelsrecht, Rn. 543; Röhricht/von Westphalen/Haas/*Steimle/Dornieden*, HGB, § 366 Rn. 5; MünchKomm-HGB/*Welter*, § 366 Rn. 29; Heymann/*Horn*, HGB, 2. Aufl., § 366 Rn. 4.
95   Vgl. EBJS/*Lettl*, HGB, § 366 Rn. 5; *Brox/Henssler*, Handelsrecht, Rn. 310; *Fischinger*, Handelsrecht, Rn. 650; für weitere Übungsfälle vgl. *Müller* JA 2007, 258; *Richter* JuS 2007, 647.

§ 3 Publizität des Handelsregisters

I. Grundlagen

1. Publizität durch das Handelsregister

Im Interesse des Rechtsverkehrs hat das HGB für Kaufleute eine weitreichende Publizität angeordnet. Sie wird ganz maßgeblich durch das Handelsregister verwirklicht. Eintragungen in das Handelsregister dienen der **Sicherheit und Leichtigkeit des Handelsverkehrs**, indem die wichtigsten Rechtsverhältnisse von Kaufleuten für jedermann (vgl. § 9 HGB) offengelegt werden *(Publizitätswirkung)*. Zudem werden redliche Teilnehmer des Handelsverkehrs in ihrem Vertrauen auf die Eintragung bzw. Nichteintragung von Tatsachen geschützt *(Gutglaubenswirkung)*.[1] Rechtsprobleme im Zusammenhang mit § 15 HGB sind häufig Bestandteil handels- bzw. gesellschaftsrechtlicher Examensklausuren.[2] Im Mittelpunkt steht dabei die sog. negative Publizität des § 15 I HGB (ausf. unten Rn. 59 ff.).

Die Publizitätswirkungen des Handelsregisters sind **unionsrechtlich grundiert**. Maßgeblich sind die Art. 13 ff. GesRRL, die zuvor in der Publizitätsrichtlinie verankert waren und durch die Digitalisierungsrichtlinie nicht unerhebliche Änderungen erfahren haben (siehe schon Rn. 9). Diese Änderungen müssen in nationales Recht umgesetzt werden und es steht zu erwarten, dass auch die Regelungen über die Publizität des Handelsregisters davon berührt werden.[3] Die jeweils geltenden unionsrechtlichen Vorgaben sind bei der Auslegung des § 15 HGB zu berücksichtigen (Rn. 119).

2. Eintragungspflichtige und eintragungsfähige Tatsachen

In das Handelsregister dürfen nur Rechtstatsachen eingetragen werden, die für den Rechtsverkehr von Bedeutung sind *und* deren Eintragung entweder vom Gesetz – zumeist mit der Formulierung „sind anzumelden" – oder kraft Rechtsfortbildung durch die Rechtsprechung verlangt werden (eintragungspflichtige Tatsachen). Ausnahmsweise wird eine Eintragung nicht angeordnet, aber zur Vermeidung von Rechtsnachteilen gestattet (eintragungsfähige Tatsachen). Andere Tatsachen – mögen sie auch im Einzelfall oder sogar generell rechtlich bedeutsam sein – dürfen nicht eingetragen werden (eintragungsunfähige Tatsachen), weil andernfalls das Handelsregister unübersichtlich würde und dadurch der Zweck der handelsregisterlichen Publizität gefährdet wäre.[4]

Beispiele für **eintragungspflichtige Tatsachen** sind Firma und Ort der Handelsniederlassung (§ 29 HGB), Erteilung und Erlöschen der Prokura (§ 53 HGB); aus dem

51

52

53

54

---

1   Zu den Wirkungen des Handelsregisters MünchKomm-HGB/*Krafka*, § 8 Rn. 3 ff.
2   Aus der Aufsatzliteratur zB *J. Hager* Jura 1992, 57 ff.; *Körber/Schaub* JuS 2012, 303 ff.; *Petersen* Jura 2013, 580 ff.; *Tröller* JA 2000, 27 ff.; Fallbearbeitungen finden sich etwa bei *Bayer/Möller* Ad Legendum 2018, 182 ff.; *Bornemann* JuS 2016, 244 ff.; *Harnos/Konken* Jura 2015, 844 ff.; *Hellgardt/ Schwarz-Fischer* JuS 2020, 334 ff.; *Loose* JuS 2016, 1095 ff.; *H.-F. Müller* JA 2015, 740 ff.
3   Zu den Änderungen und einer möglichen Umsetzung in deutsches Recht ausf. *Lieder* NZG 2020, 81, 86 ff.
4   Zur Unterscheidung siehe auch *Teichmann*, Handelsrecht, Rn. 333 ff.

Gesellschaftsrecht: die Gründung und Auflösung von OHG bzw. KG sowie jede Veränderung im Gesellschafterkreis (§§ 106, 107, 143, 162 HGB) und Einschränkungen der gesetzlichen Vertretungsregelung (§ 106 II Nr. 4 HGB); Gründung und Auflösung von GmbH und AG (§§ 7, 65 GmbHG, §§ 36, 263 AktG), die Mitglieder von GmbH-Geschäftsführung[5] bzw. AG-Vorstand (§§ 8, 39 GmbHG, §§ 37, 81 AktG) – aber nicht die Gesellschafter –, die Höhe des Stamm- bzw. Grundkapitals (§ 8 GmbHG, § 37 AktG) sowie gem. §§ 57, 58 GmbHG, §§ 184, 227 AktG auch alle Kapitalveränderungen (dagegen keine Eintragungsfähigkeit des Vermögens einer OHG oder KG).

55 Eintragungspflichtig kraft richterlicher Rechtsfortbildung sind Unternehmensverträge bei der GmbH[6] und kraft extensiver Auslegung des § 10 I 2 GmbHG die – zulässige – Befreiung vom Verbot des Selbstkontrahierens (§§ 181 BGB, 35 IV GmbHG).[7]

56 **Merke:** Nur die eintragungs*pflichtigen* Tatsachen werden von den Rechtswirkungen des § 15 I und III HGB erfasst, *nicht* bereits die eintragungs*fähigen* Tatsachen.

57 *Eintragungsfähig* ist zB der mit dem Veräußerer vereinbarte Haftungsausschluss bei der Firmenfortführung gem. § 25 II HGB (unten Rn. 170) und nach hM auch die Anordnung der Testamentsvollstreckung bei der KG.[8] *Nicht eintragungsfähig* ist hingegen zB die Erteilung einer Handlungsvollmacht oder das Erlöschen der Geschäftsfähigkeit eines organschaftlichen Vertreters.[9]

3. Deklaratorische und konstitutive Wirkungen der Eintragung

58 Hinsichtlich der Wirkungen der Handelsregistereintragung ist zu unterscheiden: **Konstitutiv** (= rechtsbegründend) wirkt eine Eintragung dann, wenn erst durch die Eintragung die betreffende Rechtstatsache zur Entstehung gelangt. Hauptbeispiel ist die Eintragung des kleingewerblichen Kannkaufmanns gem. § 2 HGB (oben Rn. 34). Gleiches gilt aber auch für die Eintragung von GmbH und AG, die erst ab diesem Zeitpunkt zur juristischen Person werden (vorher: Vorgesellschaft, dazu Rn. 507 ff.). Dagegen hat zB die Eintragung des Istkaufmanns (§§ 1, 29 HGB) oder die Erteilung bzw. der Widerruf der Prokura (§ 53 HGB) nur **deklaratorische** (= rechtsbekundende) Wirkung. Denn der Istkaufmann ist bereits vor der Eintragung – also unabhängig von ihr – Kaufmann, und auch die Erteilung und der Widerruf der Prokura sind ohne Eintragung wirksam.

---

5 Dazu BGHZ 115, 78, 80; zu diesem Sachverhalt noch ausf. unten Rn. 97 f.
6 BGHZ 105, 324, 342 ff.
7 BGHZ 87, 59, 61 im Anschluss an EuGH Slg 1974, 1201, 1207; ausf. Lutter/Hommelhoff/*Bayer*, GmbHG, § 10 Rn. 7.
8 Vgl. BGH NJW-RR 2012, 730; Oetker/*Oetker*, HGB, § 177 Rn. 15; MünchKomm-HGB/*K. Schmidt*, § 177 Rn. 37; *Ulmer* NJW 1990, 73, 82; aA KG WM 1995, 1890; *Canaris*, Handelsrecht, § 4 Rn. 11, § 9 Rn. 38; ebenfalls aA für die GmbH-Gesellschafterliste BGH NJW 2015, 1303 m. Anm. *Lieder/ Scholz* WuB 2015, 328 = GmbHR 2015, 526 m. Anm. *Bayer*.
9 BGHZ 53, 210, 215; 115, 78, 81; dazu näher unten Rn. 97 f.

II. Negative und positive Publizität des Handelsregisters gem. § 15 HGB

Ausgehend von der Funktion des Handelsregisters (Rn. 51) enthält § 15 HGB ver-   **59**
schiedene materiellrechtliche Regelungen:

- Den Schutz Dritter bei Nichteintragung oder Nichtbekanntmachung eintragungspflichtiger Tatsachen (§ 15 I HGB).
- Die Rechtsfolgen bei richtiger Eintragung und Bekanntmachung von eintragungspflichtigen Tatsachen (§ 15 II HGB).
- Den Schutz Dritter im Hinblick auf unrichtige Bekanntmachungen eintragungspflichtiger Tatsachen (§ 15 III HGB).

1. Negative Publizität gem. § 15 I HGB

a) Normzweck und dogmatische Struktur

Die negative Publizität des Handelsregisters nach § 15 I HGB bezweckt den Schutz   **60**
des redlichen Rechtsverkehrs: Ist eine im Interesse des Rechtsverkehrs eintragungspflichtige Tatsache nicht in das Handelsregister eingetragen und bekanntgemacht, so
kann sich der Anmeldepflichtige gegenüber einem gutgläubigen Dritten auf diese
Tatsache nicht berufen.

> **Fall 5a:** Wird der Widerruf einer Prokura[10] entgegen § 53 II HGB nicht eingetragen und   **61**
> bekanntgemacht, so muss der Inhaber des Handelsgeschäfts trotz materiell wirksamen Wi-
> derrufs Rechtsgeschäfte seines bisherigen Prokuristen gegen sich gelten lassen, es sei denn,
> der Geschäftspartner wusste von dem Widerruf.

> **Fall 5b:** Trotz Ausscheidens aus der OHG haftet der bisherige Gesellschafter auch für alle   **62**
> Neuverbindlichkeiten gem. § 128 HGB,[11] wenn sein Ausscheiden entgegen § 143 II HGB
> nicht eingetragen und bekanntgemacht wird.

Dogmatisch handelt es sich um einen speziellen Fall der **Rechtsscheinhaftung**,[12] der   **63**
an das Unterlassen der gesetzlich vorgeschriebenen Handelsregistereintragung und
Bekanntmachung anknüpft. Geschützt wird durch § 15 I HGB das Vertrauen auf das
„Schweigen" des Handelsregisters (daher negative Publizität). Dieser Vertrauenstat-
bestand (Rechtsschein), der weiter reicht als die allgemeine Rechtsscheinhaftung (zu
den einzelnen Tatbestandsvoraussetzungen des § 15 I HGB unten Rn. 66 ff.), kann
vom Anmeldepflichtigen durch Eintragung und Bekanntmachung zerstört werden.
Während allerdings in den **Fällen 5a und 5b** das Vertrauen des Rechtsverkehrs in den
Fortbestand der bisherigen Rechtslage geschützt wird, gilt dies im **Fall 5c** für das
Vertrauen in die **gesetzliche Rechtslage**:[13]

---

10   Ausf. unten Rn. 217 ff.; Falllösung zu Prokura und § 15 HGB bei *Hellgardt/Schwarz-Fischer*
    JuS 2020, 334 ff.; *Loose* JuS 2016, 1095 ff.
11   Ausf. unten Rn. 595 ff. (für OHG, die als BGB-Gesellschaft auftritt: OLG Brandenburg NZG 2002,
    909); Falllösung im Zusammenhang mit der Vertretungsmacht bei *Bayer/Möller* Ad Legendum 2018,
    182 ff.
12   *K. Schmidt*, Handelsrecht, § 14 Rn. 20 ff.
13   *Canaris*, Handelsrecht, § 5 Rn. 5.

64 **Fall 5c:** A, B und C sind Gesellschafter der ABC-OHG. Im Gesellschaftsvertrag ist verein-bart, dass A von der Vertretung der OHG ausgeschlossen ist; für B und C ist Gesamtvertre-tung vorgesehen. Diese – nach § 125 I Hs. 2, II 1 HGB zulässige – Regelung kann einem gutgläubigen Dritten D, mit dem A für die OHG ein Rechtsgeschäft abschließt, jedoch nicht entgegengehalten werden, wenn Eintragung und/oder Bekanntmachung (vgl. § 106 II Nr. 4 HGB) unterlassen wurden. Dann kann D auf die gesetzliche Einzelvertretungsmacht eines jeden OHG-Gesellschafters (§ 125 I Hs. 1 HGB) vertrauen und die Wirksamkeit des Rechtsgeschäfts geltend machen.[14]

65 **Merke:** Jede Änderung der dispositiven Gesetzeslage wirkt hinsichtlich eintragungspflichtiger Tatsachen gutgläubigen Dritten gegenüber nur, wenn Eintragung und Bekanntmachung erfolgt sind.

b) Tatbestandsvoraussetzungen

66 aa) § 15 I HGB erfasst nur eintragungspflichtige Tatsachen, und zwar sowohl de-klaratorische als auch konstitutive Tatsachen (oben Rn. 58).

67 bb) Die **Fälle 5a–5c** betreffen Änderungen der bisherigen Rechtslage (sog. **Sekun-därtatsachen**). § 15 I HGB findet indes auch Anwendung, wenn die Eintragung und Bekanntmachung einer sog. **Primärtatsache** unterlassen wird:

68 **Fall 5d:** Die K-GmbH kauft von V eine Maschine. Obgleich er ein Handelsgewerbe be-treibt, hat V die Eintragung in das Handelsregister entgegen § 29 HGB unterlassen. Nach ei-niger Zeit stellen sich Mängel der Maschine heraus, die bei einer Untersuchung im Zeit-punkt der Ablieferung erkennbar gewesen wären. Aufgrund von § 15 I HGB kann V den von K geltend gemachten Gewährleistungsrechten den Einwand der unterlassenen Mängel-rüge gem. § 377 HGB[15] jedoch nicht entgegen halten; die für V günstige Tatsache der Kauf-mannseigenschaft und damit die Anwendung von § 377 HGB (weil beiderseitiger Handels-kauf) kommt gegenüber K nicht zur Anwendung, es sei denn, K war die Kaufmannseigen-schaft von V bekannt.[16]

69 cc) Zweifelhaft ist, ob § 15 I HGB auch dann eingreift, wenn bereits die Tatsache nicht eingetragen und bekanntgemacht ist, die sich nunmehr geändert hat (sog. **Feh-len der voreintragungspflichtigen Tatsache oder sekundäre Unrichtigkeit**).

70 **Fall 5e:** Kann sich etwa der Geschäftspartner des Prokuristen im **Fall 5a** bei unterlassener Eintragung und Bekanntmachung des Widerrufs auch dann auf die Wirkungen der widerru-fenen Prokura berufen, wenn bereits die Prokuraerteilung entgegen § 53 I 1 HGB nicht ein-getragen und bekanntgemacht worden war?

71 Ein Teil des Schrifttums plädiert in diesem Fall für eine teleologische Reduktion des § 15 I HGB[17]. Da das Handelsregister nach Eintritt der zweiten Tatsache wieder der wahren Rechtslage entspreche, werde bei fehlender Voreintragung durch das Unter-

---

14 Ausf. unten Rn. 559 ff.
15 Ausf. unten Rn. 336 ff.
16 Siehe auch *Hübner*, Handelsrecht, Rn. 137; *Oetker*, Handelsrecht, § 3 Rn. 38; *Canaris*, Handelsrecht, § 5 Rn. 9 mwN.
17 Dafür etwa *A. Hueck* AcP 118 (1920), 350 ff.; *Frotz*, Verkehrsschutz im Vertretungsrecht, 1972, S. 182 ff.; vgl. weiter die Falllösung bei *Müller* JA 2015, 740 ff.

lassen der zweiten Eintragung kein Rechtsschein erzeugt.[18] Demgegenüber ist die Eintragung der voreintragungspflichtigen Tatsache nach hM grundsätzlich *keine Voraussetzung* für die Anwendung des § 15 I HGB.[19] Dafür spricht zum einen der Wortlaut der Vorschrift, der insoweit keine Einschränkung enthält, aber zum anderen auch die Überlegung, dass der zu schützende Dritte auch unabhängig von der Registereintragung von der Tatsache Kenntnis erlangt haben kann, etwa weil im **Fall 5a** P über längere Zeit als Prokurist aufgetreten ist, so dass der Vertrauenstatbestand daher nicht zwangsläufig durch die vorherige Registereintragung begründet sein muss. Überhaupt lässt sich das Erfordernis der Voreintragung nur auf Grundlage einer konkreten Vertrauenslehre rechtfertigen, während § 15 I HGB nach zutreffender Auffassung als **abstrakter Vertrauenstatbestand** begriffen wird.[20] Zur Vermeidung gänzlich unbilliger Ergebnisse ist mit einem Großteil des neueren Schrifttums § 15 I HGB allerdings dahingehend (und nur insoweit) teleologisch zu reduzieren, dass der Dritte sich dann nicht auf die fehlende Eintragung und Bekanntmachung der Rechtsänderung berufen kann, wenn die voreintragungspflichtige Tatsache nicht nach außen bekannt geworden ist, wofür jedoch den Anmeldepflichtigen die Beweislast trifft.[21]

> **Fall 5f:**[22] Geschäftsführer G ist durch Gesellschafterbeschluss zum Geschäftsführer der X-GmbH bestellt worden, was aber nicht zur Eintragung im Handelsregister angemeldet worden war. Später ist G durch Gesellschafterbeschluss wieder abberufen worden. Diese Abberufung wurde zur Eintragung in das Handelsregister angemeldet. Das Registergericht lehnt die Eintragung mit der Begründung ab, G sei nicht als Geschäftsführer eingetragen gewesen, so dass auch eine Eintragung seines Ausscheidens nicht in Betracht komme. Mit Recht?

72

Nach Maßgabe des § 39 I GmbHG ist jede Änderung der Personen der Geschäftsführer zur Eintragung in das Handelsregister anzumelden. Dazu gehört auch die nach § 46 Nr. 5 GmbHG von den Gesellschaftern zu beschließende Abberufung eines Geschäftsführers. Fraglich ist also, ob das Registergericht bei ordnungsgemäßer Anmeldung die Eintragung verweigern darf, weil schon die Bestellung des G nicht eingetragen war (**Fehlen der voreintragungspflichtigen Tatsache**). Dies ist nach zutreffender Auffassung gerade nicht der Fall. Die Gesellschaft hat im Hinblick auf die Publizitätswirkungen des § 15 I HGB ein erhebliches Interesse daran, das Ausscheiden des G eintragen zu lassen. Ihr droht nämlich auch dann eine Haftung nach § 15 I HGB, wenn die Bestellung des G nicht eingetragen war.[23] Der gutgläubige Dritte wird gem. § 15 I HGB auch vor den Folgen nicht eingetragener Tatsachen geschützt, wenn die gebotene Voreintragung unterblieben ist.[24] Damit muss es auch möglich sein, die Abberufung ohne Rücksicht auf die Voreintragung einzutragen.

73

---

18 So dezidiert *A. Hueck* AcP 118 (1920) 350, 359.
19 BGHZ 55, 267, 272; BGHZ 116, 37, 44; Baumbach/Hopt/*Hopt*, HGB, § 15 Rn. 11; *Brox/Henssler*, Handelsrecht, Rn. 79.
20 *K. Schmidt*, Handelsrecht, § 14 Rn. 35 ff.; Staub/*Koch*, HGB, § 15 Rn. 23, 60; *Oetker*, Handelsrecht, § 3 Rn. 40; *Lieder*, Jahrbuch Junger Zivilrechtswissenschaftler 2010, 2011, S. 121, 125 ff., 136.
21 So *Hübner*, Handelsrecht, Rn. 141; *Canaris*, Handelsrecht, § 5 Rn. 12; *K. Schmidt*, Handelsrecht, § 14 Rn. 36; *Oetker*, Handelsrecht, § 3 Rn. 45.
22 Nach OLG Köln, ZIP 2015, 1831 = JuS 2016, 78 *(K. Schmidt)*.
23 Lutter/Hommelhoff/*Kleindiek*, GmbHG, § 39 Rn. 2; Baumbach/Hueck/*Zöllner/Noack*, GmbHG, § 39 Rn. 3.
24 BGHZ 55, 267, 277; 116, 37, 44.

74 dd) Die Tatsache darf **nicht eingetragen und nicht bekanntgemacht** sein. Allein die Eintragung im Handelsregister befreit daher noch nicht von den Wirkungen des § 15 I HGB.

75 ee) Dem Dritten darf die Tatsache, die zur Änderung der Rechtslage führt, **nicht bekannt** sein. Aus der Gesetzesformulierung („es sei denn") folgt (wie etwa auch bei § 932 I 1 BGB), dass die Unkenntnis zugunsten des Dritten vermutet wird (Beweislastregel!); zur Widerlegung ist es daher erforderlich, dass der Anmeldepflichtige die Kenntnis des Dritten beweist.[25] Grob fahrlässige Unkenntnis schadet dem Dritten (insoweit anders als bei § 932 I 1, II BGB) nicht; dieser Grundsatz gilt auch bei anderen Tatbeständen des Registerschutzes, wie zB §§ 892, 1412 BGB; vgl. aber auch § 16 III 3 GmbHG.

76 **Beispiel:** Deshalb darf auch der Geschäftspartner einer GmbH, der von der Abberufung des im Handelsregister eingetragenen Geschäftsführers und dessen gerichtlichen Vorgehen gegen die Abberufung weiß, solange nach § 15 I HGB auf die Vertretungsberechtigung vertrauen, bis ihm die Wirksamkeit der Abberufung positiv bekannt ist.[26]

77 ff) Entsprechend dem Normzweck (Schutz des Rechtsverkehrs) findet § 15 I HGB kraft teleologischer Reduktion *keine Anwendung* im sog. **„Unrechtsverkehr".** Auch wenn es sich bei § 15 I HGB um einen abstrakten Vertrauenstatbestand handelt (Rn. 63), so findet die Vorschrift gleichwohl nur dann Anwendung, wenn der Dritte zumindest potenziell auf die Nichteintragung vertrauen durfte (Lehre von der **potenziellen Kausalität**).[27] Ist ein Vertrauen hingegen unter allen denkbaren Umständen ausgeschlossen, ist der Dritte a priori nicht schutzwürdig und kommt daher auch nicht in den Genuss des § 15 I HGB.[28]

78 **Fall 6:**[29] Wird D vom Gesellschafter G der X-OHG überfahren, so haftet für diese Deliktsverbindlichkeit der ausgeschiedene Gesellschafter Y auch dann nicht, wenn sein Ausscheiden nicht eingetragen und bekanntgemacht wurde.[30] In diesem Fall fehlt es bereits an der Möglichkeit eines Zusammenhangs zwischen dem Schadenseintritt und der Unkenntnis des Dritten vom Ausscheiden des Gesellschafters.[31] Niemand lässt sich im Vertrauen auf die Haftung eines potenziellen Schuldners schädigen.

79 Diese Einschränkung bedeutet allerdings nicht, dass § 15 I HGB nur auf Rechtsgeschäfte Anwendung findet. Ausreichend ist es, wenn der geltend gemachte Anspruch mit einem Rechtsgeschäft im Zusammenhang steht, wie zB im Falle der culpa in contrahendo (§§ 280 I, 311 II, III, 241 II BGB), Leistungskondiktion, Geschäftsführung ohne Auftrag, aber auch bei Delikten, die im Rechtsverkehr begangen werden (etwa

---

25 RGZ 70, 272, 273 (Beweis geführt); *Hübner*, Handelsrecht, Rn. 143; MünchKomm-HGB/*Krebs*, § 15 Rn. 48.
26 OLG Oldenburg ZIP 2011, 175 m. Anm. *Schodder* EWiR 2011, 283.
27 Dazu ausf. *Lieder*, Jahrbuch Junger Zivilrechtswissenschaftler 2010, 2011, S. 121, 133 ff.; zur Begrifflichkeit auch *Canaris*, Handelsrecht, § 5 Rn. 14, 19; Staub/*Koch*, HGB, § 15 Rn. 25; MünchKomm-HGB/*Krebs*, § 15 Rn. 22.
28 Baumbach/Hopt/*Hopt*, HGB, § 15 Rn. 9; Röhricht/von Westphalen/Haas/*Ries*, HGB, § 15 Rn. 3; *J. Hager* Jura 1992, 57, 62.
29 Zur Haftung des OHG-Gesellschafters, speziell für Deliktsverbindlichkeiten: unten Rn. 596.
30 So RGZ 93, 238, 240 ff.; *Canaris*, Handelsrecht, § 5 Rn. 14; *K. Schmidt*, Handelsrecht, § 14 Rn. 47.
31 Vgl. bereits *Hahn/Mugdan*, Denkschrift zum HGB, 1897, S. 212.

Betrug bei Vertragsschluss).[32] Die Vorschrift gilt schließlich auch im Prozessverkehr.[33] Keine Anwendung findet § 15 I HGB hingegen auf (gesetzliche) Steuerschulden des ausgeschiedenen Komplementärs.[34]

Der BGH verneint den Schutz des § 15 I HGB schließlich, wenn der Dritte sein Handeln nicht auf die (unzutreffende) Registereintragung einrichten konnte:[35]   **80**

Fall 7: B beauftragte W mit Maurerarbeiten, bezahlte aber den Werklohn nicht. W trat die   **81** Werklohnforderung an G, die geschäftsführende Gesellschafterin der G-GmbH ab. Diese war von den Beschränkungen des § 181 BGB befreit und trat die Forderung weiter an die G-GmbH ab, die gegen B Klage erhob. B beruft sich auf Verjährung (§ 214 BGB) und ist der Auffassung, die Verjährung sei durch die (noch rechtzeitige) Klageerhebung nicht gehemmt worden (vgl. § 204 I Nr. 1 BGB), weil nicht der Anspruchsinhaber die Klage erhoben habe. Denn die Abtretung an die G-GmbH sei ihm gegenüber gem. § 15 I HGB unwirksam, weil die Befreiung von § 181 BGB – entgegen der hM[36] – nicht in das Handelsregister eingetragen wurde.

Dieser Argumentation ist der BGH indes nicht gefolgt, weil nicht ersichtlich sei, dass   **82** sich die unrichtige Registereintragung auf das rechtsgeschäftliche Verhalten von B auswirken konnte. Allein das Vertrauen in eine mögliche Verjährung der Forderung werde durch § 15 I HGB nicht geschützt. Dem ist im Ergebnis zu folgen, und zwar mit Blick auf die Lehre von der **potenziellen Kausalität** (Rn. 77). Hier fehlt es wiederum an der Möglichkeit eines Zusammenhangs zwischen dem Vertrauen auf den Verjährungseintritt und der Unkenntnis des B von der Nichtgeltung des § 181 BGB im Verhältnis zwischen G und der G-GmbH.

gg)   In Abweichung zur allgemeinen Rechtsscheinhaftung (dazu unten Rn. 816) ver-   **83** zichtet die zutreffende hM bei § 15 I HGB auf eine **konkrete Kausalität** zwischen dem Vertrauenstatbestand (unrichtige Registerlage) und dem Handeln des Dritten; § 15 I HGB gewährleistet vielmehr „**abstrakten Vertrauensschutz**" (dazu bereits Rn. 71).[37] Insbesondere kommt es nicht darauf an, dass der Dritte tatsächlich Einblick in das Handelsregister genommen oder die Bekanntmachung gelesen hat,[38] was bereits deshalb richtig ist, weil die Kenntnis der bisherigen Rechtslage auch durch Umstände außerhalb des Handelsregisters begründet sein kann.[39] Im Hinblick auf den Normzweck des § 15 I HGB ist dem Anmeldepflichtigen – entgegen einer Literaturauffassung[40] – auch der Gegenbeweis hinsichtlich der Unkenntnis der vertrauensbegründenden Tatsachen zu versagen.[41] Andernfalls würden die mit § 15 I HGB inten-

---

32 *Hübner*, Handelsrecht, Rn. 145; *Canaris*, Handelsrecht, § 5 Rn. 15; Baumbach/Hopt/*Hopt*, HGB, § 15 Rn. 8.
33 BGH NJW 1979, 42 (Vollstreckung); RGZ 127, 99 (Zustellung).
34 BFH NJW 1978, 1944.
35 BGH ZIP 2004, 39 = JuS 2004, 348 m. zust. Anm. *K. Schmidt*.
36 Zum Eintragungserfordernis: BGHZ 87, 59, 61; BGHZ 114, 167, 170.
37 BGHZ 65, 309, 311; Baumbach/Hopt/*Hopt*, HGB, § 15 Rn. 9; *Brox/Henssler*, Handelsrecht, Rn. 84; ausf. *Lieder*, Jahrbuch Junger Zivilrechtswissenschaftler 2010, 2011, S. 121, 125 ff.
38 BGHZ 65, 309, 311; BGH ZIP 2004, 39, 40 = JuS 2004, 348 m. zust. Anm. *K. Schmidt*.
39 Vgl. zur Problematik der fehlenden Voreintragung bereits oben Rn. 68 ff.
40 *Canaris*, Handelsrecht, § 5 Rn. 17; *Hübner*, Handelsrecht, Rn. 144 aE.
41 Baumbach/Hopt/*Hopt*, HGB, § 15 Rn. 9; MünchKomm-HGB/*Krebs*, § 15 Rn. 45; Staub/*Hüffer*, HGB, § 15 Rn. 60 f.

dierten Erleichterungen des Handelsverkehrs verwässert und der Dritte letztlich dennoch gezwungen, im Handelsregister Einsicht zu nehmen.[42]

84 hh) Nach dem Wortlaut des § 15 I HGB kommt es für dessen Anwendung nicht darauf an, warum die Eintragung bzw. Bekanntmachung unterblieben ist; anders als bei § 15 III HGB (unten Rn. 110 ff.) entspricht dies auch unstreitig der gesetzgeberischen Wertung.[43] In diesem Sinne ist es auch **nicht erforderlich**, dass dem Anmeldepflichtigen die Unterlassung **zugerechnet** werden kann.[44] Auch Verzögerungen oder Fehler des Registergerichts[45] gehen zu seinen Lasten; ggf. bestehen Regressansprüche aus Amtspflichtverletzung gem. Art. 34 GG, § 839 BGB.[46] Da es auf die Zurechenbarkeit nicht ankommt, gilt § 15 I HGB schließlich auch **zu Lasten von beschränkt Geschäftsfähigen und Geschäftsunfähigen**.[47]

85 **Fall 8:**[48] Veräußert ein Minderjähriger ein ererbtes Handelsgeschäft einschließlich der Firma mit Zustimmung des Familiengerichts (vgl. § 1822 Nr. 3 BGB) und unterbleibt die Eintragung im Handelsregister (vgl. § 31 I HGB), dann resultiert daraus eine Haftung des Minderjährigen nach § 15 I iVm § 27 HGB für die Verbindlichkeiten des späteren Erwerbers.

86 Hiermit wird keineswegs der bürgerlichrechtliche Minderjährigenschutz überspielt. Denn die Unwirksamkeitsfolge der §§ 106 ff. BGB beschränkt sich auf Willenserklärungen des Minderjährigen. Dabei muss es auch im Grundsatz bleiben. Allerdings steht hier die Wirksamkeit der vom Minderjährigen abgegebenen Willenserklärung nicht in Frage. Die Veräußerung war letztlich durch die familiengerichtliche Zustimmung legitimiert. Dementsprechend erscheint auch die Haftung des Minderjährigen als konsequente Folge der familiengerichtlichen Zustimmung.

87 Nur für den Fall einer **Fälschung des Handelsregisters** durch eine unbefugte Privatperson oder bei einer von außen kommenden Beeinträchtigung der Verfahrensintegrität durch Täuschung, Drohung oder *vis absoluta* findet § 15 I HGB keine Anwendung. Denn nach der Lehre vom unwirksamen Rechtsscheinträger[49] entfällt die Legitimationswirkung des Handelsregisters in diesen Fällen ebenso wie die Rechtsscheinwirkungen von Grundbuch[50] und Erbschein[51].

88 ii) § 15 I HGB schützt nur Dritte, die geeignet sind, den redlichen **Rechtsverkehr** zu **repräsentieren**, also etwa nicht die Gesellschafter einer OHG, auch nicht im Rah-

---

42 Dazu ausf. *Lieder*, Jahrbuch Junger Zivilrechtswissenschaftler 2010, 2011, S. 121, 132 f.; ferner *J. Hager* Jura 1992, 57, 61.

43 Seit ROHGE 23, 280, 283 ganz hM; vgl. etwa schon Staub/*Bondi*, HGB, 11. Aufl. 1921, § 15 Anm. 1.

44 *Canaris*, Handelsrecht, § 5 Rn. 20; *Hübner*, Handelsrecht, Rn. 146; *Jung*, Handelsrecht, § 10 Rn. 13.

45 Vgl. ROHGE 23, 280: Angemeldete KG wird als OHG eingetragen mit der Folge, dass die beklagten Kommanditisten einem Wechselgläubiger unbeschränkt haften müssen.

46 Baumbach/Hopt/*Hopt*, HGB, § 15 Rn. 6, 23.

47 BGHZ 115, 78, 80; Oetker/*Preuß*, HGB, § 15 Rn. 23; *K. Schmidt*, Handelsrecht, § 14 Rn. 38; *Canaris*, Handelsrecht, § 5 Rn. 21.

48 Nach *Bülow/Artz*, Handelsrecht, Rn. 136.

49 Dazu grundlegend *Lieder* AcP 210 (2010), 857 ff.

50 OLG Frankfurt Rpfleger 1981, 479; MünchKomm-BGB/*Kohler*, § 892 Rn. 10; Palandt/*Herrler*, BGB, § 873 Rn. 13, § 892 Rn. 10; *Wieling* AcP 209 (2009), 577, 593 ff.; aA *Lutter* AcP 164 (1964), 122, 152 ff.

51 Vgl. MünchKomm-BGB/*Grziwotz*, § 2353 Rn. 58, § 2361 Rn. 13 aE.

men von Drittgeschäften.[52] Bei Gesellschaftern von Kapitalgesellschaften kann dies aufgrund des Trennungsprinzips anders sein.[53]

c) Rechtsfolgen

aa)   Die eintragungspflichtige Tatsache kann „von demjenigen, in dessen Angelegenheiten sie einzutragen war", dem gutgläubigen Dritten „nicht entgegengesetzt werden". Dies bedeutet: Der **Anmeldepflichtige** (Unternehmen, Einzelkaufmann, Gesellschafter) – einschließlich seiner Rechtsnachfolger – kann sich gegenüber dem redlichen Dritten nicht auf die Wirkung der eintragungspflichtigen Tatsache berufen, d.h. die **Änderung der Rechtslage nicht geltend machen.**   89

bb)   Der **Dritte** kann, muss aber nicht die Rechtsfolge des § 15 I HGB für sich nutzen. Er hat vielmehr ein **Wahlrecht** und kann sich daher auch unter Verzicht auf die Rechtsscheinwirkung für die der Wirklichkeit entsprechende geänderte Rechtslage entscheiden, wenn er dies für günstiger erachtet.[54]   90

cc)   Im Schrifttum teilweise auf heftige Kritik gestoßen ist indes die Auffassung des BGH, wonach im Falle, dass die nicht eingetragene Tatsache dem Dritten teils zum Vorteil und teils zum Nachteil gereicht, der Dritte sein **Wahlrecht im Sinne einer Meistbegünstigung** ausüben dürfe (sog. „Rosinentheorie").   91

Fall 9[55] soll die Problematik verdeutlichen:[56] In der A+B-KG ist für die beiden Komplementäre A und B Gesamtvertretung vereinbart, was auch ordnungsgemäß eingetragen und bekanntgemacht wird. Nachdem A, ohne dass dies zum Handelsregister angemeldet wurde, aus der KG ausgeschieden ist, schließt B mit X einen Kaufvertrag. Kann X hierfür den A in Anspruch nehmen?   92

Nimmt man an, dass X sich zwischen der Registerlage und der wahren Rechtslage entscheiden muss, dann wäre in beiden Alternativen ein Anspruch gegen A nicht begründet: Nach der Registerlage hätte B allein die KG nicht verpflichten können, so dass auch keine Gesellschaftsverbindlichkeit begründet worden wäre. Stützt sich X hingegen auf die wirkliche Rechtslage, dann ist zwar ein Anspruch gegen die KG entstanden, doch würde A als ausgeschiedener Gesellschafter für die nach seinem Ausscheiden neu begründete Verbindlichkeit nicht mehr haften.[57]   93

Der BGH und ein Teil der Lehre gehen die Problematik indes anders an:[58] Zunächst wird – wie in der gutachterlichen Klausurlösung – untersucht, ob eine Verbindlichkeit der KG vorliegt; dies ist (nach der wirklichen Rechtslage) unzweifelhaft der Fall, weil   94

---

52   *Hübner*, Handelsrecht, Rn. 148; MünchKomm-HGB/*Krebs*, § 15 Rn. 42; vgl. auch OLG Dresden NZG 2001, 1141.
53   RGZ 81, 17, 21; Staub/*Koch*, HGB, § 15 Rn. 56.
54   BGHZ 55, 266, 273; *Canaris*, § 5 Rn. 24; Staub/*Koch*, HGB, § 15 Rn. 64; aA *K. Schmidt*, Handelsrecht, § 14 Rn. 50 ff.
55   Zum Sachverhalt BGHZ 65, 309.
56   Nach *Bülow/Artz*, Handelsrecht, Rn. 140 ff.; *Hübner*, Handelsrecht, Rn. 151 ff.; weiteres Klausurbeispiel bei *Petersen* Jura 2013, 377, 380 ff.
57   Zur Haftung des (ausgeschiedenen) Gesellschafters ausf. unten Rn. 633 ff.
58   BGHZ 65, 309, 310 f.; *K. Schmidt*, Handelsrecht, § 14 Rn. 57 ff.; Staub/*Koch*, HGB, § 15 Rn. 67 ff.; Baumbach/Hopt/*Hopt*, HGB, § 15 Rn. 6 mwN.

nach dem Ausscheiden von A nunmehr der einzige Komplementär B allein zur Vertretung der KG berechtigt ist. Die (noch im Handelsregister eingetragene) Regelung zur Gesamtvertretung ist obsolet geworden und hindert B nicht daran, die KG allein zu vertreten. Da § 15 I HGB nur den Dritten, nicht aber den Anmeldepflichtigen schützen soll, kann sich A auf die fehlerhafte Registereintragung nicht berufen. Für diese KG-Verbindlichkeit haften sowohl A als auch B gem. §§ 128, 161 II HGB persönlich. A kann sich gem. § 15 I HGB gegenüber X nicht darauf berufen, dass er – nach seinem Ausscheiden – kein Gesellschafter mehr ist. Der Anspruch von X gegen A ist daher begründet.[59]

95 Von der Gegenauffassung wird diese Lösung indes als „vordergründig und positivistisch" zurückgewiesen und als „Rosinentheorie" diskreditiert. § 15 I HGB wolle den Dritten nur vor Nachteilen aus der unterlassenen Eintragung und Bekanntmachung schützen, ihn aber nicht besser stellen, als er nach der Registerlage stehen würde.[60] Dieser Einwand ist jedoch verfehlt, weil er auf einer Missdeutung des § 15 I HGB beruht. Es ist dogmatisch unzutreffend, den Sachverhalt entweder unter Zugrundelegung der Registerlage oder unter Zugrundelegung der wahren Rechtslage komplett durchzuprüfen. § 15 I HGB darf vielmehr nur bei der tatbestandlichen Voraussetzung ins Spiel gebracht werden, wo das Unterlassen der Eintragung und Bekanntmachung einer eintragungspflichtigen Tatsache zuungunsten des Dritten von der wirklichen Rechtslage abweicht. Dies ist im Beispiel nur im Hinblick auf das Ausscheiden des A der Fall. Die übrige Falllösung richtet sich hingegen allein nach der wirklichen Rechtslage.[61]

96 dd) Bestätigt wird dieses Ergebnis durch ein weiteres „Lehrstück zu § 15 I HGB"[62], das die Problematik der **Geschäftsunfähigkeit eines Stellvertreters** zum Gegenstand hat.

97 **Fall 10:** G ist als Geschäftsführer der D-GmbH in das Handelsregister eingetragen; die Eintragung wurde ordnungsgemäß bekanntgemacht. K ist Inhaber eines von G für die GmbH akzeptierten Wechsels, der nicht bezahlt wurde. Der bei seiner Bestellung gesunde G war später im Zeitpunkt der Unterzeichnung des Wechsels unerkannt geisteskrank.

98 In Betracht kommt ein Anspruch aus Art. 28 I WG. Danach muss der Bezogene – hier: die D-GmbH – den Wechsel bei Ausfall bezahlen, wenn sie ihn wirksam angenommen hat. Dies setzt voraus, dass G im fraglichen Zeitpunkt tatsächlich Geschäftsführer der G war. Indes ist das Geschäftsführeramt des G mit dem Eintritt der (unerkannten) Geisteskrankheit erloschen. Denn zum GmbH-Geschäftsführer kann nur eine natürliche, unbeschränkt geschäftsfähige Person bestellt werden (§ 6 II 1 GmbHG).[63] Verliert ein Geschäftsführer nachträglich die unbeschränkte Geschäftsfähigkeit, so enden automatisch sein Geschäftsführeramt und seine (organschaftliche) Vertretungsbefugnis.[64] Diesen Mangel kann die D-GmbH dem gutgläubigen K je-

---

59 Ausf. auch *Bülow/Artz*, Handelsrecht, Rn. 142.
60 *Canaris*, Handelsrecht, § 5 Rn. 26; *Hübner*, Handelsrecht, Rn. 153; *Brox/Henssler*, Handelsrecht, Rn. 86.
61 So im Ergebnis auch *Petersen* Jura 2017, 294, 295.
62 So *K. Schmidt* in der Urteilsbesprechung zu BGHZ 115, 78 in JuS 1991, 1002 ff.
63 BGHZ 115, 78, 80 = JZ 1992, 152, 153 m. Anm. *Lutter/Gehling*.
64 So bereits BayObLG BB 1982, 1508.

doch gem. § 15 I HGB nicht entgegenhalten, da die Beendigung des Geschäftsführeramtes und damit die fehlende Vertretungsbefugnis gem. § 39 I GmbHG zur Eintragung in das Handelsregister anzumelden gewesen wäre.[65] Dass die Beendigung des Geschäftsführeramtes seinen Grund in der fehlenden Geschäftsfähigkeit des G hatte, erklärt der BGH für unerheblich. Zu Recht: Für den Schutz des Dritten im Rahmen des § 15 I HGB ist es ohne Bedeutung, warum die (eintragungspflichtige) Tatsache nicht eingetragen oder bekanntgemacht wurde (Rn. 84).

Mit Hilfe von § 15 I HGB wurde indes allein die Tatsache der unrichtigen Geschäftsführerbestellung und damit der Mangel der Vertretungsbefugnis beseitigt, nicht jedoch die **Geschäftsunfähigkeit** des G als solche. Daher führt die Anwendung des § 15 I HGB auch nicht zu dem Ergebnis, dass die Erklärungen des vermeintlichen Geschäftsführers – entgegen der §§ 105 ff. BGB – als wirksam anzusehen sind. G hat somit zwar mit (unterstellter) Vertretungsbefugnis gehandelt; seine als Vertreter abgegebene Erklärung war jedoch gem. § 105 I BGB nichtig (arg e § 165 BGB).[66] Allerdings kommt eine Haftung der (übrigen) Gesellschafter nach allgemeinen Rechtsscheingrundsätzen[67] in Betracht, wenn sie die Geschäftsunfähigkeit schuldhaft nicht erkannt und deshalb keine Konsequenzen gezogen haben.[68] **99**

Merke: Der Mangel der Geschäftsunfähigkeit kann generell nicht mit Hilfe des § 15 I HGB überwunden werden, da das Erlöschen der Geschäftsfähigkeit keine Tatsache darstellt, die in das Handelsregister einzutragen ist.[69] **100**

Daher nochmals:[70] § 15 I HGB führt nicht dazu, dass ein bestimmter *Fiktivsachverhalt* zugunsten des gutgläubigen Dritten als wahr unterstellt wird – hier: die den Fortbestand der Vertretungsbefugnis gewährleistende Geschäftsfähigkeit des G. Der Schutz der Vorschrift beschränkt sich vielmehr darauf, dass die eintragungspflichtige Tatsache der Beendigung des Geschäftsführeramtes (§§ 6 II 1, 39 I GmbHG) nicht als Einwand geltend gemacht werden kann. Im Übrigen wird der weiteren Falllösung jedoch die wirkliche Rechtslage zugrunde gelegt – hier: die Abgabe einer Willenserklärung vom vermeintlich vertretungsbefugten Geschäftsführer, die jedoch gem. § 105 I BGB nichtig ist. **101**

2. Schutz bei richtiger Eintragung und Bekanntmachung gem. § 15 II HGB

a) Wirkung eingetragener und bekanntgemachter Tatsachen gegenüber Dritten

§ 15 II HGB betrifft – anders als § 15 I und III HGB – den Sachverhalt, dass Registerlage und wirkliche Rechtslage übereinstimmen. Dass ein Dritter eine eingetragene und bekanntgemachte Tatsache nach § 15 II 1 HGB gegen sich gelten lassen muss, ist **102**

---

65 Verfehlt wäre es, auf die Tatsache der Eintragung des geschäftsunfähigen G im Handelsregister abzustellen und § 15 III HGB anzuwenden: dazu näher unten Rn. 110 f. sowie deutlich auch *K. Schmidt* JuS 1991, 1002, 1003.
66 So dezidiert bereits BGHZ 53, 210, 215 mwN; krit. allerdings *Lutter/Gehling* JZ 1992, 154 ff.
67 Dazu ausf. unten Rn. 833.
68 BGHZ 115, 78, 80; *K. Schmidt* JuS 1991, 1002, 1005; *Canaris*, Handelsrecht, § 6 Rn. 5.
69 BGHZ 115, 78, 81; *K. Schmidt* JuS 1991, 1002, 1004 mwN.
70 Siehe bereits oben Rn. 63.

auf den ersten Blick eine Selbstverständlichkeit. So kann etwa die Kündigung durch einen Prokuristen, dessen Prokura ordnungsgemäß eingetragen und bekanntgemacht wurde, nicht mangels Vorlage einer Vollmacht zurückgewiesen werden (vgl. § 174 BGB).[71] Der Regelung kommt vor allem dann besondere Bedeutung zu, wenn die bisherige Rechtslage verändert wird, zB wenn die dem P erteilte Prokura widerrufen wird. Der durch die bisherige Registereintragung oder sonstige Umstände begründete **Vertrauenstatbestand**, dass P nach wie vor als Prokurist für den Inhaber des Handelsgeschäfts rechtsverbindliche Erklärungen abgeben darf,[72] wird durch die Eintragung und Bekanntmachung der neuen Tatsache (Widerruf der Prokura) **zerstört**. Der Anmeldepflichtige kann sich nunmehr auf die Rechtsfolge des § 15 II 1 HGB berufen, muss dies aber nicht tun (Wahlrecht!).[73]

103 Wiederum erfasst § 15 II 1 HGB nur **eintragungspflichtige** Tatsachen[74] (wie aus der mittelbaren Bezugnahme auf § 15 I HGB folgt), die zudem auch **richtig** sein müssen.[75]

104 **Beispiel:** War etwa der Widerruf der erteilten Prokura unwirksam, dann kann sich der Inhaber des Handelsgeschäfts gegenüber einem Dritten auch dann nicht darauf berufen, wenn fälschlich der Widerruf eingetragen und bekanntgemacht wurde.

105 Allerdings entfaltet § 15 II 1 HGB keine generelle Sperrwirkung gegenüber der allgemeinen Rechtsscheinhaftung (Rn. 816).[76] Dies gilt insbesondere im Verhältnis zu § 172 II BGB.

106 **Fall 11:** G hat die Prokura von P widerrufen; der Widerruf wurde eingetragen und bekanntgemacht. Unter Vorlage einer von G unterzeichneten Urkunde, die P als Prokuristen ausweist, tätigt P für G mit D ein Rechtsgeschäft. Trotz § 15 II 1 HGB folgt hier die Vertretungsmacht des P aus § 172 II BGB.[77]

107 **Fall 12:** A und B haben ordnungsgemäß eine GmbH gegründet, firmieren im Rechtsverkehr aber schlicht als „A & B". Insbesondere findet sich auf den Geschäftsbriefen des Unternehmens kein Hinweis auf die wahre Rechtsform (GmbH). Gläubiger G sieht sich durch A und B getäuscht und möchte auf die Gesellschafter persönlich zugreifen. Die aber winken ab und verweisen auf die (zutreffende) Eintragung und Bekanntmachung der GmbH im Handelsregister.

108 Nach den Grundsätzen der allgemeinen Rechtsscheinhaftung (dazu auch Rn. 816) müssen sich die GmbH-Gesellschafter A und B, weil sie die Führung des Rechtsformzusatzes zurechenbar unterlassen haben, gegenüber dem redlichen Geschäfts-

---

71 BAG DB 1992, 895; *Hübner*, Handelsrecht, Rn. 128.
72 Zur Prokura ausf. unten Rn. 209 ff.
73 *Hübner*, Handelsrecht, Rn. 128; Baumbach/Hopt/*Hopt*, HGB, § 15 Rn. 13; aA *Fischinger*, Handelsrecht, Rn. 153.
74 Staub/*Koch*, HGB, § 15 Rn. 76; Baumbach/Hopt/*Hopt*, HGB, § 15 Rn. 13 mwN; aA *Brox/Henssler*, Handelsrecht, Rn. 88: auch eintragungsfähige Tatsachen.
75 *Hübner*, Handelsrecht, Rn. 125; *Brox/Henssler*, Handelsrecht, Rn. 88a.
76 BGHZ 62, 216, 223; BGHZ 71, 354, 357; *Hübner*, Handelsrecht, Rn. 132; ausf. *Oetker*, Handelsrecht, § 3 Rn. 55 ff.
77 *Canaris*, Handelsrecht, § 5 Rn. 36; *Jung*, Handelsrecht, § 10 Rn. 20.

partner G am Eindruck der unbeschränkten persönlichen Haftung festhalten lassen.[78] Dabei ist ihnen auch der Einwand des § 15 II HGB abgeschnitten, weil andernfalls das Regelungsziel des § 4 GmbHG – gleiches gilt für § 4 AktG[79] und § 8 IV 3 PartGG[80] – verfehlt würde. Die Führung des Rechtsformzusatzes soll den Rechtsverkehr über den Haftungsausschluss der GmbH-Gesellschafter (§ 13 II GmbHG) ins Bild setzen und dem Geschäftspartner den Blick ins Handelsregister ersparen. Daher ist die Berufung auf § 15 II HGB in diesem Fall entweder mit dem BGH als rechtsmissbräuchlich iSd § 242 BGB anzusehen[81] oder die Vorschrift ist mit der vorzugswürdigen Auffassung des Schrifttums teleologisch zu reduzieren[82]. Der Dritte darf sich demnach auf den durch unzulässige Firmenführung veranlassten Rechtsschein verlassen.

b) Verlängerung des durch § 15 I HGB vermittelten Schutzes (§ 15 II 2 HGB)

Trotz richtiger Eintragung und Bekanntmachung muss der Dritte während einer Übergangsfrist von 15 Tagen die Rechtsänderung nicht gegen sich gelten lassen, wenn er beweist, dass er die betreffende Tatsache weder kannte noch kennen musste; auch schon einfache Fahrlässigkeit schadet hier also (vgl. § 122 II BGB).[83]   **109**

3. Positive Publizität gem. § 15 III HGB

a) Normzweck und dogmatische Struktur

Die positive Publizitätswirkung von Handelsregistereintragungen gem. § 15 III HGB   **110** geht auf die Publizitätsrichtlinie (Rn. 52) zurück[84] und wurde erst im Jahre 1969 in das HGB eingefügt. Die Vorschrift begründet ebenso wie § 15 I und II HGB eine **Rechtsscheinhaftung**. Geschützt wird das Vertrauen eines gutgläubigen Dritten in eine unrichtig kundgemachte Tatsache (vgl. § 10 HGB). Im Unterschied zu § 15 I HGB ist hier also nicht relevant, dass die Bekanntmachung der wahren Rechtslage unterblieben ist. Vielmehr kommt § 15 III HGB zur Anwendung, wenn eine Rechtslage bekanntgemacht wird, die von vornherein falsch ist. Während also in § 15 I HGB auf das *„Schweigen"* des Handelsregisters vertraut wird, so gilt dies bei § 15 III HGB für das *„Reden"*; daher auch die Bezeichnung: positive Publizität.

> Wäre daher in **Fall 10** G von vornherein geisteskrank und damit geschäftsunfähig gewesen,   **111** so wäre statt § 15 I HGB die Vorschrift des § 15 III HGB anzuwenden gewesen[85]. Im Ergebnis hätten sich hieraus freilich keine Änderungen ergeben.

---

78 BGH NJW 1991, 2627; 1996, 2654; MünchKomm-GmbHG/*Heinze*, § 4 Rn. 147; ausf. *Lieder*, FS 25 Jahre DNotI, 2018, S. 503, 516 ff.; ebenso (zur PartG mbB) *Lieder* NotBZ 2014, 128, 129 f.
79 Vgl. MünchKomm-AktG/*Heider*, § 4 Rn. 7; Hüffer/Koch/*Koch*, AktG, § 4 Rn. 1.
80 Dazu ausf. *Lieder*, FS 25 Jahre DNotI, 2018, S. 503, 519 ff.; zuvor bereits *Lieder* NotBZ 2014, 128, 130.
81 BGHZ 62, 216, 222; 71, 354, 457; BGH NJW 1972, 1418, 1419; 1981, 2569.
82 *Canaris*, Handelsrecht, § 5 Rn. 38.
83 *Brox/Henssler*, Handelsrecht, Rn. 90; *Hübner*, Handelsrecht, Rn. 129; zu den Anforderungen an den Nachweis der Gutgläubigkeit ausf. *Canaris*, Handelsrecht, § 5 Rn. 31 ff. mwN.
84 Dazu näher *Lutter/Bayer/J. Schmidt*, Europäisches Unternehmens- und Kapitalmarktrecht, Rn. 18.9. und Rn. 18.57.
85 *Dreher* DB 1991, 533; *K. Schmidt* JuS 1991, 1002, 1003.

b) Gewohnheitsrechtliche Rechtsscheinhaftung

112 Vor Schaffung des § 15 III HGB war im Wege der richterlichen Rechtsfortbildung jedoch bereits eine gewohnheitsrechtliche Rechtsscheinhaftung in Form von zwei Grundsätzen herausgearbeitet worden:[86]

113 (1.) Wer eine unrichtige Eintragung in das Handelsregister veranlasst, muss sich gegenüber einem gutgläubigen Dritten daran festhalten lassen.

114 (2.) Auch wer eine nicht veranlasste unrichtige Eintragung im Handelsregister schuldhaft nicht beseitigt, muss sich gegenüber einem gutgläubigen Dritten daran festhalten lassen.

115 Diese Grundsätze der Rechtsscheinhaftung erfassen Tatsachen aller Art, d.h. nicht nur eintragungspflichtige, sondern auch nur **eintragungsfähige** Tatsachen.[87] Dem auf die Tatsache vertrauenden Dritten schadet nicht nur Kenntnis, sondern bereits leicht (!) **fahrlässige Unkenntnis** von der Unrichtigkeit der Eintragung oder Bekanntmachung.[88] Außerdem muss zwischen dem zurechenbar veranlassten Rechtsschein und der Vertrauensdisposition des Dritten ein **kausaler Zusammenhang** bestehen. Anders als bei § 15 I HGB (Rn. 75) muss der Dritte daher das Register tatsächlich eingesehen oder die Bekanntmachung tatsächlich wahrgenommen haben.[89] Der Dritte muss im berechtigten Vertrauen auf die Eintragung und (oder) Bekanntmachung das Rechtsgeschäft abgeschlossen haben. Und schließlich beschränkt sich auch die Anwendung der allgemeinen Rechtsscheingrundsätze auf den **rechtsgeschäftlichen Verkehr**; im außervertraglichen Bereich kommt eine Vertrauenshaftung nicht in Betracht.[90]

116 Dieser **gewohnheitsrechtlichen Rechtsscheinhaftung** kommt als Auffangregelung auch heute noch in den Fällen eine **ergänzende Bedeutung** zu, die von § 15 III HGB nicht erfasst werden. Zudem sind die hergebrachten Rechtsscheingrundsätze für die Auslegung des § 15 III HGB von Bedeutung.

c) Anwendungsbereich und Tatbestandsvoraussetzungen des § 15 III HGB

117 aa) Der Anwendungsbereich des § 15 III HGB erfasst – wie § 15 I HGB – nur **eintragungspflichtige** Tatsachen (oben Rn. 53 f.).

118 **Beispiel:** Wurde etwa von Kaufmann K die Prokura des P widerrufen und der Widerruf auch im Handelsregister eingetragen, jedoch fälschlich nur der Widerruf einer Ermächtigung gem. § 49 II HGB (Erstreckung auf Grundstücksgeschäfte, dazu unten Rn. 213 ff.) bekanntgemacht, dann kann K gegenüber einem gutgläubigen Dritten nicht geltend machen, dass P nicht mehr sein Prokurist ist.

119 bb) Unstreitig kommt § 15 III HGB zur Anwendung, wenn zwar die Eintragung im Handelsregister richtig ist, nicht aber die Bekanntmachung.[91] Demgegenüber wird die

---

86 Näher *Brox/Henssler*, Handelsrecht, Rn. 93, 94; *Jung*, Handelsrecht, § 10 Rn. 27 ff.
87 *Canaris*, Handelsrecht, § 6 Rn. 4; Staub/*Koch*, HGB, § 15 Rn. 117.
88 *Brox/Henssler*, Handelsrecht, Rn. 93
89 Hk-HGB/*Ammon*, § 15 Rn. 37.
90 *Canaris*, Handelsrecht, § 6 Rn. 74; vgl. Staub/*Koch*, HGB, § 15 Rn. 25 ff.
91 *Steinbeck*, Handelsrecht, § 9 Rn. 29; *Teichmann*, Handelsrecht, Rn. 379.

Anwendbarkeit von § 15 III HGB angezweifelt, wenn auch *die Eintragung unrichtig ist* oder sogar völlig *fehlt* (im Beispiel: auch im Handelsregister wurde fälschlich nur der Widerruf einer Ermächtigung gem. § 49 II HGB eingetragen). Die Bedenken kommen daher, dass unionsrechtlich (Rn. 9, 52) ausdrücklich nur der Fall einer von der Eintragung abweichenden Bekanntmachung geregelt ist (Art. 16 VII GesRRL).[92] Im Ergebnis sind die Zweifel jedoch unbegründet. Dem deutschen Gesetzgeber stand es nämlich jedenfalls frei, über die in der Richtlinie enthaltenen Mindestvorgaben hinauszugehen und § 15 III HGB umfassender zu formulieren: So hat er über die Richtlinie hinaus, die nur die GmbH, die AG und die KGaA erfasst (Art. 13 iVm Anhang II GesRRL), die positive Publizitätswirkung für alle Handelsregisterbekanntmachungen angeordnet. Und er hat § 15 III HGB auch so gefasst, dass es ausschließlich auf die Unrichtigkeit der Bekanntmachung ankommt, und zwar unabhängig von der Frage, ob die Eintragung richtig oder falsch ist oder insgesamt fehlt. In der Sache ist der Rechtsschein durch eine unrichtig eingetragene und bekanntgemachte Tatsache sogar noch stärker als bei nur unrichtiger Bekanntmachung.[93] „Unrichtig" iSv § 15 III HGB bedeutet somit nach zutreffender hM, dass eine **Diskrepanz zwischen wahrer und bekanntgemachter Rechtslage** besteht.[94]

cc)   Ebenfalls streitig ist, ob § 15 III HGB auch dann zur Anwendung kommen soll, wenn die *Bekanntmachung zwar richtig ist oder fehlt,* hingegen die **Eintragung unrichtig** *ist* (im Beispiel also statt des Widerrufs der Prokura etwa nur der Widerruf einer Ermächtigung gem. § 49 II HGB eingetragen und die Bekanntmachung richtig durchgeführt wurde). Wortlaut und Entstehungsgeschichte[95] widersprechen hier der Anwendung von § 15 III HGB.[96] Zahlreiche Autoren halten dieses Ergebnis indes für einen Wertungswiderspruch und wollen deshalb die Vorschrift auch hier (analog) anwenden.[97] Die hM löst die Problematik indes über eine ergänzende Anwendung der gewohnheitsrechtlichen Rechtsscheinhaftung (oben Rn. 112 ff.).[98] In der Klausur muss die Streitfrage regelmäßig nicht entschieden werden, da beide Auffassungen typischerweise zu einem übereinstimmenden Ergebnis gelangen.   **120**

dd)   Heftig umstritten ist weiterhin, ob die unrichtige Bekanntmachung dem vom Rechtsscheintatbestand Betroffenen **zurechenbar** sein muss.   **121**

Fall 13:[99] Infolge eines gefälschten Protokolls der Gesellschafterversammlung, das eine tatsächlich nicht erfolgte Bestellung des G zum Geschäftsführer der K-GmbH ausweist, wird G als Geschäftsführer in das Handelsregister eingetragen und die Eintragung ord-   **122**

---

92   Streitig ist jedoch bereits die Auslegung der Richtlinie selbst; vgl. dazu *Lutter/Bayer/J. Schmidt*, Europäisches Unternehmens- und Kapitalmarktrecht, Rn. 18.53 ff.
93   Vgl. BT-Drucks. V/3862, S. 11; EBJS/*Gehrlein*, HGB, § 15 Rn. 27.
94   BayObLG NJW-RR 1989, 934, 935; *Canaris*, Handelsrecht, § 5 Rn. 46; *Bülow/Artz*, Handelsrecht, Rn. 152; *Brox/Henssler*, Handelsrecht, Rn. 98.
95   Vgl. BT-Drucks. V/3862, S. 11.
96   So hM: *Brox/Henssler*, Handelsrecht, Rn. 99; *Canaris*, Handelsrecht, § 5 Rn. 45; *Oetker*, Handelsrecht, § 3 Rn. 64; vgl. noch das Klausurbeispiel bei *Harnos/Konken* JA 2015, 844 ff.
97   Baumbach/Hopt/*Hopt*, HGB, § 15 Rn. 18; MünchKomm-HGB/*Krebs*, § 15 Rn. 81.
98   BT-Drucks. V/3862, S. 11; *Hübner*, Handelsrecht, Rn. 160.
99   OLG Brandenburg ZIP 2012, 2103 = JuS 2013, 360 (*K. Schmidt*); dazu auch *Beck* Jura 2014, 507 ff. vgl. noch die Klausurbeispiele bei *Bornemann* JuS 2016, 244 ff.; *Knaier/Hager* JuS Probeexamen 2019, 616 ff.

nungsgemäß bekanntgemacht. G schloss in Vertretung der K-GmbH mit B einen Kaufvertrag ab. Ist das Geschäft wirksam zustande gekommen?

123 G konnte die K-GmbH hier nur als Geschäftsführer mit organschaftlicher Vertretungsmacht nach § 35 GmbHG wirksam vertreten. Das setzt indes eine wirksame Bestellung zum Geschäftsführer nach § 46 Nr. 5 GmbHG voraus, was wiederum einen wirksamen Gesellschafterbeschluss erfordert.[100] Daran fehlt es jedoch vorliegend. Auch der Eintragung der Geschäftsführerbestellung in das Handelsregister nach § 39 GmbHG kommt nur deklaratorische Bedeutung zu.[101] Allerdings könnte sich B hier wegen der erfolgten Handelsregistereintragung auf § 15 III HGB berufen. Ob die Vorschrift zur Anwendung gelangt, ist indes fraglich, da die K-GmbH die Eintragung nicht veranlasst hat.

124 Sieht man einmal von der Auffassung ab, die eine Anwendung des § 15 III HGB schon deshalb vereit, weil auch die Eintragung – und nicht ausschließlich die Bekanntmachung – unrichtig war (Rn. 110), hängt die Entscheidung des Falls maßgeblich davon ab, ob § 15 III HGB eine zurechenbare Veranlassung des Rechtsscheintatbestands voraussetzt. Wortlaut, Entstehungsgeschichte und der Vergleich zu § 15 I HGB legen dies gerade nicht nahe, weswegen sich Teile der Literatur auch gegen eine teleologische Reduktion des § 15 III HGB um das Erfordernis der Zurechenbarkeit aussprechen.[102] Verzichtete man indes auf eine solche Einschränkung, begründete § 15 III HGB eine kaum zumutbare und ökonomisch unsinnige Obliegenheit, das Handelsregister laufend und anlasslos auf seine Richtigkeit hin zu überprüfen. Diese Problematik wird zwar dadurch entschärft, dass Fehler des Registergerichts Amtshaftungsansprüche aus Art. 34 GG, § 839 BGB begründen können, so dass im Haftungsfall ein Regress möglich ist.[103] Die herrschende Auffassung hält eine Rechtsscheinhaftung ohne Zurechenbarkeit gleichwohl für untragbar und auch mit Blick auf Art. 2 I, 14 I GG für verfassungsrechtlich bedenklich; sie fordert daher, dass der Betroffene zumindest eine Veranlassung zur Bekanntmachung gegeben hat (**Veranlassungsprinzip**), wobei allerdings schon der *richtig* gestellte Eintragungsantrag ausreichen soll.[104] Für diese Position, der auch das OLG Brandenburg[105] in **Fall 13** folgte, sprechen unbeschadet der verfassungsrechtlichen Zweifel insbesondere die strukturellen und wertungsmäßigen Parallelen zur gewohnheitsrechtlichen Rechtsscheinhaftung, die ebenfalls einen zurechenbar gesetzten Vertrauenstatbestand erfordert (Rn. 115). Zudem kann eine Kontrolle der Richtigkeit der Verlautbarung nur demjenigen zugemutet werden, der die Anmeldung zur Eintragung der unzutreffend bekanntgemachten Tatsache in das Handelsregister vorgenommen hat.[106] Daher ist es jedenfalls in-

---

100 Lutter/Hommelhoff/*Bayer*, GmbHG, § 46 Rn. 23; Scholz/*K. Schmidt*, GmbHG, § 46 Rn. 70.
101 BGH NJW 1996, 257, 258; Roth/Altmeppen/*Altmeppen*, GmbHG, § 39 Rn. 6; MünchKomm-GmbHG/*Stephan/Tieves*, § 39 Rn. 51.
102 Gegen ein Zurechenbarkeitserfordernis daher MünchKomm-HGB/*Krebs* § 15 Rn. 85; *Brox/Henssler*, Handelsrecht, Rn. 102; *Teichmann*, FS K. Schmidt II, 2019, S. 471 ff.
103 Hk-HGB/*Ammon*, § 15 Rn. 38; *Bülow/Artz*, Handelsrecht, Rn. 153.
104 EBJS/*Gehrlein*, HGB, § 15 Rn. 33; Baumbach/Hopt/*Hopt*, HGB, § 5 Rn. 19; *Canaris*, Handelsrecht, § 5 Rn. 52; *Bülow/Artz*, Handelsrecht, Rn. 153; *Hübner*, Handelsrecht, Rn. 162; ausf. *Lieder* NZG 2020, 81, 89.
105 OLG Brandenburg ZIP 2012, 2103 = JuS 2013, 360 *(K. Schmidt)*.
106 Vgl. noch *Beck* Jura 2014, 507, 512 zur unionsrechtlichen Dimension der Problematik.

konsequent, § 15 III HGB nur zu Lasten von Personen mit einer Handelsregisterakte – sprich: Kaufleuten, Handelsgesellschaften und deren Mitglieder, dagegen nicht gegenüber Privatpersonen oder Freiberuflern – eingreifen zu lassen.[107]

Fall 14: K beantragt die Löschung der Prokura für P; bekanntgemacht wird eine Prokuraerteilung für B.   **125**

Hier ist die Zurechnung zu bejahen, weil K die Bekanntmachung veranlasst hat und **126** problemlos prüfen kann, ob sein Antrag zutreffend ausgeführt wurde. Wird hingegen fälschlich bekanntgemacht, dass der zum Geschäftsführer der A-GmbH angemeldete G Geschäftsführer der B-GmbH sei, dann würde diese Unrichtigkeit der B-GmbH nicht zugerechnet, da sie – mangels eigener Veranlassung – keinen Grund zur Prüfung der Richtigkeit des Handelsregisters hatte.

ee)   Konsequenterweise kann § 15 III HGB bei erforderlicher Zurechnung – anders **127** als bei § 15 I HGB (oben Rn. 84) – auch nicht auf **beschränkt Geschäftsfähige** oder **Geschäftsunfähige** angewendet werden.[108]

Fall 15:[109] Bekanntgemacht wird eine Prokura für P auf Antrag des minderjährigen Kaufmanns K ohne Zustimmung des Familiengerichts gem. §§ 1643 I, 1822 Nr. 11, 1831 BGB. Diese Prokuraerteilung ist hier unwirksam.[110] Mangels Zurechenbarkeit wirkt ein von P gegenüber dem gutgläubigen D abgeschlossenes Rechtsgeschäft nicht gegenüber K.   **128**

ff)   Ebenso wie bei § 15 I HGB (Rn. 75) findet § 15 III HGB keine Anwendung, **129** wenn der Dritte die wahre Rechtslage positiv kennt. Auch grob fahrlässige Unkenntnis schadet der **Gutgläubigkeit** des Dritten nicht.[111] Insoweit weicht § 15 III HGB von der gewohnheitsrechtlichen Rechtsscheinhaftung ab. Eine weitere Abweichung ergibt sich in puncto Kausalität. Denn § 15 III HGB kommt auch dann zur Anwendung, wenn der Dritte keine positive Kenntnis von der Bekanntmachung hat; auch muss er bei dem Abschluss des fraglichen Geschäfts nicht auf die Bekanntmachung vertraut haben (**abstrakter Vertrauensschutz**).[112]

d) Rechtswirkungen

Die Anwendung des § 15 III HGB führt dazu, dass sich der redliche Dritte gegenüber **130** dem Anmeldepflichtigen auf die Richtigkeit der bekanntgemachten Tatsache berufen kann. In Übereinstimmung mit § 15 I HGB (Rn. 90) steht dem Dritten aber auch hier ein **Wahlrecht** zu. Er kann sich folglich im gleichen Umfang wie bei § 15 I HGB auch auf die wirkliche Rechtslage berufen.[113]

---

107   So aber *Oetker*, Handelsrecht, § 3 Rn. 69 ff.; *K. Schmidt*, Handelsrecht, § 14 Rn. 89 ff.; dagegen *Lieder* NZG 2020, 81, 89.

108   So *Canaris*, Handelsrecht, § 5 Rn. 54; Baumbach/Hopt/*Hopt*, HGB, § 15 Rn. 19; *Hübner*, Handelsrecht, Rn. 170; *Oetker*, Handelsrecht, § 3 Rn. 73; aA Staub/*Koch*, HGB, § 15 Rn. 111; *Bülow/Artz*, Handelsrecht, Rn. 154.

109   Weiterer Beispielsfall bei *Hübner*, Handelsrecht, Rn. 171.

110   RGZ 127, 153, 158.

111   *Oetker*, Handelsrecht, § 3 Rn. 72; *Steinbeck*, Handelsrecht, § 9 Rn. 31.

112   *Bitter/Schumacher*, Handelsrecht, § 4 Rn. 21; *Steinbeck*, Handelsrecht, § 9 Rn. 31.

113   EBJS/*Gehrlein*, HGB, § 15 Rn. 37; *Teichmann*, Handelsrecht, Rn. 388.

§ 4 Übertragung und Vererbung des kaufmännischen Unternehmens

I. Unternehmen und Unternehmensträger

131 Der *Begriff des Unternehmens* ist gesetzlich nicht definiert. Obgleich das Gesetz verschiedentlich an den Unternehmensbegriff anknüpft (wie zB in §§ 14 BGB, 15 AktG), lassen sich aus den unterschiedlichen Regelungszusammenhängen keine allgemeingültigen Anhaltspunkte für die Begriffsbestimmung gewinnen.[1] Zumindest für den handelsrechtlichen Zusammenhang ist festzuhalten, dass das Unternehmen des Kaufmanns dort als Handelsgewerbe (§ 1 HGB) oder auch als Handelsgeschäft (§§ 22 ff. HGB) bezeichnet wird.[2] In diesem Sinne bezeichnet das Unternehmen eine organisatorische Einheit sachlicher und personeller Mittel zur Erreichung eines wirtschaftlichen Zwecks am Markt.[3] Teile des Unternehmens sind ebenso Sachen (Waren, Wertpapiere, Bargeld, Grundstücke), Rechte (Forderungen, Patente, good will) und Verbindlichkeiten (Schulden) wie auch Personen (Unternehmer, Arbeitnehmer, Kapitalgeber). Das „lebende" Unternehmen (going concern) ist jedoch mehr (wert) als die Summe seiner Teile.

132 Das Unternehmen kann mehrere *Niederlassungen* (insbesondere Haupt- und Zweigniederlassungen) haben. Eine Niederlassung bezeichnet den Ort, von dem aus das Unternehmen kaufmännisch geleitet und betrieben wird.[4] Der *Betrieb* hingegen ist ein arbeitsrechtlicher Begriff (vgl. auch § 613a BGB) und beschreibt eine räumlich-technische Einheit, in welcher der Inhaber allein oder mit seinen Mitarbeitern einen bestimmten arbeitstechnischen Zweck verfolgt.[5]

133 **Allerdings:** Das Unternehmen ist **kein Rechtssubjekt**, sondern nur eine wirtschaftliche Funktionseinheit. **Rechtsträger** des Unternehmens (Unternehmensträger) ist vielmehr dessen juristischer **Eigentümer**, sei es eine natürliche Person (der Einzelunternehmer), eine Personengesellschaft (insbesondere BGB-Gesellschaft[6], OHG, KG), eine juristische Person (insbesondere eine Kapitalgesellschaft in Form der GmbH oder der AG, eine eingetragene Genossenschaft, ein eingetragener Verein, eine Stiftung) oder auch die öffentliche Hand (zB ein kommunaler Eigenbetrieb).

134 Das „Unternehmen" nimmt daher auch nicht am Rechtsverkehr teil; Verträge werden vielmehr stets mit dem **Unternehmensträger** geschlossen. Aus den „für das Unternehmen" getätigten Rechtsgeschäften wird grundsätzlich der jeweilige Unternehmensträger berechtigt und verpflichtet, nicht hingegen der für das Unternehmen Handelnde, und zwar auch dann, wenn die Identität des Inhabers des Unternehmens bei

---

1 Vgl. *K. Schmidt*, Handelsrecht, § 3 Rn. 1; *Gomille* JA 2012, 487, 488.
2 Aber Abgrenzung zu den „Handelsgeschäften" des Kaufmanns gem. §§ 343 ff. HGB; dazu unten Rn. 155.
3 So die Definition bei *Hübner*, Handelsrecht, Rn. 234 im Anschluss an Staub/*Burgard*, HGB, § 25 Rn. 47; ähnlich *Brox/Henssler*, Handelsrecht, Rn. 123; *Jung*, Handelsrecht, § 18 Rn. 1.
4 *Brox/Henssler*, Handelsrecht, Rn. 124.
5 *Brox/Rüthers/Henssler*, Arbeitsrecht, Rn. 64; vertiefend hierzu auch *Junker*, Grundkurs Arbeitsrecht, Rn. 125.
6 Zur Rechtsfähigkeit der GbR unten Rn. 417 ff.

Vertragsschluss dem Vertragspartner nicht offenbart wurde. Es gelten die Grundsätze des **unternehmensbezogenen Geschäfts** (vgl. § 164 I 2 BGB).[7]

Fall 16:[8] Student S bestellt beim lokalen „Pizzaservice P", der von der P-GmbH betrieben wird, eine Pizza und verletzt sich beim Verzehr an einem Metallsplitter von einer Konservendose. Sofern S nicht ausdrücklich auf einen anderen Vertragspartner hingewiesen wurde, kommt der Kaufvertrag mit dem Träger des „Pizzaservice P" zustande, also mit der P-GmbH.

135

II. Die Übertragung des Unternehmens

Bei der Übertragung eines Unternehmens ist der asset deal vom share deal zu unterscheiden: Als **asset deal** wird die unmittelbare Übertragung der das Unternehmen konstituierenden Vermögensgegenstände (assets) bezeichnet; das Unternehmen „an sich" kann nicht übertragen werden, da es nur eine wirtschaftliche Funktionseinheit darstellt. Demgegenüber meint **share deal** die mittelbare Übertragung des Unternehmens in Form der Anteile (shares) am Unternehmensträger. Diese Unterscheidung gilt auch dann, wenn nicht das ganze Unternehmen oder sämtliche Anteile, sondern nur Teile des Unternehmens oder einzelne Anteile (Mehrheits- oder Minderheitsbeteiligung) übertragen werden.[9]

136

Beispiel: Die G-GmbH veräußert den von ihr betriebenen Geschäftsbetrieb in seiner Gesamtheit an K (asset deal). Alleingesellschafter G veräußert sämtliche Geschäftsanteile seiner G-GmbH an K (share deal).

137

Mit „Übertragung" wird das **Verfügungsgeschäft** bezeichnet. Das schuldrechtliche **Verpflichtungsgeschäft** ist im Regelfall ein Kaufvertrag über die Aktiva und Passiva des Unternehmens (asset deal) bzw. die Anteile am Unternehmensträger (share deal). Doch kommt zB auch eine Schenkung in Betracht. Im Falle eines Pachtvertrages wird das Unternehmen nur zeitweilig zur Nutzung überlassen (vgl. § 581 BGB). Praxisrelevant ist auch die Einbringung eines Unternehmens in eine schon bestehende oder erst neu errichtete Gesellschaft; hier ist die (Sacheinlage-)Verpflichtung Teil des Gesellschaftsvertrages (dazu näher Rn. 494).

138

1. Asset deal

a) Verpflichtungsgeschäft

aa) Ist das Verpflichtungsgeschäft ein **Kaufvertrag**, dann sind Gegenstand dieses Vertrages regelmäßig alle Aktiva und Passiva des verkauften Unternehmens bzw. Unternehmensteils, also sämtliche einzelnen Vermögensgegenstände. Auf den Kauf eines solchen Inbegriffs von Sachen, Rechten und sonstigen Vermögensgegestän-

139

---

7 Grundlegend BGHZ 62, 216, 220 f. mwN; vgl. weiter BGH NJW 1998, 2897; BGH NJW 2008, 1214 m. Anm. *Witt*.
8 Beispiel nach *Jung*, Handelsrecht, § 18 Rn. 2.
9 Siehe auch *K. Schmidt* JuS 2017, 809, 811 f.

den, finden nach § 453 I Alt. 2 BGB die Vorschriften über den Sachkauf entsprechende Anwendung.[10]

140 bb) Der Kaufvertrag bedarf grundsätzlich keiner **Form**. Bezieht sich der Vertrag aber auch auf ein Betriebsgrundstück und bildet die Übertragungspflicht mit den übrigen Pflichten ein einheitliches Geschäft, ist der gesamte Kaufvertrag nach § 311b I 1 BGB notariell zu beurkunden.[11] Soll das Unternehmen schenkweise übertragen werden, so ist das Schenkungsversprechen formbedürftig (§ 518 I BGB). Ggf. ist auch eine Genehmigung des Familiengerichts (vgl. §§ 1643 I, 1822 Nr. 3 BGB)[12] oder die Zustimmung des Ehegatten (vgl. §§ 1365 f., 1423 BGB) erforderlich.

141 **Fall 17:** Der Geschäftsführer der X-GmbH verkauft das gesamte Gesellschaftsvermögen privatschriftlich an die A-AG. Hierfür hatten sich die GmbH-Gesellschafter einstimmig ausgesprochen.

142 In **Fall 17** stellt sich die Frage, ob die **Formvorschrift des § 311b III BGB**, der Verpflichtungen zur Übertragung des gesamten gegenwärtigen Vermögens erfasst, auch auf juristische Personen, wie vorliegend die X-GmbH, zur Anwendung gelangt. Das wird von der hM bejaht,[13] die eine Ausnahme nur zulässt, wenn sämtliche Vermögensgegenstände einzeln im Vertrag bezeichnet sind.[14] In diesem Fall sind sich die Beteiligten nämlich darüber bewusst, welche Vermögensgegenstände sie tatsächlich übertragen, so dass der Normzweck des § 311b III BGB nicht einschlägig ist.[15] Anderes gilt wiederum, wenn dem Vermögensverzeichnis eine Auffangklausel beigefügt ist, wonach übersehene oder vergessene Vermögensteile ebenfalls von der Verpflichtung erfasst sein sollen.[16] Demgegenüber plädiert eine Literaturauffassung für eine generelle teleologische Reduktion des § 311b III BGB bei juristischen Personen.[17] Daran ist richtig, dass der Normzweck des § 311b III BGB[18] bei der Übertragung des gesamten Vermögens einer juristischen Person insofern nicht eingreift, als die für Verfügungen von Todes wegen geltenden Formvorschriften nicht umgangen werden. Bedeutung hat der Formzwang gleichwohl noch für die Beratung der Beteiligten, für einen angemessenen Übereilungsschutz sowie für die Beweissicherung.

143 Nach zweifelhafter Auffassung des BGH[19] bedarf die Verpflichtung zur Übertragung des gesamten Gesellschaftsvermögens bei der GmbH **keiner Zustimmung** einer qualifizierten Gesellschaftermehrheit analog § 179a I 1 AktG. In **Personengesellschaf-**

---

10 BGHZ 180, 205 Rn. 20; *Medicus/St. Lorenz*, Schuldrecht BT, Rn. 371; *Gomille* JA 2012, 487.
11 BGH NJW 1979, 915 (nur Leitsatz); vgl. ferner MünchKomm-BGB/*Ruhwinkel*, § 311b Rn. 55.
12 Ausf. zur Reichweite familiengerichtlicher Genehmigungstatbestände *J. W. Flume* FamRZ 2016, 277 ff.
13 RGZ 69, 283, 290; 76, 1, 3; 137, 324, 348; OLG Hamm NZG 2010, 1189, 1190; MünchKomm-BGB/*Ruhwinkel*, § 311b Rn. 117.
14 RGZ 69, 416, 420; 139, 199, 203 f.; BGHZ 25, 1, 5; BeckOK-BGB/*Gehrlein*, § 311b Rn. 44; *Eickelberg/Mühlen* NJW 2011, 2476, 2478.
15 Staudinger/*Schumacher*, BGB, § 311b Abs. 3 Rn. 11.
16 *Heckschen* NZG 2006, 772, 775; *Gomille* JA 2012, 487, 489 f.; aA *Palzer* Jura 2011, 917, 921.
17 *Kiem* NJW 2006, 2363; *Böttcher/Fischer* NZG 2010, 1332.
18 Dazu im Einzelnen MünchKomm-BGB/*Ruhwinkel*, § 311b Rn. 115.
19 BGHZ 220, 354 Rn 14 ff.; aA MünchKomm-GmbHG/*Harbarth*, § 53 Rn. 229; Baumbach/Hueck/*Zöllner/Noack*, GmbHG, § 53 Rn. 26; *Bayer/Lieder/Hoffmann* AG 2017, 717, 718; vgl. zur Publikums-KG auch LG Düsseldorf GWR 2017, 451 ff.

ten bedarf die Verpflichtung zur Übertragung des gesamten Gesellschaftsvermögens im Anwendungsbereich einer (einfachen) Mehrheitsklausel analog §§ 179a I 1, 179 II AktG der Zustimmung einer Dreiviertelmehrheit,[20] es sei denn, besagter Beschlussgegenstand ist gesellschaftsvertraglich einem abweichenden Mehrheitserfordernis unterworfen.[21]

cc) Die früher problematische Abgrenzung zwischen Sach- und Rechtsmängeln[22] **144** spielt seit der Schuldrechtsreform keine Rolle mehr: Die **Gewährleistung** richtet sich vielmehr nach zutreffender hM generell nach den §§ 434 ff. BGB.[23] Ein Mangel des Kaufgegenstands liegt beim Unternehmenskauf unzweifelhaft vor, wenn das Unternehmen als solches nicht ordnungsgemäß betrieben werden kann.[24] Ist hingegen lediglich ein einzelner zum Unternehmen gehöriger Gegenstand mangelhaft, wie zB eine Hebebühne bei verkaufter Werkstatt, dann liegt in der Regel kein Mangel des Unternehmens vor.[25] Gewährleistungsrechte bestehen jedoch, wenn nicht das Unternehmen selbst den Kaufgegenstand bildet, sondern sich der Kaufvertrag unmittelbar auf die einzelnen Vermögensgegenstände des Unternehmens bezieht (Auslegungsfrage). Ein Mangel des *Unternehmens* liegt allerdings vor,[26] wenn der Mangel am Einzelgegenstand oder mehreren Gegenständen in der Weise „auf das Unternehmen durchschlägt", dass der normale Betriebsablauf gestört und die weitere Verfolgung der wirtschaftlichen Zielsetzung des Unternehmens beeinträchtigt wird.[27] Umgekehrt ist ein Mangel des Unternehmens zu verneinen, wenn Mängel an Einzelgegenständen schon hinreichend durch die Bildung von Rückstellungen berücksichtigt wurden.[28] In der Praxis wird daher die Gewährleistung häufig individualvertraglich geregelt, etwa durch besondere Beschaffenheitsvereinbarungen und verschuldensunabhängige **Garantien** für wichtige Kennziffern wie Umsatz, Ertrag, Bilanzrichtigkeit[29] bei gleichzeitig weitgehendem Ausschluss des gesetzlichen Gewährleistungsregimes[30].

---

20 Vgl. BGH NJW 1995, 596; OLG Düsseldorf NJW-RR 2018, 361, 364; Oetker/*Lieder*, HGB, § 119 Rn. 50c, 61; *J. Weber* DNotZ 2018, 96, 122 f.; aA *Hüren* RNotZ 2014, 77, 89; inzwischen überholt wegen BGHZ 203, 77 ist OLG Hamm RNotZ 2007, 612, 614.
21 OLG Düsseldorf NJW-RR 2018, 361, 364; Oetker/*Lieder*, HGB, § 119 Rn. 50c, 61; *Findeisen* BB 2018, 585, 587.
22 Dazu etwa ausführlich *Canaris*, Handelsrecht, § 8 Rn. 21 ff.; *U. Huber* AcP 202 (2002), 179, 191 ff.
23 Zusammenfassender Überblick bei *Kleinhenz/Junk* JuS 2009, 787 ff.; *Gomille* JA 2012, 487, 490 ff.; zum Unternehmenskauf insgesamt vgl. *Bunsen* Jura 2019, 844 ff.; *Korch* JuS 2018, 521 ff.; weiterführend *Redeker* NJW 2012, 2471 ff.; aus der Rechtsprechung OLG Köln ZIP 2009, 2063, 2064 f. m. zust. Anm. *Weller* EWiR 2010, 15 f. und ausf. *ders.*, FS Maier-Reimer, 2010, S. 839 ff.; aA *U. Huber* AcP 202 (2002), 179, 210 ff.: Anspruch aus §§ 280 I, 311 II, 241 II BGB; vgl. noch das Klausurbeispiel bei *Becker* JuS 2015, 1099 ff.
24 RGZ 138, 356 (Baupolizeiwidrigkeit der Gastwirtschaft); BGH NJW 1959, 1584, 1585 (Arztpraxis mit Belegbetten bei unzulänglichen Operationsverhältnissen).
25 Ausf. *Canaris*, Handelsrecht, § 8 Rn. 35 ff. mwN (str.).
26 So jüngst (allerdings für den share deal und im konkreten Fall verneinend) OLG Köln ZIP 2009, 2063, 2065 mwN; zust. *Weller* EWiR 2010, 15 und *ders.*, FS Maier-Reimer, 2010, S. 839 ff.
27 Beispiel: Sicherungsübereignung sämtlicher Warenautomaten: BGH NJW 1969, 184.
28 BeckOK-BGB/*Faust*, § 453 Rn. 27; Soergel/*U. Huber*, BGB, 12. Aufl., § 433 Rn. 31.
29 *Möller* NZG 2012, 841 ff.; *Krebs/Kemmerer* NZG 2012, 847 ff.; *Karampatzos* NZG 2012, 852 ff.; *Weißhaupt* WM 2013, 782 ff.; *Hilgard* BB 2013, 963 ff.
30 *S. Meyer* WM 2012, 2040 ff.

b) Verfügungsgeschäft

145 Für die Übertragung des Unternehmens gilt das sachenrechtliche Spezialitätsprinzip: Das verkaufte Unternehmen bzw. der verkaufte Unternehmensteil kann nicht einheitlich übereignet werden. Alle Vermögensgegenstände müssen vielmehr nach den jeweils für sie geltenden Vorschriften durch **einzelne Verfügungsgeschäfte** auf den Erwerber übertragen werden, d.h. Forderungen gem. §§ 398 ff. BGB, bewegliche Sachen gem. §§ 929 ff. BGB, Grundstücke gem. §§ 873, 925 BGB usw.

2. Share deal

146 Der Kauf von Gesellschaftsanteilen, etwa von GmbH-Geschäftsanteilen oder von Aktien, ist ein **Rechtskauf** iSv § 453 I Hs. 1 BGB und kann formbedürftig sein (vgl. § 15 IV 1 GmbHG). Zudem kommt auch hier eine familiengerichtliche Genehmigung (§§ 1643 I, 1822 Nr. 3 und Nr. 10 BGB[31]) oder ein Zustimmungserfordernis des Ehegatten (Rn. 140) in Betracht.

147 Das **Verfügungsgeschäft** vollzieht sich in Abhängigkeit von den übertragenen Mitgliedschaftsrechten. GmbH-Anteile werden nach §§ 398, 413 BGB an den Erwerber abgetreten, was nach § 15 III GmbHG der notariellen Beurkundung bedarf.[32] Namensaktien können formlos nach §§ 398, 413 BGB abgetreten oder durch Indossament nach § 68 I AktG übertragen werden. Inhaberaktien können nach Maßgabe der §§ 929 ff. BGB übereignet oder nach zutreffender hM wiederum nach §§ 398, 413 BGB abgetreten werden.[33]

148 **Rechtsmängel** an den verkauften Gesellschaftsanteilen sind unproblematisch und werden nach den allgemeinen Grundsätzen des Kaufrechts behandelt. Das bedeutet: Die Anteile müssen gem. § 435 S. 1 BGB frei von Rechten Dritter sein, wie zB Pfandrecht oder Nießbrauch[34]. Andererseits können die Anteile aber auch „**Sachmängel**" iSd § 434 BGB aufweisen, etwa wenn sie Einlagenrückstände aufweisen oder mit einer Nachschusspflicht behaftet sind.[35] In beiden Fällen kommen die üblichen Gewährleistungsrechte nach § 437 BGB zur Anwendung. Keinen Mangel idS stellt nach zutreffender Auffassung des BGH die Überschuldung und Insolvenzreife der Gesellschaft dar, da hierbei der rechtliche Bestand der abgetretenen Gesellschaftsanteile nicht gefährdet ist.[36] Die Stimmrechte und Gewinnansprüche bleiben nämlich auch bei Überschuldung und Insolvenzreife bestehen und eine bloße Gefährdung kann für die Annahme eines Mangels nicht ausreichen.[37] In Betracht kommt allerdings ggf. eine Vertragsanpassung nach Maßgabe von § 313 BGB.[38]

---

31 Lutter/Hommelhoff/*Bayer*, GmbHG, § 15 Rn. 8 mwN.
32 Ausf. hierzu Lutter/Hommelhoff/*Bayer*, GmbHG, § 15 Rn. 25 ff; MünchKomm-GmbHG/*Reichert/ Weller*, § 15 Rn. 16 ff.
33 Vgl. BGH NZG 2013, 903 Rn. 17 ff.; BeckOGK-BGB/*Lieder*, § 398 Rn. 100; MünchKomm-BGB/ *Habersack* § 793 Rn. 32; aA MünchKomm-BGB/*Roth/Kieninger* § 398 Rn. 37; Palandt/*Grüneberg*, BGB, § 398 Rn 7.
34 Vgl. etwa *Brox/Henssler*, Handelsrecht, Rn. 134.
35 BeckOK-BGB/*Faust*, § 453 Rn. 11; *Gomille* JA 2012, 487, 492.
36 BGHZ 220, 19 Rn. 40 ff. = GmbHR 2018, 1263 m. Anm. *Wachter*; aA noch Michalski/Heidinger/ Leible/J. Schmidt/*Ebbing*, GmbHG, § 15 Rn. 177; Scholz/*Seibt*, GmbHG, § 15 Rn. 145.
37 So BGHZ 220, 19 Rn. 41.
38 BGHZ 220, 19 Rn. 43 ff; zustimmend Lutter/Hommelhoff/*Bayer*, GmbHG, § 15 Rn. 10.

Aus einem **Sachmangel des Unternehmens** (oben Rn. 148) können Gewährleistungsansprüche des Anteilskäufers indes nur dann resultieren, wenn der Beteiligungserwerb wirtschaftlich dem Kauf des Unternehmens gleichsteht.[39] Die Gegenauffassung will die §§ 434 ff. BGB hingegen unmittelbar über die Verweisung des § 453 I Alt. 2 BGB anwenden und lässt einen Mangel des Unternehmens auch dann auf den Anteilskauf durchschlagen, wenn sich dieser nicht auf (nahezu) alle Anteile am Unternehmensträger erstreckt.[40] Diese Interpretation steht indes zur Wertung des § 453 III BGB in Widerspruch, wonach bei einem Rechtskauf Mängel der Sache nur dann beachtlich sind, wenn das verkaufte Recht zum Besitz an dieser berechtigt. Der von § 453 III BGB geforderte sachkaufähnliche Charakter[41] ist nur anzunehmen, wenn der Anteilserwerb bei der gebotenen ökonomischen Betrachtung auf den Erwerb des Unternehmens als Ganzes gerichtet ist.[42]

149

Dies ist nur dann der Fall, wenn der Erwerber uneingeschränkt die Verfügungsmacht über das Unternehmen erhält; bei Erwerb **aller oder nahezu aller Gesellschaftsanteile** wird dies bejaht.[43] Eine Minderheits-[44] oder einfache Mehrheitsbeteiligung[45] reichen hingegen nicht aus.[46] Ebenso wenig genügt es, wenn ein Erwerber, der bereits 50 % der Anteilsrechte innehat, weitere 50 % der Mitgliedschaftsrechte dieser Gesellschaft hinzuerwirbt.[47] Sofern der Beteiligungserwerb wirtschaftlich dem Unternehmenskauf gleichsteht, ist der Veräußerer nicht nur zur Anteilsübertragung, sondern auch zur Übergabe des Unternehmens verpflichtet; erst hierdurch gehen Gefahren und Lasten gem. § 446 BGB über.[48]

150

Ist das Unternehmen idS mangelhaft, stehen dem Käufer die in § 437 BGB genannten Rechtsbehelfe zu. Grundsätzlich gilt auch bei Unternehmenskäufen der Vorrang der **Nacherfüllung.** Eine Nachlieferung scheidet bei Unternehmenskäufen allerdings oftmals wegen Unmöglichkeit gem. § 275 BGB aus und auch eine Nachbesserung wird vielfach nicht im Interesse des Käufers liegen, da er dem Verkäufer hierzu erneut Einfluss auf das Unternehmen gewähren müsste.[49] Liegen die Voraussetzungen für einen **Rücktritt** vor, kann der Unternehmenskauf gem. §§ 346 ff. BGB rückabgewickelt werden. Eine Rückübertragung des Unternehmens ist dabei nicht schon dann unmöglich, wenn sich das Unternehmen zwischenzeitlich verändert hat, sondern erst, wenn der Unternehmensträger als solcher nicht mehr besteht, beispielsweise infolge einer Verschmelzung.[50] Ferner stehen dem Käufer nach den allgemeinen schuldrechtlichen

151

---

39 RGZ 98, 289, 292; 120, 283, 287 f.; BGHZ 65, 246, 249 ff.; 138, 195, 204; 220, 19 Rn. 30 ff.; OLG Köln ZIP 2009, 2063; *Brox/Henssler*, Handelsrecht, Rn. 134; MünchKomm-BGB/*Westermann*, § 453 Rn. 24.

40 MünchKomm-HGB/*Thiessen*, Anh. § 25 Rn. 112; *Gaul* ZHR 166 (2002), 35, 39.

41 Vgl. *Gomille* JA 2012, 487, 493.

42 BGHZ 220, 19 Rn. 30 ff.; Jauernig/*Berger*, BGB, § 453 Rn. 16; Palandt/*Weidenkaff*, BGB, § 453 Rn. 23.

43 BGHZ 65, 246, 249; 220, 19 Rn. 19 ff.

44 BGHZ 65, 246, 249 ff.: 49 %.

45 BGH NJW 1980, 2409: 60 %.

46 BGHZ 138, 195, 204.

47 BGHZ 220, 19 Rn. 24 ff.; zustimmend Lutter/Hommelhoff/*Bayer*, GmbHG, § 15 Rn 10 mwN.

48 BGHZ 138, 195, 204 ff.

49 *Korch* JuS 2018, 521, 524; *Thiessen*, Unternehmenskauf und BGB, 2005, S. 224 f.

50 *Korch* JuS 2018, 521, 524; *Thiessen*, Unternehmenskauf und BGB, 2005, S. 240.

Regelungen das Recht zur **Minderung** und zur Geltendmachung von **Schadenersatz** zu.

III. Haftungsregeln gem. §§ 25–28 HGB

1. Haftung des Erwerbers bei Firmenfortführung (§ 25 I 1 HGB)

a) Überblick

152 § 25 I 1 HGB ordnet eine Haftung des Erwerbers für die Verbindlichkeiten des Veräußerers eines Handelsgeschäfts an, sofern ein Erwerb **unter Lebenden** vorliegt (Abgrenzung zu § 27 HGB) und die bisherige Firma fortgeführt wird. Veräußerer und Erwerber haften in diesem Fall als Gesamtschuldner; die Haftung des Veräußerers erlischt nach 5 Jahren (§ 26 HGB). Veräußerer und Erwerber können allerdings eine abweichende Vereinbarung treffen; Dritten gegenüber ist diese jedoch nur wirksam, wenn sie in das Handelsregister eingetragen und bekanntgemacht oder dem Dritten mitgeteilt worden ist (§ 25 II HGB).

153 Sowohl der **Normzweck der Erwerberhaftung** als auch deren rechtspolitische Berechtigung sind heftig umstritten.[51] Der BGH sieht den tragenden Grund für die Erstreckung der Haftung für früher im Unternehmen begründete Verbindlichkeiten auf den Erwerber in der *nach außen in Erscheinung tretenden Kontinuität des Unternehmens infolge der Fortführung der Firma*.[52] Die Unterscheidung zwischen dem Unternehmen als bloß wirtschaftlicher Einheit und seinem Rechtsträger (oben Rn. 133) wird so im Interesse des Verkehrsschutzes relativiert.[53]

b) Tatbestandsvoraussetzungen

154 aa) § 25 HGB erfasst den Erwerb **unter Lebenden**, während § 27 HGB die Erbenhaftung bei Fortführung eines zum Nachlass gehörenden Unternehmens betrifft (unten Rn. 177 ff.).

155 bb) Erwerbsgegenstand ist ein **Handelsgeschäft**.[54] Der Begriff wird hier nicht im Sinne von § 343 HGB benutzt,[55] sondern bedeutet ein Unternehmen, das ein Handelsgewerbe zum Gegenstand hat, mithin ein **kaufmännisches Unternehmen** iSv § 1 HGB. Gleichgestellt sind kaufmännische Unternehmen gem. §§ 2 und 6 HGB sowie das Unternehmen eines Fiktivkaufmanns gem. § 5 HGB[56] (dazu oben Rn. 20 ff.).

156 Keine (auch keine analoge) Anwendung findet § 25 HGB hingegen auf **nichtkaufmännische Unternehmen**: Zum einen führen diese gem. § 17 HGB keine Firma (da-

---

51 Ausf. und kritisch etwa *Canaris*, Handelsrecht, § 7 Rn. 6 ff.
52 So etwa BGH NJW 2006, 1001, 1002; ZIP 2009, 2244 Rn. 15; 2012, 2007 Rn. 18.
53 Siehe etwa *Fischinger*, Handelsrecht, Rn. 246: Schutz der juristisch falschen Vorstellung des Rechtsverkehrs.
54 Zur Haftung wegen Fortführung der Firmenhomepage vgl. *Mettler* MDR 2012, 1005; zur Fortführung einer Internetadresse vgl. OLG Zweibrücken ZIP 2014, 569; zur Fortführung einer Rechtsanwalts-GmbH als PartG vgl. OLG München NZG 2015, 599.
55 Dazu ausf. unten Rn. 250 ff.
56 BGHZ 22, 240; *Canaris*, Handelsrecht, § 7 Rn. 20.

zu sogleich noch Rn. 167). Zum anderen besteht für diese Unternehmen keine Möglichkeit, die Haftung durch Registereintragung und -bekanntmachung auszuschließen (vgl. § 25 II HGB).[57] In Betracht kommt in diesem Fall aber eine Haftung nach allgemeinen **Rechtsscheingrundsätzen**.[58] Wer im Rechtsverkehr den Rechtsschein eines Handelsgewerbes iSd § 1 HGB setzt, namentlich aufgrund der verwendeten Firmierung („e.K."), muss sich an dem Rechtsschein festhalten lassen. Die Vertrauenshaftung setzt allerdings voraus, dass der Betreffende den Rechtsschein zurechenbar gesetzt hat, der Geschäftspartner in Bezug auf die Kaufmannseigenschaft gutgläubig war und der gesetzte Rechtsschein für die Vertrauensdisposition des anderen Teils auch kausal gewesen ist (dazu ausf. Rn. 37 ff.). An der kausalen Verknüpfung fehlt es etwa, wenn das fragliche Rechtsgeschäft noch vor der Setzung des relevanten Rechtsscheins abgeschlossen worden ist.[59]

cc) Erwerb bedeutet im Kontext des § 25 I HGB **Einrücken** in die **bisherige Stellung des Inhabers des Handelsgeschäfts**. Der Begriff wird in diesem Sinne untechnisch – und nicht im Sinne einer dinglichen Übertragung – verstanden, weil das Unternehmen „an sich" nicht übertragen werden kann (oben Rn. 136). Ein Eigentumswechsel ist dementsprechend nicht erforderlich. Daher erfasst § 25 HGB auch Pachtverträge, und zwar nicht nur im Hinblick auf Verbindlichkeiten des bisherigen Inhabers des Handelsgeschäfts und nunmehrigen Verpächters,[60] sondern nach hM auch im Hinblick auf Verbindlichkeiten des bisherigen Pächters, sofern das Unternehmen ohne zwischenzeitliche Fortführung durch den Verpächter unmittelbar weiterverpachtet wird: **157**

Beispiel: P1 war Inhaber der von V gepachteten „Druckerei H". Aus Lieferungen schuldet er dem Gläubiger G 3700 Euro. Da P1 mit der Pachtzahlung in Verzug geriet, kündigte V den Pachtvertrag und verpachtete das Unternehmen an P2, der die „Druckerei H" fortführte. G kann die ausstehende Zahlung nun gegen P2 geltend machen.[61] **158**

Auch der Rechtsgrund spielt für den Erwerb keine Rolle. Neben einem Unternehmenskauf (Rn. 138) kommen daher auch Schenkung, Treuhand, gesellschaftsvertragliche Einbringungen oder Erbauseinandersetzungen in Betracht.[62] **159**

dd) Nach dem Normzweck der Erwerberhaftung (oben Rn. 153) ist es nicht erforderlich, dass das gesamte Unternehmen erworben wird. Vielmehr kann auch schon die Übertragung der Teile, die den wesentlichen **Kern des Unternehmens** ausmachen (Organisation, Räumlichkeiten, Kunden- und Lieferantenbeziehungen, Personal), die Erwerberhaftung begründen.[63] Ausreichend ist auch eine sukzessive Übertragung des Handelsgeschäfts.[64] Wird eine Zweigniederlassung erworben (zum Begriff: **160**

---

57 *Canaris*, Handelsrecht, § 7 Rn. 20; *Hübner*, Handelsrecht, Rn. 253; Koller/Kindler/Roth/Drüen/*Roth*, HGB, § 25 Rn. 3; Baumbach/Hopt/*Hopt*, HGB, § 25 Rn. 2 mwN.; aA *K. Schmidt*, Handelsrecht, § 8 Rn. 1.

58 Baumbach/Hopt/*Hopt*, HGB, § 25 Rn. 2; MünchKomm-HGB/*Thiessen*, § 25 Rn. 33, 124.

59 Klausurmäßige Aufbereitung bei *Jakob* JA 2008, 101 ff.

60 So BGH NJW 1982, 1647 m. Anm. *K. Schmidt*; *Canaris*, Handelsrecht, § 7 Rn. 23 mwN.

61 BGH NJW 1984, 1186 m. zust. Anm. *K. Schmidt*; NJW 2006, 1001, 1002; *Hübner*, Handelsrecht, Rn. 254 mwN. Kritisch zu dieser weiten Anwendung des § 25 HGB: *Kanzleiter* DNotZ 2006, 591 ff.

62 *Canaris*, Handelsrecht, § 7 Rn. 23; Baumbach/Hopt/*Hopt*, HGB, § 25 Rn. 4.

63 BGHZ 18, 248, 250; BGH NJW 2006, 1001, 1002; BGH ZIP 2009, 83, 84; OLG Köln NZG 2006, 477, 478; *Brox/Henssler*, Handelsrecht, Rn. 138; *Hübner*, Handelsrecht, Rn. 254.

64 BGH ZIP 2008, 2116, 2117; dazu die Klausurbearbeitung bei *Lieder* JA 2011, 658.

oben Rn. 132), so erstreckt sich die Erwerberhaftung nur auf die in der Zweignieder-lassung begründeten Verbindlichkeiten.[65]

161   **Fall 18:**[66] A firmiert im Rechtsverkehr unter „A Kfz-Import/Export". Die später im Handelsregister eingetragene „A Kfz-Import/Export GmbH" entspricht in ihrer Tätigkeit, Geschäftssitz, verwendetem Logo, Telefon- und Faxadresse sowie der Selbstdarstellung des Unternehmens ganz überwiegend dem Einzelunternehmen „A Kfz-Import/Export". Kann ein Gläubiger von A auf die A-GmbH zugreifen?

162   Der Sachverhalt lässt offen, ob es tatsächlich zu einer Übertragung des wesentlichen Kerns des Unternehmens gekommen ist. Fehlt es daran, findet § 25 I 1 HGB keine Anwendung. Allerdings kommt in diesem Fall eine Haftung der A-GmbH nach den allgemeinen Grundsätzen der gewohnheitsrechtlichen Vertrauenshaftung in Betracht (Rn. 112 ff.).[67] Wenn zwei rechtlich unabhängige Unternehmen durch ihr Auftreten am Markt den Anschein erwecken, eine Einheit zu bilden oder im Verhältnis der Nachfolge zueinander zu stehen, müssen sie sich an diesem zurechenbar erzeugten Rechtsschein festhalten lassen. Der Verweis auf ihre rechtliche Autonomie und Unabhängigkeit verstößt gegen Treu und Glauben.[68]

163   ee)   Da nach hM der **tatsächliche Erwerb** des Handelsgeschäfts maßgeblich ist (oben Rn. 157), spielt die *Wirksamkeit* der dem Erwerb zugrunde liegenden Verpflichtungs- und Verfügungsgeschäfte für die Erwerberhaftung gem. § 25 I HGB keine Rolle.[69] Daher kann etwa auch der arglistig getäuschte Käufer, der das Unternehmen fortgeführt hat, trotz fristgerechter Anfechtung für die Verbindlichkeiten des Verkäufers haften.[70] Die Erwerberhaftung knüpft vielmehr allein „an Tatsachen an, die im Rechtsverkehr nach außen in Erscheinung treten".[71] Zudem spricht der Rechtsgedanke des § 417 II BGB sowie das überindividuelle Interesse an der Sicherheit und Leichtigkeit des Handelsverkehrs für einen Verzicht auf eine im Innenverhältnis wirksame Übertragung des Handelsgeschäfts. Daher ist es auch im Fall der Weiterverpachtung (Rn. 158) nach hM unschädlich, dass zwischen P1 und P2 keinerlei rechtsgeschäftliche Beziehungen bestanden.[72] Gleiches gilt für die Fortführung des Unternehmens durch eine Schwestergesellschaft.[73] Aber auch die Gegenauffassung, die einen wirksamen Übertragungsakt fordert, gelangt regelmäßig unter Anwendung des Rechtsgedankens des § 15 III HGB gegenüber einem redlichen Geschäftsgläubiger zum gleichen Ergebnis.[74]

---

65   RGZ 169, 133, 139; Baumbach/Hopt/*Hopt*, HGB, § 25 Rn. 6, 11; *Jung*, Handelsrecht, § 19 Rn. 9.
66   BGH NZG 2012, 916 = JuS 2013, 77 *(K. Schmidt)*.
67   BGH NZI 2011, 107 Rn. 7 = JuS 2011, 466 *(K. Schmidt)*; BGH NZG 2012, 916 Rn. 21 ff.; OLG Frankfurt NJW 1980, 1397, 1398.
68   BGH NZG 2012, 916 Rn. 22.
69   BGHZ 18, 248, 251 f.; 22, 234, 239; BGH NJW 2006, 1001, 1002; Staub/*Burgard*, HGB, § 25 Rn. 55; *Hübner*, Handelsrecht, Rn. 254 mwN; für eine Klausurbearbeitung des Problems siehe *Lieder* JA 2011, 658.
70   *Brox/Henssler*, Handelsrecht, Rn. 137.
71   So BGH NJW 1986, 581, 582.
72   So auch OLG Düsseldorf NZG 2005, 176 mwN.
73   BGH NZG 2012, 916.
74   MünchKomm-HGB/*Thiessen*, § 25 Rn. 53 f.; *Canaris*, Handelsrecht, § 7 Rn. 24; *Lettl*, Handelsrecht, § 5 Rn. 19.

ff) **Nicht anwendbar** ist § 25 HGB beim Erwerb **aus der Insolvenzmasse**.[75] Der **164** BGH begründet diese Ausnahme damit, dass andernfalls die Veräußerung eines insolventen Unternehmens durch den Insolvenzverwalter als wirtschaftliche Einheit nicht mehr möglich wäre.[76] Diese Begründung ist allerdings angesichts der Möglichkeit des § 25 II HGB wenig überzeugend. Schwerer wiegt hingegen das Argument, dass bereits der Erlös aus der Unternehmensveräußerung den Insolvenzgläubigern zugutekommt, deren Forderungen im Übrigen wertlos sind.[77] Zudem würde eine Erwerberhaftung die Verwertung des Schuldnerunternehmens deutlich erschweren, während zugleich die gleichmäßige Befriedigung aller Insolvenzgläubiger beeinträchtigt würde, wenn einzelne Insolvenzgläubiger durch die Haftung nach § 25 HGB begünstigt würden. Diese Überlegungen gelten im Grundsatz auch für die Veräußerung des Handelsgeschäfts durch den Schuldner in der **Eigenverwaltung**, auf die § 25 HGB ebenso wenig zur Anwendung gelangt.[78] Eine Ausdehnung dieser Einschränkung des § 25 HGB auf jeden Fall des Erwerbs eines insolventen Unternehmens[79], über dessen Vermögen aber kein Insolvenzverfahren eröffnet ist, wird hingegen von der hM abgelehnt.[80] Gleiches gilt für den Fall, dass die Eröffnung eines Insolvenzverfahrens mangels Masse abgelehnt oder sonst ohne Mitwirkung des Insolvenzverwalters lediglich tatsächlich fortgeführt worden ist.[81]

gg) Weitere Voraussetzung[82] ist die **Fortführung der Firma**. Kraft ausdrücklicher **165** Anordnung in § 25 I 1 HGB ist allerdings die Verwendung eines Nachfolgezusatzes (Beispiel: Eisenwaren Müller, Nachfolger Schulze) unschädlich. Da der Rechtsformzusatz gem. § 19 HGB zwingend zu führen ist und eine Änderung der Rechtsform auch nicht zwingend einen Inhaberwechsel nahelegt, schadet auch insofern eine Änderung der Firma nicht (Beispiel: ABC GmbH statt ABC e.K.).[83] Darüber hinaus lässt es die hM für die Annahme einer Firmenfortführung genügen, wenn die Firma in ihrem **Kern** (prägender Teil der Firma) fortgeführt wird, wobei für diese Beurteilung auf die Verkehrsauffassung abzustellen ist.[84] Für die Firma eines Einzelkaufmanns, die neben seinem Familiennamen auch seinen Vornamen enthält, sind beide Bestandteile prägend, sodass der Austausch des Vornamens (im Fall „Ralf B." in „Annika B.") eine derart gravierende Änderung der Firma darstellt, dass der Geschäftsverkehr

---

75 BGHZ 104, 151, 154; BGH ZIP 2008, 2116 Rn. 22; 2014, 29 Rn. 17; NZG 2020, 318 Rn. 9 = JuS 2020, 463 *(K. Schmidt)*; BAG ZIP 2007, 386; abw. (für den Erwerb nur einzelner Gegenstände) OLG Stuttgart ZIP 2010, 1543 m. zust. Anm. *Schodder* EWiR 2010, 749; DNotI-Report 2011, 165 ff.
76 BGH NJW 1988, 1912, 1913; BGH NJW 1992, 911; vgl. auch *Brox/Henssler*, Handelsrecht, Rn. 137; ausf. DNotI-Report 2011, 165.
77 Richtig *Canaris*, Handelsrecht, § 7 Rn. 25; ferner zur Problematik *Heinze/Hüfner* NZG 2010, 1060.
78 BGH NZG 2020, 318 Rn. 11 ff. = JuS 2020, 463 *(K. Schmidt)*; Oetker/Vossler, HGB, § 25 Rn. 21; *Bissels/Schroeders* NZI 2016, 870 f.; zum Ganzen ausf. *Neuberger* ZIP 2020, 606 ff.
79 So insbesondere *Canaris*, Handelsrecht, § 7 Rn. 26 f.; sympathisierend Baumbach/Hopt/*Hopt*, HGB, § 25 Rn. 4.
80 BGH NJW 2006, 1001, 1002; BGH NJW 1992, 991.
81 BGH ZIP 2014, 29 Rn. 18 f. = JuS 2014, 454 *(K. Schmidt)*.
82 Abw. *K. Schmidt*, Handelsrecht, § 8 Rn. 14 ff.; *K. Schmidt* ZGR 2014, 844 ff.
83 BGHZ 146, 374, 377 = JuS 2001, 714 *(K. Schmidt)*; OLG Düsseldorf GmbHR 1991, 315, 316 („Gasthof Adler" statt „Gasthof Adler GmbH"); *Brox/Henssler*, Handelsrecht, Rn. 139; Koller/Kindler/ Roth/Drüen/*Roth*, HGB, § 25 Rn. 6; aA *Canaris*, Handelsrecht, § 7 Rn. 30; *Kanzleiter* DNotZ 2006, 591, 594.
84 BGHZ 146, 374, 376; BGH NJW 2006, 1001, 1002; *Canaris*, Handelsrecht, § 7 Rn. 29; *Oetker*, Handelsrecht, § 4 Rn. 90.

von einem völlig anderen Unternehmensträger ausgehen muss.[85] Ob die Firma im Handelsregister eingetragen ist, ist hingegen ebenso unerheblich wie ihre firmenrechtliche Zulässigkeit[86] oder die Zulässigkeit der Fortführung.[87] Die Rechtsprechung ist insgesamt recht großzügig mit der Annahme einer Firmenfortführung.[88] Auch eine kurzzeitige abweichende Firmierung lässt die Haftung aus § 25 I HGB nicht entfallen.[89] Angesichts der Möglichkeit, die Erwerberhaftung nach § 25 II HGB für den Rechtsverkehr ohne Zweifel auszuschließen, besteht auch keine Notwendigkeit, Strategien für eine Vermeidung der Erwerberhaftung auf anderem Wege zuzulassen.

166 **Fall 19a:**[90] A betreibt das Restaurant „Dr. Wok – Ausländisches Restaurant, Inh. A". Gegenüber Lieferanten, Kunden und Behörden trat A unter ihrem Namen auf. B betreibt die „B Speise GmbH" und erwirbt im Rahmen eines asset deal von A das Inventar, Vorräte etc. B betreibt nun das Restaurant „Dr. Wok – Ausländisches Restaurant". Im Rechtsverkehr tritt er als „B Speise GmbH" auf.

167 Hier fehlt es an einer Firmenfortführung: Bei „Dr. Wok – Ausländisches Restaurant" handelt es sich nicht um eine Firma iSd § 17 HGB, sondern um eine reine **Geschäfts- oder Etablissementbezeichnung**, die nur das Geschäftslokal oder den Betrieb allgemein, nicht aber den Geschäftsinhaber bezeichnet. Die Fortführung der Geschäftsbezeichnung vermag eine Haftung nach § 25 I 1 HGB indes grundsätzlich nicht auszulösen, es sei denn, dass die Bezeichnung im maßgeblichen Rechtsverkehr „firmenmäßig" verwendet wird.[91] Da Speisen und Getränke idR vorgeleistet werden, ist insofern nicht auf die Restaurantbesucher, sondern auf den Auftritt gegenüber Lieferanten und Behörden abzustellen. Hier ist A unter ihrem Namen aufgetreten und B als „B Speise GmbH". Eine Erwerberhaftung scheidet daher aus.[92]

168 **Fall 19b:**[93] Die E.S-GmbH erwarb umfangreiche Vermögenswerte von der P.E-GmbH. Neben der Vermögensübernahme vereinbarten die Parteien, dass die E.S-GmbH berechtigt sei, den Namen der P.E-GmbH im Rechtsverkehr, insbesondere bei der Verwendung der Produktionsmittel der P.E-GmbH und der Belieferung der Kunden der P.E-GmbH zu führen. Eine Firmenänderung fand nicht statt.

169 Auch in diesem Fall ist eine Firmenfortführung gem. § 25 I HGB zu verneinen. Die Rechtsfolge der Haftung aus § 25 I HGB knüpft an die Fortführung der Firma an. Es ist deshalb notwendig, dass die Bezeichnung vom Erwerber so geführt wird, dass der

---

85 OLG Hamm NZG 2018, 33 m. zust. Anm. *Schrodder* EWiR 2018, 233.
86 BGH NJW 1987, 1633 (fehlende Eintragung); BGHZ 146, 374, 376 (unzulässige Firma); OLG München ZIP 2008, 1823, 1825; Baumbach/Hopt/*Hopt*, HGB, § 25 Rn. 7.
87 BGHZ 22, 234, 237 (Einwilligung nach § 22 HGB fehlt); *Brox/Henssler*, Handelsrecht, Rn. 139.
88 Firmenfortführung bejaht: RGZ 113, 306, 309 („Aluminolwerk Schulze & Co" statt „Aluminolwerk Karl Schulze"); BGH NJW 1982, 577 („v. A.-GmbH & Co Gaststättenbetriebs- und Vertriebs KG" statt „v. A."); BGH ZIP 2004, 1103 („Kfz-Küpper Transport und Logistik GmbH" statt „Kfz-Küpper, Internationale Transporte, Handel mit Kfz-Teilen und Zubehör aller Art").
89 BGH ZIP 2009, 2244, 2245.
90 Nach BFH GmbHR 2014, 1231; dazu *C.A. Weber* JA 2015, 388 ff.
91 Vgl. BGH NJW 2006, 1001, 1002; NZG 2014, 459 Rn. 8; BFH GmbHR 2014, 1231, 1232; OLG Köln NZG 2012, 188; Baumbach/Hopt/*Hopt*, HGB, § 25 Rn. 7.
92 Vgl. noch BGH BeckRS 2014, 06122; NZG 2014, 459; dazu *K. Schmidt* ZGR 2014, 844, 863; OLG Brandenburg ZIP 2020, 1412.
93 Nach OLG Saarbrücken ZIP 2018, 1352 = JuS 2019, 70 *(K. Schmidt)*.

Rechtsverkehr davon ausgehen muss, es handele sich um die vom Unternehmer gewählte Firma.[94] Die Vereinbarung, im Rechtsverkehr den Namen der P.E-GmbH zu verwenden, zielt aber in **Fall 19b** nur darauf ab, einen Namen **ähnlich einer Marke** oder einer **Geschäftsbezeichnung** zu verwenden, ohne dass die Übernahme der Firma durch die E.S-GmbH beabsichtigt war.[95] Eine Handelsgesellschaft kann nämlich, selbst wenn sie klar getrennt mehrere Handelsgeschäfte betreibt, stets nur eine einzige Firma führen.[96] Möchte ein Unternehmen also eine fremde Firma iSd § 25 HGB weiterführen, so muss sie dabei zunächst auf ihre eigene, bisherige Firma verzichten.[97]

c) Haftungsausschluss (§ 25 II HGB)

Trotz Firmenfortführung haftet der Erwerber nicht, wenn die Rechtsfolge des § 25 I 1 **170** HGB durch Vereinbarung mit dem Veräußerer ausgeschlossen wurde und nach der Unternehmensübertragung entweder in das **Handelsregister** eingetragen und bekanntgemacht oder dem jeweiligen Gläubiger vom Erwerber oder Veräußerer **mitgeteilt** wurde.[98] Nach ganz hM muss die Mitteilung im Interesse der Verkehrssicherheit und Rechtsklarheit unverzüglich erfolgen.[99] Angesichts des klaren Wortlauts lässt anderweitige Kenntnis des Gläubigers die Haftung nach hM hingegen nicht entfallen.[100] Fehlt – wie im Pachtfall (Rn. 158) – indes jede Vereinbarung zwischen dem bisherigen Inhaber und dem Erwerber über die Fortführung des Handelsgeschäfts, dann muss ausnahmsweise auch die einseitige Erklärung des Erwerbers für die Eintragung und Bekanntmachung eines Haftungsausschlusses nach § 25 II HGB ausreichen.[101]

Die Eintragung eines Haftungsausschlusses gem. § 25 II HGB hat dabei auch schon **171** dann zu erfolgen, wenn die Möglichkeit der Bejahung der Haftungsvoraussetzungen nach § 25 I HGB zumindest ernsthaft in Betracht kommt.[102] Der Erwerber ist davor zu schützen, dass das Registergericht die Eintragung des Haftungsausschlusses verneint, während das Prozessgericht der Klage eines Gläubigers auf Haftung gem. § 25 I HGB stattgibt.[103]

d) Rechtsfolgen

Der **Erwerber haftet** nach § 25 I 1 HGB **unbeschränkt persönlich** „für alle im Be- **172** triebe des Geschäfts begründeten Verbindlichkeiten des früheren Inhabers", gleichgültig aus welchem Rechtsgrund (Vertrag, Delikt usw.). Es gilt die Vermutung des

---

94 BGH NJW 1987, 1633; EBJS/*Reuschle*, HGB, § 15 Rn. 48.
95 OLG Saarbrücken ZIP 2018, 1352, 1353.
96 OLG Saarbrücken ZIP 2018, 1352, 1353.
97 BGH NJW 1976, 2163; Baumbach/Hopt/*Hopt*, HGB, § 17 Rn. 9.
98 Dazu OLG Düsseldorf GmbHR 2011, 987 m. Anm. *Schodder* EWiR 2012, 143; OLG Stuttgart ZIP 2010, 1543 m. Anm. *Schodder* EWiR 2010, 749; vgl. auch BGH ZIP 2009, 2244; 2010, 83; zusf. *Gerber* GmbHR 2010, 1028.
99 Siehe nur BGHZ 29, 1, 6; *Fischinger*, Handelsrecht, Rn. 273.
100 BGHZ 29, 1, 4; *Brox/Henssler*, Handelsrecht, Rn. 140; Koller/Kindler/Roth/Drüen/*Roth*, HGB, § 25 Rn. 8c; aA *Canaris*, Handelsrecht, § 7 Rn. 36.
101 Baumbach/Hopt/*Hopt*, HGB, § 25 Rn. 13; MünchKomm-HGB/*Thiessen* § 25 Rn. 97; *Kanzleiter* DNotZ 2006, 590, 593.
102 OLG Saarbrücken ZIP 2018, 1352.
103 Staub/*Burgard*, HGB, § 25 Rn. 131; OLG Zweibrücken NZG 2013, 1235; OLG Düsseldorf MDR 2011, 924.

§ 344 HGB (unten Rn. 253). „Begründet" ist die Verbindlichkeit, wenn ihr Rechtsgrund im Zeitpunkt des Übergangs des Unternehmens bereits gelegt war (sog. **Altverbindlichkeit**). Dass der Anspruch noch nicht fällig, bedingt oder befristet war, ist unschädlich.[104] Keine Erwerberhaftung gilt für höchstpersönliche Verpflichtungen (zB Unterlassung von Wettbewerb), sofern die Pflichtverletzung vom Vorgänger erst nach der Unternehmensübergabe begangen wird. Anderes gilt wiederum bei einem vorangegangenen Verstoß, der bereits einen Schadensersatzanspruch begründet hatte.[105]

173 Strittig ist, ob Rechtsfolge des § 25 HGB auch ein *Wechsel der Vertragspartei* ist, wie es von einem Teil des Schrifttums vertreten wird.[106] Der BGH hat die Streitfrage grundsätzlich offen gelassen.[107] Jedenfalls beim Mietvertrag sei aber die Mitwirkung des Vermieters erforderlich; nur mit dessen Einverständnis könne das Mietverhältnis vom Einzelkaufmann auf die neu gegründete Personengesellschaft übergehen.[108]

174 Neben dem Erwerber bleibt auch der **bisherige Inhaber** in der Haftung. Denn die Haftung des Erwerbers resultiert nach zutreffender hM aus einem gesetzlichen **Schuldbeitritt**,[109] was dem Normzweck entspricht und nicht zuletzt aus § 26 HGB folgt. Die Haftung des Veräußerers endet, wenn die Verbindlichkeit nicht innerhalb von 5 Jahren (ab Eintragung!) fällig und in einer § 197 I Nr. 3–5 BGB entsprechenden Weise gegen den bisherigen Inhaber festgestellt wird.[110] Da § 26 I 3 HGB allerdings gleichermaßen auf § 204 BGB verweist, vermag der Gläubiger den Fristablauf bereits durch die Einleitung von Rechtsverfolgungsmaßnahmen, wie zB Klageerhebung oder Zustellung eines Mahnbescheids zu verhindern.[111] Veräußerer und Erwerber haften als **Gesamtschuldner**.[112] Dem Erwerber stehen alle Einreden zu, die entweder in seiner Person begründet sind oder – nach dem Rechtsgedanken des § 417 I 1 BGB – dem bisherigen Inhaber zustanden, weiterhin alle Einreden gem. §§ 422 ff. BGB[113] sowie die Einrede der Gestaltbarkeit nach §§ 770, 1137 I 1, 1211 BGB analog, die zB für Rücktritt, Kündigung und Minderung in Betracht kommt.[114]

e) Forderungsübergang

175 Die Vorschrift des § 25 I 2 HGB hat im Ausgangspunkt dieselben Voraussetzungen wie § 25 I 1 HGB, knüpft aber – im Gegensatz zum Grundtatbestand – nicht an eine Verbindlichkeit, sondern an eine Forderung des Veräußerers an. Sobald der Veräuße-

---

104 BGH NJW 1996, 2866, 2867 (Vertragsstrafenversprechen).
105 *Canaris*, Handelsrecht, § 7 Rn. 37; Koller/Kindler/Roth/Drüen/*Roth*, HGB, § 25 Rn. 7.
106 So *K. Schmidt*, Handelsrecht, § 7 Rn. 80; MünchKommHGB/*Thiessen*, § 25 Rn. 81; vgl. noch das Klausurbeispiel bei *Holler* JA 2019, 182 ff.
107 Zuletzt BGHZ 157, 361, 366.
108 BGH NJW 2001, 2251 = JuS 2001, 918 *(Emmerich)*; *Canaris*, Handelsrecht, § 7 Rn. 39 ff.; Koller/Kindler/Roth/Drüen/*Roth*, HGB, § 25 Rn. 7; aA *K. Schmidt*, Handelsrecht, § 7 Rn. 75 ff., § 8 Rn. 55.
109 BGHZ 42, 381, 384; Staub/*Burgard*, HGB, § 25 Rn. 76 f.; Koller/Kindler/Roth/Drüen/*Roth*, HGB, § 25 Rn. 7; aA *K. Schmidt*, Handelsrecht, § 7 Rn. 77 ff. (Vertragsübergang).
110 *Brox/Henssler*, Handelsrecht, Rn. 142; *Hübner*, Handelsrecht, Rn. 260.
111 Oetker/*Vossler*, HGB, § 26 Rn. 11; *Teichmann*, Handelsrecht, Rn. 500.
112 Baumbach/Hopt/*Hopt*, HGB, § 25 Rn. 10; Koller/Kindler/Roth/Drüen/*Roth*, HGB, § 25 Rn. 7.
113 *Brox/Henssler*, Handelsrecht, Rn. 141; Baumbach/Hopt/*Hopt*, HGB, § 25 Rn. 10.
114 *Bülow/Artz*, Handelsrecht, Rn. 227; *Jung*, Handelsrecht, § 19 Rn. 10; siehe noch die Klausurbearbeitung bei *Scheibenpflug* JA 2015, 169, 172 f.

rer in die Fortführung der Firma eingewilligt hat, gelten die im Betrieb begründeten (und nicht ohnehin abgetretenen) Forderungen im Verhältnis zum Schuldner als auf den Erwerber übergegangen. Die Vorschrift dient dem Schutz des Forderungsschuldners.[115] Er wird nach § 25 I 2 HGB durch **Leistung an den Erwerber** frei, auch wenn die Forderung nicht vom Veräußerer abgetreten wurde. Demgegenüber schützt § 407 I BGB für den Fall der Abtretung an den Erwerber: Hat der Schuldner hiervon keine Kenntnis (wofür allein das Wissen um den Unternehmenserwerb nach hM nicht genügt[116]), befreit ihn auch die Leistung an den Veräußerer. Dagegen begründet § 25 I 2 HGB **kein Forderungsrecht** des Erwerbers. Ein solches bestünde nur, wenn man § 25 I 2 HGB als gesetzlichen Forderungsübergang interpretierte. Dagegen spricht aber nicht nur der Wortlaut des § 25 I 2 HGB („gelten … als … übergegangen"), sondern auch der auf den Schutz des Forderungsschuldners beschränkte Normzweck. Der Veräußerer ist daher nach wie vor als alleiniger Forderungsinhaber anzusehen, während der Erwerber keinerlei materielle Berechtigung an der Forderung hat.[117]

Da **§ 25 II HGB** sich auf den gesamten § 25 I HGB bezieht, steht auch der Schuldnerschutz des § 25 I 2 HGB zur Disposition von Veräußerer und Erwerber. Das setzt nach dem Wortlaut des § 25 II HGB voraus, dass die Vereinbarung im Handelsregister eingetragen und bekanntgemacht oder von dem Erwerber oder dem Veräußerer dem Dritten mitgeteilt worden ist. Hier stellt sich wiederum die Frage, ob der Schuldnerschutz auch greift, wenn der Schuldner **positive Kenntnis** davon hat, dass die Forderung tatsächlich nicht an den Erwerber abgetreten worden ist. Dies ist im Einklang mit der zu § 25 I 1 HGB gefundenen Lösung zu bejahen: Zum einen fehlt es für eine solche teleologische Reduktion des § 25 I 2 HGB ob des klaren Wortlauts an einer verdeckten Regelungslücke. Zum anderen kann dem Schuldner, selbst wenn er sichere Kenntnis davon hat, dass die gegen ihn gerichtete Forderung nicht auf den Erwerber übergangen ist, der Nachweis dieses Umstands weitere Schwierigkeiten bereiten. Auch davor will § 25 I 2 HGB schützen. Daher kommt die Vorschrift mit der zutreffenden hM auch bei positiver Kenntnis des Schuldners zur Anwendung.[118] Etwas anderes gilt nach allgemeinen Grundsätzen nur dann, wenn die Leistung an den Erwerber im Einzelfall als treuwidrig iSd § 242 BGB erscheinen muss.[119] Dieser Einwand kann indes nur in Ausnahmefällen greifen, weil der Veräußerer grundsätzlich nicht schutzwürdig ist, wenn er es unterlässt, nach § 25 II HGB für klare Verhältnisse zu sorgen.

176

---

115 *Teichmann*, Handelsrecht, Rn. 493; *Steinbeck*, Handelsrecht, § 15 Rn. 31.

116 Siehe nur *Canaris*, Handelsrecht, § 7 Rn. 79; *Fischinger*, Handelsrecht, § 5 Rn. 297.

117 Vgl. (zu § 409 BGB) BGHZ 64, 117, 119; BGH NJW 1978, 2025, 2026; Staudinger/*Busche*, BGB, § 409 Rn. 25; *Lieder*, Die rechtsgeschäftliche Sukzession, 2015, S. 660.

118 RG JW 1903, 401 f.; BGH NJW-RR 1992, 866, 867; *Fischinger*, Handelsrecht, § 5 Rn. 312; *Steinbeck*, Handelsrecht, § 15 Rn. 33 aE; *Teichmann*, Handelsrecht, Rn. 494; aA Oetker/*Vossler*, HGB, § 25 Rn. 53.

119 Vgl. (zu § 409 BGB) *Lieder*, Die rechtsgeschäftliche Sukzession, 2015, S. 664; ähnlich – wenn auch recht großzügig – *Canaris*, Handelsrecht, § 7 Rn. 72; *Teichmann*, Handelsrecht, Rn. 494.

2. Haftung des Erben bei Fortführung des Handelsgeschäfts (§ 27 HGB)

a) Überblick, Normzweck und Verhältnis zur allgemeinen Erbenhaftung

177 Führt der Erbe ein zum Nachlass gehörendes Handelsgeschäft fort, so haftet er gem. § 27 I HGB für die bestehenden Geschäftsverbindlichkeiten nach § 25 HGB, d.h. die Fortführung durch den Erben unter der bisherigen Firma wird der Fortführung durch einen lebzeitigen Erwerber gleichgestellt.[120] § 27 I HGB ist nach herrschender und zutreffender Auffassung somit als Rechtsgrundverweisung auf die tatbestandlichen Voraussetzungen des § 25 I HGB zu verstehen.[121] Die Bedeutung der Regelung liegt in der **Verschärfung der allgemeinen Erbenhaftung**:[122] Zwar haftet der Erbe grundsätzlich bereits gem. §§ 1922 I, 1967 BGB unbeschränkt für alle Verbindlichkeiten des Erblassers (und damit auch für dessen Geschäftsverbindlichkeiten)[123], doch kann er diese Haftung nach Maßgabe der §§ 1975 ff. BGB auf den Nachlass beschränken. Diese Möglichkeit der Haftungsbeschränkung gibt es im Rahmen der handelsrechtlichen Erbenhaftung nicht,[124] jedoch kann diese gem. §§ 27 I, 25 II HGB ausgeschlossen (Rn. 186) und weiterhin dadurch vermieden werden, dass die Fortführung der Firma unterbleibt (Rn. 181 f.). Darüber hinaus haftet der Erbe nicht nach §§ 27 I, 25 HGB, sofern er den Geschäftsbetrieb in der Frist des § 27 II HGB einstellt (Rn. 184). Wird die Erbschaft ausgeschlagen (§§ 1942 ff. BGB), so entfällt ebenfalls jegliche Erbenhaftung.

178 **Merke aber:** Unabhängig von der Ausschlagung der Erbschaft und unabhängig von allen handelsrechtlichen Ausschlusstatbeständen haftet der (Schein-)Erbe für sämtliche seit dem Zeitpunkt der Fortführung des Unternehmens begründeten Geschäftsverbindlichkeiten **(Neuverbindlichkeiten)** nach allgemeinen Grundsätzen stets persönlich und unbeschränkt.[125]

b) Tatbestandsvoraussetzungen

179 aa) Anknüpfungsobjekt für die Haftung ist ein zum Nachlass gehörendes **Handelsgeschäft** (dazu oben Rn. 155), das der Erblasser als Einzelkaufmann betrieben hat. § 27 HGB findet keine Anwendung auf die Vererbung eines *nichtkaufmännischen Unternehmens*[126] (siehe auch oben Rn. 156), ist nach seinem Normzweck jedoch *analog* anwendbar im Falle der *Beerbung des einzigen Komplementärs einer KG durch den Kommanditisten.*

180 **Fall 20:** Komplementär K und Kommanditist E sind Gesellschafter der K-KG. Stirbt K und wird er von E beerbt, so wird die KG beendet und verwandelt sich in ein einzelkaufmänni-

---

120 Klausurbeispiel bei *J. Koch* JuS 2006, 142 ff.
121 *Canaris*, Handelsrecht, § 7 Rn. 109; *Hübner*, Handelsrecht, Rn. 263; *Jung*, Handelsrecht, § 19 Rn. 20; Staub/*Burgard*, HGB, § 27 Rn. 37; Koller/Kindler/Roth/Drüen/*Roth*, HGB, § 27 Rn. 5; aA *K. Schmidt*, Handelsrecht, § 8 Rn. 131: Rechtsfolgenverweisung.
122 So auch *Canaris*, Handelsrecht, § 7 Rn. 99; *Hübner*, Handelsrecht, Rn. 264.
123 Zur Dogmatik der Schuldenhaftung näher Erman/*Lieder*, BGB, § 1922 Rn. 6.
124 *Jung*, Handelsrecht, § 19 Rn. 18; Koller/Kindler/Roth/Drüen/*Roth*, HGB, § 27 Rn. 6.
125 *Canaris*, Handelsrecht, § 7 Rn. 100; Koller/Kindler/Roth/Drüen/*Roth*, HGB, § 27 Rn. 6; Baumbach/Hopt/*Hopt*, HGB, § 27 Rn. 4.
126 *Canaris*, Handelsrecht, § 7 Rn. 113; Baumbach/Hopt/*Hopt*, HGB, § 27 Rn. 2; aA *K. Schmidt*, Handelsrecht, § 8 Rn. 133.

sches Unternehmen.[127] Das Gesellschaftsvermögen geht dabei im Wege der Gesamtnachfolge ex lege und ohne Durchführung eines Liquidationsverfahrens auf E über. Bei Vorliegen sämtlicher weiteren Voraussetzungen haftet E für die Verbindlichkeiten der KG (für die K seinerseits gem. §§ 161 II, 128 HGB unbeschränkt haftete)[128] analog § 27 HGB.[129]

bb) Das Handelsgeschäft muss vom **Erben** über die Bedenkzeit des § 27 II HGB hinaus **fortgeführt** werden (dazu oben Rn. 165). Der Rechtsgrund für die Erbenstellung (Gesetz, Testament, Erbvertrag) spielt keine Rolle. Erben sind auch der Vor- und der Nacherbe[130] sowie derjenige, der nach einer Ausschlagung durch den vorläufigen Erben gem. § 1953 II BGB endgültiger Erbe ist;[131] in analoger Anwendung des § 27 HGB auch der Scheinerbe.[132] § 27 HGB gilt auch bei Fortführung durch die ungeteilte Erbengemeinschaft[133] (§§ 2032 ff. BGB).[134] Ausreichend ist weiterhin die Fortführung durch dritte Personen, die den Erben *zugerechnet* werden können, insbesondere durch gesetzliche Vertreter oder Bevollmächtigte.[135] Dagegen wird die Fortführung durch den Insolvenzverwalter den Erben nicht zugerechnet, weil dieser eigenständig handelt.[136]

181

cc) Erforderlich ist weiter die **Fortführung der Firma**[137] (Rechtsgrundverweisung! Siehe Rn. 177).[138] Durch Änderung der Firma lässt sich somit die handelsrechtliche Erbenhaftung vermeiden.

182

c) Rechtsfolgen

Liegen die Voraussetzungen gem. §§ 27 I, 25 HGB vor und ist auch kein Ausschlusstatbestand erfüllt (unten Rn. 184 ff.), dann **haftet der Erbe unbeschränkt** wie ein lebzeitiger Erwerber für die Geschäftsverbindlichkeiten des Erblassers. Ein Vorerbe haftet stets uneingeschränkt,[139] ein Nacherbe hingegen nur dann, wenn auch er das Handelsgeschäft fortführt und somit nicht, wenn das Handelsgeschäft im Zeitpunkt des Nacherbfalls nicht mehr zum Nachlass gehört.[140] Bei Fortführung des Handelsgeschäfts durch einzelne Miterben haften die anderen Miterben (gem. § 2058 BGB gesamtschuldnerisch) nur, falls hierfür – ggf. auch konkludent – im Rahmen der ge-

183

---

127 BGHZ 65, 79, 82 f.; BGHZ 113, 132, 133; ausf. unten Rn. 794 f.
128 Ausführlich zur Haftung des Komplementärs: unten Rn. 633.
129 BGHZ 113, 132, 134; zust. *Canaris*, Handelsrecht, § 7 Rn. 114; vgl. weiter *Lieb* ZGR 1991, 572 ff.
130 Baumbach/Hopt/*Hopt*, HGB, § 27 Rn. 2; MünchKomm-HGB/*Thiessen*, § 27 Rn. 13.
131 Baumbach/Hopt/*Hopt*, HGB, § 27 Rn. 2; *Steinbeck*, Handelsrecht, § 17 Rn. 5.
132 RGZ 132, 138, 144; Baumbach/Hopt/*Hopt*, HGB, § 27 Rn. 2; MünchKomm-HGB/*Thiessen*, § 27 Rn. 14.
133 *Brox/Henssler*, Handelsrecht, Rn. 159; *Oetker*, Handelsrecht, § 4 Rn. 95.
134 Zur Zulässigkeit: BGHZ 92, 259, 264; Erman/*Bayer*, BGB, § 2032 Rn. 5; MünchKomm-HGB/*Thiessen*, § 27 Rn. 67.
135 RGZ 132, 138, 144; BGHZ 35, 13, 19.
136 BGHZ 35, 13, 17; *Teichmann*, Handelsrecht, Rn. 508.
137 Einzelheiten: oben Rn. 165, 181.
138 So hM: *Canaris*, Handelsrecht, § 7 Rn. 109; *Brox/Henssler*, Handelsrecht, Rn. 159; Baumbach/Hopt/*Hopt*, HGB § 27 Rn. 3; wohl auch, aber offenlassend BGHZ 113, 132, 136; aA *K. Schmidt*, Handelsrecht, § 8 Rn. 135; MünchKomm-HGB/*Thiessen*, § 27 Rn. 24 f.
139 Koller/Kindler/Roth/Drüen/*Roth*, HGB, § 27 Rn. 13; Staub/*Burgard*, HGB, § 27 Rn. 27.
140 BGHZ 32, 60, 62; Koller/Kindler/Roth/Drüen/*Roth*, HGB, § 27 Rn. 13; MünchKomm-BGB/*Lieder* § 2144 Rn. 5.

meinsamen Verwaltung des Nachlasses (§ 2038 BGB) eine Vollmacht erteilt wurde.[141] Der endgültige Erbe haftet auch für Verbindlichkeiten aufgrund der Fortführung durch den vorläufigen Erben,[142] der wirkliche Erbe für solche des Scheinerben[143] (dazu bereits oben Rn. 181).

d) Haftungsausschluss

184   aa) Losgelöst von der Möglichkeit, die Erbschaft generell auszuschlagen (§§ 1942 ff. BGB), wird die handelsrechtliche Erbenhaftung[144] auch durch die **Geschäftseinstellung** in der Frist des § 27 II HGB ausgeschlossen. Diese Regelung verschafft dem Erben die Möglichkeit, die Fortführung des Unternehmens samt deren haftungsrechtlichen Konsequenzen zu überdenken. Eine Einstellung liegt vor, wenn das Geschäft völlig aufgegeben (Abwicklungsgeschäfte bleiben auch nach Fristablauf zulässig) oder das Insolvenzverfahren eröffnet wird. Streitig ist, ob auch die *Veräußerung* (mit Firma) zur Haftungsbefreiung führt; dies wird heute von der hL zutreffend bejaht.[145] Wird das Unternehmen vom Erben fortgeführt, jedoch innerhalb der Frist des § 27 II HGB lediglich die *Firma geändert*, so spricht der Wortlaut des § 27 II 1 HGB gegen,[146] der Normzweck indes zutreffend für eine Haftungsbefreiung[147] (im Wege der Analogie). Die **Einbringung** des Unternehmens **in eine Personen- oder Kapitalgesellschaft** – mit entsprechender Beteiligung des Erben – bewirkt ebenfalls eine Haftungsbefreiung nach § 27 II HGB, da auch damit ein Wechsel der Unternehmensträgerschaft verbunden ist.[148] Ein Schutz der Altgläubiger des eingebrachten Unternehmens wird hierbei über § 28 HGB gewährleistet.

185   **Fall 21:** Erbe E hat das Handelsgeschäft von K unter der bisherigen Firma zwei Monate lang fortgeführt. Er haftet nicht, wenn er nunmehr fristgerecht den Geschäftsbetrieb einstellt (unstreitig), nach zutreffender Auffassung aber auch dann nicht, wenn er innerhalb der Frist des § 27 II HGB entweder das Unternehmen (mit Firma) veräußert oder die Firma verändert (str.).

186   bb)   Der Erbe kann nach hM seine Haftung auch dadurch ausschließen, dass er nach der Übernahme des Unternehmens unverzüglich eine **Haftungsbeschränkung iSv § 25 II HGB** in das Handelsregister eintragen lässt oder den Gläubigern hiervon Mit-

---

141   BGHZ 30, 391, 394 f.; 35, 13, 19; Koller/Kindler/Roth/Drüen/*Roth*, HGB, § 27 Rn. 11; Baumbach/Hopt/*Hopt*, HGB, § 27 Rn. 3.

142   Baumbach/Hopt/*Hopt*, HGB, § 27 Rn. 4; Koller/Kindler/Roth/Drüen/*Roth*, HGB, § 27 Rn. 11.

143   So auch *K. Schmidt* ZHR 157 (1993), 600, 618 f.; für Haftung nach § 27 HGB analog: *Jung*, Handelsrecht, § 19 Rn. 18.

144   Nicht zugleich auch die allgemeine zivilrechtliche Erbenhaftung: *Jung*, Handelsrecht, § 19 Rn. 19; *Oetker*, Handelsrecht, § 4 Rn. 100.

145   *Canaris*, Handelsrecht, § 7 Rn. 108; *K. Schmidt*, Handelsrecht, § 8 Rn. 147; MünchKomm-HGB/*Thiessen*, § 27 Rn. 50; Koller/Kindler/Roth/Drüen/*Roth*, HGB, § 27 Rn. 9; sympathisierend Baumbach/Hopt/*Hopt*, HGB, § 27 Rn. 5; aA RGZ 56, 196, 199; Staub/*Burgard*, HGB, § 27 Rn. 65.

146   Abl. daher Staub/*Burgard*, HGB, § 27 Rn. 37 f.; Baumbach/Hopt/*Hopt*, HGB, § 27 Rn. 5; *Hübner*, Handelsrecht, Rn. 265; *Jung*, Handelsrecht, § 19 Rn. 19.

147   So *Canaris*, Handelsrecht, § 7 Rn. 110; MünchKomm-HGB/*Thiessen*, § 27 Rn. 24 ff.; Koller/Kindler/Roth/Drüen/*Roth*, HGB, § 27 Rn. 10; *Oetker*, Handelsrecht, § 4 Rn. 101.

148   *K. Schmidt*, Handelsrecht, § 8 Rn. 150; aA (hM); vgl. nur MünchKomm-HGB/*Thiessen*, § 27 Rn. 52; Baumbach/Hopt/*Hopt*, HGB, § 27 Rn. 5.

teilung macht.[149] Diese Möglichkeit ergibt sich nach hM daraus, dass § 27 I HGB in vollem Umfang „die Vorschriften des § 25" für entsprechend anwendbar erklärt.[150] Die Gegenauffassung wertet hingegen § 27 II HGB als lex specialis.[151] Der hM ist jedoch zu folgen. Es ist kein Grund ersichtlich, den Erben strenger haften zu lassen als den lebzeitigen Erwerber. Allerdings entfällt – im Unterschied zu § 25 HGB – hier die Weiterhaftung des Veräußerers. Doch haftet stattdessen der Erbe mit dem Nachlass, was einer Weiterhaftung des Erblassers zumindest wertungsmäßig entspricht.[152]

3. Einbringung eines einzelkaufmännischen Unternehmens in eine Personengesellschaft (§ 28 HGB)

a) Gesetzliche Terminologie, praktischer Anwendungsbereich und Normzweck des § 28 HGB

Wird in den §§ 25, 27 HGB die vollständige Übertragung eines kaufmännischen Unternehmens zu Lebzeiten oder von Todes wegen geregelt, so betrifft § 28 HGB „den Eintritt" eines Dritten in das Geschäft eines Einzelkaufmanns, bei wirtschaftlicher Betrachtung somit eine „Teilübertragung". Die gesetzliche Formulierung ist allerdings ungenau; denn dogmatisch ist ein solcher „Eintritt"– anders als etwa der „Beitritt" (oder Eintritt) in eine Personengesellschaft[153] – gar nicht möglich.[154] § 28 I 1 HGB trifft vielmehr eine Haftungsregelung für den Fall, dass die **Gründung einer OHG oder KG** durch **Einbringung eines einzelkaufmännischen Unternehmens** erfolgt:[155] Hier soll (auch) die neue Gesellschaft für die geschäftlichen Altverbindlichkeiten des Einzelkaufmanns haften. In § 28 I 2 HGB wird gegenüber den Schuldnern die gesetzliche Vermutung ausgesprochen, dass die im einzelkaufmännischen Unternehmen begründeten Forderungen auf die neue Gesellschaft übergegangen sind. Grund für diese Haftungserweiterung und auch den Forderungsübergang ist die **Erwartung des Rechtsverkehrs**, wonach die im einzelkaufmännischen Unternehmen begründeten Rechte und Pflichten bei Einbringung des Unternehmens in eine OHG oder KG auf die neue Gesellschaft übergehen (Theorie der Unternehmenskontinuität).[156]

187

b) Tatbestandsvoraussetzungen und Abgrenzungen

aa) § 28 HGB regelt den Sachverhalt der Einbringung eines einzelkaufmännischen Unternehmens in eine **OHG oder KG**, die zu diesem Zweck **neu gegründet** wird. Unerheblich ist dabei, ob der bisherige Einzelkaufmann persönlich haftender Gesellschafter oder Kommanditist wird (arg e § 28 III HGB). Die Einbringung eines einzel-

188

---

149 Klausurmäßige Aufbereitung der Problematik bei *J. Koch* JuS 2006, 142, 144 f.
150 So *Canaris*, Handelsrecht, § 7 Rn. 111; *Oetker*, Handelsrecht, § 4 Rn. 103; Staub/*Burgard*, HGB, § 27 Rn. 49 mwN.
151 *K. Schmidt*, Handelsrecht, § 8 Rn. 147; MünchKomm-HGB/*Thiessen* § 27 Rn. 46 ff.
152 So richtig *Brox/Henssler*, Handelsrecht, Rn. 162; *Hübner*, Handelsrecht, Rn. 266.
153 Dazu ausf. unten Rn. 732 ff.
154 Richtig *Canaris*, Handelsrecht, § 7 Rn. 80.
155 Der Einzelkaufmann leistet seine Gesellschaftseinlage ganz oder teilweise durch Einbringung seines Unternehmens als Sacheinlage; dazu näher unten Rn. 188.
156 *Canaris*, Handelsrecht, § 7 Rn. 82; Koller/Kindler/Roth/Drüen/*Roth*, HGB, § 28 Rn. 2; Baumbach/ Hopt/*Hopt*, HGB, § 28 Rn. 1.

kaufmännischen Unternehmens in eine *bereits bestehende Personengesellschaft* ist somit kein Anwendungsfall von § 28 HGB[157] (in Betracht kommt allein eine Haftung nach § 25 HGB[158]). Hier erfolgt – bei bildhafter Vorstellung – nämlich kein „Eintritt" in das Geschäft des Einzelkaufmanns, sondern der Einzelkaufmann tritt gerade umgekehrt in eine schon existierende Gesellschaft ein und haftet nach Maßgabe der § 130 HGB bzw. § 173 HGB (dazu ausf. unten Rn. 735, 740). Dieser Unterschied rechtfertigt auch unterschiedliche Rechtswirkungen.[159] Der ausdrückliche Gesetzeswortlaut und der entgegenstehende Wille des historischen Gesetzgebers stehen aber auch der (analogen) Anwendung des § 28 HGB entgegen, wenn ein einzelkaufmännisches Unternehmen im Rahmen der *Neugründung* einer *Kapitalgesellschaft* eingebracht wird[160] (auch hier kommt nur § 25 HGB in Betracht[161]). Infolge eines argumentum a maiore ad minus findet § 28 HGB erst recht keine Anwendung, wenn eine Einbringung in eine *schon bestehende Kapitalgesellschaft* erfolgt.[162]

189 bb) Einbringungsgegenstand ist nach dem Gesetzeswortlaut das **„Geschäft eines Einzelkaufmanns"**; unerheblich ist, ob der eintretende Dritte eine natürliche Person, eine juristische Person oder eine Personengesellschaft ist.[163] Auf die *Einbringung eines nichtkaufmännischen* Unternehmens ist § 28 HGB indes entsprechend anzuwenden, weil § 28 I HGB keine Firmenfortführung erfordert und zusätzlich verlangt, dass es zur Errichtung einer OHG bzw. KG kommt, welche dementsprechend von der Möglichkeit des § 28 II HGB Gebrauch machen kann.[164] Daher gelangt § 28 I HGB etwa analog zur Anwendung, wenn eine bisher kleingewerbliche Geschäftstätigkeit im Zuge der Einbringung erweitert[165] oder gem. § 105 II HGB eingetragen wird.[166] Umstritten ist hingegen die Rechtslage, wenn als Folge der Einbringung lediglich eine **BGB-Gesellschaft entsteht**:

190 **Fall 22:** R betreibt allein eine Anwaltskanzlei und haftet dem Mandant M aufgrund fehlerhafter Prozessführung auf Schadensersatz. Als Anwalt A in die Kanzlei des R „eintritt", wird er von M in Anspruch genommen.[167]

---

157 *Canaris*, Handelsrecht, § 7 Rn. 98; *Brox/Henssler*, Handelsrecht, Rn. 150; aA *Hübner*, Handelsrecht, Rn. 272.
158 Baumbach/Hopt/*Hopt*, HGB, § 28 Rn. 2; *Steinbeck*, Handelsrecht, § 16 Rn. 8.
159 Abw. Staub/*Burgard*, HGB, § 28 Rn. 23; MünchKomm-HGB/*Thiessen*, § 28 Rn. 11; *Hübner*, Handelsrecht, Rn. 272 mwN.
160 BGHZ 143, 314, 318 = JZ 2000, 1010 m. abl. Anm. *Lieb* = NJW 2000, 1521 m. abl. Bespr. *K. Schmidt*; zust. *Canaris*, Handelsrecht, § 7 Rn. 96; *Hübner*, Handelsrecht, Rn. 273; *Lettl*, Handelsrecht, § 5 Rn. 78; Baumbach/Hopt/*Hopt*, HGB, § 28 Rn. 2; Koller/Kindler/Roth/Drüen/*Roth*, HGB, § 28 Rn. 9.
161 Abw. Staub/*Burgard*, HGB, § 28 Rn. 22; MünchKomm-HGB/*Thiessen*, § 28 Rn. 10.
162 Vgl. etwa *Canaris*, Handelsrecht, § 7 Rn. 98; *Lettl*, Handelsrecht, § 5 Rn. 78; MünchKomm-HGB/ *Thiessen*, § 28 Rn. 10.
163 *Hübner*, Handelsrecht, Rn. 269; Koller/Kindler/Roth/Drüen/*Roth*, HGB, § 28 Rn. 4.
164 *Canaris*, Handelsrecht, § 7 Rn. 88; Baumbach/Hopt/*Hopt*, HGB, § 28 Rn. 2; Koller/Kindler/Roth/ Drüen/*Roth*, HGB, § 28 Rn. 5; *Hübner*, Handelsrecht, Rn. 269; aA zum früheren Recht: BGHZ 31, 398, 400; für die Einbringung eines minderkaufmännischen Unternehmens aber auch schon BGH NJW 1966, 1917.
165 Dazu oben Rn. 187.
166 Dazu oben Rn. 13.
167 Der Sachverhalt ist BGHZ 157, 361 nachgebildet; vgl. aber auch die (abweichende) Falllösung bei *Petig/Gonzales* Jura 2009, 646 ff.

Der BGH hat die (analoge) Anwendung von § 28 HGB **abgelehnt**.[168] Dies ist zutref- **191**
fend, weil für BGB-Gesellschaften die Möglichkeit des Haftungsausschlusses durch
Registereintragung nach § 28 II HGB (unten Rn. 197) nicht besteht (zur vergleichbaren Argumentation gegen die Erstreckung des § 25 I HGB auf nichtgewerbliche Unternehmen: oben Rn. 156). Die Gegenauffassung, die § 28 HGB als Ausdruck eines
analogiefähigen allgemeinen Rechtsgedankens und unter Hinweis auf die Konsolidie-
rung des Haftungsrechts der GbR bei jeder Gründung einer Personengesellschaft analog anwenden möchte,[169] ist mithin abzulehnen. Da die neu gegründete Anwaltssozietät (BGB-Gesellschaft) nicht gem. § 28 HGB haftet, haftet auch A persönlich nicht.[170]
Anderes gilt nach zutreffender Auffassung für den Eintritt in **vermögensverwaltende
Personengesellschaften** iSd § 105 II HGB, wenn die durch den Eintritt entstehende
Gesellschaft zeitnah mit dem Eintritt durch Eintragung in das Handelsregister zur
Handelsgesellschaft wird.[171] Denn unter diesen Voraussetzungen besteht auch die
Möglichkeit, einen Haftungsausschluss nach § 28 II HGB eintragen zu lassen.

cc) Die **Unwirksamkeit des Gesellschaftsvertrages** ist ohne Bedeutung, sobald **192**
die fehlerhaft errichtete Gesellschaft in Vollzug gesetzt wurde.[172] Dann gelten die
Grundsätze der fehlerhaften Gesellschaft (Einzelheiten unten Rn. 796 ff.). Hierfür
spricht auch die Anwendung von § 25 I HGB bei der vergleichbar gelagerten Problematik des unwirksamen Erwerbsvorgangs (oben Rn. 157, 163).

dd) Auf die Fortführung der bisherigen **Firma** kommt es – anders als bei §§ 25, 27 **193**
HGB[173] – kraft ausdrücklicher gesetzlicher Regelung **nicht** an. Die Haftungskontinui-
tät (oben Rn. 153) wird hier durch die weitere Beteiligung des bisherigen Einzelkaufmanns zum Ausdruck gebracht.[174]

c) Rechtsfolgen

aa) Nach § 28 I 1 HGB haftet die **neue OHG oder KG** für die **Altverbindlichkei- 194
ten**[175] des Einzelkaufmanns, soweit diese das eingebrachte Unternehmen betreffen.[176]
Auch ohne ausdrückliche gesetzliche Regelung haftet ebenso der bisherige Schuldner

168 BGHZ 157, 361, 364 ff.; bestätigt durch BGH NZG 2012, 65; zust. *Brox/Henssler*, Handelsrecht,
     Rn. 152; *Canaris*, Handelsrecht, § 7 Rn. 88; *Hübner*, Handelsrecht, Rn. 274; *Lettl*, Handelsrecht, § 5
     Rn. 76; abl. Staub/*Burgard*, HGB, § 28 Rn. 21; MünchKomm-HGB/*Thiessen*, § 28 Rn. 14; *K.
     Schmidt* BB 2004, 785 ff.; *C. A. Weber* JA 2012, 390, 392.
169 *Ulmer* ZIP 2003, 1113, 1116; *Kleindiek*, FS Röhricht, 2005, S. 315, 324 ff.; *Peting/Gonzales* Jura
     2009, 646, 649 f.
170 Die Haftung folgt auch nicht aus einem – im doppelten Sinne – analog angewandten § 130 HGB, da
     A nicht in eine *bestehende* BGB-Gesellschaft eingetreten ist, sondern mit R eine solche neu gegrün-
     det hat. So auch OLG Schleswig m. Anm. *Schodder* EWiR 2012, 115 (betr. Statiker-GbR).
171 Baumbach/Hopt/*Hopt*, HGB § 28 Rn. 2; BeckOK-HGB/*Bömeke*, HGB, § 28 Rn. 4; kritisch Hey-
     mann/*Förster*, HGB, § 28 Rn. 12; ausf. *Grüneberg*, FS Bergmann, 2018, S. 199, 203 ff.
172 BGH NJW 1972, 1467 (arglistige Täuschung); *Brox/Henssler*, Handelsrecht, Rn. 152; *Hübner*, Han-
     delsrecht, Rn. 275; aA *Canaris*, Handelsrecht, § 7 Rn. 89 f.
173 Dazu oben Rn. 165, 182.
174 *Brox/Henssler*, Handelsrecht, Rn. 151; *Canaris*, Handelsrecht, § 7 Rn. 82.
175 Zum Begriff: oben Rn. 152; vgl. weiter BGH ZIP 2001, 1007, 1008.
176 Also keine Haftung für sonstige geschäftliche Verbindlichkeiten des Einzelkaufmanns: BGHZ 31,
     397, 399.

weiter.[177] Es besteht – wie bei § 25 HGB – aufgrund eines gesetzlichen Schuldbeitritts nunmehr eine gesamtschuldnerische Haftung[178] (siehe bereits oben Rn. 174).

195 bb) Für die auf die OHG bzw. KG übergegangenen Altverbindlichkeiten haften **alle Gesellschafter** der neuen Personengesellschaft gem. §§ 128, 161 II, 171 ff. HGB persönlich,[179] sei es unbeschränkt oder beschränkt als Kommanditist.[180]

196 cc) Die (unbeschränkte) Haftung des bisherigen Einzelkaufmanns ist gem. § 28 III 1 HGB nach Maßgabe von § 26 HGB auf 5 Jahre **befristet**, sofern er Kommanditist (und nicht Komplementär) wird. Davon unberührt bleibt jedoch nach § 28 III 3 HGB seine (beschränkte) Kommanditistenhaftung für die Verbindlichkeiten der KG.[181]

d) Haftungsausschluss

197 Nach § 28 II HGB kann die Haftung in gleicher Weise wie bei § 25 HGB ausgeschlossen werden (dazu oben Rn. 170), d.h. es haftet dann nicht die neu gegründete OHG oder KG, sondern allein der bisherige Einzelkaufmann. Mit dem Wegfall der Haftung der neuen Personengesellschaft entfällt auch die persönliche Haftung der Gesellschafter.

---

177 BGH NJW 1972, 1466, 1467; *Brox/Henssler*, Handelsrecht, Rn. 153; *Canaris*, Handelsrecht, § 7 Rn. 91.
178 *Canaris*, Handelsrecht, § 7 Rn. 91; *Jung*, Handelsrecht, § 19 Rn. 23.
179 BGHZ 157, 361, 364 f.; BGH NJW 1966, 1917, 1919; 1972, 1466, 1467; Baumbach/Hopt/*Hopt*, HGB, § 28 Rn. 5; Staub/*Burgard*, HGB, § 28 Rn. 41 mwN; aA *Canaris*, Handelsrecht, § 7 Rn. 92.
180 Zur Haftung der Gesellschafter ausf. unten Rn. 595 ff.
181 *Brox/Henssler*, Handelsrecht, Rn. 153; *Jung*, Handelsrecht, § 19 Rn. 23.

§ 5 Handelsrechtliche Stellvertretung

I. Überblick und Terminologie

Das HGB enthält spezielle Vorschriften zur *rechtsgeschäftlichen Vertretungsmacht* **198** von kaufmännischen Hilfspersonen. Diese Regelungen ergänzen bzw. modifizieren die allgemeinen Stellvertretungsvorschriften gem. §§ 164 ff. BGB, und zwar einschließlich der Unterscheidung zwischen Einzel- und Gesamtvertretung sowie Innen- und Außenvollmacht. Handelsrechtliche Vollmachten sind die **Prokura** (§§ 48–53 HGB) und die **Handlungsvollmacht** (§§ 54–58 HGB)[1] sowie die spezielle Vertretungsmacht des **Ladenangestellten** gem. § 56 HGB. Diese *typisierten Vollmachten* dienen dem gesteigerten Bedürfnis nach Rechtsklarheit und sollen den Geschäftsverkehr erleichtern. Der Kaufmann kann indes auch allgemeine Vollmachten gem. §§ 167 ff. BGB erteilen, und zwar entweder als Einzelvollmacht (Spezialvollmacht) für bestimmte Rechtshandlungen oder als (unbeschränkte) Generalvollmacht.[2] Zudem können auch im Handelsrecht die Rechtsinstitute der Anscheins- und Duldungsvollmacht[3] zur Anwendung kommen.[4] Von der rechtsgeschäftlichen Vertretung zu unterscheiden ist die *gesetzliche Vertretung* (zB Eltern für minderjährigen Kaufmann) mit ihrem Unterfall der *organschaftlichen Vertretung* (zB Gesellschafter für Personengesellschaft[5] bzw. Geschäftsführer/Vorstand für GmbH/AG[6]). Im Examen werden namentlich Prokura und Vertretungsmacht des Ladenangestellten gern aufgegriffen, weil sie sich auch gut in Klausuren mit bürgerlichrechtlichem oder arbeitsrechtlichen Schwerpunkt einbauen lassen.[7]

II. Prokura

Die Prokura ist eine Vollmacht iSv § 167 BGB. Ihr Umfang ist gesetzlich zwingend **199** festgelegt (§ 49 HGB).[8] Beschränkungen wirken nur im Innenverhältnis, nicht im Außenverhältnis (§ 50 HGB). Diese Typisierung dient dem Schutz des Rechtsverkehrs,

---

1 Für den Handelsvertreter ergänzt durch §§ 91, 91a HGB; weitere Ergänzungen in §§ 75g, 75h HGB.
2 Zur Generalvollmacht: BGHZ 36, 292, 295. Die Generalvollmacht ist bei Großunternehmen verbreitet und rangiert im Status noch vor der Prokura. Die Generalvollmacht ist nicht zu verwechseln mit der Generalhandlungsvollmacht; dazu unten Rn. 208. Ob sie analog § 53 I HGB zur Eintragung in das Handelsregister anzumelden ist, ist streitig; dafür Baumbach/Hopt/*Hopt*, HGB, Vor § 48 Rn. 2; Koller/Kindler/Roth/Drüen/*Roth*, HGB, Vor §§ 48-58 Rn. 2; dagegen EBJS/*Weber*, HGB, Vor § 48 Rn. 7.
3 Zur Anscheins- und Duldungsvollmacht: *Bork*, BGB AT, Rn. 1548 ff.; *Leipold*, BGB AT, § 24 Rn. 33 ff.; *Wolf/Neuner*, BGB AT, § 50 Rn. 84 ff.; vgl. weiter *Gottwald/Würdinger*, UniRep BGB AT, Rn. 302 ff.
4 BGH NJW-RR 1986, 1476; 1996, 371; NJW 1998, 1854; OLG Braunschweig MDR 2002, 42; *Drexl/Mentzel* Jura 2002, 375, 376 ff.
5 Dazu ausf. unten Rn. 542 ff.
6 Dazu ausf. unten Rn. 570 ff.
7 Siehe exemplarisch *Bayer/Möller* Ad Legendum 2018, 182 ff.; *Harnos/Konken* Jura 2015, 844 ff.; *Mittwoch* JuS Probeexamen 2017, 591 ff.; *H.-F. Müller* JA 2015, 740 ff.; vgl. weiter *Hellgardt/Schwarz-Fischer* JuS 2020, 334 ff.: Fortgeschrittenenklausur; *Loose* JuS 2016, 1095 ff.: Semesterabschlussklausur.
8 Siehe auch *Beck* Jura 2016, 969 ff.

der sich nicht damit auseinandersetzen muss, ob ein Geschäft von der Vertretungsmacht des Handelnden umfasst ist. Der Prokurist zeichnet üblicherweise mit „ppa" (per procura). Ein Verstoß gegen die Zeichnungspflicht hat auf die Wirksamkeit des vom Prokuristen geschlossenen Geschäfts indes keine Auswirkungen, da es sich bei § 51 HGB nicht um eine Formvorschrift iSd § 125 S. 1 BGB, sondern eine Ordnungsvorschrift handelt, die allein die Leichtigkeit des Rechtsverkehrs zu gewährleisten sucht.[9] Im Innenverhältnis ist der Prokurist regelmäßig Handlungsgehilfe iSv § 59 HGB, doch kommt auch eine Prokuristenbestellung aufgrund gesellschaftsvertraglicher Regelung (Beispiel: Kommanditist) oder ohne vertragliche Grundlage (Beispiel: Ehegatte bei unentgeltlicher Mitarbeit) in Betracht.[10] Die §§ 48 ff. HGB betreffen allein das Außenverhältnis zu Dritten.[11]

1. Erteilung der Prokura

200 a) Prokura kann nur vom Inhaber des Handelsgeschäfts (= **Kaufmann**)[12] oder seinem gesetzlichen Vertreter erteilt werden, und zwar durch eine empfangsbedürftige, **ausdrückliche Willenserklärung** (vgl. § 48 I HGB). Das setzt jedoch nicht die Verwendung des Wortes „Prokura" voraus, solange sich der Wille zur Erteilung zweifelsfrei aus der Erklärung ergibt (insbesondere Ermächtigung zum Zeichnen mit „ppa"). Beim minderjährigen Kaufmann ist die Zustimmung des Familiengerichts gem. §§ 1643 I, 1822 Nr. 11 BGB erforderlich. Für Handelsgesellschaften werden ihre organschaftlichen Vertreter tätig. Bei der OHG ist – ungeachtet der Regelung in § 116 III HGB – nach § 116 II HGB ein Gesellschafterbeschluss notwendig (dazu unten Rn. 535), ebenso bei der GmbH gem. § 46 Nr. 7 GmbHG[13]. Diese Beschlusserfordernisse betreffen indes nur das Innenverhältnis. Im Außenverhältnis ist auch die ohne den erforderlichen Beschluss erteilte Prokura wirksam.[14]

201 Dem **Scheinkaufmann** wird die Möglichkeit der Prokuraerteilung nicht zugestanden.[15] Eine vom **Nichtkaufmann** erteilte Prokura ist unwirksam, kann aber nach § 140 BGB in eine Handlungsvollmacht nach § 54 HGB (Beispiel: Erteilung durch Prokuristen) oder BGB-Vollmacht (Beispiel: Erteilung durch nicht eingetragenen Kleingewerbetreibenden) umgedeutet werden.[16] In Betracht kommt auch eine Prokura kraft positiver Registerpublizität nach § 15 III HGB.[17] Die Prokura bedarf keiner Annahme und kann sowohl gegenüber dem künftigen Prokuristen als auch gegenüber einem Dritten[18] (§ 167 I BGB) oder auch durch öffentliche Bekanntmachung erklärt

---

9 EBJS/*Weber*, HGB, § 51 Rn. 8; Staub/*Joost*, HGB, § 51 Rn. 10.
10 Zur Trennung und Abstraktion im Recht der Stellvertretung siehe *Lieder* JuS 2014, 393 ff.
11 *Oetker*, Handelsrecht, § 5 Rn. 8; Koller/Kindler/Roth/Drüen/*Roth*, HGB, Vor §§ 48-58 Rn. 9.
12 Ausf. oben Rn. 10 ff.
13 Lutter/Hommelhoff/*Bayer*, GmbHG, § 46 Rn. 32.
14 BGHZ 62, 166, 169.
15 MünchKomm-HGB/*Krebs*, § 48 Rn. 5.
16 *K. Schmidt*, Handelsrecht, § 16 Rn. 105; Baumbach/Hopt/*Hopt*, HGB, § 48 Rn. 1.
17 Siehe das Fallbeispiel bei *Richter* JuS 2007, 647, 648 f.
18 AA Oetker/*Schubert*, HGB, § 48 Rn. 32; wie hier die hM: Staub/*Joost*, HGB, § 48 Rn. 55; Röhricht/
   von Westphalen/Haas/*Wagner/Wöstmann*, HGB, § 48 Rn. 35; Baumbach/Hopt/*Hopt*, HGB, § 48
   Rn. 3; Heymann/*Teichmann*, HGB, § 48 Rn. 39.

werden.[19] Eine besondere Form ist nicht vorgeschrieben. Die **Eintragung** in das Handelsregister (§ 53 I HGB) hat nur deklaratorische Bedeutung.[20]

Fall 23: Mit Kenntnis des Kaufmanns K unterzeichnet sein Angestellter A Briefe mit dem Zusatz „Prokurist", obgleich eine Prokura nie erteilt wurde. Liegt in dieser stillschweigenden Billigung durch K eine konkludente Prokuraerteilung (sog. „Duldungsprokura")? **202**

Anders als nach allgemeinen zivilrechtlichen Grundsätzen – wonach auch eine konkludente Vollmachtserteilung möglich ist – steht diesem Ergebnis § 48 I HGB entgegen. K haftet jedoch nach Rechtsscheingrundsätzen (Duldungsvollmacht) gutgläubigen Dritten gegenüber so, als hätte er A Prokura erteilt.[21] **203**

Die Frage, ob auch eine **Vorgesellschaft** bereits Prokura erteilen kann, wird uneinheitlich beantwortet. Dagegen wird vorgebracht, dass die Vorgesellschaft nicht im Handelsregister eingetragen ist, so dass auch eine Eintragung der Prokura ausscheide und daher nicht erteilt werden könne.[22] Mit der zutreffenden hM ist eine Prokuraerteilung indes als zulässig anzusehen, wenn die Vorgesellschaft ein Handelsgewerbe betreibt und daher nach allgemeinen Grundsätzen als Kaufmann anzusehen ist (siehe oben Rn. 15).[23] Eine solche Vorgesellschaft kann nach § 48 I HGB auch eine Prokura erteilen, die ohne Eintragung in das Handelsregister wirksam ist. Denn die Eintragung der Prokura hat nur deklaratorische Wirkung.[24] **204**

b) Zum Prokuristen kann nur eine **natürliche Person**[25] bestellt werden, nach hM auch ein Minderjähriger[26] (arg e § 165 BGB). Der Inhaber des Handelsgeschäfts oder ein organschaftlicher Vertreter, der bereits eine mindestens gleichwertige Vertretungsmacht besitzt (zB einzelvertretungsberechtigter Gesellschafter), kann nicht zusätzlich Prokurist sein.[27] Die Erteilung von Einzelprokura sollte jedoch gegenüber einem organschaftlichen Gesamtvertreter zulässig sein.[28] Dies gilt auch für einzelne Mitglieder einer Erbengemeinschaft.[29] Das grundsätzlich richtige Argument der notwendigen Personenverschiedenheit zwischen dem Inhaber des Handelsgeschäfts und der Person des Prokuristen überzeugt in dieser Konstellation nicht.[30] **205**

c) Prokura kann auch als **Gesamtprokura** erteilt werden. Bei der Gesamtprokura können nur **mehrere Prokuristen gemeinschaftlich** vertreten (§ 48 II HGB als lex **206**

---

19 *Brox/Henssler*, Handelsrecht, Rn. 195; *Hübner*, Handelsrecht, Rn. 323.

20 Zum Begriff: oben Rn. 58.

21 *Brox/Henssler*, Handelsrecht, Rn. 197; *Canaris*, Handelsrecht, § 14 Rn. 14.

22 MünchKomm-HGB/*Krebs*, § 48 Rn. 7; Röhricht/von Westphalen/Haas/*Wagner/Wöstmann*, HGB, § 48 Rn. 5.

23 EBJS/*Weber*, HGB, § 48 Rn. 6; Staub/*Joost*, HGB, § 48 Rn. 10; *Beck* Jura 2016, 969, 972.

24 So auch *Beck* Jura 2016, 969, 972.

25 Vgl. KG NZG 2002, 48; *Beck* Jura 2016, 969, 972.

26 *Hübner*, Handelsrecht, Rn. 326; *Oetker*, Handelsrecht, § 5 Rn. 13; Staub/*Joost*, HGB, § 48 Rn. 22; aA EBJS/*Weber*, HGB, § 48 Rn. 15.

27 Allgemein Baumbach/Hopt/*Hopt*, HGB, § 48 Rn. 2; Koller/Kindler/Roth/Drüen/*Roth*, HGB, § 48 Rn. 6; Staub/*Joost*, HGB, § 48 Rn. 24.

28 So für gesamtvertretungsberechtigte OHG-Gesellschafter oder GmbH-Geschäftsführer: *Canaris*, Handelsrecht, § 12 Rn. 6; *K. Schmidt*, Handelsrecht, § 16 Rn. 22; EBJS/*Weber*, HGB, § 48 Rn. 20.

29 *Canaris*, Handelsrecht, § 9 Rn. 29; *K. Schmidt*, Handelsrecht, Rn. 18; Baumbach/Hopt/*Hopt*, HGB, § 48 Rn. 2.

30 Anders jedoch noch BGHZ 30, 397; 32, 67.

specialis gegenüber § 50 HGB).[31] Jedoch ist es zulässig, wenn ein Gesamtprokurist den anderen im Voraus zur Vornahme bestimmter Geschäfte oder bestimmter Arten von Geschäften ermächtigt oder bevollmächtigt. Auch kann das Handeln des einen (als vollmachtsloser Vertreter) vom anderen genehmigt werden.[32] Zur Passivvertretung ist analog § 125 II 3 HGB jeder Gesamtprokurist befugt.[33] Ebenso ist es im Rahmen von § 166 I BGB ausreichend, wenn bei einem Gesamtprokuristen ein Willensmangel bzw. Bösgläubigkeit vorliegt. Eine **Zurückweisung** der durch einen Gesamtprokuristen ausgesprochenen **Kündigung** nach § 174 S. 2 BGB scheidet schon dann aus, wenn der Kündigungsempfänger aufgrund der – ihm bekannten – Stellung des Kündigenden als Personalleiter von einer ordnungsgemäßen Ermächtigung zum alleinigen Ausspruch von Kündigungen ausgehen muss.[34]

207 **Beispiel:** Verkäufer V schließt mit K, vertreten durch die Gesamtprokuristen P1 und P2, einen Vertrag. Wird P1 von V arglistig getäuscht, so kann K auch dann gem. § 123 I BGB anfechten, wenn P2 sich nicht geirrt hat.[35] Hat nur P2 Kenntnis von der Nichtberechtigung des V im Hinblick auf die gem. § 929 BGB übereignete Sache, dann scheidet ein gutgläubiger Erwerb durch K (§ 932 II BGB) aus.[36]

208 d) Möglich ist auch die Kombination: Einzelprokura an A und Gesamtprokura an B in Gemeinschaft mit A (sog. **halbseitige Gesamtprokura**).[37] Soll der Prokurist hingegen nur mit einem OHG-Gesellschafter gemeinschaftlich vertreten, so spricht man von **gemischter Gesamtprokura**. Die Zulässigkeit folgt a maiore ad minus aus § 125 III 1 HGB und § 48 II HGB:[38] Wenn schon die organschaftliche Vertretungsmacht eines Gesellschafters an die Mitwirkung eines Prokuristen gebunden werden kann (§ 125 III 1 HGB)[39] und ein Prokurist sogar an die Mitwirkung eines anderen Prokuristen (§ 48 II HGB), dann gilt dies erst recht für die Mitwirkung eines Gesellschafters bei den Rechtsgeschäften des Prokuristen.[40] Gleiches gilt im Hinblick auf die Mitwirkung eines AG-Vorstands bzw. eines GmbH-Geschäftsführers. Dieser Erst-recht-Schluss funktioniert indes nicht im Hinblick auf die Bindung eines Prokuristen an die Zustimmung einer Person mit einer gesetzlich nicht ebenso weitreichend definierten Vertretungsmacht, etwa einen Handlungsbevollmächtigten oder einen von der Vertretung ausgeschlossenen Gesellschafter; die Anordnung einer solchen Gesamtprokura ist daher wegen Verstoßes gegen § 50 I HGB unwirksam.[41] Bei zulässiger gemischter Gesamtprokura bestimmt sich der Umfang der Vertretungsmacht des Prokuristen nicht nach § 49 HGB (unten Rn. 209 ff.), sondern nach dem Umfang der organ-

---

31 Baumbach/Hopt/*Hopt*, HGB, § 48 Rn. 5; *Hübner*, Handelsrecht, Rn. 348.
32 *Brox/Henssler*, Handelsrecht, Rn. 204; *Hübner*, Handelsrecht, Rn. 360.
33 *Canaris*, Handelsrecht, § 12 Rn. 23; *Oetker*, Handelsrecht, § 5 Rn. 34.
34 BAG NJW 2014, 3595 Rn. 20 = JuS 2015, 933 *(Riehm)*.
35 *Brox/Henssler*, Handelsrecht, Rn. 204; *Hübner*, Handelsrecht, Rn. 361.
36 *Hübner*, Handelsrecht, Rn. 361.
37 BGHZ 62, 166, 170 ff.; *Canaris*, Handelsrecht, § 12 Rn. 27 f.; *K. Schmidt*, Handelsrecht, § 16 Rn. 45; aA (unzulässig) MünchKomm-HGB/*Krebs*, § 48 Rn. 73 ff.
38 BGHZ 99, 76, 78 ff.; *Canaris*, Handelsrecht, § 12 Rn. 25; *K. Schmidt*, Handelsrecht, § 16 Rn. 45; Baumbach/Hopt/*Hopt*, HGB, § 48 Rn. 6 mwN; aA *K. Müller* JuS 1998, 1000, 1004 (Verstoß gegen § 50 I HGB).
39 Dazu ausf. unten Rn. 563 ff.
40 Siehe hierzu auch den Klausurfall bei *Oetker* JuS 2001, 251, 257.
41 BGH BB 1964, 151; *Fischinger*, Handelsrecht, Rn. 407.

schaftlichen Vertretungsmacht; insbesondere gilt nicht § 49 II HGB.[42] Die Erteilung und das Erlöschen der gemischten Gesamtprokura sind gem. § 53 I 2, II HGB eintragungspflichtig;[43] unterlassene Eintragungen werden nach § 15 HGB sanktioniert.

2. Umfang der Prokura

Nach § 49 I HGB ist der Prokurist ermächtigt „zu allen Arten von gerichtlichen und außergerichtlichen Geschäften und Rechtshandlungen, die der Betrieb eines Handelsgewerbes mit sich bringt". Erfasst sind **alle Rechtsgeschäfte**, und zwar auch außergewöhnliche, die zum **Betrieb irgendeines Handelsgewerbes** gehören, unabhängig vom konkreten Unternehmensgegenstand.[44] Das ergibt sich in rechtssystematischer Hinsicht im Umkehrschluss aus § 54 I HGB, wonach sich die Vertretungsmacht des Handlungsbevollmächtigten auf solche Rechtsgeschäfte erstreckt, die der Betrieb eines *derartigen* Handelsgewerbes mit sich bringt (Rn. 233). **209**

Diese **umfassende Vertretungsmacht** betrifft allein das Außenverhältnis (das „rechtliche Können") und ist Dritten gegenüber unbeschränkbar (§ 50 I, II HGB). Im Innenverhältnis sind Beschränkungen zulässig; schuldhafte Verletzungen des Anstellungsvertrags, einschließlich interner Beschränkungen, führen zu Haftungsansprüchen des Geschäftsinhabers gegen den Prokuristen nach § 280 I BGB. **210**

Beispiel: Der Prokurist einer Weingroßhandlung kann somit (in unzulässiger Überschreitung des Unternehmensgegenstands)[45] auch zehn Autobusse erwerben und Busfahrer einstellen, um zusätzlich ein Personenbeförderungsunternehmen zu betreiben.[46] **211**

Ausgenommen von der Vertretungsmacht gem. § 49 I HGB sind **Privatgeschäfte** für den Inhaber des Handelsgeschäfts (beachte jedoch die Vermutung gem. § 344 HGB!)[47], weiterhin sog. **Grundlagengeschäfte**[48] (sie gehören nicht zum „Betrieb" eines Handelsgewerbes, sondern betreffen dessen Grundstruktur, wie zB die Schließung des Geschäftsbetriebs)[49] sowie solche Geschäfte, die kraft ausdrücklicher gesetzlicher Anordnung dem Kaufmann selbst zugewiesen sind (sog. **Prinzipalgeschäfte**, wie zB die Anmeldung der Firma oder der Änderung der Geschäftsanschrift[50] zum Handelsregister, die Unterzeichnung des Jahresabschlusses oder die Prokuraerteilung selbst).[51] Durch die Beschränkung wird der Inhaber des Handelsgeschäfts davor geschützt, dass der Prokurist die Grundlagen des Unternehmens beeinträchtigt, von welchen er seine Vertretungsmacht ableitet. **212**

Darüber hinaus darf der Prokurist gem. § 49 II HGB **Grundstücke** nur aufgrund einer besonderen Ermächtigung **veräußern** oder **belasten**. Dieses Verbot erfasst in analo- **213**

---

42 BGHZ 62, 166, 170; BGHZ 99, 76, 81; *Drexl/Mentzel* Jura 2002, 289, 291.
43 Koller/Kindler/Roth/Drüen/*Roth*, HGB, § 48 Rn. 14; MünchKomm-HGB/*Krebs*, § 53 Rn. 5.
44 *Brox/Henssler*, Handelsrecht, Rn. 198; *Canaris*, Handelsrecht, § 12 Rn. 13.
45 So ausdrücklich auch *Canaris*, Handelsrecht, § 12 Rn. 15.
46 Beispiel nach *Brox/Henssler*, Handelsrecht, Rn. 198; ähnlich *Hübner*, Handelsrecht, Rn. 333.
47 *Hübner*, Handelsrecht, Rn. 336; *Brox/Henssler*, Handelsrecht, Rn. 202.
48 Dazu sowie zur Parallelproblematik bei § 126 HGB unten Rn. 562.
49 Ausf. *Canaris*, Handelsrecht, § 12 Rn. 13 ff.; Staub/*Joost*, HGB, § 49 Rn. 17 ff.; EBJS/*Weber*, HGB, § 49 Rn. 11 ff.
50 OLG Karlsruhe NZG 2014, 1346 Rn. 14; KG NZG 2016, 1031 = JuS 2016, 750 *(K. Schmidt)*.
51 *Brox/Henssler*, Handelsrecht, Rn. 201; *Hübner*, Handelsrecht, Rn. 337.

ger Anwendung auch die zugrunde liegenden Verpflichtungsgeschäfte, da der Schutzzweck des § 49 II HGB unterlaufen würde, wenn der Prokurist den Kaufmann wirksam zur Veräußerung und Belastung verpflichten könnte.[52] Die Vermietung und Verpachtung von Grundstücken und auch der Erwerb, selbst eines belasteten Grundstücks sind hingegen vom Umfang der Prokura gedeckt.[53]

214 **Fall 24:** Prokurist P erwirbt für 500 000 Euro ein neues Betriebsgrundstück und bestellt für die B-Bank zur Sicherung des Darlehensrückzahlungsanspruchs eine Grundschuld über 300 000 Euro.

215 Diese Grundschuldbestellung ist nach Sinn und Zweck der gesetzlichen Regelung zulässig (teleologische Reduktion). Denn § 49 II HGB will allein verhindern, dass (vorhandenes) Grundvermögen des Inhabers des Handelsgeschäfts veräußert oder belastet wird. Die Rechtslage ist vergleichbar mit dem (zulässigen) Erwerb eines bereits belasteten Grundstücks.[54] Daher ist auch die Bestellung eines Grundpfandrechts zur Sicherung des Restkaufpreises bei einem – nach § 49 I HGB erlaubten (!) – Grundstückserwerb zulässig.

3. Erlöschen der Prokura

216 a) Die Prokura erlischt gem. **§ 168 S. 1 BGB** mit der **Beendigung** des ihr zugrunde liegenden **Rechtsverhältnisses** (zB des Arbeitsvertrags), weiterhin mit dem Tod des Prokuristen[55] – nicht hingegen gem. § 52 III HGB beim Tod des Kaufmanns (!)[56] – sowie bei Eintritt einer Personenkonstellation, die eine Prokuraerteilung ausschließen würde[57] (dazu oben Rn. 201), wie zB, wenn der Vollmachtgeber seine Kaufmannseigenschaft verliert[58]. Zudem erlischt die Prokura im Fall des Betriebsübergangs nach § 613a BGB, weil der Prokurist zum Geschäftsinhaber in einem besonderen Vertrauensverhältnis steht, das zum neuen Inhaber nicht notwendig bestehen muss.[59] Ab der Eröffnung des Insolvenzverfahrens über das Vermögen des Kaufmanns erlöschen ferner gem. § 117 I InsO alle Vollmachten, zu denen auch die Prokura gehört.[60]

217 b) Weiterhin erlischt die Prokura gem. **§ 52 I HGB** durch **Widerruf**. Kraft ausdrücklicher und zwingender gesetzlicher Anordnung ist die Prokura **jederzeit wider-**

---

52 *Canaris*, Handelsrecht, § 12 Rn. 17; *Brox/Henssler*, Handelsrecht, Rn. 200; *Hübner*, Handelsrecht, Rn. 326.
53 *Canaris*, Handelsrecht, § 12 Rn. 17; Röhricht/von Westphalen/Haas/*Wagner/Wöstmann*, HGB, § 49 Rn. 19.
54 RGZ 108, 356, 359 ff.; *Oetker*, Handelsrecht, § 5 Rn. 31; *K. Schmidt*, Handelsrecht, § 16 Rn. 32.
55 *Canaris*, Handelsrecht, § 12 Rn. 8; *Hübner*, Handelsrecht, Rn. 366, 369; *Metzing* JA 2019, 143; kritisch *Beck* Jura 2016, 969, 977, der im Einzelfall dem Erben die Prokura zugutekommen lassen möchte.
56 Gerade in der Übergangszeit nach dem Erbfall soll mit dem Prokuristen eine vertretungsberechtigte Person bereitstehen. Die Prokura wirkt für und gegen die Erben, denen jedoch jeweils einzeln das Widerrufsrecht zusteht: Staub/*Joost*, HGB, § 52 Rn. 8; EBJS/*Weber*, HGB, § 52 Rn. 6.
57 So beim Erwerb des Handelsgeschäfts durch den Prokuristen: *Oetker*, Handelsrecht, § 5 Rn. 23; *Hübner*, Handelsrecht, Rn. 370; *Beck* Jura 2016, 969, 980.
58 *K. Schmidt*, Handelsrecht, § 16 Rn. 85; *Jung*, Handelsrecht, § 25 Rn. 18; Staub/*Joost*, HGB, § 52 Rn. 31.
59 MünchKomm-HGB/*Krebs*, § 52 Rn. 31; Heymann/*Teichmann*, HGB, § 52 Rn. 25 f.
60 Baumbach/Hopt/*Hopt*, HGB, § 53 Rn. 4; Oetker/*Schubert*, HGB, § 53 Rn. 13.

ruflich, und zwar ohne Rücksicht auf das ihr zugrunde liegende Rechtsverhältnis.[61] Der vertragsmäßige Vergütungsanspruch entfällt bei Fortbestehen des Rechtsverhältnisses jedoch nicht. Eine vertragswidrige Abberufung kann für den bisherigen Prokuristen aber ein Recht zur fristlosen Kündigung des Anstellungsvertrags und Schadensersatzansprüche begründen; jedoch ist Naturalrestitution (Wiederbestellung als Prokurist) ausgeschlossen.[62]

Widerrufen kann derjenige, der aktuell die Prokura erteilen könnte, also der **Inhaber** des Handelsgeschäfts (oben Rn. 209). Der Widerruf erfolgt formlos durch einseitige, empfangsbedürftige Willenserklärung im Grundsatz in der gleichen Weise wie die Prokuraerteilung *(actus contrarius)*.[63] Der Widerruf kommt also gegenüber dem Prokuristen oder einem Dritten (§ 168 S. 2 und S. 3 iVm § 167 I BGB) bzw. durch öffentliche Bekanntmachung in Betracht.[64] Der Widerruf ist – ebenso wie die Erteilung (oben Rn. 200, 203) – analog § 48 I HGB **ausdrücklich** zu erklären[65].   **218**

Eine **Ausnahme** vom jederzeitigen Widerrufsrecht besteht, wenn die Prokura einem Gesellschafter im Rahmen einer **gesellschaftsvertraglichen Abrede** eingeräumt wird.[66] Denn dem Gesellschafter hätte auch eine organschaftliche Vertretungsmacht[67] eingeräumt oder die Vertretungsbefugnis als Sonderrecht iSv § 35 BGB[68] gewährt werden können. Eine Entziehung wäre in diesen Fällen nur aus wichtigem Grund möglich.[69] Erst recht muss es dann möglich sein, den Gesellschafter unter Ausschluss der freien Widerruflichkeit (nur) zum Prokuristen zu bestellen.[70] Nach hM soll jedoch auch der ohne wichtigen Grund erklärte Widerruf wirksam sein und lediglich ein Anspruch auf Wiedererteilung der Prokura bestehen.[71]   **219**

c)   Das Erlöschen der **Gesamtprokura** des einen Prokuristen lässt die des anderen grundsätzlich unberührt. Eine Umwandlung in eine Einzelprokura findet nicht statt.[72] Dies ist nur dann anders, wenn eine alleinige Gesamtprokura übrigbleiben würde; denn eine alleinige Gesamtprokura ist nicht möglich.[73]   **220**

d)   Ist die Prokura erloschen, so fehlt dem bisherigen Prokuristen die Vertretungsmacht; es gelten die §§ 177 ff. BGB. Ebenso wie die Erteilung ist auch das Erlöschen der Prokura eine eintragungspflichtige Tatsache (§ 53 II HGB). Solange die (deklaratorische) Eintragung im Handelsregister und die Bekanntmachung nicht erfolgt sind, werden gutgläubige Dritte jedoch gem. § 15 I HGB geschützt (ausf. oben Rn. 60 ff.).   **221**

---

61   BGHZ 8, 46; *Canaris*, Handelsrecht, § 12 Rn. 9; *Oetker*, Handelsrecht, § 5 Rn. 22.
62   BAG NJW 1987, 862; *K. Schmidt*, Handelsrecht, § 16 Rn. 81; Baumbach/Hopt/*Hopt*, HGB, § 52 Rn. 1.
63   Oetker/*Schubert*, HGB, § 52 Rn. 6; Hk-HGB/*Schmidt*, § 52 Rn. 6.
64   *Brox/Henssler*, Handelsrecht, Rn. 206; *Steinbeck*, Handelsrecht, § 19 Rn. 37.
65   *Hübner*, Handelsrecht, Rn. 365.
66   Grundlegend BGHZ 17, 392, 394 ff. (Prokuraerteilung an Kommanditisten).
67   Dazu bereits oben Rn. 198 sowie ausf. unten Rn. 542 ff.
68   Dazu unten Rn. 707.
69   Ausf. unten Rn. 574.
70   BGHZ 17, 392; *Canaris*, Handelsrecht, § 12 Rn. 11; *Hübner*, Handelsrecht, Rn. 364; *K. Schmidt*, Handelsrecht, § 16 Rn. 81.
71   BGHZ 17, 392, 395; *Hübner*, Handelsrecht, Rn. 364 mwN; aA *Canaris*, Handelsrecht, § 12 Rn. 11: Widerruf unwirksam.
72   Baumbach/Hopt/*Hopt*, HGB, § 52 Rn. 6.
73   Richtig Staub/*Joost*, HGB, § 52 Rn. 18 mwN (str.).

4. Missbrauch der Vertretungsmacht durch den Prokuristen

222 Die Rechtsfigur des Missbrauchs der Vertretungsmacht wurde für den Fall entwickelt,[74] dass der Vertreter zwar im Rahmen seines „rechtlichen Könnens" (Außenverhältnis) handelt, jedoch sein „rechtliches Dürfen" (Innenverhältnis) überschreitet.[75] Besondere Relevanz erlangt diese Problematik, wenn die Vertretungsmacht im Außenverhältnis gesetzlich festgelegt ist – wie beim Prokuristen oder auch beim organschaftlichen Vertreter (OHG-Gesellschafter, GmbH-Geschäftsführer usw.). Diese gesetzliche Bestimmung der Vertretungsmacht dient dem Verkehrsschutz,[76] dem grundsätzlich der Vorrang gegenüber dem Schutz des Vertretenen gewährt wird. Ist jedoch ausnahmsweise der Rechtsverkehr nicht schutzwürdig, dann wird dieser Grundsatz durchbrochen. Allerdings ist bis heute noch nicht sicher geklärt, unter welchen Tatbestandsvoraussetzungen ein Überschreiten der im Innenverhältnis gezogenen Grenzen einem Dritten, mit dem der Vertreter ein Rechtsgeschäft im Rahmen der ihm im Außenverhältnis zustehenden Vertretungsmacht abgeschlossen hat, entgegengehalten werden kann. Auch über die konkreten Rechtsfolgen besteht Streit.[77] Richtigerweise gilt Folgendes:

223 Ausreichend ist auf *Seiten des Vertreters* ein **pflichtwidriges Überschreiten** seiner Vertretungsmacht.[78] Dass der Vertreter vorsätzlich[79] und zum Nachteil[80] des Vertretenen handelt, ist zwar typisch, aber auch im Rahmen der handelsrechtlichen Stellvertretung[81] nicht Voraussetzung für einen Missbrauch. Auf *Seiten des Dritten* ist jedenfalls **positive Kenntnis** vom Missbrauch der Vertretungsmacht schädlich, nicht hingegen schon einfache Fahrlässigkeit.[82] Der Dritte darf sich jedoch massiven Verdachtsmomenten nicht im Sinne eines „Nichtwissenwollens" verschließen; objektive **Evidenz** des Missbrauchs ist somit ausreichend.[83] In diesen Fällen drängt sich die Rückfrage beim Vertretenen geradezu auf.[84]

224 Liegt ein Missbrauch der Vertretungsmacht nach den vorgenannten Grundsätzen vor, so besteht nach traditioneller Auffassung dennoch die Vertretungsmacht fort; der

---

74 Nähere Darstellung der Entwicklung bei *Bayer*, FS E. Vetter, 2019, S. 51, 53 ff.
75 Dazu allgemein *Lieder*, JuS 2014, 681 ff.; vgl. weiter *Canaris*, Handelsrecht, § 12 Rn. 34 ff.; *K. Schmidt*, Handelsrecht, § 16 Rn. 64; siehe die Klausurbearbeitung bei *Mittwoch* JuS Probeexamen 2017, 591, 593 f.
76 Siehe bereits oben Rn. 4.
77 Zu den Meinungsständen jeweils *Lieder* JuS 2014, 681 ff.; jüngst wieder *Bayer*, FS E. Vetter, 2019, S. 51, 65 ff.
78 So die heutige hM: *K. Schmidt*, Handelsrecht, § 16 Rn. 73; *Medicus/Petersen*, BGB AT, Rn. 968; Baumbach/Hopt/*Hopt*, HGB, § 50 Rn. 5; *Lieder* JuS 2014, 681, 683 f.; für die BGB-Vollmacht: BGH NJW 1988, 3012, 3013; NJW 1999, 2883; für Vertretung durch GmbH-Geschäftsführer: BGH NJW 1984, 1461, 1462; NJW 1988, 2241; NJW 2006, 2776.
79 Insoweit abweichend *Canaris*, Handelsrecht, § 12 Rn. 37 ff.; *Drexl/Mentzel* Jura 2002, 289, 295; Koller/Kindler/Roth/Drüen/*Roth*, HGB, § 50 Rn. 13.
80 Insoweit abw. *Hübner*, Handelsrecht, Rn. 341.
81 Im Hinblick auf Vorsatz jedoch insoweit differenzierend *Brox/Henssler*, Handelsrecht, Rn. 199; vgl. auch noch BGHZ 50, 112, 114.
82 *Brox/Henssler*, Handelsrecht, Rn. 199; *Canaris*, Handelsrecht, § 12 Rn. 36; *K. Schmidt*, Handelsrecht, § 16 Rn. 75 ff.; Staub/*Joost*, HGB, § 50 Rn. 45 ff.; *Lieder* JuS 2014, 681, 682 f.; abw. (einfache Fahrlässigkeit genügt) die frühere Rspr.: BGHZ 50, 112, 114; BGH NJW 1988, 3012, 3013.
83 *Brox/Henssler*, Handelsrecht, Rn. 199; *Hübner*, Handelsrecht, Rn. 342; *K. Schmidt*, Handelsrecht, § 16 Rn. 76; heute auch die Rspr.: BGH NJW 1999, 2883; zur Evidenz im Privatrecht ausf. *Neuner* ZfPW 2018, 257 ff.
84 BGH NJW 1999, 2883.

Vertretene kann dem Dritten jedoch – bei Evidenz (zur Kollusion unten Rn. 225) – die Einrede der Arglist (§ 242 BGB) entgegenhalten.[85] Heute werden indes zu Recht überwiegend die §§ 177 ff. BGB analog angewendet:[86] Der missbräuchlich handelnde Vertreter hat im Außenverhältnis gerade keine Vertretungsmacht. Es ist jedoch angemessen, wenn der Vertretene dem Rechtsgeschäft durch Genehmigung Wirksamkeit verleihen kann. Eine Haftung des Vertreters gegenüber dem Dritten nach § 179 BGB analog ist regelmäßig ausgeschlossen (§ 179 III BGB analog).[87] Dogmatisch verfehlt[88] ist in jedem Fall eine teilweise Abwälzung des Missbrauchsrisikos auf den Vertretenen in analoger Anwendung des § 254 BGB:[89] Das Rechtsgeschäft ist entweder wirksam oder unwirksam; eine Teilung ist hier nicht möglich. Denkbar ist im Einzelfall lediglich ein Schadensersatzanspruch des Dritten gegen den Vertretenen aus gesetzlicher Schutzpflichtverletzung gem. §§ 280 I, 241 II, 311 II BGB.[90]

Im Falle der **Kollusion** – hier handeln Vertreter und Dritter bewusst zum Nachteil des Vertretenen zusammen – hält die hM das Rechtsgeschäft nach § 138 BGB für nichtig und billigt dem Vertretenen Schadensersatzansprüche gegen beide Beteiligte gem. §§ 826, 840 BGB zu.[91] Dem ist mit der vordringenden Gegenauffassung zu widersprechen. Denn die hM schießt mit der unheilbaren Nichtigkeitsfolge über das Ziel hinaus und vermag dem Vertretenen selbst in Fällen, in denen sich das kollusiv abgeschlossene Rechtsgeschäft für ihn im Nachhinein als vorteilhaft darstellt, die Vorteile des Rechtsgeschäfts nicht zu sichern. Überhaupt erscheint es sachgerecht, den Vertretenen selbst darüber entscheiden zu lassen, ob er das abgeschlossene Geschäft gegen sich gelten lassen möchte oder nicht. Vorzugwürdig ist daher – entgegen der hM – auch im Fall der Kollusion die analoge Anwendung der §§ 177 ff. BGB.[92] 225

III. Handlungsvollmacht

1. Begriff und Bedeutung

Die in § 54 HGB geregelte Handlungsvollmacht ist eine **Vollmacht iSv § 167 BGB**[93] 226
mit der Besonderheit, dass im Hinblick auf ihren Umfang aus Gründen des Verkehrsschutzes eine gesetzliche Vermutung besteht (dazu unten Rn. 238). Verkürzt lässt sich sagen, dass jede auf die Tätigkeit im Unternehmen bezogene Vollmacht, die kei-

---

85 RGZ 9, 148, 149 und ständige Rspr., vgl. etwa BGH WM 1966, 491, 492; ausdrücklich auch noch *Canaris*, Handelsrecht, § 12 Rn. 40.

86 *Hübner*, Handelsrecht, Rn. 343; *K. Schmidt*, Handelsrecht, § 16 Rn. 67; *Lieder* JuS 2014, 681, 684; trotz abw. Standpunkts auch *Canaris*, Handelsrecht, § 12 Rn. 41.

87 *Hübner*, Handelsrecht, Rn. 343; *K. Schmidt*, Handelsrecht, § 16 Rn. 68.

88 So auch *Canaris*, Handelsrecht, § 12 Rn. 42; *Hübner*, Handelsrecht, Rn. 344; *K. Schmidt*, Handelsrecht, § 16 Rn. 71; *Lieder* JuS 2014, 681, 685.

89 So aber BGHZ 50, 112, 144.

90 *Canaris*, Handelsrecht, § 12 Rn. 42; *Hübner*, Handelsrecht, Rn. 344; *K. Schmidt*, Handelsrecht, § 16 Rn. 71; *Lieder* JuS 2014, 681, 685.

91 RGZ 9, 148; BGH ZIP 2011, 2005 Rn. 9; *Hübner*, Handelsrecht, Rn. 339; *K. Schmidt*, Handelsrecht, § 16 Rn. 74.

92 Ausf. *Lieder* JuS 2014, 681, 685; vgl. weiter Staudinger/*Sack/Fischinger*, BGB, § 138 Rn. 446; *Bork*, BGB AT, Rn. 1575; *Wolf/Neuner*, BGB AT, § 49 Rn. 107; *Mock* JuS 2008, 486, 487.

93 *Canaris*, Handelsrecht, § 13 Rn. 1; *Oetker*, Handelsrecht, § 5 Rn. 44.

ne Prokura ist, eine Handlungsvollmacht darstellt.[94] Handlungsbevollmächtigte spielen in der Praxis eine große Rolle – von der Kassiererin im Supermarkt bis zum Filialleiter, dem keine Prokura erteilt worden ist.[95] Diese Spannbreite spiegelt sich in den verschiedenen Typen der Handlungsvollmacht wider. § 54 HGB unterscheidet nämlich im Hinblick auf den Umfang zwischen der Generalhandlungsvollmacht, der Arthandlungsvollmacht und der Spezialhandlungsvollmacht (unten Rn. 232 ff.). Die Vorschrift betrifft nur das Außenverhältnis zu Dritten; davon zu trennen ist das zwischen dem Unternehmer und dem Bevollmächtigten bestehende Grundverhältnis.[96]

2. Erteilung und Erlöschen der Handlungsvollmacht

227 a) Die Handlungsvollmacht wird – wie die Prokura – als Einzel- oder Gesamthandlungsvollmacht (oben Rn. 205 f.) durch einseitige empfangsbedürftige Willenserklärung als Innen- oder Außenvollmacht (oben Rn. 200) erteilt.[97] Im **Unterschied zur Prokura** ist eine Eintragung in das Handelsregister nicht erforderlich und auch gar nicht möglich. Dementsprechend kommt hier auch der Registerpublizität nach § 15 HGB keine Bedeutung zu. Zudem wird keine ausdrückliche Erklärung verlangt; in Betracht kommt daher auch eine konkludente Vollmachtserteilung: So wird etwa durch die Einstellung als Kassierer zugleich eine Arthandlungsvollmacht erteilt.[98] Auch kann eine unwirksame Prokuraerteilung gem. § 140 BGB in eine Handlungsvollmacht umgedeutet werden (oben Rn. 200). Eine große Rolle spielt in der Praxis die **Duldungsvollmacht**.

228 **Beispiel:** U betreibt ein Importunternehmen und duldet es, dass sein Angestellter A an der Börse als sein Vertreter auftritt und Devisengeschäfte tätigt. Obgleich U dem A keine ausdrückliche Vollmacht für Börsen- und Devisengeschäfte erteilt hat, wird U aus den in seinem Namen geschlossenen Geschäften verpflichtet, da er das Auftreten des A in seinem Namen an der Börse geduldet hat.[99]

229 b) § 54 HGB betrifft nach seinem Wortlaut nur die von einem **Kaufmann** erteilte Handlungsvollmacht. Handlungsvollmachten kann indes auch jeder Nichtkaufmann erteilen. Umstritten ist nur, ob auch in diesem Fall die gesetzliche Vermutung nach § 54 I HGB sowie die Rechtsscheinhaftung nach § 54 III HGB eingreifen. Eine solche Analogie wird vielfach bejaht,[100] teilweise aber auch verneint.[101] Ein starkes Indiz für die erste Auffassung ist § 91 I HGB, der die Anwendung des § 55 HGB ausdrücklich auch für Handelsvertreter anordnet, die von einem Unternehmer bevollmächtigt sind, der nicht Kaufmann ist.[102] Für § 54 HGB kann dann aber nichts anderes gelten.

---

94 *Brox/Henssler*, Handelsrecht, Rn. 212; *K. Schmidt*, Handelsrecht, § 16 Rn. 89.
95 So *K. Schmidt*, Handelsrecht, § 16 Rn. 90; *Teichmann*, Handelsrecht, Rn. 673.
96 *Drexl/Mentzel* Jura 2002, 289, 295; vgl. auch schon oben Rn. 219.
97 *Brox/Henssler*, Handelsrecht, Rn. 215; Staub/*Joost*, HGB, § 54 Rn. 22.
98 Beispiel nach *K. Schmidt*, Handelsrecht, § 16 Rn. 99. Siehe auch BGH NJW 1982, 1389, 1390: Konkludente Handlungsvollmacht für Mitarbeiter einer Reparaturannahmestelle.
99 Nach *K. Schmidt*, Handelsrecht, § 16 Rn. 108 im Anschluss an RG Recht 1924 Nr. 1531.
100 *Canaris*, Handelsrecht, § 13 Rn. 33; *K. Schmidt*, Handelsrecht, § 16 Rn. 97; Koller/Kindler/Roth/Drüen/*Roth*, HGB, § 54 Rn. 4; Baumbach/Hopt/*Hopt*, HGB, § 54 Rn. 6.
101 *Hübner*, Handelsrecht, Rn. 394; Staub/*Joost*, HGB, § 54 Rn. 12; EBJS/*Weber*, HGB, § 54 Rn. 2.
102 Dazu *Drexl/Mentzel* Jura 2002, 289, 297.

Und auch aus rechtspraktischer Perspektive ist allein die **analoge Anwendung** sowohl auf **kleingewerbliche Unternehmer** als auch auf **Freiberufler** überzeugend.[103]

c) Anders als bei der Prokura (oben Rn. 200) kann der Unternehmer sich bei der Erteilung von Handlungsvollmachten auch rechtsgeschäftlich **vertreten** lassen, zB von einem Prokuristen. Mit Zustimmung des Unternehmers oder auch eines Prokuristen (vgl. § 49 I HGB) kann darüber hinaus der Handlungsbevollmächtigte seine Handlungsvollmacht „übertragen"; § 58 HGB regelt jedoch nicht die Berechtigung zur Erteilung einer Untervollmacht (Auslegungsfrage!).[104]   **230**

d) Die **Beendigung** der Handlungsvollmacht richtet sich nach §§ 168 ff. BGB.[105]   **231**

3. Umfang und Grenzen der Handlungsvollmacht

a) Welchen Umfang die Handlungsvollmacht hat, bestimmt – wie bei §§ 164 ff. BGB – allein der Vollmachtgeber. § 54 I HGB enthält indes eine nach den verschiedenen Vollmachtstypen differenzierende **gesetzliche Vermutung**, die jedoch enger ist als der (gesetzlich zwingende) Umfang der Prokura: **232**

Die **Generalhandlungsvollmacht**[106] erstreckt sich auf *alle* Geschäfte und Rechtshandlungen, die der Betrieb des *konkreten* Unternehmens („eines derartigen Handelsgewerbes") *gewöhnlich* mit sich bringt.[107] Nicht erfasst sind somit einerseits *branchenfremde* Geschäfte, andererseits aber auch branchenübliche, jedoch *außergewöhnliche* Geschäfte.[108]   **233**

Die **Arthandlungsvollmacht** – die in der Praxis wichtigste Handlungsvollmacht – ist enger: Sie erstreckt sich nur auf alle Geschäfte und Rechtshandlungen, welche die Vornahme von Geschäften dieser Art („derartiger Geschäfte") gewöhnlich mit sich bringt.[109]   **234**

Beispiel: Der Textileinkäufer eines Warenhauses kann Hemden auf Probe oder unter Eigentumsvorbehalt kaufen, den Mangel gekaufter Stoffe rügen, aber nicht Möbel einkaufen.[110]   **235**

Die **Spezialhandlungsvollmacht** schließlich bezieht sich auf Geschäfte und Rechtshandlungen, welche die Vornahme einzelner Geschäfte gewöhnlich mit sich bringt (zB Auflösung und Abwicklung eines Warenlagers[111]).   **236**

b) Eine gesetzliche **Grenze** für jede Form der Handlungsvollmacht zieht § 54 II HGB; Grundstücksveräußerung und -belastung, Wechsel, Darlehen und Prozessfüh-   **237**

---

103   Siehe auch zur analogen Anwendung von § 56 HGB: unten Rn. 247.
104   Zu Einzelheiten *K. Schmidt*, Handelsrecht, § 16 Rn. 98.
105   Eingehender *Brox/Henssler*, Handelsrecht, Rn. 223 ff.; *K. Schmidt*, Handelsrecht, § 16 Rn. 104.
106   Nicht zu verwechseln mit der Generalvollmacht: Dazu bereits oben Rn. 198.
107   So etwa Devisengeschäfte bei einem Importunternehmen (RG Recht 1924 Nr. 1531), Schuldanerkenntnis über 1,5 Mio. DM beim Bau einer Erdölraffinerie (BGH DB 1978, 2118, 2119), Leasingvertrag über BMW-7er Reihe für Restaurant (OLG Braunschweig MDR 2002, 42).
108   Nicht: Automatenaufstellvertrag bei einer Gastwirtschaft (OLG Celle BB 1983, 1495), Lieferung einer Seilbahn für ein Bergwerk (RG JW 1904, 475, 476).
109   Aus der Rspr.: RGZ 86, 86, 89; BGH DB 1978, 2118, 2119; OLG Brandenburg BeckRS 2008, 20920.
110   Nach *Brox/Henssler*, Handelsrecht, Rn. 218.
111   Beispiel nach *Hübner*, Handelsrecht, Rn. 378.

rung bedürfen einer besonderen Ermächtigung. Darüber hinaus werden – wie beim Prokuristen (oben Rn. 212) – auch Privatgeschäfte des Unternehmers sowie Grundlagen- und Prinzipalgeschäfte nicht erfasst.

238 c) Der Rechtsverkehr wird durch § 54 I HGB nicht in seinem guten Glauben daran geschützt, dass überhaupt eine Handlungsvollmacht, ein besonderer Typus bzw. Einzel- oder Gesamthandlungsvollmacht vorliegt.[112] Ist allerdings eine bestimmte Handlungsvollmacht erteilt worden, dann darf der Rechtsverkehr darauf vertrauen, dass diese nicht über § 54 I und II HGB hinaus eingeschränkt wurde. Solche Beschränkungen müssen Dritte nach § 54 III HGB nur dann gegen sich gelten lassen, wenn sie diese kannten oder kennen mussten.[113] In rechtsdogmatischer Hinsicht handelt es sich um die spezielle Form einer **Rechtsscheinhaftung**.[114] Ob der Dritte das Recht hat, sich auf den Rechtsschein zu berufen oder die wahre Rechtslage gelten zu lassen (Wahlrecht), ist umstritten.[115] Ausgehend vom Schutzzweck der Vorschrift muss dem Dritten auch das Recht zugestanden werden, auf die Wirkungen des § 54 III HGB zu verzichten. Zu weit geht es indes, dem Dritten bei einem solchen Verzicht den Zugriff auf den – etwa solventeren – Vertreter (vgl. § 179 BGB) zu eröffnen.[116] Schließlich war der Vertreter aufgrund Rechtsscheinhaftung legitimiert. Dies deckt sich im Ergebnis auch mit der Rechtsprechung des BGH zur Anscheinsvollmacht[117]: Wenn die Voraussetzungen des § 54 III HGB vorliegen, hat der Handlungsbevollmächtigte trotz abweichender Beschränkung im Innenverhältnis den Unternehmer vertreten, so dass eine Inanspruchnahme des – etwa solventeren – Vertreters (vgl. § 179 BGB) ausscheidet.

IV. Stellvertretung durch Ladenangestellte

239 Nach § 56 HGB gilt derjenige, der in einem Laden oder offenen Warenlager angestellt ist, zu Verkäufen und Empfangnahmen als ermächtigt, die in einem derartigen Laden oder Lager gewöhnlich vorkommen.

1. Bedeutung und dogmatische Einordnung

240 Hilfspersonen des Kaufmanns, die in einem Laden oder Warenlager eingesetzt werden, haben im Regelfall Handlungsvollmacht (oben Rn. 226 ff.) und sind dann im Umfang des § 54 HGB vertretungsberechtigt (oben Rn. 232 ff.). Ist dies ausnahmsweise nicht der Fall, so kommt nach den allgemeinen bürgerlichrechtlichen Vor-

---

112 *Canaris*, Handelsrecht, § 13 Rn. 4, 7; *K. Schmidt*, Handelsrecht, § 16 Rn. 101.
113 Zum Begriff: § 122 II BGB. Es schadet einfache Fahrlässigkeit, jedoch trifft den Dritten keine Nachforschungspflicht: *Brox/Henssler*, Handelsrecht, Rn. 222; *K. Schmidt*, Handelsrecht, § 16 Rn. 101; *Staub/Joost*, HGB, § 54 Rn. 75.
114 *Canaris*, Handelsrecht, § 13 Rn. 11; Baumbach/Hopt/*Hopt*, HGB, § 54 Rn. 9; Koller/Kindler/Roth/Drüen/*Roth*, HGB, § 54 Rn. 2; *Drexl/Mentzel* Jura 2002, 289, 295.
115 Dafür *Brox/Henssler*, Handelsrecht, Rn. 222; *Hübner*, Handelsrecht, Rn. 389; Koller/Kindler/Roth/Drüen/*Roth*, HGB, § 54 Rn. 17; *Staub/Joost*, HGB, § 54 Rn. 77; dagegen Baumbach/Hopt/*Hopt*, HGB, § 54 Rn. 19; MünchKomm-HGB/*Krebs*, § 54 Rn. 45.
116 So aber Oetker/*Schubert*, HGB, § 54 Rn. 42.
117 BGHZ 86, 273, 275.

schriften eine Duldungs- oder Anscheinsvollmacht in Betracht.[118] § 56 HGB ist insoweit jedoch lex specialis: Danach „gilt" der in einem Laden oder in einem offenen Warenlager Angestellte als ermächtigt zu Verkäufen und Empfangnahmen, die in einem derartigen Laden oder Warenlager gewöhnlich geschehen. Die Vorschrift bezweckt, den Kunden von Nachforschungen, ob und in welchem Umfang der Ladenangestellte zum Abschluss gewöhnlicher Geschäfte ermächtigt ist, freizuhalten.[119]

§ 56 HGB erfreut sich in Examensklausuren großer Beliebtheit,[120] was nicht zuletzt dem Streit um dessen **dogmatische Qualifikation** geschuldet sein dürfte. Ausgangspunkt der Diskussion ist der Wortlaut („gilt als ermächtigt"), welcher auf den ersten Blick eine gesetzliche Vertretungsmacht bzw. eine unwiderlegliche Vermutung der Vertretungsmacht nahelegt. Nach hM hat § 56 HGB indes eine Doppelfunktion als Vermutungs- und Rechtsscheinregel: Zunächst begründet er eine widerlegliche **Vermutung**, dass der Kaufmann eine Vollmacht im Umfang von § 56 HGB tatsächlich erteilt hat.[121] Kann er diese widerlegen, soll § 56 HGB zusätzlich[122] als spezielle **Rechtsscheinregel** eingreifen[123]. Allerdings kann der Streit regelmäßig dahinstehen, da unter Rekurs auf § 56 HGB ungeachtet der dogmatischen Konstruktion als gesetzliche Vertretungsmacht, vermutete Vollmacht oder Rechtsscheinvollmacht im Ergebnis die Vertretungsmacht des Ladenangestellten begründet werden kann; zudem soll § 56 HGB nach allgemeiner Meinung analog § 54 III HGB nur bei Gutgläubigkeit des Dritten zur Anwendung gelangen (unten Rn. 248). **241**

2. Tatbestand und Rechtsfolge

a) Als tatbestandliche Voraussetzung fordert § 56 HGB, dass der Vertreter im Laden oder in einem offenen Warenlager angestellt ist. **„Angestellt"** bedeutet hier ein Mitwirken an der Verkaufstätigkeit mit Wissen und Wollen des Geschäftsinhabers.[124] Fehlt es an einem solchen Willen des Inhabers, kommt zumindest noch eine Anscheinsvollmacht in Betracht.[125] **242**

Angestellt ist etwa nicht nur der Kfz-Verkäufer,[126] sondern auch der nur im Einzelfall aushelfende Bürosachbearbeiter,[127] nicht hingegen ausschließlich mit dem Verpacken der Waren oder dem Säubern der Räume beauftragte Personen,[128] jedoch der Freund oder Familienangehörige, der mit Einverständnis des Unternehmers gefälligkeitshal- **243**

---

118 Dazu noch unten Rn. 246.
119 Heymann/*Teichmann*, HGB, § 56 Rn. 5; MünchKomm-HGB/*Krebs*, § 56 Rn. 1.
120 So auch *Drexl/Mentzel* Jura 2002, 375.
121 RGZ 69, 307, 309; BGH NJW 1975, 2191; BGH NJW 1988, 2109, 2110; Baumbach/Hopt/*Hopt*, HGB, § 56 Rn. 4; *Drexl/Mentzel* Jura 2002, 375.
122 Betont von *K. Schmidt*, Handelsrecht, § 16 Rn. 123; zustimmend *K. Müller* JuS 1998, 1005.
123 So die hM: *Brox/Henssler*, Handelsrecht, Rn. 229; *Canaris*, Handelsrecht, § 14 Rn. 5; *Hübner*, Handelsrecht, Rn. 398; *K. Schmidt*, Handelsrecht, § 16 Rn. 123.
124 BGH NJW 1975, 2191; *Canaris*, Handelsrecht, § 14 Rn. 7; *K. Schmidt*, Handelsrecht, § 16 Rn. 131.
125 *Brox/Henssler*, Handelsrecht, Rn. 229; *Roth/Weller*, Handels- und Gesellschaftsrecht, Rn. 831.
126 BGH NJW 1975, 642, 643.
127 BGH NJW 1975, 2191.
128 *Brox/Henssler*, Handelsrecht, Rn. 229; MünchKomm-HGB/*Krebs*, § 56 Rn, 17; Koller/Kindler/Roth/Drüen/*Roth*, HGB, § 56 Rn. 4; aA *Hübner*, Handelsrecht, Rn. 401. In Betracht kommt hier jedoch eine Duldungs- oder Anscheinsvollmacht: *K. Schmidt*, Handelsrecht, § 16 Rn. 131.

ber tätig wird.[129] Für die Anstellung iSd § 56 HGB kommt es weder auf die Wirksamkeit noch überhaupt auf die Existenz eines zugrunde liegenden Vertragsverhältnisses zwischen Ladenangestelltem und Geschäftsinhaber an.[130]

244 Der Begriff **Laden** oder **Warenlager** ist funktionell zu verstehen: Auch eine Verkaufsfläche im Freien[131] oder ein Verkaufsraum in einer Großhandlung, in dem auch an Privatkunden verkauft wird,[132] fallen darunter, nicht hingegen Büro- oder Fabrikräume.[133] Bahnt sich das Geschäft allerdings im Laden an und wird es dann außerhalb abgeschlossen, so gilt wieder § 56 HGB, da aus der maßgeblichen Sicht des Kunden der Zusammenhang zur Ladenvollmacht hergestellt ist.[134]

245 b)   § 56 HGB betrifft nur den **Verkauf**, und zwar Verpflichtungs- ebenso wie Vollzugsgeschäfte. Verkauf umfasst auch übliche Nebenabreden, wie zB Beschaffenheitsvereinbarungen nach § 434 BGB, Rabatte und Garantien. **Empfangnahme** meint vorrangig Entgegennahme der Kaufpreiszahlung oder angelieferter Waren, aber etwa auch der Kaufsache zur Durchführung der Gewährleistung.[135] Falls der Angestellte nicht ohnehin zur Empfangnahme berechtigt ist, wird dessen Eigenbesitz dem Kaufmann über § 56 HGB zugerechnet.[136]

246 **Nicht** erfasst ist hingegen der **Ankauf** – auch nicht im Wege der Analogie zu § 56 HGB. Denn zum einen kann hier nicht typisiert von einer Vollmachterteilung ausgegangen werden, zum anderen fehlt es regelmäßig an einheitlichen Ankaufbedingungen. Dies gilt selbst dort, wo Ankäufe (wie etwa im Auto- oder Antiquitätenhandel) branchenüblich sind.[137] Im Einzelfall können ergänzend die Grundsätze der Duldungs- und Anscheinsvollmacht weiterhelfen.

247 c)   Der Geschäftsinhaber muss – wie sich aus dem Kontext zu § 54 HGB ergibt – Kaufmann sein. Zu Recht wird jedoch heute von der hM eine **analoge Anwendung** auf **Kleingewerbetreibende** und **Freiberufler** befürwortet[138] (siehe auch oben Rn. 229).

248 d)   Als Rechtsscheintatbestand setzt § 56 HGB einen **gutgläubigen Dritten** voraus; § 54 III HGB gilt entsprechend.[139] Der Geschäftsinhaber kann den guten Glauben durch entsprechende Vorkehrungen zerstören, zB durch Hinweisschilder oder durch die deutlich erkennbare Einrichtung einer besonderen Kasse.[140] Auch wenn zwischen

---

129 Baumbach/Hopt/*Hopt*, HGB, § 56 Rn. 2; *Hübner*, Handelsrecht, Rn. 401.
130 EBJS/*Weber*, HGB, § 56 Rn. 5; Staub/*Joost*, HGB, § 56 Rn. 11.
131 RGZ 69, 307, 308: Automobilausstellung.
132 BGH NJW 1975, 2191.
133 KG JW 1924, 1181.
134 RGZ 108, 48, 49; *Brox/Henssler*, Handelsrecht, Rn. 227; *K. Schmidt*, Handelsrecht, § 16 Rn. 130.
135 *Brox/Henssler*, Handelsrecht, Rn. 230; *Hübner*, Handelsrecht, Rn. 404; Baumbach/Hopt/*Hopt*, HGB, § 56 Rn. 4.
136 *Fischinger*, Handelsrecht, Rn. 476; Oetker/*Schubert*, HGB, § 56 Rn. 21.
137 BGH NJW 1988, 2109 = JuS 1988, 907 m. Anm. *K. Schmidt*; *Canaris*, Handelsrecht, § 14 Rn. 8.
138 *Canaris*, Handelsrecht, § 14 Rn. 10; *Hübner*, Handelsrecht, Rn. 399; *K. Schmidt*, Handelsrecht, § 16 Rn. 128; aA *Oetker*, Handelsrecht, § 5 Rn. 61 (nur Duldungs- oder Anscheinsvollmacht).
139 *Brox/Henssler*, Handelsrecht, Rn. 231; *Hübner*, Handelsrecht, Rn. 406; *Oetker*, Handelsrecht, § 5 Rn. 64; i.E. auch BGH NJW 1975, 642, 643.
140 *Canaris*, Handelsrecht, § 14 Rn. 9; *Hübner*, Handelsrecht, Rn. 406; *Oetker*, Handelsrecht, § 5 Rn. 64.

§ 54 III HGB (Rn. 238) und § 56 HGB dogmatische Unterschiede bestehen, spricht der auf den Schutz des Dritten gerichtete Normzweck des § 56 HGB auch hier für die Anerkennung eines **Wahlrechts**, dessen Ausübung aber wiederum nicht zur Haftungsbegründung gegenüber dem Ladenangestellten nach § 179 BGB führen darf.[141]

---

141 Für ein Wahlrecht *Hübner*, Handelsrecht, Rn. 407; Koller/Kindler/Roth/Drüen/*Roth*, HGB, § 56 Rn. 11; Staub/*Joost*, HGB, § 56 Rn. 46; dagegen *Fischinger*, Handelsrecht, Rn. 475; *K. Schmidt*, Handelsrecht, § 16 Rn. 135; *Hopt/Mössle/Schmitt*, Handelsrecht, Rn. 367.

§ 6 Allgemeine Vorschriften für Handelsgeschäfte

249 Grundsätzlich gelten auch für die einzelnen Rechtsgeschäfte des Kaufmanns die Vorschriften des BGB. Der Funktion des Handelsrechts als Sonderprivatrecht für Kaufleute (oben Rn. 1) entsprechend, finden sich im Vierten Buch des HGB jedoch ergänzende und zum Teil auch verdrängende **Sonderregelungen für Handelsgeschäfte**.[1] Dabei stellt das HGB – dem Vorbild des BGB folgend – den *speziellen Vorschriften* des zweiten bis siebten Abschnitts (§§ 373–475h HGB), in denen praktisch besonders bedeutsame Geschäftstypen, wie etwa der Handelskauf (§§ 373 ff. HGB) oder das Frachtgeschäft (§ 407 ff. HGB), geregelt sind, einen ersten Abschnitt mit *allgemeinen Vorschriften* voran (§§ 343–372 HGB). Funktional zählen auch die Vorschriften über den Handelsvertreter (§§ 84 ff. HGB) und den Handelsmakler (§§ 93 ff. HGB) zum Sonderrecht der Handelsgeschäfte.[2] Das Seehandelsrecht ist im Fünften Buch geregelt. Darüber hinaus finden sich auch *außerhalb des HGB* wichtige Sonderregelungen für Handelsgeschäfte, speziell das Bank- und Versicherungsgeschäft. Gegenstand von Examensklausuren sind allerdings regelmäßig nur Rechtsprobleme aus dem HGB, insbesondere aus dem Bereich der §§ 343–372 HGB (Allgemeine Vorschriften) sowie der §§ 373–381 HGB (Handelskauf),[3] demgegenüber gehört der Bereich des Kommissionsgeschäfts[4], des Fracht-, Speditions- und Lagergeschäfts nicht mehr in allen Bundesländern zum Prüfungsstoff.[5]

I. Begriff des Handelsgeschäfts und Differenzierungen

250 1. Handelsgeschäfte sind nach der gesetzlichen Definition in **§ 343 HGB** „alle Geschäfte eines Kaufmanns, die zum Betriebe seines Handelsgewerbes gehören". Der Begriff des Handelsgeschäfts iSd § 343 HGB meint einzelne Geschäfte und nicht wie in §§ 22 ff. HGB (oben Rn. 131) das Handelsgewerbe insgesamt. **Geschäft** ist jedes Rechtsgeschäft (vgl. § 344 I HGB), darüber hinaus aber auch jedes **rechtserhebliche willentliche Verhalten** (wie etwa Mahnung, Fristsetzung, Mängelanzeige, Zahlung), auch das Schweigen im Handelsverkehr und die Geschäftsführung ohne Auftrag, *nicht* hingegen *Realakte* (Verarbeitung, Vermischung, Delikt).[6]

251 2. Die Bestimmung der **Kaufmannseigenschaft** richtet sich nach §§ 1–6 HGB (oben Rn. 12 ff.). Für *Nichtkaufleute* gelten die Vorschriften über Handelsgeschäfte nach zutreffender hM im Grundsatz nicht, es sei denn, deren Geltung ist ausdrücklich angeordnet, wie zB für das Kommissionsgeschäft (§ 383 II HGB), das Frachtgeschäft

---

1 Der Begriff des Handelsgeschäfts wird hier anders verwendet als im Kontext der §§ 22 ff. HGB; vgl. einerseits oben Rn. 131 sowie andererseits sogleich bei Rn. 260.
2 *K. Schmidt*, Handelsrecht, § 18 Rn. 41; *Teichmann*, Handelsrecht, Rn. 744, 855.
3 Vgl. *Markgraf/Kießling* JuS 2010, 881; *Petersen* Jura 2013, 377; *Steinbeck* Ad Legendum 2013, 298.
4 Klausurbeispiel: *Richter* JuS 2007, 647, 649.
5 Vgl. nur § 8 II Nr. 2 JAPrO BW.
6 *Canaris*, Handelsrecht, § 29 Rn. 8; *Hübner*, Handelsrecht, Rn. 472; *K. Schmidt*, Handelsrecht, § 18 Rn. 9; Baumbach/Hopt/*Hopt*, HGB, § 343 Rn. 1; Koller/Kindler/Roth/Drüen/*Roth*, HGB, § 343 Rn. 3; aA *Brox/Henssler*, Handelsrecht, Rn. 281; *Jung*, Handelsrecht, § 33 Rn. 3; Staub/*Koller*, HGB, § 343 Rn. 4; diff. EBJS/*Fest*, HGB, § 343 Rn. 13 ff.

(§ 407 III 2 HGB), das Speditionsgeschäft (§ 453 III 2 HGB) und das Lagergeschäft (§ 467 III 2 HGB). Daneben ist die Anwendung einzelner Vorschriften und Grundsätze auf **Nichtkaufleute** zum Teil heftig umstritten, wie zB bei der Geltung des § 350 HGB für persönlich haftende Personengesellschafter (Rn. 18) oder die Anwendung der Lehre vom kaufmännischen Bestätigungsschreiben (Rn. 284). Bei Stellvertretung ist die Person des *Vertretenen* entscheidend. Handelte ein Vertreter ohne Vertretungsmacht ist für die Haftung nach § 179 I BGB auf die Person des Vertreters abzustellen.[7]

Maßgeblich ist der **Zeitpunkt**, in dem das Geschäft getätigt wird.[8] Allerdings ist der Verlust der Kaufmannseigenschaft zwischen der Abgabe der Willenserklärung und ihrem Zugang analog §§ 130 II, 153 BGB unschädlich.[9] Im umgekehrten Fall des Erwerbs der Kaufmannseigenschaft zählt der Zeitpunkt der Wirksamkeit des Rechtsgeschäfts. Verfügte die betreffende Person im Zeitpunkt des Zugangs nach § 130 I 1 BGB über die Kaufmannseigenschaft, dann ist auch hier ein Handelsgeschäft anzunehmen.[10]   **252**

c) Das Geschäft muss **im Zusammenhang mit dem Betrieb des Handelsgewerbes** stehen. *Privatgeschäfte* des Einzelkaufmanns[11] sind somit keine Handelsgeschäfte (Beispiel: Anmietung der Privatwohnung und hierfür Kauf von Möbeln). Da die Abgrenzung in der Praxis schwierig sein kann, hilft das Gesetz mit der (widerleglichen) **Vermutung des § 344 I HGB**: Der Kaufmann muss beweisen, dass das Geschäft[12] objektiv eine Privatangelegenheit und dies für den Dritten auch erkennbar war.[13] Für Schuldscheine des Kaufmanns[14] gilt weitergehend gem. § 344 II HGB sogar eine unwiderlegliche Vermutung, sofern sich nicht das Gegenteil aus der Urkunde ergibt[15] oder dem Dritten bekannt war.[16]   **253**

Der BGH hat die Vermutung aus § 344 HGB auch bei der Prüfung der **Unternehmereigenschaft** iSd. § 14 BGB herangezogen.[17] Richtigerweise wird man mit Blick auf den von § 344 HGB abweichenden Normzweck des Verbraucherschutzrechts, namentlich der §§ 13, 14 BGB, **differenzieren** müssen. Für die Bestimmung der **Unter-**   **254**

---

7   MünchKomm-BGB/*Schubert*, § 179 Rn. 1; BeckOK-BGB/*Schäfer*, § 179 Rn. 1.
8   BGH NJW 1954, 998; *Brox/Henssler*, Handelsrecht, Rn. 282; *Canaris*, Handelsrecht, § 20 Rn. 4.
9   *Canaris*, Handelsrecht, § 20 Rn. 4; *Oetker*, Handelsrecht, § 7 Rn. 9 (allgM).
10 Richtig RGZ 60, 74, 78; Oetker/*Pamp*, HGB, § 343 Rn. 14; Koller/Kindler/Roth/Drüen/*Roth*, HGB, § 343 Rn. 8; aA *Canaris*, Handelsrecht, § 20 Rn. 4; EBJS/*Fest*, HGB, § 343 Rn. 39 (Verstoß gegen Schutzzweck der Norm).
11 Bei Handelsgesellschaften stellen sich keine Abgrenzungsprobleme! Hier ist allein zu klären, ob ein Geschäft für die Gesellschaft und nicht für den vertretungsberechtigten Gesellschafter getätigt wurde: Ausf. *K. Schmidt*, Handelsrecht, § 18 Rn. 15; vgl. auch BGH NJW 1960, 1852.
12 Der Sachzusammenhang ergibt, dass alle Geschäfte iSv § 343 HGB, nicht nur Rechtsgeschäfte, betroffen sind: *Brox/Henssler*, Handelsrecht, Rn. 285 (allgM).
13 RG JW 1905, 110; BGH WM 1976, 424, 425; *K. Schmidt*, Handelsrecht, § 18 Rn. 22; vgl. auch BGHZ 63, 32 (zur Verjährung).
14 Der Begriff ist weit zu verstehen und erfasst auch Bürgschaften; vgl. BGH NJW 1997, 1779, 1780.
15 Zur Streitfrage, ob unwiderlegliche Vermutung oder Fiktion: *K. Schmidt*, Handelsrecht, § 18 Rn. 20.
16 BGH NJW 1997, 1779, 1780 (Bürgschaft aus privaten Gründen für Unternehmen des Schwiegersohns).
17 BGHZ 179, 126 Rn. 22; BGH NJW 2011, 3435 Rn. 19; ebenso etwa BeckOK-BGB/*Bamberger*, § 14 Rn. 27; *Mankowski* VuR 2004, 79, 80 f.; aA Palandt/*Ellenberger*, BGB, § 14 Rn. 2; MüKo-BGB/*Micklitz* § 14 Rn. 34; *Pfeiffer* NJW 1999, 169, 173 f. wegen unionsrechtlicher Bedenken.

nehmereigenschaft auf Verkäufer- oder Darlehensgeberseite wird man – und so ist offenbar auch der BGH[18] zu verstehen – § 344 HGB heranziehen können.[19] Insbesondere zwingt die besondere Schutzwürdigkeit des Verbrauchers hier zu keinen Einschränkungen.[20] Anders liegt es indes für die Bestimmung der **Verbrauchereigenschaft** auf Käufer- oder Darlehensnehmerseite. Hier darf die Anwendung des § 344 HGB nicht dazu führen, dass die besonderen Schutzgewährleistungen des Verbraucherrechts leerlaufen. Daher ist die Verbrauchereigenschaft nicht nach Maßgabe des § 344 HGB, sondern autonom nach den allgemeinen bürgerlichrechtlichen Grundsätzen zu bestimmen.[21] Sie sorgen dafür, dass der Regelungszweck der §§ 13, 14 BGB und des gesamten Verbraucherschutzrechts erreicht werden kann, nämlich die vermutete wirtschaftliche Ungleichheit zwischen den Kontrahenten auszugleichen.[22] In diese Richtung weist nun auch eine neuere Entscheidung des BGH, der mit Recht betont, dass für eine unternehmerische Tätigkeit iSd. § 14 BGB ein Handeln gerade in Ausübung dieser gewerblichen oder selbstständigen beruflichen Tätigkeit positiv festgestellt werden muss.[23]

255   d)   Zu unterscheiden sind **einseitige** und **zweiseitige** (beiderseitige) Handelsgeschäfte: **§ 345 HGB** bestimmt zwar als Grundsatz, dass die Vorschriften über Handelsgeschäfte bereits dann gelten, wenn es nur für eine Partei ein Handelsgeschäft ist (einseitiges Handelsgeschäft), allerdings nur, soweit sich aus der jeweiligen Norm nichts anderes ergibt. Die Befürchtung, dass auf diese Weise Handelsrecht auch zu Lasten von Nichtkaufleuten Anwendung findet, ist jedoch weitgehend unbegründet. Denn zahlreiche Vorschriften gelten nur für die Partei, die Kaufmann ist (§§ 347–350, 362 HGB). Andere Regelungen verlangen ausdrücklich ein beiderseitiges Handelsgeschäft (§§ 352, 353, 369, 377 HGB).

II.   Schweigen im Handelsverkehr

256   Auch im Handelsrecht gelten für den Vertragsschluss die §§ 145 ff. BGB. Schweigen auf ein Angebot hat daher – wie im BGB[24] – grundsätzlich[25] **nicht die Wirkung einer Zustimmung**[26]; insbesondere gibt es keinen entsprechenden Handelsbrauch.[27] Jedoch haben sich im handelsrechtlichen Verkehr verschiedene Fallgruppen heraus-

---

18   BGH NJW 2011, 3435 Rn. 19 ff.; 2018, 150 Rn. 37; dazu auch *Ball* DAR 2018, 481, 488.
19   So auch MüKo-BGB/*Micklitz* § 14 Rn. 35; MüKo-HGB/*K. Schmidt* § 344 Rn. 17; Oetker/*Pamp*, HGB, § 344 Rn. 7.
20   Aus der Ausbildungsliteratur mit abweichender Herangehensweise vgl. *Tonikidis* Jura 2018, 556 ff.; *Zimmermann* JuS 2018, 842 ff.
21   In diese Richtung auch MüKo-BGB/*Micklitz* § 14 Rn. 34; MüKo-HGB/*K. Schmidt* § 344 Rn. 17; Oetker/*Pamp*, HGB, § 344 Rn. 7; Koller/Kindler/Roth/Drüen/*Roth*, HGB, § 344 Rn. 2; *Weyer* WM 2005, 490, 501.
22   Vgl. Erman/*Saenger*, BGB, § 14 Rn. 17; MüKo-BGB/*Micklitz* § 14 Rn. 34; Staudinger/*Kannowski*, BGB, § 13 Rn. 46, 67; *Purnhagen* VuR 2015, 3, 6.
23   BGH NJW 2018, 150 Rn. 37.
24   Qui tacet consentire non videtur: *Wolf/Neuner*, BGB AT, § 31 Rn. 11; vgl. weiter die Grundfälle bei *Fischinger* JuS 2015, 295 ff., 394 ff.
25   Ausnahmen: §§ 108 II 2, 177 II 2, 415 II 2 BGB, §§ 75h, 91a, 386 I HGB.
26   BGHZ 1, 353, 355; BGHZ 61, 282, 285.
27   BGHZ 18, 212, 216; *Brox/Henssler*, Handelsrecht, Rn. 289.

gebildet, in denen nach Treu und Glauben (§ 242 BGB) zur Vermeidung einer Rechtsbindung ein Widerspruch erforderlich ist.[28] Zum einen betrifft dies Geschäftsbesorgungsanträge nach der gesetzlichen Regelung des § 362 HGB, zum anderen das Schweigen auf ein kaufmännisches Bestätigungsschreiben.

1. Schweigen auf Anträge gem. § 362 HGB

Nach **§ 362 I 1 HGB** muss ein Kaufmann, „dessen Gewerbebetrieb die Besorgung von Geschäften für andere mit sich bringt", auf ein Angebot zum Abschluss eines solchen **Geschäftsbesorgungsvertrages** seitens einer Person, mit der er *in Geschäftsverbindung steht*, unverzüglich (§ 121 I BGB iVm § 347 I HGB) antworten, da andernfalls sein Schweigen als Annahme gilt. Normzweck der Vorschrift ist die Verkehrssicherheit (Vertrauensschutz). Daher schadet nur Schweigen, nicht hingegen eine Antwort, die vom Angebot abweicht (gilt nach § 150 II BGB als neues Angebot, das erst noch angenommen werden muss) oder durch die Vertragsverhandlungen in der Schwebe gehalten werden.[29] Streit besteht über die rechtsdogmatische Einordnung: Wird eine Willenserklärung (Annahme des Angebots) fingiert?[30] Oder muss sich der Kaufmann nur so behandeln lassen, als hätte er angenommen (Rechtsscheinhaftung)?[31] **257**

Fall 25: K wird infolge einer langwährenden Geschäftsbeziehung für G als Einkaufskommissionär tätig. G bittet K eines Tages für dessen Galerie bei einer am 6.5. stattfindenden Kunstauktion in Freiburg zwei Bilder zu erwerben. K äußert sich dazu nicht, da er davon ausgeht, es handele sich um den 5.6. An diesem Tag befindet er sich ohnehin in Freiburg, während er am 6.5. bereits für ein anderes Geschäft in Jena verplant ist. Mitte Mai erkundigt sich G nach dem Verbleib der Bilder. K erkennt daraufhin seinen Irrtum und will von dem Geschäft nichts wissen. Kommt eine Anfechtung seines „Schweigens" in Betracht? **258**

Folgt man der Fiktionslösung, finden die §§ 119 ff. BGB unmittelbare Anwendung. Aber auch auf Grundlage der Rechtsscheinlösung, sind die Vorschriften über Willensmängel zumindest im Wege der Analogiebildung anwendbar, soweit dies mit dem Normzweck des § 362 I HGB in Einklang zu bringen ist. In beiden Fällen scheidet eine Anfechtung analog § 119 I Alt. 1 BGB aber jedenfalls aus, wenn der Antragsempfänger erklärt, er habe sich über die rechtliche Bedeutung seines Schweigens geirrt und es habe ihm daher an dem erforderlichen Erklärungsbewusstsein gefehlt. Könnte er sich nämlich in jedem Fall unter Hinweis auf diesen **Rechtsfolgenirrtum** vom Geschäft lossagen, würde der mit § 362 I HGB verfolgte Normzweck, den Rechtsverkehr zu schützen und für Rechtssicherheit und Rechtsklarheit zu sorgen, gerade nicht erreicht.[32] Umgekehrt ist kein Grund dafür ersichtlich, den Schweigenden **259**

---

28 Ausführlich *K. Schmidt*, Handelsrecht, § 19 Rn. 27 ff.; *Flume*, BGB AT, § 10, 3.

29 In diesem Fall kommt ein Schadensersatzanspruch aus culpa in contrahendo (§§ 280 I, 311 II, 241 II BGB) in Betracht: BGH NJW 1984, 866, 867; *Jung*, Handelsrecht, § 34 Rn. 16.

30 So Koller/Kindler/Roth/Drüen/*Roth*, HGB, § 362 Rn. 4; MünchKomm-HGB/*Welter*, § 362 Rn. 15; ähnlich *K. Schmidt*, Handelsrecht, § 19 Rn. 40 f.

31 So *Canaris*, Handelsrecht, § 23 Rn. 3; *Oetker*, Handelsrecht, § 7 Rn. 23 f.

32 BGHZ 11, 1, 4 ff.; MünchKomm-BGB/*Armbrüster*, § 119 Rn. 65 ff.; *Flume*, BGB AT, § 23, 4d; *Kindler*, Grundkurs Handels- und Gesellschaftsrecht, § 7 Rn. 16 aE.; *Fischinger* JuS 2015, 394, 395.

schlechter zu stellen als denjenigen, der eine ausdrückliche Erklärung abgegeben hat. Daher lässt die hM mit Recht eine Anfechtung wegen **Inhaltsirrtums** nach § 119 I Alt. 1 BGB (analog) zu, wenn der Kaufmann den Inhalt des Antrags – hier: das Datum der wahrzunehmenden Kaufgelegenheit – missverstanden hat.[33] Gleiches gilt nach zutreffender hM auch für die Anfechtung wegen **arglistiger Täuschung** nach § 123 I Alt. 1 BGB (analog).[34] Weitergehende Einschränkungen sind dagegen nicht zu machen; die Anfechtung wird nicht bereits dadurch ausgeschlossen, dass der Irrtum bei gehöriger Sorgfalt vermeidbar war.[35] Im vorliegenden Fall liegt daher ein tauglicher Anfechtungsgrund vor. K trifft daraufhin allerdings die Haftung auf den Vertrauensschaden nach § 122 BGB (analog).

260 Anders als bei § 663 BGB ist Folge der „Pflichtverletzung" (richtiger: Obliegenheitsverletzung[36]) kein Anspruch auf Schadensersatz, sondern das Zustandekommen des Geschäftsbesorgungsvertrages! Und im Unterschied zu § 151 BGB verzichtet § 362 HGB auf jede Form der Willensbetätigung, während § 151 BGB ausschließlich auf den Zugang einer Annahmeerklärung verzichtet, ein nach außen hervortretendes Verhalten des Angebotsempfängers, aus dem sich dessen Annahmewille unzweideutig ergibt, jedoch verlangt.[37] Betätigt der Kaufmann seinen Annahmewillen, kommt der Vertrag bereits nach § 151 BGB zustande; eines Rückgriffs auf § 362 I 1 HGB bedarf es nicht. Auch bei Ablehnung des Angebots besteht nach § 362 II HGB eine Schadensabwendungspflicht hinsichtlich mitgesendeter Waren, sofern hierfür die Kosten gedeckt sind. Ein schuldhafter Verstoß löst die Haftung nach §§ 280, 311 II, 241 II BGB aus.

261 **Fall 26:** In Abwandlung von **Fall 25** verschickt G das Angebot per Post; dieses wird dem K aber wegen eines Versehens seiner – ansonsten zuverlässigen – Sekretärin S nicht vorgelegt. Ist ein Vertrag zustande gekommen?

262 Für den Zugang des Antrags beim Kaufmann gelten die allgemeinen Grundsätze des Bürgerlichen Rechts. Die mangelnde Kenntnisnahme des Antrags fällt nach der Wertung des § 130 I 1 BGB daher in die Risikosphäre des K und führt somit nicht zur Verzögerung des Zugangs. Gleichzeitig gehen nicht nur Organisationsmängel im Rahmen der „Antwortpflicht" des § 362 I 1 Hs. 1 HGB gem. § 121 I BGB („ohne schuldhaftes Zögern") zu Lasten des Kaufmanns; dieser muss sich nach § 278 BGB auch das Verschulden seiner Mitarbeiter zurechnen lassen.[38] Die ordnungsgemäße Auswahl und Überwachung der S exkulpiert K daher nicht. Zwischen G und K ist also nach § 362 I 1 Hs. 2 HGB ein Vertrag zustande gekommen.

---

33 Vgl. dazu Oetker/*Maultzsch*, HGB, § 362 Rn. 30; Hk-HGB/*Eberl*, § 362 Rn. 13; MünchKomm-HGB/ *Welter*, § 362 Rn. 42.
34 Vgl. dazu *Wolf/Neuner*, BGB AT, § 31 Rn. 21; *Lettl*, Handelsrecht, § 10 Rn. 38.
35 *Canaris*, Handelsrecht, § 23 Rn. 6; aA *Medicus/Petersen*, Bürgerliches Recht, Rn. 58.
36 Zur Unterscheidung näher unten Rn. 336 (bei § 377 HGB).
37 BGHZ 74, 352, 356; BGH NJW 2004, 287; Palandt/*Ellenberger*, BGB, § 151 Rn. 2.
38 *Canaris*, Handelsrecht, § 23 Rn. 5; *K. Schmidt*, Handelsrecht, § 19 Rn. 53, 57; Koller/Kindler/Roth/ Drüen/*Roth*, HGB, § 362 Rn. 8.

Typische **Anwendungsfälle** von Geschäftsbesorgungsverträgen sind Kommissions-, **263**
Speditions-, Lager-[39] und Frachtgeschäfte, Makler- und sonstige Vermittlungstätig-
keit, Anlage- und Unternehmensberatung, Bank- und Börsengeschäfte, aber etwa
auch die Tätigkeit als Detektiv.[40] Erfasst ist im Grunde jede selbstständige Tätigkeit
wirtschaftlicher Art, die für eine andere Person in deren Interesse ausgeführt wird
(vgl. § 675 BGB).[41] *Nicht* unter § 362 HGB fallen insbesondere jede Form des *Wa-
renkaufs* sowie alle weiteren Austauschverträge, bei denen jede Vertragspartei nur ihre eigenen Interessen im Auge hat.[42]

Die Rechtsfolge nach § 362 I 1 HGB gilt gem. **§ 362 I 2 HGB** auch dann, wenn die **264**
Geschäftsbesorgung nicht zum Gewerbebetrieb zählt oder keine Geschäftsverbindung
besteht, sofern nur der Kaufmann „sich zur Besorgung solcher Geschäfte erboten"
hat, und zwar individuell gegenüber der Person, die nun das Vertragsangebot unter-
breitet.[43] Nicht ausreichend ist – anders als im Rahmen des § 663 BGB[44] – ein allge-
meines Anbieten der Geschäftsbesorgung gegenüber der Öffentlichkeit[45] (zB durch
Zeitungsannoncen oder Fernsehwerbung). Die individuelle Zusendung von Werbe-
broschüren wird erfasst, nicht hingegen die flächendeckende, nicht adressierte Haus-
verteilung.[46]

Die Ausdehnung der Vorschrift auf andere (nichteingetragene) **Kleingewerbetrei-** **265**
bende und **Freiberufler**, die ähnlich Kaufleuten am Geschäftsverkehr teilnehmen,[47]
ist wegen des Ausnahmecharakters des § 362 HGB abzulehnen.[48] Auch wenn die Einbeziehung von Nichtkaufleuten *de lege ferenda* sinnvoll erscheint, darf die Entscheidung des demokratisch legitimierten Gesetzgebers nicht durch reine Zweckmäßig-
keitsargumente überspielt werden. Das gilt umso mehr, als § 362 HGB eine signifi-
kante Abweichung von der zivilrechtlichen Vertragsschlussdogmatik statuiert; das
damit begründete Regel-Ausnahme-Verhältnis darf nicht umgekehrt werden. Ein
Vertragsschluss mit Nichtkaufleuten kommt daher nur auf Grundlage des Bürgerlichen Rechts (Rn. 256) in Betracht; möglich ist auch eine Haftung auf den Vertrauensschaden nach §§ 280 I, 311 II, 241 II BGB (cic), was im Einzelfall auch bei Verletzung einer § 362 II HGB vergleichbaren Schutzpflicht der Fall sein kann.[49]

---

39 Beispiel BGHZ 46, 43, 47.
40 *K. Schmidt*, Handelsrecht, § 19 Rn. 47.
41 BGHZ 45, 223, 228 f.; MünchKomm-HGB/*Welter*, § 362 Rn. 19.
42 *Teichmann*, Handelsrecht, Rn. 958; *Oetker*, Handelsrecht, § 7 Rn. 26.
43 *Brox/Henssler*, Handelsrecht, Rn. 292; *Hübner*, Handelsrecht, Rn. 483.
44 Siehe nur Palandt/*Sprau*, BGB, § 663 Rn. 3; MünchKomm-BGB/*Schäfer*, § 663 Rn. 7 f.
45 *K. Schmidt*, Handelsrecht, § 19 Rn. 50; *Oetker*, Handelsrecht, § 7 Rn. 27.
46 Ähnlich *Brox/Henssler*, Handelsrecht, Rn. 292; *K. Schmidt*, Handelsrecht, § 19 Rn. 50; *Hübner*, Han-
    delsrecht, Rn. 483; Baumbach/Hopt/*Hopt*, HGB, § 362 Rn. 4.
47 *Canaris*, Vertrauenshaftung, S. 206; Staub/*Canaris*, HGB, § 362 Rn. 8; zust. wohl Baumbach/Hopt/
    Hopt, HGB, § 362 Rn. 3.
48 Im Ergebnis wie hier EBJS/*Eckert*, HGB, § 362 Rn. 9 f.; Oetker/*Maultzsch*, HGB, § 362 Rn. 10;
    Schlegelberger/*Hefermehl*, HGB, § 362 Rn. 8; aA MünchKomm-HGB/*Welter* § 362 Rn. 17; *K.
    Schmidt* NJW 1998, 2160, 2164.
49 So auch Oetker/*Maultzsch*, HGB, § 362 Rn. 10.

2. Schweigen auf ein kaufmännisches Bestätigungsschreiben

266 a) Früher Handelsbrauch[50] (§ 346 HGB),[51] heute Gewohnheitsrecht[52] ist der Grundsatz, dass der Empfänger eines in engem zeitlichem Zusammenhang mit Vertragsverhandlungen zugegangenen „kaufmännischen Bestätigungsschreibens" dem Absender unverzüglich[53] **widersprechen** muss, wenn er dessen Inhalt nicht gegen sich gelten lassen will.

267 Das Bestätigungsschreiben dient im Handelsverkehr verschiedenen **Zwecken**. Zum einen soll es den Inhalt der vertraglichen Abrede feststellen *(Feststellungsfunktion)*.[54] Zum anderen soll es die getroffenen Vereinbarungen durch die Hinzufügung von Nebenabreden konkretisieren und ergänzen *(Konkretisierungs- und Ergänzungsfunktion)*.[55] Damit dient es in seiner Gesamtheit der Sicherheit und Leichtigkeit des Rechts- und Handelsverkehrs und erleichtert als Privaturkunde iSd § 416 ZPO außerdem die prozessuale Beweisführung (Rn. 282).[56]

268 Rechtsdogmatisch handelt es sich um eine **Rechtsscheinhaftung**:[57] Widerspricht der Empfänger gegenüber einem *redlichen Absender* nicht, so muss er sich so behandeln lassen, *als wäre ein Vertrag mit dem Inhalt des Schreibens zustande gekommen*.[58] Denn der redliche Absender kann sich darauf verlassen, dass der Empfänger das Schreiben prüft und bei inhaltlicher Unrichtigkeit einem abweichenden Willen durch Widerspruch Ausdruck verleiht.[59]

269 b) *Voraussetzung* ist, dass dem Bestätigungsschreiben in unmittelbarem zeitlichem Zusammenhang – fünf Tage genügen idR, drei Wochen sind zu lang[60] – **Verhandlungen vorausgegangen** sind[61]*und* sich die Parteien dabei wirklich oder vermeintlich **geeinigt** haben.[62] Die *irrtümliche Bezeichnung* des Schreibens als „Auftragsbestätigung" schadet nicht.[63] Eine **objektiv vorliegende Auftragsbestätigung** ist hingegen auch bei unzutreffender Bezeichnung **kein Bestätigungsschreiben**, sondern bedeutet die Annahme des vorangegangenen Angebots. Erfolgen hierbei jedoch Abweichungen, so gilt § 150 II BGB (modifiziertes Gegenangebot); die Grundsätze über das

---

50 ROHGE 1, 76, 81; RGZ 54, 176, 182; BGH NJW 1975, 1358; *Hübner*, Handelsrecht, Rn. 489; *Fischinger* JuS 2015, 394, 396.

51 Zum Handelsbrauch noch unten Rn. 285 ff.

52 *Brox/Henssler*, Handelsrecht, Rn. 295; *Canaris*, Handelsrecht, § 23 Rn. 10; *K. Schmidt*, Handelsrecht, § 19 Rn. 60.

53 § 121 I 1 BGB: ohne schuldhaftes Zögern; dazu *Brox/Henssler*, Handelsrecht, Rn. 303; *K. Schmidt*, Handelsrecht, § 19 Rn. 101; 1 Woche ist idR zu spät: OLG Hamm VersR 2001, 1240, 1241.

54 MünchKomm-BGB/*Busche*, § 147 Rn. 11; Baumbach/Hopt/*Hopt*, HGB, § 346 Rn. 17.

55 MünchKomm-BGB/*Busche*, § 147 Rn. 11; Oetker/*Pamp*, HGB, § 346 Rn. 49.

56 *Teichmann*, Handelsrecht, Rn. 902; *Jung*, Handelsrecht, § 34 Rn. 20.

57 *Brox/Henssler*, Handelsrecht, Rn. 295; *Canaris*, Handelsrecht, § 23 Rn. 9; *Lettl* JuS 2008, 849, 850.

58 BGHZ 40, 42, 46; BGHZ 93, 338, 341 f.; *K. Schmidt*, Handelsrecht, § 19 Rn. 66.

59 So deutlich BGH NJW 1972, 45 und BGH NJW 1974, 991, 992.

60 *Fischinger*, Handelsrecht, Rn. 628 mwN.

61 BGH NJW 1990, 386. – Die objektive Tatsache ist ausreichend; eine Bezugnahme im Bestätigungsschreiben auf die Verhandlungen ist nicht zwingend notwendig: BGHZ 54, 236, 239; BGH NJW 1963, 965.

62 *Jung*, Handelsrecht, § 34 Rn. 19; *K. Schmidt*, Handelsrecht, § 19 Rn. 84; *Oetker*, Handelsrecht, § 7 Rn. 38. – Die Einigung kann auch in der Weise erfolgt sein, dass ein telefonisches Angebot schriftlich angenommen wurde: BGHZ 54, 236, 240; *Canaris*, Handelsrecht, § 23 Rn. 20.

63 BGHZ 54, 236, 239; *Teichmann*, Handelsrecht, Rn. 908 a.E.

kaufmännische Bestätigungsschreiben kommen dann *nicht* zur Anwendung.[64] Im Übrigen ist zu prüfen, ob hier ein Vertrag nach § 151 S. 1 BGB zustande gekommen ist.[65]

Entspricht das Bestätigungsschreiben vollinhaltlich der vorausgegangenen Vereinbarung (so der praktische Regelfall), dann hat es lediglich **deklaratorische** Wirkung, weil es nur den bereits abgeschlossenen Vertrag nochmals schriftlich bestätigt.[66] Die Bedeutung des Bestätigungsschreibens beschränkt sich in diesem Fall auf die prozessuale Beweiswirkung (dazu unten Rn. 282). War der Vertrag jedoch noch nicht oder inhaltlich abweichend zustande gekommen, so hat das Schweigen auf das zugegangene Bestätigungsschreiben bei Redlichkeit des Absenders **konstitutive Wirkung**, weil der Vertrag nunmehr mit dem Inhalt der Bestätigung zustande gekommen ist.[67] In diesem Fall tritt die prozessuale Beweiswirkung ergänzend hinzu.

270

c) Bei **Unredlichkeit** des Absenders begründet das Bestätigungsschreiben hingegen **keine Rechtswirkungen** und erfordert daher auch keinen Widerspruch.[68] Eine solche Unredlichkeit liegt vor, wenn der Absender „dadurch gegen Treu und Glauben verstößt, dass er dem Bestätigungsschreiben einen so unrichtigen Inhalt gibt, dass er mit einem Einverständnis des Gegners nicht rechnen kann".[69] Das Schreiben ist hier keine „Bestätigung", sondern „eine Unverschämtheit, auf die eine ausdrückliche Ablehnung seitens des Adressaten nicht zu erwarten ist".[70] Ein unredliches Verhalten seines **Vertreters** wird dem redlichen Absender zugerechnet[71] (arg e § 166 I BGB).

271

d) Drei Fallgruppen sind aufgrund der heutigen Systematisierung zu unterscheiden:[72]

272

Fallgruppe 1 betrifft den klassischen Anwendungsbereich des Rechtsinstituts: Die Beteiligten gingen hier irrtümlich davon aus, sie hätten sich über den Vertragsinhalt geeinigt; in Wahrheit lag ein **versteckter Dissens** vor.[73] Hier greifen die Grundsätze des kaufmännischen Bestätigungsschreibens regelmäßig unproblematisch ein.

273

In *Fallgruppe 2* war auf Seiten des Empfängers am Vertragsschluss ein **Vertreter ohne Vertretungsmacht** beteiligt. Durch die widerspruchslose Entgegennahme des Be-

274

---

64 BGHZ 18, 212, 215; BGHZ 61, 282, 285; BGH NJW 1972, 820.

65 *Hübner*, Handelsrecht, Rn. 490; *Teichmann*, Handelsrecht, Rn. 908.

66 *Brox/Henssler*, Handelsrecht, Rn. 294; *K. Schmidt*, Handelsrecht, § 19 Rn. 125; unscharf *Oetker*, Handelsrecht, § 7 Rn. 43 (der nur *vermeintliche* Vertragsschluss wird vom deklaratorischen Bestätigungsschreiben gerade *nicht* erfasst!).

67 *Brox/Henssler*, Handelsrecht, Rn. 294; *K. Schmidt*, Handelsrecht, § 19 Rn. 125.

68 Gleiches gilt, wenn der Empfänger zuvor den Vertragsabschluss von seiner schriftlichen Annahmeerklärung abhängig gemacht hat: BGH NJW 1970, 2194.

69 So BGHZ 40, 42, 45; vgl. bereits RGZ 95, 48, 50 sowie weiter BGHZ 61, 282, 286; 93, 338, 343. Weitere ähnliche Konstellationen: BGH NJW 1982, 1751 (vom Absender ergänzte Zusatzklausel widersprach bekannter Abwehrklausel des Empfängers); BGH NJW 1994, 1288 (Empfänger hatte Vertragsschluss bereits abgelehnt).

70 *Canaris*, Handelsrecht, § 23 Rn. 23 aE; zust. *K. Schmidt*, Handelsrecht, § 19 Rn. 111.

71 BGHZ 40, 42; *Canaris*, Handelsrecht, § 23 Rn. 40; *K. Schmidt*, Handelsrecht, § 19 Rn. 111; *Oetker*, Handelsrecht, § 7 Rn. 40.

72 Nach dem Modell von *Canaris*, Handelsrecht, § 23 Rn. 12 ff.; zust. *Lettl* JuS 2008, 849 ff.; in der Darstellung abw. *K. Schmidt*, Handelsrecht, § 19 Rn. 84 ff.

73 BGHZ 54, 241; *Canaris*, Handelsrecht, § 23 Rn. 13; Koller/Kindler/Roth/Drüen/*Roth*, HGB, § 346 Rn. 33.

stätigungsschreibens wird der Mangel der Vertretungsmacht[74] **geheilt,**[75] jedoch nur, sofern der Absender keine Kenntnis vom Fehlen der Vertretungsmacht hatte[76] (andernfalls kann er nicht mit dem Einverständnis des Empfängers rechnen).

275   **Fall 27:**[77] A und B haben über die Durchführung von Holzarbeiten an einem Neubau durch B verhandelt. Nach dem von A zur Verfügung gestellten Vordruck beträgt die Verjährungsfrist für Mängelansprüche 2 Jahre. Nach Zuschlagserteilung erstellen A und M, ein Mitarbeiter der B, bei einem Treffen im Juli 2015 ein aus formalen Gründen notwendiges Verhandlungsprotokoll. Der Vertrag sollte bei diesem Treffen nicht mehr verändert werden. Dennoch weist das von M unterzeichnete Protokoll eine Verjährungsfrist von 5 Jahren aus. M hatte keine Vollmacht zur inhaltlichen Änderung des Vertrages. Im Dezember 2015 erfolgt die Abnahme der von B erbrachten Leistungen durch A. Im Dezember 2020 stellt sich heraus, dass die Holzarbeiten fehlerhaft ausgeführt worden waren und dem A dadurch ein Schaden entstanden ist. Noch vor dem Jahreswechsel erhebt A Klage. B beruft sich auf Verjährung. Mit Recht?

276   Die Vereinbarung der verlängerten Verjährungsfrist kann sich aus zwei unterschiedlichen Gesichtspunkten ergeben, und zwar zum einen aus einer Vertragsänderung infolge des Vorliegens einer Anscheinsvollmacht, zum anderen aus den Grundsätzen des kaufmännischen Bestätigungsschreibens. Im Grundsatz ist anerkannt, dass sich der Geschäftsherr das Handeln eines Mitarbeiters kraft **Anscheinsvollmacht**[78] zurechnen lassen muss, wenn Auftraggeber und Auftragnehmer nach Erteilung des Zuschlags die Erstellung eines Verhandlungsprotokolls verabreden und der Auftragnehmer zum Termin einen mit der Angelegenheit vertrauten Mitarbeiter entsendet. Mit dieser Entsendung erzeugt der Auftragnehmer einen Rechtsschein, weil der Auftraggeber darauf vertrauen darf, dass der vom Auftragnehmer entsandte Mitarbeiter mit Vertretungsmacht ausgestattet ist.[79] Das gilt allerdings dann nicht, wenn das Treffen eine bloße Formalität darstellen soll. Denn in diesem Fall kann der andere Teil nicht davon ausgehen, dass der Mitarbeiter auch Vollmacht zur Änderung der vorherigen Abrede besitzt und daher auch kein Vertrauen auf eine Bevollmächtigung bilden.[80]

277   In Betracht kommt allerdings eine Vertragsänderung nach den Grundsätzen des **kaufmännischen Bestätigungsschreibens**. Wenn an den Verhandlungen über das Protokoll ein Vertreter teilnimmt, dann ist dessen Geschäftsherr nach den Grundsätzen von Treu und Glauben (§ 242 BGB) und der Verkehrssitte gehalten, das ihm später vorgelegte Verhandlungsprotokoll inhaltlich zu überprüfen und von der ursprünglichen Vereinbarung abweichende Punkte unverzüglich zu rügen. Zwar handelte es sich hier

---

74   Dies gilt insbesondere auch dann, wenn eine Duldungs- oder Anscheinsvollmacht nicht vorlag: BGH NJW 2007, 987, 988.
75   RG JW 1927, 1674, 1675; 1938, 1902; RGZ 103, 401, 405; BGH NJW 1964, 1951; 1965, 965, 966; 1990, 386; 2007, 987, 988; *Canaris*, Handelsrecht, § 23 Rn. 14; Koller/Kindler/Roth/Drüen/*Roth*, HGB, § 346 Rn. 33.
76   So BGH NJW 1965, 965, 966. Nach *Canaris*, Handelsrecht, § 23 Rn. 42 und *Oetker*, Handelsrecht, § 7 Rn. 40 soll bereits fahrlässige Unkenntnis schaden.
77   Nach BGHZ 188, 128 = NJW 2011, 1965 m. Anm. *Grothe* = JK 7/11, BGB § 166/5 *(Petersen)*.
78   Dazu allgemein *Brox/Walker*, BGB AT, Rn. 562 ff.; *Faust*, BGB AT, § 26 Rn. 32 ff.; *Gottwald/Würdinger*, UniRep BGB AT, Rn. 303.
79   BGHZ 188, 128 Rn. 18; vgl. noch BGHZ 97, 224, 230.
80   BGHZ 188, 128 Rn. 19.

nicht um den klassischen Fall eines Bestätigungsschreibens. Das Verhandlungsprotoll kommt diesem Instrument nach Sinn und Zweck aber derart nahe, dass die Grundsätze auch für diesen Fall nach Auffassung des BGH Geltung beanspruchen.[81] Das gilt auch, wenn das Treffen nur dem Zweck diente, die Verhandlungsergebnisse aus formalen Gründen zu fixieren, da Änderungen in diesem Zusammenhang nicht unüblich sind. Daher wird B mit seiner Berufung auf Verjährung nicht durchdringen, da er die verlängerte Verjährungsfrist von 5 Jahren gegen sich gelten lassen muss.

Die *3. Fallgruppe* betrifft **bewusste Abweichungen** vom vorausgegangenen Vertragsschluss: Das Bestätigungsschreiben enthält Bestimmungen zu nicht vereinbarten Nebenpunkten (zB einen Selbstbelieferungsvorbehalt[82]) oder die Einbeziehung von Allgemeinen Geschäftsbedingungen des Absenders.[83] Auch diese Ergänzungen werden von der Rechtsprechung seit jeher gestattet, sofern sich das Bestätigungsschreiben inhaltlich nicht so weit von dem vorher Abgesprochenen entfernt, „dass der Bestätigende nicht mehr mit einem Einverständnis des Empfängers rechnen kann".[84] Daher sind AGB zu den üblichen und im Grundsatz zulässigen Nebenabreden zu rechnen. Sie finden nur dann keinen Eingang in die Vereinbarung, wenn sie der Empfänger während der Verhandlungen ausdrücklich abgelehnt hat.[85] Darüber hinaus müssen AGB branchenüblich sein.[86] Im Übrigen unterliegen sie freilich der AGB-Kontrolle und dürfen daher nicht gegen § 307 BGB verstoßen. Bei echten Abweichungen durch AGB haben Individualabreden nach § 305b BGB Vorrang.

e) Bei sich **kreuzenden Bestätigungsschreiben** mit widersprechendem Inhalt kommt grundsätzlich auch ohne Widerspruch kein Vertrag zustande, soweit sich die Vertragsparteien nicht zuvor bereits wirksam geeinigt haben[87] (offener Dissens). Anders liegt der Fall indes, wenn beide Bestätigungsschreiben inhaltlich übereinstimmen, jedoch gegensätzliche Nebenbestimmungen (insbesondere widersprechende AGB) enthalten und aus den Gesamtumständen erkennbar ist, dass die Parteien gebunden sein wollen. § 150 II BGB kommt dann nicht zur Anwendung, sondern es gilt der Vertrag, soweit die Schreiben inhaltlich übereinstimmen (also ohne Nebenbestimmungen); wer damit nicht einverstanden ist, muss widersprechen.[88] Gleiches gilt, soweit bei im Übrigen übereinstimmenden Bestätigungsschreiben ein Schreiben eine zusätzliche Klausel enthält (Beispiel: Gewährleistungsausschluss), deren Akzeptanz vom Empfänger erwartet werden kann. Erfolgt hier kein Widerspruch, dann gilt der Vertrag mit der Zusatzklausel.[89]

278

279

---

81 BGHZ 188, 128 Rn. 23.
82 Gestattet durch BGH WM 1968, 400; zust. *Canaris*, Handelsrecht, § 23 Rn. 26.
83 BGHZ 7, 187, 190 ff. (Verkaufsbedingungen der deutschen Reismühlen mit Schiedsgerichtsklausel); BGHZ 54, 236, 242 (VDMA-Bedingungen).
84 So BGHZ 7, 187, 190. Anders hingegen, wenn die vom Absender ergänzte Zusatzklausel der ihm bekannten Abwehrklausel des Empfängers widerspricht: BGH NJW 1982, 1751.
85 EBJS/*Fest*, HGB, § 346 Rn. 271 ff.; *Jung*, Handelsrecht, § 34 Rn. 19.
86 *Jung*, Handelsrecht, § 34 Rn. 19; vgl. noch *Lettl*, Handelsrecht, § 10 Rn. 57.
87 *Brox/Henssler*, Handelsrecht, Rn. 302; Oetker/*Pamp* § 346 Rn. 49.
88 BGHZ 61, 282, 288; *Brox/Henssler*, Handelsrecht, Rn. 302; *Oetker*, Handelsrecht, § 7 Rn. 46. – Die frühere Theorie des „letzten Worts", die auf das letzte Schreiben abgestellt hatte (so noch BGHZ 18, 212, 215), ist aufgegeben.
89 BGH NJW 1966, 1070, 1071; zust. *Canaris*, Handelsrecht, § 23 Rn. 22; krit. insoweit *Hübner*, Handelsrecht, Rn. 500; *K. Schmidt*, Handelsrecht, § 19 Rn. 118; *Medicus/Petersen*, Bürgerliches Recht, Rn. 66.

280 f) Das Bestätigungsschreiben muss dem Empfänger **zugegangen** sein (§ 130 I 1 BGB).[90] Ist dies der Fall, dann kommt es auf die Kenntnisnahme nicht an.[91] Daher kann der Empfänger – ebenso wenig wie bei § 362 HGB (Rn. 262) – auch nicht einwenden, das Schreiben sei ihm von einem Mitarbeiter vorenthalten worden.[92] Dieser Umstand betrifft die Risikosphäre des Empfängers (Organisationsverantwortung) und entlastet ihn daher nicht.[93] Fraglich ist, ob dies auch gilt, wenn der Absender nicht nur mit einem Vertreter ohne Vertretungsmacht verhandelt, sondern auch das Bestätigungsschreiben an diesen gerichtet hat.[94] Das ist jedenfalls zu verneinen, wenn der Zugang beim Vertreter nicht zugleich zum Zugang beim Vertretenen führt, etwa weil es auch insofern an der Vertretungsmacht des Vertreters mangelt.[95]

281 g) Grundsätzlich gelten **auch für den Empfänger** des Bestätigungsschreibens die **§§ 104 ff., 116 ff. BGB**.[96] Allerdings gibt es – ganz ähnlich wie bei § 362 HGB (Rn. 258 f.) – **Einschränkungen:** Ein Irrtum über die gewohnheitsrechtlich anerkannten Rechtswirkungen des Schweigens berechtigt nicht zur Anfechtung.[97] Diese Rechtsfolge tritt unabhängig vom Willen des Empfängers kraft Gesetzes ein. Die irrtümliche Annahme, dass das Bestätigungsschreiben das Ergebnis der Verhandlungen zutreffend wiedergibt, ist ein unbeachtlicher Motivirrtum, der von § 119 I BGB nicht erfasst wird.[98] Erkannte der Empfänger hingegen eine zulässige Ergänzung (oben Rn. 278) nicht, so kann zwar ein Irrtum nach § 119 I BGB vorliegen, jedoch widerspricht hier der Zweck des Bestätigungsschreibens, den Inhalt des Vertrages eindeutig festzulegen, der Zulassung einer Anfechtung.[99] Dasselbe gilt für einen bei den Vertragsverhandlungen unterlaufenen Irrtum.[100] Hat der Empfänger hingegen das Bestätigungsschreiben missverstanden, so kann er grundsätzlich nach § 119 I BGB anfechten (Inhaltsirrtum), nach hM jedoch nicht, wenn der Irrtum auf Fahrlässigkeit beruht, da der Absender erwarten kann, dass der Empfänger das Schreiben mit der Sorgfalt eines ordentlichen Kaufmanns (§ 347 HGB) liest.[101] Arglistige Täuschung und widerrechtliche Drohung berechtigen hingegen stets zur Anfechtung; regelmäßig wird es hierauf indes nicht ankommen, da es an der notwendigen Redlichkeit des Ver-

---

90 *K. Schmidt*, Handelsrecht, § 19 Rn. 100; *Oetker*, Handelsrecht, § 7 Rn. 42.
91 RGZ 103, 401, 405; *K. Schmidt*, Handelsrecht, § 19 Rn. 100.
92 BGHZ 20, 149, 152; siehe auch EBJS/*Fest*, HGB, § 346 Rn. 288; MünchKomm-HGB/*K. Schmidt* § 346 Rn. 152.
93 *Canaris*, Handelsrecht, § 23 Rn. 35; *K. Schmidt*, Handelsrecht, § 19 Rn. 100.
94 Dafür BGH NJW 1964, 1951; BGH NJW 1990, 386; *K. Schmidt*, Handelsrecht, § 19 Rn. 100; einschränkend *Canaris*, Handelsrecht, § 23 Rn. 30 ff., 36 (Adressierung an Geschäftsleitung erforderlich); EBJS/*Fest*, HGB, § 346 Rn. 290.
95 Vgl. BGH NJW 1965, 965, 966.
96 Koller/Kindler/Roth/Drüen/*Roth*, HGB, § 346 Rn. 34; *Canaris*, Handelsrecht, § 23 Rn. 38.
97 BGHZ 11, 1, 4 ff.; BGHZ 20, 149, 154; BGH NJW 1964, 1951, 1952; *Brox/Henssler*, Handelsrecht, Rn. 305; *K. Schmidt*, Handelsrecht, § 19 Rn. 100; *Fischinger* JuS 2015, 394, 397.
98 *Canaris*, Handelsrecht, § 23 Rn. 38; EBJS/*Fest*, HGB, § 346 Rn. 240.
99 BGH NJW 1969, 1711; 1972, 45; *K. Schmidt*, Handelsrecht, § 19 Rn. 100; Koller/Kindler/Roth/Drüen/*Roth*, HGB, § 346 Rn. 34; *Ebert* JuS 1999, 754, 756.
100 RGZ 129, 348; *Deckert* JuS 1998, 121, 124; Koller/Kindler/Roth/Drüen/*Roth*, HGB, § 346 Rn. 34; Staub/*Koller*, HGB, § 346 Rn. 121.
101 RGZ 129, 347, 348; BGH NJW 1972, 45; EBJS/*Fest*, HGB, § 346 Rn. 83; *K. Schmidt*, Handelsrecht, § 19 Rn. 136; *Medicus/Petersen*, Bürgerliches Recht, Rn. 65; für generellen Ausschluss der Anfechtung: *Brox/Henssler*, Handelsrecht, Rn. 306; für Anfechtung auch bei Verschulden: *Canaris*, Handelsrecht, § 23 Rn. 38.

tragspartners fehlt und die Grundsätze des kaufmännischen Bestätigungsschreibens schon aus diesem Grund nicht zur Anwendung gelangen.[102]

h) Die große Bedeutung des kaufmännischen Bestätigungsschreibens **für die Pra-** **282** **xis** liegt weniger bei den konstitutiven materiellen Wirkungen (oben Rn. 277) als in der **prozessualen Beweiswirkung**:[103] Durch das Bestätigungsschreiben wird vermutet, dass ein Vertrag mit dem im Schreiben wiedergegebenen (Mindest-)Inhalt geschlossen wurde. Beide Parteien können sich auf ergänzende Abreden berufen, soweit sie dem Bestätigungsschreiben nicht widersprechen.[104]

Der **Absender** hat zu beweisen, dass ein Bestätigungsschreiben im Sinne des Ge- **283** wohnheitsrechts vorliegt und dem Empfänger zugegangen ist.[105] Dies umfasst auch die Tatsache vorausgegangener Verhandlungen.[106] Der **Empfänger** hat dann zu beweisen, dass er unverzüglich widersprochen hat.[107] Gleichfalls ist er beweispflichtig, wenn er behauptet, das Bestätigungsschreiben entfalte keine Rechtswirkungen, weil sein Inhalt von den Verhandlungen erheblich und damit in unzulässiger Weise abweiche oder weil der Absender unredlich sei[108] (der gute Glaube des Absenders wird somit vermutet!).[109]

i) Die Grundsätze über das kaufmännische Bestätigungsschreiben sind **nicht auf** **284** **Kaufleute beschränkt.** Ausreichend ist vielmehr, wenn der *Empfänger* des Schreibens ähnlich wie ein Kaufmann am Geschäftsverkehr teilnimmt, etwa als Freiberufler.[110] Ob auch der *Absender* eine kaufmannähnliche Person sein muss,[111] oder ob hierfür auch ein Verbraucher in Betracht kommt,[112] ist umstritten. Die besseren Gründe sprechen dafür, den ein Bestätigungsschreiben empfangenden Kaufmann nur dann mit besonderen Kontrollobliegenheiten zu belasten, wenn das Schreiben von einem Kaufmann oder einer ähnlich einem Kaufmann im rechtsgeschäftlichen Verkehr teilnehmenden Person herrührt. Die Anwendung der Lehre vom kaufmännischen Bestätigungsschreiben verlangt nach einem Mindestmaß an Professionalität der Handelnden; das von einer Privatperson versandte Schreiben vermag die besonderen Rechtswirkungen des Gewohnheitsrechtssatzes nicht auszulösen.

---

102 Zum Ganzen *K. Schmidt*, Handelsrecht, § 19 Rn. 103 ff., 137; *Brox/Henssler*, Handelsrecht, Rn. 307.
103 *Brox/Henssler*, Handelsrecht, Rn. 294; Baumbach/Hopt/*Hopt*, HGB, § 346 Rn. 17.
104 BGH NJW-RR 1986, 393; Koller/Kindler/Roth/Drüen/*Roth*, HGB, § 346 Rn. 32.
105 BGH NJW 1965, 965, 966; 1974, 991, 992. – Auch der Zeitpunkt des Zugangs ist vom Absender zu beweisen: BGHZ 70, 232, 234.
106 BGH NJW 1975, 1358; 1990, 386; NJW-RR 2001, 680.
107 BGH NJW 2007, 987, 988; BGHZ 70, 232, 234; RGZ 114, 282, 283.
108 BGH NJW 1974, 991, 992 f.; 1987, 1940, 1942; NJW-RR 2001, 680, 681.
109 Der Empfänger hat daher auch die Kenntnis des Absenders vom Fehlen der Vertretungsmacht eines für den Empfänger handelnden Vertreters zu beweisen: BGH NJW 1964, 1951.
110 Vgl. RG JW 1924, 522 (Rechtsanwalt); BGH DB 1967, 1362 (Wirtschaftsprüfer); BGH NJW 1987, 1940 (Insolvenzverwalter); OLG Hamm VersR 2001, 1240, 1241 (Rechtsanwalt); ausf. *K. Schmidt*, Handelsrecht, § 19 Rn. 73.
111 So *Brox/Henssler*, Handelsrecht, Rn. 296a; *K. Schmidt*, Handelsrecht, § 19 Rn. 80; iE auch Baumbach/Hopt/*Hopt*, HGB, § 346 Rn. 19; und auch die Rspr., vgl. BGHZ 11, 1, 3; 40, 42, 43 f.
112 So *Canaris*, Handelsrecht, § 23 Rn. 45; *Hübner*, Handelsrecht, Rn. 496.

III. Handelsbrauch gem. § 346 HGB

285   Handelsbräuche beruhen als **kaufmännische Verkehrssitten** auf einer freiwilligen, gleichmäßigen und einheitlichen – tatsächlichen – Übung der beteiligten Verkehrskreise und gehen im Hinblick auf die Auslegung von rechtlich relevanten Verhaltensweisen und Willenserklärungen, wie zB die Klauseln und Abkürzungen „CIF", „FOB" oder „ab Werk", dem allgemeinen § 157 BGB vor.[113] Da es sich bei den Handelsbräuchen um keine Rechtsquelle handelt, sind sie auch nicht als Gewohnheitsrecht einzustufen, sondern als **Auslegungsmaximen** zu qualifizieren.[114] Dabei dürfen sich Handelsbräuche **nicht zum objektiven Recht in Widerspruch** setzen. Zwingendes Gesetzesrecht vermag ein Handelsbrauch nicht abzubedingen. Abweichungen von dispositiven Bestimmungen kommen durchaus in Betracht, sofern einer Berücksichtigung des Handelsbrauchs nicht der jeweilige Normzweck entgegensteht.[115]

286   Ein bestimmter Handelsbrauch ist anwendbar, wenn das abgeschlossene Rechtsgeschäft in seinen persönlichen, räumlichen und zeitlichen **Anwendungsbereich** fällt. Betroffen von dem Handelsbrauch sind zunächst Kaufleute; daneben aber wiederum auch Nichtkaufleute, die im Rechtsverkehr wie Kaufleute auftreten.[116] Zudem muss der Handelsbrauch am Erfüllungsort des Geschäfts bestehen (arg e § 361 HGB).[117] Schließlich muss der Handelsbrauch bereits zum Zeitpunkt des Vertragsschlusses bestanden haben. Darüber hinausgehende subjektive Elemente sind ohne Belang.[118] Selbst wenn beiden Parteien der Handelsbrauch unbekannt ist, findet er Anwendung. Auch eine Anfechtung gem. § 119 I Alt. 1 BGB scheidet angesichts des mit dem Handelsbrauch gegebenen besonderen Vertrauenstatbestands aus.[119]

287   Im Ergebnis bewirkt der Handelsbrauch eine **widerlegliche Vermutung** dafür, dass die Parteien eine bestimmte Handlung in dem üblichen Sinn verwandt haben.[120] Durch Individualabrede können sich die Beteiligten indes über den Handelsbrauch ohne Weiteres hinwegsetzen.[121]

IV. Wirksamkeit der Abtretung unternehmerischer Forderungen gem. § 354a HGB

288   Die durch § 354a I 1 HGB angeordnete Wirksamkeit der Abtretung von Geldforderungen, die aus einem **beiderseitigen Handelsgeschäft** herrühren oder deren Schuldner eine juristische Person des öffentlichen Rechts bzw. ein öffentlichrechtliches Sondervermögen ist, bildet eine zentrale Ausnahme zur Möglichkeit, die Abtretbarkeit einer Forderung nach § 399 Alt. 2 BGB mit gegenständlicher Wirkung auszuschlie-

---

113   *Lettl*, Handelsrecht, § 10 Rn. 3; *Canaris*, Handelsrecht, § 22 Rn. 3.
114   *Oetker*, Handelsrecht, § 7 Rn. 47; *Kindler*, Grundkurs Handels- und Gesellschaftsrecht, § 7 Rn. 64.
115   *Oetker*, Handelsrecht, § 7 Rn. 50; *Canaris*, Handelsrecht, § 22 Rn. 35 f.
116   *Lettl*, Handelsrecht, § 10 Rn. 12; *Jung*, Handelsrecht, § 34 Rn. 13.
117   Oetker/*Pamp*, HGB, § 346 Rn. 22; *Oetker*, Handelsrecht, § 7 Rn. 51.
118   *Kindler*, Grundkurs Handels- und Gesellschaftsrecht, § 7 Rn. 68; *Oetker*, Handelsrecht, § 7 Rn. 52.
119   *Teichmann*, Handelsrecht, Rn. 895; *Lettl*, Handelsrecht, § 10 Rn. 18.
120   *Canaris,* Handelsrecht, § 22 Rn. 13 ff.; *Oetker*, Handelsrecht, § 7 Rn. 53.
121   BGHZ 23, 131, 137; Koller/Kindler/Roth/Drüen/*Roth*, HGB, § 346 Rn. 13.

ßen. Die Vorschrift bewirkt eine erhöhte Zirkulationsfähigkeit unternehmerischer Forderungen und verbessert so die Refinanzierung von Unternehmen.[122]

In rechtsdogmatischer Hinsicht führt § 354a I 1 HGB dazu, dass die Vertragsparteien eine Forderung trotz Vereinbarung einer Abtretungsbeschränkung iSd § 399 Alt. 2 BGB wirksam übertragen können. Im Gegenzug ist der Schuldner gem. § 354a I 2 HGB dazu berechtigt, selbst dann **mit befreiender Wirkung** an den Zedent zu leisten, wenn er positive Kenntnis von der Abtretung hat;[123] § 354a I 2 HGB entfaltet insofern ein über § 407 BGB hinausgehendes Maß an abtretungsrechtlichem Schuldnerschutz. Nur in **evidenten Missbrauchsfällen** erfährt die Schutzvorschrift orientiert an den Grundsätzen von Treu und Glauben eine Einschränkung; die Hürde für treuwidriges Schuldnerverhalten liegt indes hoch.[124]   **289**

Fall 28:[125] Die Kaufleute A und B vereinbaren, dass die aus einem Handelskauf stammende Kaufpreisforderung des A nur mit Zustimmung des B abgetreten werden dürfe. Zur Abwendung eines Liquiditätsengpasses veräußert der A ohne Zustimmung des B die Forderung an C. Davon erhielt B am 1.3. Kenntnis. Am 10.3. erwirbt B eine Schadenersatzforderung gegen A und erklärt daraufhin gegenüber A die Aufrechnung mit der Forderung aus dem Handelskauf. Mit Recht?   **290**

Problematisch ist hier namentlich die Gegenseitigkeit der Forderungen gem. § 387 BGB. Zwar hat A seine gegenüber B bestehende Kaufpreisforderung an C abgetreten. Allerdings hatten A und B eine Abtretungsbeschränkung gem. § 399 Alt. 2 BGB in Form eines **Zustimmungsvorbehalts** vereinbart.[126] Gleichwohl erfasst § 354a I 1 HGB in Ansehung seines Normzwecks (Rn. 288) nicht nur generelle Abtretungsverbote, sondern auch Zustimmungsvorbehalte.[127] Damit war die Abtretung der Kaufpreisforderung an C trotz mangelnder Zustimmung des B wirksam.   **291**

Für die Aufrechnung gegenüber A mangelt es nun an dem Erfordernis der **Gegenseitigkeit.** Auch kommt gegenüber C **§ 406 BGB** nicht zur Anwendung, da B die Gegenforderung erst nach Kenntniserlangung von der Forderungszession erworben hat. Allerdings verdrängt die handelsrechtliche Schuldnerschutzvorschrift des § 354a I 2 HGB nach zutreffender Auffassung nicht nur § 407 BGB, sondern auch § 406 BGB. Der Schuldner soll nach dem **Normzweck des § 354a I 2 HGB** effektiv vor Rechtsnachteilen geschützt werden, die sich aus dem ungewollten Gläubigerwechsel für ihn ergeben. Daher wird es ihm gestattet, mit gegen den Zedent gerichteten Forderungen auch dann aufzurechnen, wenn er die Gegenforderung nach Kenntniserlangung von der Abtretung erworben hat oder wenn diese Forderung erst nach der Abtretung fällig   **292**

---

122 MünchKomm-HGB/*K. Schmidt*, § 354a Rn. 2; Koller/Kindler/Roth/Drüen/*Roth*, HGB, § 354a Rn. 1; ausf. *Lieder*, Die rechtsgeschäftliche Sukzession, 2015, S. 197 ff.
123 Vgl. Begr. RegE, BT-Drucks. 12/7912, S. 25; BGHZ 178, 315 Rn. 15; Ensthaler/*B. Schmidt*, HGB, § 354a Rn. 10.
124 Dazu mit Unterschieden im Detail LG Hamburg WM 1999, 428; MünchKomm-HGB/*K. Schmidt* § 354a Rn. 18; *Canaris*, Handelsrecht, § 26 Rn. 25.
125 In Anlehnung an BGH NJW-RR 2005, 624 = JuS 2005, 564 *(K. Schmidt)*.
126 Zur Zulässigkeit nach § 399 Alt. 2 BGB: BGH NJW 1991, 559; MünchKomm-BGB/*Roth/Kieninger* § 399 Rn. 39.
127 BGH NJW-RR 2005, 624, 626; OLG Celle NJW-RR 1999, 618, 619; Baumbach/Hopt/*Hopt*, HGB, § 354a Rn. 1.

geworden ist.[128] Infolge des besonderen Schutzzwecks kann der Schuldner wählen, ob er die Aufrechnung gegenüber dem Zedent oder dem Zessionar erklärt.[129]

293 **Fall 29:**[130] In Abwandlung zu Fall 28 erwirbt B keine Schadensersatzforderung gegen A. Vielmehr entsteht nach Kenntniserlangung von der Forderungsabtretung an C zwischen A und B Streit über die konkrete Höhe der Kaufpreisforderung, den sie mittels Vergleichs und einer Verringerung der zunächst bezifferten Forderungshöhe beilegen. C will von der zwischen A und B getroffenen Vereinbarung nichts wissen und verlangt von B den vollen Betrag. Zu Recht?

294 In Frage steht hier, ob § 354a I 2 HGB auch für den Fall gilt, dass der Zedent über das abgetretene Forderungsrecht verfügt, wie hier mittels Vergleichsabschlusses; gleiches gilt aber auch für den Erlass bzw. Verzicht. Das wird zum Teil unter ergänzender Fortbildung des § 354a I 2 HGB angenommen.[131] Der BGH[132] lehnt die Anwendung im Anschluss an eine verbreitete Literaturauffassung[133] hingegen mit Recht ab. Denn mit der wirksamen Abtretung steht die Forderung ausschließlich dem Zessionar (C) zu. Der Zedent ist daraufhin daran gehindert, mit gegenständlicher Wirkung über die Forderung zu verfügen. Er ist nach § 354a I 2 HGB lediglich für *Leistungen auf die Forderung empfangszuständig.*[134] Die Gegenposition bewirkt eine erhebliche Schwächung der zessionarischen Rechtsstellung und beeinträchtigt zudem – entgegen der legislatorischen Intention – die Verwendbarkeit der Forderung als Kreditsicherungs- und Finanzierungsmittel.[135]

295 Abweichende Vereinbarungen der Beteiligten sind nach § 354a I 3 HGB im Grundsatz **unwirksam**. Allerdings lässt es die ganz hM zu, dass der Schuldner auf sein Wahlrecht **nachträglich verzichtet** und mit dem Zessionar vereinbart, an diesen zu zahlen.[136] Dafür spricht der Normzweck des § 354a I 2 HGB, der auf den Schutz des Schuldners gerichtet ist, der folglich auf diesen Schutz aus eigener Machtvollkommenheit verzichten kann.

296 Für **Darlehensforderungen von Kreditinstituten** normiert § 354a II HGB eine Ausnahme von der Unbeachtlichkeit rechtsgeschäftlicher Abtretungsbeschränkungen mit der Folge, dass in Darlehensverträgen vereinbarte Abtretungsausschlüsse nach § 399

---

128 BGH NJW-RR 2005, 624, 626; Staub/*Canaris*, HGB, § 354a Rn. 13; *Lieder*, Die rechtsgeschäftliche Sukzession, 2015, S. 1070 f.

129 BGH NJW-RR 2005, 624, 626; Koller/Kindler/Roth/Drüen/*Roth*, HGB, § 354a Rn. 3; Baumbach/Hopt/*Hopt*, HGB, § 354a Rn. 2; aA MünchKomm-HGB/*K. Schmidt*, § 354a Rn. 20.

130 BGHZ 178, 315 = JuS 2009, 375 *(K. Schmidt)*.

131 So etwa ThürOLG NJ 2008, 28; *Canaris*, Handelsrecht, § 26 Rn. 27; *Petersen* Jura 2005, 680, 681.

132 BGHZ 178, 315 Rn. 20 ff.; BGH NJW 2011, 443 Rn. 18.

133 Koller/Kindler/Roth/Drüen/*Roth*, HGB, § 354a Rn. 3; MünchKomm-HGB/*K. Schmidt*, § 354a Rn. 22.

134 Oetker/*Maultzsch*, HGB, § 354a Rn. 14; Heymann/*Horn*, HGB, 2. Aufl., § 354a Rn. 8; *Canaris*, Handelsrecht, § 26 Rn. 19.

135 Zutreffend BGHZ 178, 315 Rn. 22 unter Hinweis auf Begr. RegE, BT-Drucks. 12/7912, S. 25; *Baukelmann*, FS Brandner, 1996, S. 185, 196; dagegen – nicht überzeugend – *E. Wagner* WM 2010, 202, 207.

136 BGHZ 178, 315 Rn. 26; BGH NJW 2011, 443 Rn. 17 f.; NJW 2018, 2254 Rn. 51 ff.; Oetker/*Maultzsch*, HGB, § 354a Rn. 23; Heymann/*Lieder*, HGB, § 354a Rn. 31; aA OLG Köln NJW-RR 2001, 539, 541; *E. Wagner* WM 2010, 202, 207.

Alt. 2 BGB ihre absolute und gegenüber jedermann gerichtete Wirksamkeit entfalten.[137] Dadurch soll im Interesse der Kreditschuldner verhindert werden, dass Kreditinstitute Forderungen aus (Unternehmens-)Darlehen namentlich an Finanzinvestoren weiterreichen.[138] Diese Bereichsausnahme für Bankdarlehen ist systemwidrig und kontraproduktiv.[139]

V. Kontokorrent gem. §§ 355 ff. HGB

1. Bei einem Kontokorrent handelt es sich nach der **Legaldefinition** des § 355 I **297** HGB um eine Vereinbarung mit einem Kaufmann, wonach die aus der laufenden Geschäftsverbindung resultierenden beiderseitigen Ansprüche und Leistungen nebst Zinsen in Rechnung gestellt und in regelmäßigen Abschnitten durch Verrechnung und Feststellung des jeweiligen Überschusses ausgeglichen werden. Praktisch bedeutsame Beispiele sind das Girokonto und das Gesellschafterkonto in Personengesellschaften. Die §§ 355 ff. HGB finden auch auf **Nichtkaufleute** analoge Anwendung, soweit dies nach der vertraglichen Absprache zwischen den Parteien angemessen erscheint.[140]

2. Zu den Vereinbarungen, die im Zusammenhang mit dem Kontokorrent geschlossen werden, zählt zunächst der **Grundvertrag**, wie zB der Giro- oder Sukzessionsliefe- **298** rungsvertrag. Er kann die Kontokorrentabrede – als weiteres Element – bereits enthalten, und zwar auch stillschweigend. Die **Kontokorrentabrede** bestimmt über die Zugehörigkeit der einzelnen Forderungen zum Kontokorrent.[141] Allerdings sind nicht sämtliche Forderungen kontokorrentfähig. Ist gegen eine Forderung etwa keine Aufrechnung möglich, wie namentlich gegen unpfändbare Forderungen nach § 394 BGB, kann sie auch nicht in ein Kontokorrent einbezogen werden, das auf eine Verrechnung der Forderungen ausgerichtet ist.[142] Die Beteiligten vereinbaren weiterhin die **Verrechnung** der beiderseitigen Forderungen und Leistungen. Nach Durchführung der Verrechnung wird dann der für den einen oder anderen Teil ausgewiesene Saldo **festgestellt** und dem Vertragspartner zur **Anerkennung** des Saldos mitgeteilt.

3. Mit der Einstellung in das Kontokorrent **verlieren** die einzelnen Forderungen ih- **299** re rechtliche **Selbstständigkeit**.[143] Einer auf Durchsetzung der kontokorrentgebundenen Forderung gerichteten Leistungsklage kann die Kontokorrentabrede als Einrede entgegengehalten werden.[144] Zulässig ist allein eine Feststellungsklage, mit welcher das Bestehen der Forderung verifiziert wird, damit sie bei der späteren Verrechnung berücksichtigt werden kann.[145] Davon abgesehen sind Verzug, Abtretung (§ 399 Alt.

---

137 Heymann/*Lieder*, HGB, § 354a Rn. 9; MünchKomm-HGB/*K. Schmidt*, § 354a Rn. 35 f.
138 Begr. RegE, BT-Drucks. 16/7438, S. 9; Oetker/*Maultzsch*, HGB, § 354a Rn. 9.
139 Zur Kritik ausf. Heymann/*Lieder*, HGB, § 354a Rn. 4.
140 *Brox/Henssler*, Handelsrecht, Rn. 341; Baumbach/Hopt/*Hopt*, HGB, § 355 Rn. 3.
141 *Teichmann*, Handelsrecht, Rn. 930; EBJS/*Menges*, HGB, § 355 Rn. 1.
142 Oetker/*Maultzsch*, HGB, § 355 Rn. 26.
143 RGZ 105, 233, 234; *Oetker*, Handelsrecht, § 7 Rn. 74.
144 RGZ 105, 233, 234; BGH NJW 1970, 560; Baumbach/Hopt/*Hopt*, HGB, § 355 Rn. 7; EBJS/*Menges*, HGB, § 355 Rn. 75 ff.
145 RGZ 125, 411, 416.

2 BGB)[146] und einseitige Aufrechnung (vgl. § 390 BGB) ausgeschlossen.[147] Die Forderung ist außerdem unpfändbar (§ 1274 II BGB) und kann auch nach § 357 HGB nicht gepfändet werden. Nur der Tagessaldo ist gem. § 829 II ZPO pfändbar.[148] Zugleich ist die Verjährung analog § 205 BGB gehemmt.[149]

300 4. Mit der **Verrechnung** werden die sich gegenüberstehenden Forderungen getilgt, soweit sie sich der Höhe nach decken.[150] Der Anspruch auf den Überschuss (Saldo) entsteht allerdings erst mit der nachfolgenden Feststellung. Umstritten ist die Rechtsfolge der Verrechnung. Die **Rechtsprechung** plädiert seit jeher für eine **anteilige Tilgung** aller kontokorrentbezogenen Forderungen.[151] Kommt es später zu keiner Feststellung und keinem Anerkenntnis, müssen sämtliche Forderungen mit ihren unterschiedlichen Verjährungsfristen, Erfüllungsort und Gerichtsstand jeweils anteilig geltend gemacht werden. Die Schwierigkeiten, die sich hieraus bei einer Vielzahl kontokorrentbezogener Forderungen ergeben, liegen auf der Hand. Um dieses impraktikable Ergebnis zu vermeiden, votiert die **hL** für eine **vollständige Tilgung** der Forderungen in der in §§ 366, 367, 396 BGB vorgesehenen Reihenfolge.[152]

301 5. Die **Feststellung** iSd § 355 I HGB erfolgt durch die Übermittlung des sich aus dem Rechnungsabschluss ergebenden Saldos durch die kontoführende Partei an den anderen Teil. Darin liegt zugleich das Angebot auf Abschluss eines **abstrakten Schuldanerkenntnisses**, das die andere Partei annimmt. Nach Auffassung der **Rechtsprechung** führt die Feststellung zu einer **Novation** mit der Folge, dass alle bisherigen Forderungen erlöschen und durch die abstrakte Saldoforderung ersetzt werden.[153] Hiergegen spricht indes die Regelung des § 356 HGB, wonach Sicherheiten an den ursprünglichen Forderungen fortbestehen sollen. Zudem geht die Novation auch über den mit dem Kontokorrent verfolgten Zweck hinaus. Die intendierte Erleichterung des Zahlungsverkehrs lässt sich bereits durch ein Nebeneinander der bisherigen Forderungen und des abstrakten Schuldanerkenntnisses erreichen. Keineswegs sollte das Kontokorrent indes gegen Einwendungen aus den kontokorrentbezogenen Forderungen schützen. Daher ist der **hL** zu folgen, die davon ausgeht, dass die **ursprünglichen Forderungen fortbestehen** und daneben (nicht an deren Stelle) das Schuldanerkenntnis entsteht.[154]

302 6. Nach beiden Auffassungen können Gegenrechte aus dem Saldoanspruch nicht mehr unmittelbar geltend gemacht werden. Stattdessen steht dem Schuldner die **Einrede der ungerechtfertigten Bereicherung** gem. § 821 BGB zu, um eine Inanspruchnahme aus dem abstrakten Schuldanerkenntnis zu vermeiden.[155] Unterschiede

---

146 BGH NJW 1999, 417; MünchKomm-BGB/*Roth/Kieninger*, § 399 Rn. 32; BeckOGK-BGB/*Lieder*, § 399 Rn. 83.
147 *Oetker*, Handelsrecht, § 7 Rn. 75; *Brox/Henssler*, Handelsrecht, Rn. 346.
148 *Teichmann*, Handelsrecht, Rn. 953; *Jung*, Handelsrecht, § 34 Rn. 37.
149 *Brox/Henssler*, Handelsrecht, Rn. 348; Koller/Kindler/Roth/Drüen/*Roth*, HGB, § 355 Rn. 6; Baumbach/Hopt/*Hopt*, HGB, § 355 Rn. 12.
150 *Oetker*, Handelsrecht, § 7 Rn. 80; *Canaris*, Handelsrecht, § 25 Rn. 15.
151 RGZ 56, 20, 23; BGHZ 49, 24, 29; 141, 116, 120.
152 MünchKomm-HGB/*Langenbucher*, § 355 Rn. 82 ff.; Heymann/*Lieder*, HGB, § 355 Rn. 28.
153 RGZ 18, 246, 248 f.; BGHZ 93, 307, 313.
154 Baumbach/Hopt/*Hopt*, HGB, § 355 Rn. 7; *Canaris*, Handelsrecht, § 25 Rn. 30; *Kindler*, Grundkurs Handels- und Gesellschaftsrecht, § 7 Rn. 51.
155 BGHZ 51, 346, 348; *Oetker*, Handelsrecht, § 7 Rn. 87.

ergeben sich indes für die **Sicherungsrechte**. An sich müsste die Novationstheorie der **Rechtsprechung** zu einem ersatzlosen Untergang der für die entfallenen Kontokorrentforderungen bestellten Sicherungsrechte führen. Dieses Ergebnis ist indes schwerlich mit der Vorgabe des § 356 HGB in Einklang zu bringen. Daher plädiert die Rechtsprechung für die Fortsetzung der **Sicherheiten am niedrigsten** – durch Schuldanerkenntnis entstandenen – **Zwischensaldo**.[156] Ein späteres Erstarken des Saldos führt hingegen zu keiner Ausweitung der Sicherungsrechte. Dieses Resultat ist wenig interessengerecht und ein systematischer Widerspruch zur Novationslösung. Daher ist mit der zutreffenden **hL** davon auszugehen, dass sich die **Sicherheiten** an solchen Forderungen **fortsetzen**, die noch nicht nach Maßgabe der §§ 366, 367, 396 BGB analog erloschen sind.[157]

VI. Gutgläubiger Erwerb beweglicher Sachen gem. § 366 HGB

1. Regelungszweck

Die handelsrechtliche Gutglaubensvorschrift des § 366 HGB zielt auf eine **Erweiterung der bürgerlichrechtlichen Vorschriften** über den redlichen Mobiliarerwerb nach §§ 932 ff. BGB. Daher ist im Rahmen einer klausurmäßigen Aufgabenstellung[158] zunächst ein Gutglaubenserwerb nach §§ 932 ff. BGB zu thematisieren. Erst wenn sich hierbei herausstellt, dass die bürgerlichrechtlichen Gutglaubenstatbestände nicht erfüllt sind, namentlich weil dem Erwerber die mangelnde Eigentümerstellung des Veräußerers bekannt ist, hat sich eine Prüfung des § 366 HGB anzuschließen. Die Vorschrift geht über die allgemeinen Gutglaubensvorschriften insofern hinaus, als sie den **guten Glauben an die Verfügungsmacht** schützt. Das ist beim Kommissionsgeschäft und Eigentumsvorbehalt von praktischer Bedeutung und besitzt zudem Examensrelevanz.   303

2. Gutgläubiger Mobiliarerwerb gem. § 366 I HGB

a) Über die bewegliche Sache muss ein **Kaufmann** verfügen. Wer sich nur im Rechtsverkehr als Kaufmann ausgibt (**Scheinkaufmann**), kann die Rechtsfolgen des § 366 HGB, die zulasten des wahren Berechtigten wirken, nach zutreffender hM nicht herbeiführen (ausf. **Fall 4** Rn. 46). Gleiches gilt für denjenigen, der sich kraft Handelsregistereintragung nach §§ 5, 15 HGB als Kaufmann behandeln lassen muss (Rn. 49 f.).   304

b) Vom Wortlaut des § 366 I HGB ist jedenfalls die Verfügung des Kaufmanns **in eigenem Namen** über die bewegliche Sache erfasst. Sehr streitig ist, ob eine analoge Anwendung des § 366 HGB in Betracht kommt, wenn der Kaufmann nicht in eigenem, sondern **in fremdem Namen** verfügt.   305

---

156 RGZ 76, 330, 333 f.; BGHZ 50, 277, 284.
157 Oetker/*Maultzsch*, HGB, § 356 Rn. 16 f.; *K. Schmidt*, Handelsrecht, § 21 Rn. 37.
158 Vgl. exemplarisch *Bayer/Schmidt* Jura 2006, 949, 950 f.; *Beck* Jura 2015, 383, 390 f.; *Harnos/Konken* Jura 2015, 844, 848 f.; *Lieder* JuS 2014, 1009, 1011 f.; *H.-F. Müller* JA 2007, 258, 259; *Richter* JuS 2007, 647, 650.

306   **Fall 30:** V verkauft und veräußert in seinem Fahrradgeschäft ein Fahrrad, das er erst kürzlich von E unter Eigentumsvorbehalt erworben hat, im Namen des E an K, obwohl E dem V keine Erlaubnis zur Weiterveräußerung erteilt hat. K geht hingegen von einer bestehenden Bevollmächtigung des V aus. Nachdem E von dem Geschäft Kenntnis erlangt hat, fordert er von K das Fahrrad heraus.

307   In Betracht kommt zunächst ein **Vindikationsanspruch** nach § 985 BGB. Dafür darf E das Eigentum nicht durch die Übereignung zwischen V an K verloren haben. Eine Übereignung nach §§ 929 S. 1, 932 I 1 BGB, 366 I HGB scheitert allerdings, da V hier nicht in eigenem Namen, sondern im Namen des E aufgetreten ist. In Betracht kommt aber eine Übereignung nach §§ 929 S. 1, 164 I 1 BGB von E, vertreten durch V, an K. Allerdings fehlte es dafür an der **Vertretungsmacht** des V. Auch das Vorliegen einer Duldungs- oder Anscheinsvollmacht ist hier nicht ersichtlich. Im Übrigen wird der gute Glaube an die Vertretungsmacht grundsätzlich nicht geschützt.

308   Zum Teil wird § 366 I HGB in **analoger Anwendung** auch auf die Vertretungsmacht des verfügenden Kaufmanns erstreckt.[159] Dies sei vor allem deshalb geboten, weil der Rechtsverkehr in praktischer Hinsicht nicht trennscharf zwischen Ermächtigung und Vollmacht unterscheide. Zudem spreche der Schutzzweck der Norm, die Sicherheit des redlichen Rechts- und Handelsverkehrs zu sichern und zu erleichtern, für eine analoge Anwendung auch auf den guten Glauben an die Vertretungsmacht. Ein anderer Teil des Schrifttums hält die genannten Praktikabilitätserwägungen für nicht schwerwiegend genug, um dem wahren Berechtigten das Eigentum zu entziehen.[160] Das gilt umso mehr, als sich der Erwerber – anders als im Falle der Ermächtigung – beim wahren Eigentümer über die Eigentumsverhältnisse am Verfügungsgegenstand erkundigen kann und aus diesem Grund nicht in vergleichbarem Maße schutzbedürftig ist. Dies spricht tendenziell dafür, die analoge Anwendung des § 366 I HGB **mangels vergleichbarer Interessenlage abzulehnen**. § 985 BGB greift in diesem Fall durch, weil K mangels wirksamen Kaufvertrags mit E auch kein Recht zum Besitz iSd § 986 BGB geltend machen kann.

309   Wer mit der **Gegenauffassung** für die analoge Anwendung des § 366 I HGB votiert, muss weiter prüfen, ob ein Anspruch auf Rückübertragung nach § 812 I 1 Alt. 1 BGB besteht. Denn für den zuvor bejahten Eigentumserwerb bedarf es auch eines Rechtsgrundes zum Behaltendürfen, welcher nur in einem Kaufvertrag zwischen E und K bestehen kann. V fehlte indes auch für den Abschluss des Kaufvertrags die erforderliche Befugnis, den E wirksam zu vertreten. Allerdings plädiert ein **Teil des Schrifttums** dafür, § 366 I HGB in analoger Anwendung auch auf das Verpflichtungsgeschäft anzuwenden.[161] Dies sei nur konsequent, wenn man § 366 I HGB schon auf das Verfügungsgeschäft erstrecke. Andernfalls werde dem Erwerber durch das Bereicherungsrecht genommen, was ihm durch die analoge Anwendung des § 366 I HGB erst gegeben worden sei. Das geht dem **überwiegenden Teil der Gegenauffassung** indes

---

159   Siehe Baumbach/Hopt/*Hopt*, HGB, § 366 Rn. 5; *K. Schmidt*, Handelsrecht, § 23 Rn. 33; *Brox/Henssler*, Handelsrecht, Rn. 313.

160   *Canaris*, Handelsrecht, § 27 Rn. 16; *Medicus/Petersen*, Bürgerliches Recht, Rn. 567.

161   *K. Schmidt*, Handelsrecht, § 23 Rn. 37; ähnlich Heymann/*Horn*, HGB, 2. Aufl., § 366 Rn. 16.

zu weit.[162] Zutreffend wird auf die systematische Stellung des § 366 HGB sowie dessen Normzweck verwiesen. Die Gutglaubensvorschrift regelt ausschließlich die dingliche Zuordnung des Eigentumsrechts und ist daher auf das Verfügungsgeschäft beschränkt. Ein darüber hinausgehender guter Glaube ist zur Sicherung der Leichtigkeit des Handelsverkehrs nicht erforderlich.

c)   Weiterhin muss die Verfügung zum **Betrieb des Handelsgewerbes** des Verfü-   310
genden gehören; es gilt wiederum die Vermutung nach § 344 HGB. Außerdem muss sich der Erwerber hinsichtlich der Verfügungsbefugnis des Veräußerers in **gutem Glauben** befunden haben. Für die Konkretisierung des Redlichkeitsmaßstabs ist § 932 II BGB maßgeblich.[163] Mithin schaden Vorsatz und grobe Fahrlässigkeit hinsichtlich der fehlenden Verfügungsbefugnis. Dabei ist allerdings auf die Rechtsstellung des Verfügenden Rücksicht zu nehmen. Während der gute Glaube an die Verfügungsmacht eines Handelsvertreters und Kommissionärs selbst in solchen Fällen gegeben sein kann, in denen ein guter Glaube an die Eigentümerstellung wegen grob fahrlässiger Unkenntnis ausgeschlossen ist, wird man Verfügungen von Spediteuren und Frachtführern im Grundsatz kritisch gegenüberstehen müssen.[164] Auch bei einer Verpfändung ist Vorsicht geboten, da diese regelmäßig von der Verfügungsbefugnis nicht erfasst ist.[165] Im Übrigen kommt es auf die konkreten Umstände des jeweiligen Einzelfalls an. So muss der Erwerber beispielsweise regelmäßig Verdacht schöpfen, wenn über den Verfügungsgegenstand nicht im ordnungsgemäßen Geschäftsgang, wie zB zu einem Schleuderpreis, verfügt wird.[166]

3.   Gutgläubiger Erwerb eines gesetzlichen Pfandrechts gem. § 366 III HGB

Ein **vertragliches** Pfandrecht kann gem. § 1207 iVm §§ 932, 934, 935 BGB redlich   311
erworben werden. Demgegenüber lehnt die hM den gutgläubigen Erwerb **gesetzlicher** Pfandrechte ab – nicht zuletzt unter Hinweis auf § 366 III HGB.[167] Daran hat sich auch durch das Seerechtsänderungsgesetz[168] nichts geändert.[169] Vor diesem Hintergrund bewerkstelligt § 366 III HGB eine Erweiterung der Entstehungsmöglichkeit gesetzlicher Pfandrechte durch die Verfügung eines Nichtberechtigten. Hiermit wird der mit den handelsrechtlichen Pfandrechten gewährleistete Schutz gestärkt, und zwar für die Pfandrechte des Kommissionärs (§§ 397, 404 HGB), Frachtführers (§ 440 HGB), Spediteurs (§ 464 HGB), Lagerhalters (§ 475b HGB) und des Verfrachters beim Seefrachtvertrag (§ 495 HGB).

Der durch den redlichen Pfandrechtserwerb gewährleistete ergänzende Gutglaubens-   312
schutz ist jedoch auf **konnexe** Forderungen beschränkt. Das Pfandrecht wird nach

---

162   Baumbach/Hopt/*Hopt*, HGB, § 366 Rn. 5; *Canaris*, Handelsrecht, § 27 Rn. 16 f.
163   Hk-HGB/*Eberl*, § 366 Rn. 9; EBJS/*Lettl*, HGB, § 366 Rn. 12.
164   Vgl. Staub/*Canaris*, HGB, § 366, Rn. 43; Oetker/*Maultzsch*, HGB, § 366 Rn. 35.
165   EBJS/*Lettl*, HGB, § 366 Rn. 14; *Canaris*, Handelsrecht, § 27 Rn. 20.
166   BGH NJW 1994, 2022, 2023; Hk-HGB/*Eberl*, § 366 Rn. 10.
167   Palandt/*Wicke*, BGB, § 1257 Rn. 2; speziell zum Werkunternehmerpfandrecht nach § 647 BGB: BGHZ 34, 153, 155; 87, 274, 280; aA BeckOK-BGB/*Schärtl*, § 1257 Rn. 6.
168   Gesetz zur Reform des Seehandelsrechts vom 20.4.2013, BGBl. I, S. 831.
169   Vgl. *K. Schmidt* NJW 2014, 1, 3 f.; abweichend hingegen *Wilhelm* DB 2014, 406, 409 f.

§ 366 III 2 HGB nur an Gegenständen erworben, auf die sich das konkrete Vertragsverhältnis bezieht. Ein gutgläubiger Pfandrechtserwerb zur Sicherung **inkonnexer** Forderungen, wie zB für frühere Forderungen aus einem anderen Vertrag, ist heute grundsätzlich nicht mehr möglich.[170]

VII. Kaufmännisches Zurückbehaltungsrecht gem. § 369 HGB

313   Das kaufmännische Zurückbehaltungsrecht gem. § 369 HGB bewirkt eine **Erweiterung des § 273 BGB**, und zwar sowohl im Tatbestand (Verzicht auf das Konnexitätserfordernis) als auch in den Rechtsfolgen (pfandähnliches Befriedigungsrecht nach § 371 HGB).

314   1.   Für das Zurückbehaltungsrecht nach § 369 HGB muss dem Gläubiger zunächst eine Forderung aus einem **beiderseitigen** Handelsgeschäft zustehen. Erfasst werden nach hM nur fällige **Geldforderungen** und solche Forderungen, die bei Leistungsstörungen in Geldforderungen übergehen können.[171] Das resultiert aus der Möglichkeit des Gläubigers, sich nach § 371 HGB wegen seiner Forderung aus dem Verkaufserlös zu befriedigen.

315   Das Zurückbehaltungsrecht erstreckt sich auf selbstständig **verwertbare bewegliche Sachen** und Wertpapiere, die grundsätzlich im **Eigentum** des Schuldners stehen müssen. Maßgeblich ist die Eigentumslage bei der Entstehung des Zurückbehaltungsrechts.[172] Wegen § 986 II BGB wird das Recht von einer Übereignung grundsätzlich nicht berührt. Unter den Voraussetzungen des § 369 I 2 HGB kommt ein Zurückbehaltungsrecht auch an eigenen Sachen des Gläubigers in Betracht, die er an den Schuldner zurückübertragen muss. Im Übrigen kommt ein redlicher Erwerb des Zurückbehaltungsrechts an Sachen Dritter nicht in Betracht, da das Zurückbehaltungsrecht kein dingliches, sondern ein obligatorisches Sicherungsrecht darstellt.[173]

316   Die Sachen müssen mit dem **Willen des Schuldners** in den Besitz des Gläubigers gelangt sein. Eine Besitzerlangung durch verbotene Eigenmacht vermag das Zurückbehaltungsrecht nicht auszulösen.[174] Zudem muss der Besitzerwerb auf einem Handelsgeschäft beruhen. Im Übrigen darf das Recht nicht kraft Parteieinbarung oder aufgrund einer widerstreitenden Weisung oder rechtsgeschäftlichen Verpflichtung nach § 369 III HGB **ausgeschlossen** sein. Darüber hinaus bedarf es zur Geltendmachung **keiner Konnexität** der wechselseitigen Forderungen.[175]

317   2.   Der Gläubiger kann das Zurückbehaltungsrecht gem. § 369 HGB dem Herausgabeanspruch des Schuldners entgegensetzen. Dabei handelt es sich um eine **Einrede**, die nach Maßgabe des § 369 II HGB auch Dritten gegenüber wirkt[176] (vgl. auch noch § 986 II BGB). Unter den Voraussetzungen des § 371 HGB kann der Gläubiger

---

170   Dazu näher *K. Schmidt* NJW 2014, 1, 4 f.; *Wilhelm* DB 2014, 406.
171   Staub/*Canaris*, HGB, § 369 Rn. 51; *Brox/Henssler*, Handelsrecht, Rn. 322.
172   MünchKomm-HGB/*Welter*, § 369 Rn. 41; Hk-HGB/*Eberl*, § 369 Rn. 11.
173   EBJS/*Lettl*, HGB, § 369 Rn. 20; *Teichmann*, Handelsrecht, Rn. 1004.
174   EBJS/*Lettl*, HGB, § 369 Rn. 25; *Oetker*, Handelsrecht, § 7 Rn. 104.
175   *Hübner*, Handelsrecht, Rn. 529; *Teichmann*, Handelsrecht, Rn. 995, 998.
176   Ausf. hierzu *Petersen* Jura 2017, 294, 298.

aus dem zurückbehaltenen Gegenstand **Befriedigung** suchen.[177] Flankiert wird § 369 II HGB durch die Rechtskrafterstreckung aus § 372 II HGB.

VIII. Weitere handelsrechtliche Abweichungen

Unter den weiteren handelsrechtlichen Abweichungen ist die **Lockerung der** bürgerlichrechtlichen **Formerfordernisse** nach **§ 350 HGB** die klausurträchtigste. Kaufleute können sich danach ohne die Einhaltung der §§ 766, 780, 781 BGB verbürgen sowie ein Schuldversprechen oder Schuldanerkenntnis abgeben. Aufgrund ihrer besonderen Geschäftserfahrenheit erachtet das HGB Kaufleute in solchen Fällen als weniger schutzbedürftig als Privatpersonen. Voraussetzung ist allein, dass es um ein Handelsgeschäft geht, dessen Vorliegen freilich nach § 344 HGB vermutet wird (Rn. 253). Damit in enger Verbindung steht § 349 HGB. Danach kann der Bürge, dessen Bürgschaft als Handelsgeschäft zu qualifizieren ist, **keine Einrede der Vorausklage** gem. § 771 BGB erheben. **318**

Wiederum aufgrund seiner verminderten Schutzbedürftigkeit ist die Geltung der Regeln über **Allgemeine Geschäftsbedingungen** bei einer Verwendung vorformulierter Vertragsbedingungen gegenüber dem **Unternehmer** iSd § 14 BGB (und damit zugleich gegenüber Kaufleuten beim Abschluss von Handelsgeschäften nach § 343 HGB[178]) eingeschränkt. Nach § 310 I 1 BGB finden die besonderen Vorschriften über deren Einbeziehung (§ 305 II, III BGB) sowie die Klauselverbote mit und ohne Wertungsmöglichkeit (§§ 308, 309 BGB) keine Anwendung. Demzufolge können AGB auch durch stillschweigende Willensübereinstimmung in den Vertrag einbezogen werden.[179] Die **Inhaltskontrolle** richtet sich ausschließlich nach § 307 I, II BGB, wobei nach hM ein Verstoß gegen §§ 308, 309 BGB vermuten lässt, dass die betreffende Regelung auch im kaufmännischen Verkehr zu einer unangemessenen Benachteiligung führt.[180] Umgekehrt sind ausweislich § 310 I 2 Hs. 2 BGB die handelsrechtlichen Gewohnheiten und Gebräuche hinreichend zu berücksichtigen, was dahingehend verstanden wird, dass die Handelsgebräuchlichkeit einer Klausel grundsätzlich ihre Zulässigkeit indiziert.[181] Verstößt eine im unternehmerischen Verkehr gebräuchliche Klausel gegen §§ 308, 309 BGB, heben sich die beiden Indizwirkungen gegenseitig auf.[182] Unzulässig ist etwa die formularmäßige Ausdehnung einer Bürgschaft auf alle bestehenden oder künftigen Forderungen aus der Geschäftsbeziehung gegenüber Kaufleuten.[183] Im Übrigen gelten die allgemeinen Vorschriften, namentlich §§ 305b, 305c I, II, 306, 306a BGB. **319**

---

177 Dazu eingehend MünchKomm-HGB/*Welter*, § 369 Rn. 3; *Meyer*, Handelsrecht, Rn. 270; *Teichmann*, Handelsrecht, Rn. 996.

178 Vgl. nur *Brox/Henssler*, Handelsrecht, Rn. 20; *Wolf/v. Bismarck* JA 2010, 841, 844; *Oetker*, Handelsrecht, § 7 Rn. 60 ff.

179 BGHZ 102, 293, 304; BGH NJW-RR 1991, 570, 571.

180 BGHZ 174, 1 Rn. 12; MünchKomm-BGB/*Basedow*, § 310 Rn. 16; *Jung*, Handelsrecht, § 34 Rn. 22; Erman/*Roloff/Looschelders*, BGB, § 310 Rn. 7.

181 MünchKomm-BGB/*Basedow*, § 310 Rn. 17 ff; Erman/*Roloff/Looschelders*, BGB, § 310 Rn. 8.

182 MünchKomm-BGB/*Basedow*, § 310 Rn. 19.

183 BGH NJW 1998, 3708, 3709.

320 Für die **Gattungsschuld** gem. § 243 I BGB modifiziert § 360 HGB den Inhalt der geschuldeten Leistung dahingehend, dass der Kaufmann Handelsgut mittlerer Art und Güte zu leisten hat. Sofern Zweifel über Maß, Gewicht, Währung, Zeitrechnung und Entfernung bestehen, ist gem. § 361 HGB im Zweifel der **Erfüllungsort** ausschlaggebend. In Abweichung von § 271 BGB kann die Leistung bei Handelsgeschäften nur „während der gewöhnlichen Geschäftszeiten" verlangt und erbracht werden (§ 358 HGB). Weitere Auslegungsregeln über die **Leistungszeit** enthält § 359 HGB.

321 Der **Sorgfaltsmaßstab** bei Handelsgeschäften bestimmt sich gem. § 347 I HGB nach der Sorgfalt eines ordnungsgemäßen Kaufmanns. Allerdings bleiben die Haftungsmilderungen des allgemeinen und besonderen Schuldrechts von dieser grundsätzlichen Haftungsverschärfung unberührt. Das gilt insbesondere für §§ 300 I, 521, 599, 690 BGB. In Abweichung von § 343 BGB kann die von einem Kaufmann in seinem Handelsgewerbe versprochene **Vertragsstrafe** gem. § 348 HGB nicht herabgesetzt werden.

322 Von besonderer Bedeutung für die Praxis sind die handelsrechtlichen **Zinsvorschriften** der §§ 352, 353 HGB. Für der Höhe nach unbestimmte Zinsverpflichtungen aus dem HGB, wie zB §§ 110 II, 111 I, 161 II, 353, 354 II, 355 I HGB, gilt nach § 352 II HGB (und in Abweichung von § 246 BGB) ein Zinssatz iHv. 5 %. Der gleiche Zinssatz gilt nach § 352 I HGB auch für die gesetzlichen Zinsen für Forderungen aus einem beiderseitigen Handelsgeschäft, ohne dass es darauf ankäme, dass sich der Schuldner in Verzug befindet. Vielmehr handelt es sich nach § 353 S. 1 HGB um Fälligkeitszinsen, d.h. die Zinspflicht setzt mit Fälligkeit der geschuldeten Leistung ein. Gesetzliche Zinseszinsen ab Fälligkeit können nach § 353 S. 2 HGB indes nicht gefordert werden; es bleibt bei der allgemeinen Vorschrift des § 248 BGB, der rechtsgeschäftliche Vereinbarungen über Zinseszinsen regelt.[184]

323 Besorgt der Kaufmann in Ausübung seines Handelsgewerbes für einen anderen Geschäfte oder leistet er einem anderen Dienste, steht ihm ein **Anspruch auf Vergütung** zu – § 354 I HGB spricht von Provision und Lagergeld –, auch wenn keine besondere Vereinbarung besteht oder die Vergütungsabrede nichtig ist.[185] Tätigt der Kaufmann Verwendungen, die auf Seiten des Gläubigers als Handelsgeschäft zu qualifizieren sind, dann sind nach § 354 II HGB **Zinsen** ab dem Tag der Leistung geschuldet.

---

184 Oetker/*Pamp*, HGB, § 353 Rn. 2; EBJS/*Paulus*, HGB, § 353 Rn. 30 f.; Röhricht/von Westphalen/ Haas/*Steimle/Dornieden*, HGB, § 353 Rn. 12.
185 Hk-HGB/*Klappstein*, § 354 Rn. 1, 7; Koller/Kindler/Roth/Drüen/*Roth*, HGB, § 354 Rn. 5.

§ 7 Handelskauf, Kommissionsgeschäft, Transportgeschäfte

I. Handelskauf

Von den besonderen Handelsgeschäften ist der Handelskauf gem. §§ 373 ff. HGB so- **324** wohl in der Praxis als auch im **Examen** von größter Bedeutung. Besonderer Beliebtheit erfreut sich aus diesem Bereich die Untersuchungs- und Rügeobliegenheit des Käufers gem. § 377 HGB, die schon mehrfach Gegenstand von Examensklausuren war.[1]

Der Handelskauf ist ein besonderer Typ des Kaufvertrags, der (1.) die Übertragung **325** von Waren iSd § 373 HGB oder Wertpapieren iSd § 381 I HGB zum Gegenstand hat, bei dem (2.) wenigstens eine Vertragspartei Kaufmann ist und (3.) das Rechtsgeschäft zum Betrieb eines Handelsgewerbes gehört.[2] Die §§ 373 ff. HGB kommen auch auf den Tausch[3] (§ 480 BGB) und – nach § 381 II HGB – auf den Werklieferungsvertrag[4] (§ 650 BGB) zur Anwendung, nicht aber – e contrario § 381 II HGB – auf den Werkvertrag[5] (§ 631 BGB) und – wegen der strukturellen Nähe zum Mietvertrag – auch nicht auf das Finanzierungsleasing[6].

1. Annahmeverzug gem. §§ 373, 374 HGB

Die Besonderheit des handelsrechtlichen Annahmeverzugs besteht in erweiterten **326** Rechten des Schuldners (hier des Verkäufers), während die bürgerlichrechtlichen Voraussetzungen (§§ 293 ff. BGB) durch die §§ 373, 374 HGB unberührt bleiben. Gleichermaßen kommen, wie § 374 HGB klarstellt, auch die Rechtsfolgen des Annahmeverzugs aus §§ 300–304 BGB zur Anwendung.[7] Ferner gerät der Käufer unter den Voraussetzungen des § 286 BGB in Schuldnerverzug, wenn er die ihm angebotenen Waren entgegen § 433 II BGB nicht abnimmt.[8]

Abweichungen vom bürgerlichrechtlichen Annahmeverzug ergeben sich für die Hin- **327** terlegung von Waren und den Selbsthilfeverkauf, zwischen welchen der Schuldner **wählen** kann.[9] Was zunächst die Hinterlegungsmöglichkeit betrifft, kann der Handelsverkäufer jede bewegliche Sache (Ware iSd § 373 I HGB) in einem öffentlichen Lagerhaus oder sonst in sicherer Weise hinterlegen, und zwar nicht nur am Ort des

---

1 Siehe namentlich die Originalklausur von *Hucke/Holfter* JuS 2011, 534, 539 f.; vgl. ferner *Bayer/Möller* Ad Legendum 2018, 182, 187 f.; *Drechsler/Happ* Jura 2020, 357 ff.; *Muthorst* Jura 2013, 179, 184 f.; *Neumair/Schellhase* ZJS 2011, 235, 238 f.; *Mittwoch* JuS Probeexamen 2017, 591, 594 f.
2 *Canaris*, Handelsrecht, § 29 Rn. 3; MünchKomm-HGB/*Grunewald* Vor § 373 Rn. 1.
3 *Bitter/Schumacher*, Handelsrecht, § 7 Rn. 65; *Hübner*, Handelsrecht, § 7 Rn. 562.
4 *Roth/Weller/Prütting*, Handels- und Gesellschaftsrecht, Rn. 904; *K. Schmidt*, Handelsrecht, § 29 Rn. 3.
5 *Brox/Henssler*, Handelsrecht, Rn. 384; Koller/Kindler/Roth/Drüen/*Roth*, HGB, § 381 Rn. 2a.
6 EBJS/*Achilles*, HGB, Vor § 373 Rn. 10; Staub/*Koller*, HGB, Vor § 373 Rn. 21.
7 Vgl. *Steinbeck*, Handelsrecht, § 32 Rn. 1.
8 *Oetker*, Handelsrecht, § 8 Rn. 5; Erman/*Grunewald*, BGB, § 433 Rn. 57.
9 Fallbearbeitung bei *Neumair/Schellhase* ZJS 2011, 235 ff.

Gläubigers, sondern auch am Ort des Schuldners[10]. Die Hinterlegungs**kosten** hat gem. § 373 I HGB der Gläubiger zu tragen. Im Übrigen ist die Hinterlegung nach § 374 II 1 BGB unverzüglich dem Gläubiger **anzuzeigen**.

328 Im Gegensatz zu § 378 BGB bewirkt die Hinterlegung gem. § 373 I HGB keine Erfüllung.[11] Stattdessen beinhaltet § 373 II–IV HGB besondere Regelungen für einen erleichterten **Selbsthilfeverkauf**. Dieser erstreckt sich auf sämtliche hinterlegbare Sachen und kann auch am Sitz des Schuldners durchgeführt werden. Zuvor muss der Selbsthilfeverkauf nach § 373 II HGB rechtzeitig **angedroht** werden, es sei denn, die Androhung ist untunlich, wie zB bei einer Versteigerung verderblicher Waren.

329 Die Versteigerung erfolgt gem. § 373 III HGB auf Rechnung des Käufers, so dass der Schuldner gleich einem **Beauftragten** des Gläubigers tätig wird; die Rechtsbeziehungen zwischen Verkäufer und Käufer bestimmen sich in diesem Zusammenhang nach den §§ 664 ff. BGB. Insbesondere hat der die Versteigerung betreibende Verkäufer den erzielten Versteigerungserlös gem. § 667 BGB an den Käufer herauszugeben;[12] in Betracht kommt auch eine Aufrechnung mit der Kaufpreisforderung gem. § 433 II BGB.[13] Umgekehrt kann der Verkäufer vom Käufer gem. § 670 BGB den Ersatz der Versteigerungskosten verlangen.[14]

330 Wird allerdings die Versteigerung **nicht ordnungsgemäß** durchgeführt, braucht sie der Käufer nicht gegen sich gelten zu lassen. Vor allem wird der Verkäufer in diesem Fall von seiner Leistungspflicht nicht befreit.[15] Denkbar ist es allerdings, den rechtswidrigen Selbsthilfeverkauf als ordnungsgemäßen **Deckungsverkauf** aufrechtzuerhalten und dem Käufer einen Anspruch aus §§ 280 I, III, 281 I 1 BGB entgegenzusetzen.[16]

2. Fixhandelskauf gem. § 376 HGB

331 Die in § 376 HGB enthaltenen Sondervorschriften für den Fixhandelskauf beziehen sich ausschließlich auf das **relative** Fixgeschäft iSd § 323 II Nr. 2 BGB, vor allem auf Just-in-time-Lieferverträge, deren Erfüllung mit der vereinbarten Leistungszeit stehen und fallen soll. Das ist gleichermaßen bei der Vereinbarung von Fixklauseln der Fall; zu nennen sind etwa „genau", „spätestens", „Nachlieferung ausgeschlossen".[17]

332 Im Interesse des Gläubigers normiert § 376 I 1 HGB ein **eigenständiges Rücktrittsrecht** und einen **eigenständigen Schadensersatzanspruch**. Während das Rücktrittsrecht ungeachtet der allgemeinen Erfordernisse des § 323 I BGB besteht, knüpft der

---

10 RGZ 45, 300, 302; Baumbach/Hopt/*Hopt*, HGB, §§ 373, 374 Rn. 8 f.
11 MünchKomm-HGB/*Grunewald*, §§ 373, 374 Rn. 19; *Canaris*, Handelsrecht, § 29 Rn. 8.
12 Oetker/*R. Koch*, HGB, §§ 373, 374 Rn. 89; EBJS/*Achilles*, HGB, § 373 Rn. 45.
13 RG JW 1925, 948; Staub/*Koller*, HGB, § 374 Rn. 55.
14 Röhricht/von Westphalen/Haas/*Steimle/Dornieden*, HGB, §§ 373, 374 Rn. 30; *K. Schmidt*, Handelsrecht, § 29 Rn. 11.
15 Baumbach/Hopt/*Hopt*, HGB, §§ 373, 374 Rn. 26; Koller/Kindler/Roth/Drüen/*Roth*, HGB, §§ 373, 374 Rn. 15.
16 Heymann/*Emmerich/Hoffmann*, HGB, 2. Aufl., §§ 373, 374 Rn. 28; EBJS/*Achilles*, HGB, § 373 Rn. 51; vgl. weiter das Klausurbeispiel bei *Mittwoch/Bremenkamp* JuS 2018, 616 ff.
17 Siehe *Oetker*, Handelsrecht, § 8 Rn. 23.

Schadensersatzanspruch an den Verzug nach § 286 BGB an, wobei eine Mahnung nach § 286 II BGB sowie eine Nachfristsetzung nach § 281 I 1 BGB typischerweise entbehrlich sind.

Zwar stellt § 376 I 1 HGB den Gläubiger nach seinem Wortlaut vor die **Wahl**, ob er   **333** vom Vertrag zurücktreten oder Schadensersatz wegen Nichterfüllung einfordern möchte. In Ansehung des Nebeneinanders von Schadensersatz und Rücktritt im Zivilrecht (vgl. § 325 BGB) legt die zutreffende hM § 376 I 1 HGB jedoch in dem Sinne aus, dass sich der Gläubiger auch für die Ausübung **beider** Leistungsstörungsrechte entscheiden kann.[18]

Im Gegensatz zu § 323 I BGB muss der Gläubiger gegenüber dem Schuldner nach   **334** § 376 I 2 HGB eine **Anzeige** abgeben, wenn er – ungeachtet der Nichteinhaltung der Leistungszeit – auf eine Erfüllung des Lieferanspruchs besteht. Nach Abgabe der Anzeige beurteilen sich die weiteren Sanktionen nach den allgemeinen Vorschriften des Leistungsstörungsrechts, insbesondere §§ 280 I, III, 281, 286 ff., 323 BGB.[19] Ohne Anzeige erlischt der Erfüllungsanspruch.[20] Diese Rechtsfolge bildet nicht selten den Aufhänger für Klausursachverhalte.[21]

Keine handelsrechtlichen Besonderheiten gelten hingegen für **absolute** Fixgeschäfte,   **335** bei welchen der Leistungserfolg überhaupt nur innerhalb der vertraglich vereinbarten Leistungszeit eintreten kann. Handelt es sich um ein absolutes Fixgeschäft, wie zB das Taxi zum Flughafen oder der Blumenschmuck zur Hochzeit, wird die Leistung mit der Nichteinhaltung des relevanten Zeitpunkts unmöglich.[22] Es gelten die §§ 275 I, IV, 280 I, III, 283, 323, 326 I, V BGB.

3. Rügeobliegenheit gem. § 377 HGB

Gem. § 377 I HGB hat der Käufer bei einem beiderseitigen Handelskauf die Ware un-   **336** verzüglich nach der Ablieferung zu untersuchen und etwaige Mängel dem Verkäufer unverzüglich anzuzeigen. Zeigt sich ein Mangel später, so ist die Anzeige gem. § 377 III Hs. 1 HGB unverzüglich nach der Entdeckung abzugeben. Damit will der Gesetzgeber eine einfache, sichere und schnelle Abwicklung des Handelskaufs gewährleisten und vor Beweisproblemen schützen.[23] Indes statuiert § 377 HGB **keine Pflichten**, sondern lediglich **Obliegenheiten** des Käufers. Denn die unterlassene Anzeige begründet sowohl bei anfänglich erkennbaren Mängeln (§ 377 II HGB) als auch bei später auftretenden Mängeln (§ 377 III Hs. 2 HGB) lediglich eine Genehmigungsfiktion, welche zum Verlust der auf dem konkreten Mangel beruhenden Gewährleistungsrechte des Käufers führt (unten Rn. 339 ff.). Als **Einwendung** ist § 377 II, III Hs. 2 HGB von Amts wegen zu berücksichtigen.[24] In der Falllösung kommt § 377 HGB so-

---

18 *Jung*, Handelsrecht, § 32 Rn. 7; *Kindler*, Grundkurs Handels- und Gesellschaftsrecht, § 8 Rn. 41 ff.; *Oetker*, Handelsrecht, § 8 Rn. 21 aE.
19 BGH ZIP 1982, 1444, 1446; EBJS/*Achilles*, HGB, § 376 Rn. 23.
20 MünchKomm-HGB/*Grunewald*, § 376 Rn. 28; Staub/*Koller*, HGB, § 376 Rn. 25, 29.
21 Vgl. nur *Hellgardt/Schwarzfischer* JuS 2020, 334, 377 f.
22 Vgl. exemplarisch BGHZ 38, 295, 302; 60, 14, 16; 83, 197, 200.
23 *Canaris*, Handelsrecht, § 1 Rn. 19, § 29 Rn. 42; Koller/Kindler/Roth/Drüen/*Roth*, HGB, § 377 Rn. 2.
24 BGH NJW 1980, 782, 784; Röhricht/von Westphalen/Haas/*Steimle/Dornieden*, HGB, § 377 Rn. 85.

mit allein als Gewährleistungsausschluss ins Spiel: § 377 II HGB und § 377 III Hs. 2 HGB stellen anderweitige Bestimmungen iSv § 437 BGB dar. Dagegen kann der Verkäufer den Käufer in Ermangelung einer Pflichtverletzung wegen unterlassener Untersuchung und Mängelrüge nicht nach § 280 I BGB auf Schadensersatz in Anspruch nehmen.[25]

a) Beiderseitiges Handelsgeschäft

337 Ausweislich seines Wortlauts setzt § 377 I HGB das Vorliegen eines beiderseitigen Handelsgeschäfts voraus. Bei beiden Vertragsparteien muss es sich folglich um **Kaufleute** handeln.[26] Ausreichend ist auch das Auftreten des Käufers – nicht aber des Verkäufers[27] – im Rechtsverkehr als Scheinkaufmann.[28] Mangels planwidriger Regelungslücke kommt eine analoge Anwendung auf **Nichtkaufleute** (Freiberufler, Kleingewerbetreibende) und auf nur einseitige Handelsgeschäfte nach zutreffender hM nicht in Betracht.[29] Nach zweifelhafter Auffassung des OLG Brandenburg soll § 377 HGB auch auf eine ARGE (GbR) zur Anwendung gelangen, die nur aus Kaufleuten besteht.[30] Davon abgesehen ist indes anerkannt, dass **außerhalb des § 377 HGB** im Einzelfall auch bei Beteiligung von Nichtkaufleuten eine Rügeobliegenheit bestehen kann, die sich aus besonderen Vereinbarungen, auch AGB, aus Handelsbrauch, Verkehrssitte oder Treu und Glauben ergeben kann. Dies ist anzunehmen, wenn nach den Besonderheiten der Ware und des Geschäfts der andere Teil auf eine alsbaldige Anzeige eines Mangels vertrauen darf.[31]

b) Ablieferung

338 Dem Käufer ist die Untersuchung des Vertragsgegenstandes erst mit seiner Ablieferung möglich. Sie ist der maßgebliche Zeitpunkt, in welchem sich die Untersuchungsobliegenheit aktualisiert. Vor diesem Hintergrund muss die Sache zum Zweck der Ablieferung derart in den **Machtbereich** des Käufers gelangen, dass er sie **tatsächlich untersuchen** kann.[32] Beim Kauf von **Software** tritt Ablieferung erst ein, wenn der Verkäufer seine Hauptleistungspflichten vollständig erfüllt hat und der Käufer daraufhin die Software untersuchen kann. Dies setzt – vorbehaltlich abweichender Parteivereinbarungen – die Installation der Software und die Übergabe eines Handbuchs voraus.[33]

---

25 MünchKomm-HGB/*Grunewald*, § 377 Rn. 119.
26 BGHZ 110, 130, 139; *Bülow/Artz*, Handelsrecht, Rn. 502; *Oetker*, Handelsrecht, § 8 Rn. 30.
27 *Fischinger*, Handelsrecht, Rn. 729; *Lieder/Hohmann* Jura 2017, 1136, 1137.
28 MünchKomm-HGB/*Grunewald*, § 377 Rn. 10; Oetker/*R. Koch*, HGB, § 377 Rn. 3.
29 Staub/*Brüggemann*, HGB, § 377 Rn. 22; EBJS/*Achilles*, HGB, § 377 Rn. 9; vgl. auch das Klausurbeispiel bei *Mittwoch/Daniel* JuS Probeexamen 2016, 27 ff.
30 OLG Brandenburg NJW 2012, 2125 m. abl. Anm. *Meier*.
31 BGH NJW-RR 2019, 1202, 1205 = Jura 2020, 93 (*Möslein*); siehe auch Baumbach/Hopt/*Hopt*, HGB, § 377 Rn. 4; BeckOK-HGB/*Schwartze*, § 377 Rn. 8.
32 BGHZ 93, 338, 345; 143, 307, 311; MünchKomm-HGB/*Grunewald*, § 377 Rn. 18; *Oetker*, Handelsrecht, § 8 Rn. 41.
33 *Steinbeck*, Handelsrecht, § 35 Rn. 3; vgl. auch EBJS/*Achilles*, HGB, § 377 Rn. 137.

c) Mangel

Die Obliegenheiten des Käufers beziehen sich auf Mängel der gelieferten Sache. Un-   **339**
streitig erfasst sind **Sachmängel** iSd § 434 I BGB und **Montagefehler** nach § 434 II
BGB, aber durch die Gleichstellung nach § 434 III BGB auch **Falsch- und Minderlieferungen** (dazu im Einzelnen unten Rn. 355 f. und Rn. 357 ff.).[34]

Die **Mehrlieferung** ist nach dem insofern klaren Wortlaut des § 434 III BGB hinge-   **340**
gen nicht erfasst.[35] Die hM behilft sich deshalb mit einem Kondiktionsanspruch gem.
§ 812 I 1 Alt. 1 BGB auf den zu viel gelieferten Teil.[36] Das gilt zumindest für die **verdeckte** Mehrlieferung. Erkennt der Vertragspartner hingegen die – **offene** – Mehrlieferung und nimmt die Leistung als Vertragsgegenstand an, kann darin eine konkludente Vertragsänderung liegen.[37]

> **Fall 31:** Die Kaufleute K und V vereinbaren die Lieferung von Waren. Wenig später stellt   **341**
> sich heraus, dass die Nutzung der Sachen das Patent des D verletzt. Einen Monat später
> macht K deshalb Mängelrechte gegen V geltend.

Verletzt der Kaufgegenstand das Patent eines Dritten, liegt nach allgemeiner Auffas-   **342**
sung ein **Rechtsmangel** iSd § 435 BGB vor.[38] Sehr umstritten ist allerdings, ob sich
die Rügeobliegenheit überhaupt auf Rechtsmängel erstreckt. Das wird von der tra-
dierten Auffassung unter Hinweis auf das frühere Recht verneint. Der Anwendungsbereich war wegen § 459 BGB aF auf Sachmängel beschränkt; daran habe auch der
Gesetzgeber des modernen Schuldrechts nichts ändern wollen.[39] Die vorzugswürdige
Gegenauffassung verweist auf die umfassende Gleichstellung von Sach- und Rechtsmängeln in §§ 437 ff. BGB.[40] Tatsächlich ist kein sachlicher Grund ersichtlich, der
für eine restriktive Auslegung des Mangelbegriffs in § 377 HGB streiten könnte.
Vielmehr ist der Normzweck des § 377 HGB (Rn. 336) auch bei Rechtsmängeln einschlägig. Es dient der Sicherheit und Schnelligkeit des Handelsverkehrs, wenn der
Käufer erkennbare Rechtsmängel, wie zB Patent-, Lizenz- oder Markenverletzungen,
unverzüglich oder später, etwa durch eine Abmahnung, bekannt gewordene Mängel
alsbald rügen muss.[41]

Bei anderen Pflichtverletzungen als Sach- und Rechtsmängeln kommt § 377 HGB   **343**
nicht zur Anwendung. Das betrifft insbesondere reine **Nebenpflichtverletzungen**,
die nach allgemeinem Leistungsstörungsrecht zu behandeln sind.[42] Davon zu unter-

---

34 Heymann/*Emmerich/Hoffmann*, HGB, 2. Aufl., § 377 Rn. 14; Baumbach/Hopt/*Hopt*, HGB, § 377
    Rn. 13; *Brox/Henssler*, Handelsrecht, Rn. 402 f.
35 *Hübner*, Handelsrecht, Rn. 606; *Oetker*, FS Canaris II, 2007, S. 313, 315 f.
36 MünchKomm-HGB/*Grunewald*, § 377 Rn. 113; *Brox/Henssler*, Handelsrecht, Rn. 415.
37 GK-HGB/*Achilles*, § 377 Rn. 10; Heymann/*Emmerich/Hoffmann*, HGB, 2. Aufl., § 377 Rn. 33.
38 MünchKomm-BGB/*Westermann*, § 435 Rn. 8; Palandt/*Weidenkaff*, BGB, § 435 Rn. 9; zum früheren
    Recht BGH NJW-RR 2001, 268, 269.
39 Koller/Kindler/Roth/Drüen/*Roth*, HGB, § 377 Rn. 5; Röhricht/von Westphalen/Haas/*Steimle/Dornie-
    den*, HGB, § 377 Rn. 15; *Oetker*, Handelsrecht, § 8 Rn. 33.
40 OLG Düsseldorf GWR 2013, 315 = BeckRS 2013, 06665; *Steinbeck*, Handelsrecht, § 35 Rn. 6; *Lettl*
    Jura 2006, 721, 722; *Canaris*, FS Konzen, 2006, S. 43, 51 ff.
41 Oetker/*R. Koch*, HGB, § 377 Rn. 24; *Canaris*, Handelsrecht, § 29 Rn. 52.
42 Vgl. BGH NJW 1996, 1537; *Canaris*, Handelsrecht, § 29 Rn. 76; *Petersen* Jura 2012, 796, 797; zum
    Problemkreis vertiefend *Bredemeyer* JA 2009, 161 ff.; *Peters* JZ 2006, 230 ff.

scheiden sind allerdings Ansprüche wegen Schlechterfüllung oder Verletzung von Nebenpflichten, die in spezifischer Weise mit einem Mangel der Kaufsache zusammenhängen.[43]

d) Redlichkeit des Verkäufers

344 Hat der Verkäufer den relevanten Mangel arglistig verschwiegen, dann ist er von vornherein nicht schutzwürdig und kann sich aus diesem Grund gem. § 377 V HGB auch nicht auf die Genehmigungsfiktion des § 377 II, III HGB berufen. Der Verkäufer handelt **arglistig**, wenn er den Mangel positiv kennt oder zumindest mit einem Mangel rechnet und eine nach Treu und Glauben gebotene Mitteilung an den Käufer unterlässt.[44] Das nahm das OLG Celle etwa für den Fall an, dass im Auktionskatalog trotz anderweitiger Kenntnis der Eindruck erweckt wurde, ein bestimmtes Gemälde könnte von einem bestimmten Maler stammen.[45]

e) Untersuchung

345 Im Interesse einer zügigen Geschäftsabwicklung verpflichtet § 377 I HGB den Käufer zur angemessenen und unverzüglichen (§ 121 I 1 BGB) Untersuchung der abgelieferten Ware. Nach ihrem Inhalt und Umfang muss die Untersuchung dem entsprechen, was nach der **allgemeinen Verkehrserwartung** in dem konkreten Handelsbetrieb **angemessen** erscheint.[46] Dabei sind sowohl die Art und Menge der Ware zu berücksichtigen als auch der mit einer Untersuchung verbundene technische, zeitliche und finanzielle Aufwand.[47] Insbesondere muss die Untersuchung nicht von derartigem Umfang sein, dass sie nach Art einer „Rundum-Untersuchung" alle irgendwie in Betracht kommenden Mängel der Sache erfasst.[48] Eine derart weite Untersuchungsobliegenheit würde das Mangelrisiko nämlich einseitig auf den Käufer verlagern und den Verkäufer unangemessen entlasten.[49] Indes können in Abhängigkeit von den zu erwartenden Folgen eines Mangels, Auffälligkeiten der gelieferten Ware oder in der Vergangenheit aufgetretenen Mängeln erhöhte Anforderungen an die Untersuchung zu stellen sein.[50] Die Anforderungen an die Untersuchungsobliegenheit sind letztlich im Einzelfall durch eine **Abwägung der Interessen** des Käufers und Verkäufers zu ermitteln.[51] Dabei ist einerseits das Interesse des Verkäufers zu berücksichtigen, sich den Gewährleistungsansprüchen nicht noch lange Zeit nach Ablieferung ausgesetzt zu sehen, und andererseits das Interesse des Käufers, dass die Anforderungen an die Untersuchung nicht unzumutbar überspannt werden.[52]

---

43 OLG Düsseldorf GWR 2013, 315 = BeckRS 2013, 06665.
44 Koller/Kindler/Roth/Drüen/*Roth*, HGB, § 377 Rn. 28; *Hübner*, Handelsrecht, § 7 Rn. 642.
45 OLG Celle MDR 2007, 1362 = BeckRS 2007, 08732.
46 Oetker/*R. Koch*, HGB, § 377 Rn. 39; *Marburger* JuS 1983, 1, 6.
47 MünchKomm-HGB/*Grunewald*, § 377 Rn. 38; EBJS/*Achilles*, HGB, § 377 Rn. 74 ff.
48 BGH NJW 2018, 1957 Rn. 26; BeckOK-HGB/*Schwartze*, § 377 Rn. 32; Oetker/*R. Koch*, HGB, § 377 Rn. 41.
49 BGH NJW 2018, 1957 Rn. 26.
50 BGH NJW 2016, 2645 Rn. 23.
51 BGH NJW 2016, 2645 Rn. 20 f.
52 Zur Einzelfallabwägung ausf. BGH NJW 2016, 2645 Rn. 20 ff.; 2018, 1957 Rn. 25 f.

Bei Massengütern sind **Stichproben** im Umfang von 4 % der Gesamtmenge ausrei-   **346**
chend.[53] Gefrorenes Fleisch ist beispielsweise zur Prüfung von Verderb aufzutau-
en.[54] Werden diese Untersuchungsstandards nicht eingehalten, greift die Genehmigungsfiktion unabhängig davon ein, ob eine lege artis durchgeführte Untersuchung
mit Sicherheit zur Aufdeckung des Mangels geführt hätte. Der Käufer kann also nicht
einwenden, er wäre bei einer Stichprobenuntersuchung vermutlich nur auf einwand-
freie Stücke gestoßen.[55] Handelt es sich indes um einen Mangel, der bei einer angemessenen Untersuchung tatsächlich nicht erkennbar war, tritt die Genehmigungsfiktion gem. § 377 II HGB nicht ein. Ein Ausschluss der Gewährleistungsrechte kommt
dann nur unter den Voraussetzungen des § 377 III HGB in Betracht.

> **Fall 32:**[56] Die Kaufleute K und B schließen einen Vertrag über die Lieferung von 12.000   **347**
> Stück Baumkuchen. Die Lieferung erfolgte vereinbarungsgemäß an D. Im späteren Prozess
> wendet B ein, dass ein Teil der Lieferung durch Schimmelbefall verdorben gewesen sei. K
> verweist auf § 377 HGB. B meint, sie habe die Waren wegen der unmittelbaren Lieferung
> an D nicht untersuchen können.

Mit dieser Einwendung wird B nicht durchdringen. Bei einem **Streckengeschäft** –   **348**
die Sache wird vom Käufer sogleich an den Abnehmer des Käufers geliefert – muss
der Käufer durch den Einsatz eigener Leute oder Leute des Abnehmers die Untersuchung der Sache sicherstellen.[57] Das gilt auch im Falle der Durchlieferung an einen
nichtkaufmännischen Abnehmer.[58] Vermeidbare Verzögerungen von Untersuchung
und Mängelanzeige muss sich der Käufer nach dem Rechtsgedanken des § 278 BGB
entgegenhalten lassen.[59] Dies bestätigt auch § 445a IV BGB.[60] Will sich der Käufer in
dieser Situation absichern, muss er gegenüber dem Verkäufer im Vorfeld auf eine
vertragliche Modifikation bzw. Abbedingung des § 377 HGB hinwirken.

Erfolgt keine Direktlieferung an den Abnehmer wie beim Streckengeschäft, sondern   **349**
wird die Ware im Rahmen einer **Absatzkette** vom Verkäufer zunächst an den Zwischenhändler geliefert, der sie danach erst an den Abnehmer weiterleitet, greift die
Genehmigungsfiktion des § 377 HGB grundsätzlich für sämtliche Stationen ein. Die
Mängelrügen haben dann entlang der Kaufvertragsverhältnisse zu erfolgen.[61] Insbesondere trifft den Zwischenhändler eine eigene Rügeobliegenheit. Allerdings gilt
für ihn in Abhängigkeit von seiner konkreten Funktion innerhalb der Absatzkette
ein verminderter Untersuchungsmaßstab.[62] In jedem Fall obliegt dem Zwischen-

---

53   OLG Hamburg OLGE 7, 388; OLG Hamburg MDR 1965, 390 f.; vgl. auch Staub/*Brüggemann*, HGB,
      § 377 Rn. 91.
54   OLG Oldenburg NJW 1998, 388.
55   Staub/*Brüggemann*, HGB, § 377 Rn. 83.
56   In Anlehnung an OLG Karlsruhe NZG 2009, 395; vgl. dazu die (Original-)Referendarexamensklausur
      bei *Hucke/Holfter* JuS 2011, 534, 539; zum Ganzen ausf. und zum Teil abweichend *K. W. Lange* JZ
      2008, 661 ff.
57   OLG Karlsruhe NZG 2009, 395, 396.
58   BGHZ 110, 130, 139; OLG Köln MDR 2015, 959.
59   Vgl. BGHZ 110, 130, 139; OLG Köln MDR 2015, 959.
60   Vgl. *Nietsch/Osmanovic* NJW 2018, 1, 5; *Medinger* NJW 2018, 577, 580.
61   BGH NJW 1990, 1290, 1292; OLG Karlsruhe BeckRS 2016, 13273 Rn. 22; Staub/*Brüggemann*,
      HGB, § 377 Rn. 38, 111.
62   Vgl. OLG Nürnberg BB 2010, 663 für mangelhafte Kabelsätze; zum Ganzen ausf. *W.-H. Roth*, FS Ca-
      naris II, 2007, S. 365 ff.

händler die unverzügliche Weiterleitung der Mängelrügen des Abnehmers an den Händler.

350 Die Art und der Umfang der nach § 377 I HGB gebotenen Untersuchung kann ferner durch AGB, beispielsweise hinsichtlich der zu untersuchenden Eigenschaft oder der zu verwendenden Technik, konkretisiert werden. Unangemessen benachteiligend und mithin nach § 307 BGB unwirksam sind solche Klauseln aber dann, wenn sie ohne nähere Differenzierung nach Anlass oder Zumutbarkeit eine vollständige Untersuchung der Ware auf alle, auch nicht sofort erkennbare Mängel fordern und keinerlei Raum für Abweichungen lassen.[63]

f) Mängelrüge

351 Ebenso wie die Untersuchung muss ein entdeckter Mangel unverzüglich, d.h. ohne schuldhaftes Zögern (§ 121 I 1 BGB), gegenüber dem Verkäufer angezeigt werden. Dabei kommt der Mängelanzeige eine Informations- und Protestfunktion zu. Aus diesem Grund muss der Mangel so **genau bezeichnet** werden, dass der Verkäufer mit hinreichender Sicherheit erkennen kann, inwiefern und in welchem Umfang die Ware vom Käufer als mangelhaft beanstandet wird.[64] Hat die Untersuchung mehrere Mängel ergeben, ist jeder Mangel gesondert zu rügen.[65]

352 Bei der Mängelanzeige handelt es sich in rechtsdogmatischer Hinsicht um eine **geschäftsähnliche Handlung**, auf welche die §§ 104 ff. BGB analoge Anwendung finden.[66] Für die unverzügliche Anzeige genügt nach § 377 IV HGB die rechtzeitige Absendung der Rüge. Damit wird das **Verzögerungsrisiko** dem Verkäufer auferlegt, während der Käufer das Risiko trägt, dass die Mängelanzeige dem Verkäufer überhaupt nicht zugeht.[67] Die Frist läuft ab Entdeckung des Mangels nach § 377 I, III HGB. Wird auf die erste Rüge hin durch den Verkäufer eine **Nachbesserung** durchgeführt, ist der Käufer nach wiederholter Ablieferung verpflichtet, die Ware erneut zu untersuchen und erkannte Mängel zu rügen.[68]

g) Genehmigungsfiktion bei verspäteter oder nicht ordnungsgemäßer Rüge

353 Rügt der Käufer einen Mangel der abgelieferten Ware zu spät oder nicht ordnungsgemäß, gilt die Ware nach § 377 II, III HGB als genehmigt. Damit sind sämtliche **Gewährleistungsansprüche** nach § 437 BGB ausgeschlossen,[69] darüber hinaus die Lieferantenrückgriffsansprüche aus §§ 445a, 478 BGB[70] sowie das Recht, gem. § 320 BGB die Zahlung des Kaufpreises zu verweigern.[71] Erfasst werden sowohl Mangel-

---

63 BGH NJW 2018, 1957 Rn. 38; ähnlich EBJS/*Achilles*, HGB, § 377 Rn. 247.
64 Hk-HGB/*Stöber*, § 377 Rn. 50; *Brox/Henssler*, Handelsrecht, Rn. 408.
65 MünchKomm-HGB/*Grunewald*, § 377 Rn. 67; *Kindler*, Grundkurs Handels- und Gesellschaftsrecht, § 8 Rn. 65.
66 Oetker/*R. Koch*, HGB, § 377 Rn. 75; Baumbach/Hopt/*Hopt*, HGB, § 377 Rn. 32.
67 BGHZ 101, 49 = JZ 1987, 1028 m. abl. Anm. *Reinicke*; *K. Schmidt*, Handelsrecht, § 29 Rn. 92.
68 BGHZ 143, 307, 313; Baumbach/Hopt/*Hopt*, HGB, § 377 Rn. 42; zum Ganzen ausf. *Mankowski* NJW 2006, 865 ff.
69 Heymann/*Emmerich/Hoffmann*, HGB, § 377 Rn. 103; *Oetker*, Handelsrecht, § 8 Rn. 54.
70 Vgl. Baumbach/Hopt/*Hopt*, HGB, § 377 Rn. 48; Röhricht/von Westphalen/Haas/*Steimle/Dornieden*, HGB, § 377 Rn. 69.
71 Oetker/*R. Koch*, HGB, § 377 Rn. 118.

schäden als auch Mangelfolgeschäden.[72] Erst recht lebt durch den Ausschluss der Mängelrechte das durch die kaufrechtlichen Sonderregelungen verdrängte Anfechtungsrecht nach § 119 II BGB wegen eines Irrtums über die Mangelfreiheit der Kaufsache nicht wieder auf.[73]

Demgegenüber werden Ansprüche wegen **Nebenpflichtverletzungen** nicht ausgeschlossen, soweit es an einer spezifischen Verbindung zu einem Mangel des Kaufgegenstands fehlt (Rn. 316). Nichts anderes gilt nach zutreffender hM für **deliktische Ansprüche**.[74] Zum einen beruht der Schaden hier nicht unmittelbar auf dem Mangel; es handelt sich vielmehr um einen Integritätsschaden. Zum anderen erscheint es wertungswidersprüchlich, den Vertragspartner im Handelsverkehr schlechter zu stellen als jeden beliebigen Dritten.   **354**

h) Rechtsfolgen einer Falschlieferung

Die Genehmigungsfiktion des § 377 II HGB hat bei der Falschlieferung zur Folge, dass der Kaufvertrag als erfüllt gilt und der Käufer verpflichtet ist, den Kaufpreis an den Verkäufer zu zahlen.[75] Das setzt freilich voraus, dass der Verkäufer die Leistung zum Zweck der **Erfüllung** seiner Leistungspflicht an den Käufer erbringt, nicht etwa bewusst eine andere Sache liefert, wofür die objektive Empfängerperspektive maßgeblich ist.[76]   **355**

Wird ein **minderwertiges** Aliud geliefert, entsprechen der Eintritt der Erfüllungswirkung, der Ausschluss etwaiger Gewährleistungsrechte und die Aufrechterhaltung des Kaufpreisanspruchs dem Schutzzweck des § 377 HGB. Anderes gilt hingegen für die Lieferung eines **höherwertigen** Aliud. Denn in diesem Fall wirkt die Genehmigungsfiktion zulasten des Verkäufers. Ein Teil des Schrifttums will durch eine konkludente Änderung des Kaufvertrags helfen mit der Folge, dass für das wertvollere Aliud auch ein höherer Kaufpreis geschuldet ist.[77] Die Annahme einer **konkludenten Vertragsänderung** rückt indes in die Nähe einer unzulässigen Willensfiktion. Jedenfalls bedarf es konkreter Anhaltspunkte aufseiten des Käufers, die für einen Vertragsänderungswillen streiten.[78] Andernfalls ist mit der hM eine **teleologische Reduktion des § 377 HGB** zu befürworten, die es dem Verkäufer ermöglicht, sich entweder auf die **Genehmigungsfiktion** zu berufen oder auf deren Eintritt **zu verzichten**.[79] Im Fall des Verzichts tritt die mit der Genehmigungsfiktion im Regelfall verbundene Erfüllungswirkung nicht ein. Der Verkäufer kann daraufhin das höherwertige Aliud nach § 812 I 1 Alt. 1 BGB kondizieren.[80]   **356**

---

72 *Canaris*, Handelsrecht, § 29 Rn. 75; Koller/Kindler/Roth/Drüen/*Roth*, HGB, § 377 Rn. 24.

73 Oetker/*R. Koch*, HGB, § 377 Rn. 119; *Fischinger*, Handelsrecht, Rn. 753; *Lettl* Jura 2006, 721, 723.

74 BGHZ 101, 337, 343 ff.; 105, 346, 357; Oetker/*R. Koch*, HGB, § 377 Rn. 5, 135; aA Schlegelberger/*Hefermehl*, HGB, § 377 Rn. 82.

75 Dazu ausf. *Lieder/Hohmann* Jura 2017, 1136, 1139 ff.

76 BeckOK-BGB/*Faust*, § 434 Rn. 112; Staudinger/*Matusche-Beckmann*, BGB, § 434 Rn. 144.

77 Schlegelberger/*Hefermehl*, HGB, § 378 Rn. 23.

78 Zum Problem ausf. *Lieder/Hohmann* Jura 2017, 1136, 1145 f.; vgl. noch MünchKomm-HGB/*Grunewald*, § 377 Rn. 110; *Oetker*, Handelsrecht, § 8 Rn. 60.

79 Baumbach/Hopt/*Hopt*, HGB, § 377 Rn. 47; EBJS/*Achilles*, HGB, § 377 Rn. 199.

80 So auch *Canaris*, Handelsrecht, § 29 Rn. 74; *Jung*, Handelsrecht, § 37 Rn. 17. – Zu den Folgeproblemen ausf. *Lieder/Hohmann* Jura 2017, 1136, 1146 f.

i) Rechtsfolgen einer Minderlieferung

357 Im Fall der Minderlieferung hat der Käufer nach Eintritt der Genehmigungsfiktion keinen Anspruch auf eine Differenzlieferung.[81] Er kann weder Nacherfüllungs- noch andere Gewährleistungsansprüche geltend machen. Zudem bleibt der gegen ihn gerichtete Kaufpreisanspruch nach zutreffender hM unverändert.[82] Das gilt allerdings nur für eine **verborgene** Minderlieferung.[83]

358 Im Fall einer **offenen** Abweichung ist zu differenzieren. Stellt sich die Minderlieferung des Verkäufers als eine bloße **Teilleistung** iSd § 266 BGB dar, handelt es sich um eine Nichtleistung, die von vornherein weder § 434 III BGB noch § 377 HGB unterfällt.[84] Der Käufer braucht in diesem Fall nicht zu rügen, da er vernünftigerweise davon ausgehen kann, der Verkäufer werde das Defizit durch Restlieferung ausgleichen.[85] Für den – auch nur stillschweigenden – Abschluss eines Änderungsvertrages ist vor diesem Hintergrund kein Raum.[86] Vielmehr kann der Käufer vom Verkäufer die Lieferung der Differenz auch ohne Mängelrüge verlangen.

359 Allerdings sind nicht alle offenen Minderlieferungen als bloße Teilleistungen zu qualifizieren. Das hängt entscheidend davon ab, ob der Käufer nach Lieferschein oder Rechnung davon ausgehen durfte, der Verkäufer liefere zunächst nur einen Teil und werde das Defizit später ausgleichen. Ist im Lieferschein nun etwa nur die Lieferung einer Teilmenge ausgewiesen, aber der gesamte Kaufpreis in Rechnung gestellt, darf der Käufer nicht ohne Weiteres auf eine bloße Teilleistung schließen.[87] In diesem Fall vermag dem Käufer nur der Einwand einer – entgegen § 242 BGB – **treuwidrigen Leistungserbringung** zu helfen. Wiederum reduziert sich hier der Kaufpreis auf den der Teilmenge entsprechenden Anteil. Umgekehrt kann der Käufer vom Verkäufer keine Restlieferung verlangen, wenn er die Abweichung nicht rechtzeitig nach § 377 II HGB gerügt hat.[88]

II. Kommissionsgeschäft

1. Begriff und systematische Verortung

360 Nach der gesetzlichen Definition des § 383 I HGB ist Kommissionär, wer gewerbsmäßig Waren oder Wertpapiere **für Rechnung eines anderen** – den das Gesetz Kommittent nennt – **in eigenem Namen** kauft oder verkauft. Die Anwendung der §§ 384 ff. HGB setzt dabei nicht die Kaufmannseigenschaft des Kommissionärs voraus; vielmehr gelten die Vorschiften auch für den **Kleingewerbetreibenden** (§ 383 II HGB).

---

81 *Bülow/Artz*, Handelsrecht, Rn. 514; *Oetker*, FS Canaris II, 2007, S. 313, 320.
82 BGHZ 91, 293, 300; *Brox/Henssler*, Handelsrecht, Rn. 418; *K. Schmidt*, Handelsrecht, § 29 Rn. 121.
83 Vgl. auch *Lieder/Hohmann* Jura 2017, 1136, 1147.
84 MünchKomm-HGB/*Grunewald*, § 377 Rn. 111; Oetker/*R. Koch*, HGB, § 377 Rn. 133.
85 *Canaris*, Handelsrecht, § 29 Rn. 57.
86 Dazu eingehend *Werner* BB 1984, 221, 223 f.; vgl. weiter *Oetker*, FS Canaris II, 2007, S. 313, 321 f.
87 Siehe das anschauliche Beispiel bei *K. Schmidt*, Handelsrecht, § 29 Rn. 123.
88 Koller/Kindler/Roth/Drüen/*Roth*, HGB, § 377 Rn. 27b; *Oetker*, Handelsrecht, § 8 Rn. 63; aA MünchKomm-HGB/*Grunewald*, § 377 Rn. 113.

Das Kommissionsgeschäft ist das (handelsrechtliche) Standardbeispiel für die **mittel-** **361** **bare Vertretung**: Der Kommissionär wird in *eigenem* Namen für *fremde* Rechnung tätig. Dies ist von den Fällen der unmittelbaren Stellvertretung zu unterscheiden,[89] wo der Vertreter, zB ein Handelsvertreter (§ 84 HGB), in *fremdem* Namen für *fremde* Rechnung tätig wird. Im letzten Fall treffen den Vertretenen nach § 164 I 1 BGB unmittelbar die Rechtswirkungen aus dem vom Vertreter mit der notwendigen Vertretungsmacht geschlossenen Vertrag. Beim Kommissionsgeschäft als Fall der mittelbaren Stellvertretung treffen die Rechtswirkungen regelmäßig ausschließlich den am Vertragsschluss beteiligten Kommissionär selbst (Rn. 368).

2. Kommissionsgeschäft zwischen Kommissionär und Kommittent

Das zwischen Kommissionär und Kommittent geschlossene Kommissionsgeschäft **362** stellt in rechtssystematischer Hinsicht einen gesetzlich besonders ausgeformten Typ des **Geschäftsbesorgungsvertrages** iSd § 675 BGB dar.[90] Danach hat der Kommissionär das übernommene Geschäft mit der Sorgfalt eines ordentlichen Kaufmanns auszuführen, die Interessen des Kommittenten zu wahren und insbesondere dessen **Weisungen** zu befolgen (§§ 384 I, 385 HGB, 665 BGB). Der Verstoß gegen eine Weisung löst nach § 385 I HGB einen Ersatzanspruch aus. In diesem Fall braucht der Kommittent das Geschäft auch nicht gegen sich gelten zu lassen.

Darüber hinaus ist der Kommissionär gem. §§ 384 II HGB, 667 BGB zur **Herausga-** **363** **be** des durch die Geschäftsbesorgung Erlangten verpflichtet. Das gilt nicht nur für die Herausgabe der erworbenen Ware oder Wertpapiere, sondern gleichermaßen für die Abtretung von Forderungen, die er aufgrund des *Ausführungsgeschäfts* mit dem Dritten erlangt hat.[91] Diese sind im Rahmen des *Abwicklungsgeschäfts* vom Kommissionär an den Kommittenten abzutreten. Ist die gegenständliche Herausgabe bzw. Forderungsabtretung wegen von dem Kommissionär zu vertretender **Unmöglichkeit** ausgeschlossen, haftet derselbe nach §§ 280 I, III, 283 S. 1 BGB auf Schadensersatz.[92]

Umgekehrt steht dem Kommissionär nach Ausführung der Geschäftsbesorgung gem. **364** § 396 I HGB ein **Provisionsanspruch** gegen den Kommittenten zu. Hat der Kommissionär gegenüber dem Kommittenten das Delkredererisiko übernommen, wonach er sich verpflichtet, für die Erfüllung der Verbindlichkeit des Dritten einzustehen, kann er hierfür gem. § 394 II 2 HGB eine besondere Vergütung – die **Delkredereprovision** – beanspruchen. Daneben schuldet der Kommittent den Ersatz von **Aufwendungen**, die der Kommissionär bei Ausführung des Geschäfts für erforderlich halten durfte (vgl. §§ 675, 670 BGB, 396 II HGB).

Die bezeichneten Ansprüche des Kommissionärs werden durch ein **Pfandrecht** nach **365** § 397 HGB abgesichert, das gem. § 366 III HGB auch an schuldnerfremden Sachen erworben werden kann. Falls das Kommissionsgut noch im Eigentum des Kommissionärs steht, gewährt ihm § 398 HGB ein **pfandähnliches Befriedigungsrecht**.

---

89 Dazu eingehend *Petersen* Jura 2003, 744 ff.
90 *Brox/Henssler*, Handelsrecht, Rn. 430; *K. Schmidt*, Handelsrecht, § 31 Rn. 10.
91 EBJS/*Füller*, HGB, § 384 Rn. 33; *Oetker*, Handelsrecht, § 9 Rn. 6.
92 Koller/Kindler/Roth/Drüen/*Roth*, HGB, § 384 Rn. 18; *Canaris*, Handelsrecht, § 30 Rn. 32.

366 Bei Waren und Wertpapieren, die einen Börsen- oder Marktpreis haben, kann der Kommissionär in Ermangelung abweichender Vereinbarungen das Kommissionsgeschäft gem. § 400 HGB auch dadurch erfüllen, dass er selbst das zu erwerbende Gut als Verkäufer liefert respektive die zu veräußernde Ware selbst erwirbt (**Selbsteintrittsrecht**). Seine Ansprüche auf Provision und Aufwendungsersatz (Rn. 364) behält der Kommissionär (§ 403 HGB). Im Übrigen sind seine Ansprüche auch in diesem Fall durch das Pfandrecht und das pfandähnliche Befriedigungsrecht (Rn. 365) geschützt (§§ 404, 397, 398 HGB).

3. Ausführungsgeschäft zwischen Kommissionär und Drittem

367 In mittelbarer Stellvertretung für den Kommittenten (Rn. 361) schließt der Kommissionär das Ausführungsgeschäft mit dem Dritten in eigenem Namen ab. Das zwischen Kommissionär und Kommittent geschlossene Kommissionsgeschäft (**Innenverhältnis**) ist von dem zwischen Kommissionär und Drittem geschlossenen Ausführungsgeschäft (**Außenverhältnis**) rechtlich verselbstständigt. Insbesondere lassen Mängel des Innenverhältnisses das Außenverhältnis unberührt. Das gilt selbst für den Fall, dass der Dritte von der Kommission wusste (arg e § 392 I HGB).[93]

a) Forderungen aus dem Ausführungsgeschäft

368 Weil der Kommissionär im Rahmen des Ausführungsgeschäfts mit dem Dritten im eigenen Namen handelt, erwirbt er auch selbst die Forderungen aus dem Geschäft. Dem Kommittenten stehen die Forderungen ausweislich § 392 I HGB erst nach deren **Abtretung** durch den Kommissionär zu. Durch diese rechtliche Trennung eines wirtschaftlich einheitlichen Erwerbsvorgangs, kann es zu einer zufälligen Schadensverlagerung zwischen Kommissionär und Kommittent kommen, die nach zutreffender hM nach den Grundsätzen der **Drittschadensliquidation** zu lösen ist.[94]

369 **Fall 33:**[95] T beauftragt K mit dem Erwerb einer Druckmaschine. Diese erwirbt K von D, der ihm indes schuldhaft einen Mangel verschweigt. Daraus entstehen T Gewinneinbußen, die er von D ersetzt verlangt.

370 Prüft man zunächst einen Anspruch des T gegen D nach §§ 437 Nr. 3, 280 BGB, fällt auf, dass es bereits an einem zwischen den Beteiligten geschlossenen Kaufvertrag fehlt. Vertragspartner des D ist ausschließlich K, der im eigenen Namen den Kaufvertrag abgeschlossen hat. Anderweitige (quasivertragliche oder gesetzliche) Ansprüche des T gegen D sind ebenfalls nicht ersichtlich. Insbesondere mangelt es für einen Anspruch aus § 823 I BGB an der Verletzung eines absolut geschützten Rechtsguts. Weder eine Eigentumsverletzung noch die Verletzung des eingerichteten und ausgeübten

---

93 Baumbach/Hopt/*Hopt*, HGB, § 383 Rn. 20; Staub/*Koller*, HGB, § 392 Rn. 1.
94 RGZ 58, 39, 43; MünchKomm-HGB/*Häuser*, § 383 Rn. 80; *Canaris*, Handelsrecht, § 30 Rn. 85; vgl. allgemein zur Drittschadensliquidation *Weiß* JuS 2015, 8 ff.
95 Vgl. auch *K. Schmidt*, Handelsrecht, § 31 Rn. 99.

Gewerbebetriebs[96] des T liegen hier nahe. Bloße Vermögensschäden sind von § 823 I BGB nicht erfasst.[97] T hat gegen D folglich **keinen Anspruch**.[98]

Umgekehrt steht K gegen D ein Anspruch auf Schadensersatz nach §§ 437 Nr. 3, 280 BGB zu. Allerdings setzt der Anspruch voraus, dass K infolge des Sachmangels auch ein haftungsrelevanter Schaden entstanden ist. Davon geht ein Teil des Schrifttums unter Anwendung eines normativen Schadensbegriffs aus.[99] Dafür spricht, dass beim Anspruchsinhaber ein eigener Schaden besteht, sofern man seine Beziehungen zum Dritten als schadenstilgenden Vorteil, der den Schädiger nicht entlasten darf, hinwegdenkt. Dagegen spricht indes, dass die Gewinneinbußen ausschließlich in der Person des T eingetreten sind. Die Anwendung der Grundsätze der Drittschadensliquidation gewährleistet in diesem Zusammenhang, dass auch die individuellen Schadensposten des T ersatzfähig sind, obgleich sie für den Schädiger nicht erkennbar waren.[100] Nach allgemeinen Grundsätzen des Schadensersatzrechts hat K daher **keinen Schaden** erlitten. Nach ordnungsgemäßer Durchführung des Abwicklungsgeschäfts mit T sind sämtliche Rechte und Pflichten erloschen.

371

Dementsprechend ist festzuhalten, dass Schaden und Anspruch zufällig auseinanderfallen (**zufällige Schadensverlagerung**). Bliebe es bei diesem Ergebnis, würde der Schädiger (D) aufgrund der Besonderheiten der mittelbaren Stellvertretung mit ihrer Aufspaltung in zwei rechtlich verselbstständigte Rechtsverhältnisse (Kommissionsgeschäft, Ausführungsgeschäft) ohne sachlichen Grund entlastet. Nach den von der hM anerkannten Grundsätzen der Drittschadensliquidation ist es daher ausnahmsweise angezeigt, den Schaden des T zum Anspruch des K „zu ziehen".[101] Aus dem zwischen K und T im Innenverhältnis bestehenden Geschäftsbesorgungsvertrag ist K verpflichtet, ihm gegen D zustehende **Ersatzansprüche** nach § 384 II HGB im Wege der Forderungszession an T **herauszugeben**.[102]

372

b) Schutz des Kommittenten

Eine Sonderregelung trifft § 392 II HGB für Forderungen aus dem Ausführungsgeschäft.[103] Zwar stehen diese gegenständlich dem Kommissionär als Vertragspartner des Dritten zu, soweit sie noch nicht an den Kommittenten abgetreten sind (§ 392 I

373

---

96 Zu den engen Voraussetzungen dieses Rechtsinstituts siehe nur *Wandt*, Gesetzliche Schuldverhältnisse, § 16 Rn. 73 ff.; *Staake*, Gesetzliche Schuldverhältnisse, § 8 Rn. 119 ff; für Grundfälle siehe *Staake/v. Bressendorf* JuS 2016, 297 ff.

97 MünchKomm-BGB/*Wagner*, § 823 Rn. 265; Hk-BGB/*A. Staudinger*, § 823 Rn. 29.

98 Der Vollständigkeit halber ist an dieser Stelle noch darauf hinzuweisen, dass ein deliktischer Anspruch des Kommittenten die Drittschadensliquidation nicht hindern würde; vgl. BGH NJW 1985, 2411; *K. Schmidt*, Handelsrecht, § 31 Rn. 100.

99 *Peters* AcP 180 (1980), 329, 358. – Für weitere von der hM abweichende Lösungsansätze siehe *Junker*, Die Vertretung im Vertrauen im Schadensersatzrecht, 1991, S. 47 ff.: Verlagerung der Aktivlegitimation des Ersatzanspruchs auf den Kommittenten (T) analog § 164 BGB; *Stamm* AcP 203 (2003), 366, 389 ff.: deliktischer Ansatz; *Henn*, Zur Daseinsberechtigung der sog. „Drittschadensliquidation", 2011, S. 253 ff., 259: Anspruch des Kommittenten (T) aus §§ 280 I, 311 II, III 1, 241 II BGB.

100 MünchKomm-BGB/*Oetker*, § 249 Rn. 298; Lange/Schiemann/*Lange*, Schadensersatz, § 8 III 4.

101 Siehe nochmals die Nachweise in Fn. 94.

102 *Oetker*, Handelsrecht, § 9 Rn. 14; MünchKomm-HGB/*Häuser*, § 383 Rn. 80.

103 Dazu ausf. *Lieder/Wüstenberg* Jura 2016, 1229 ff.

HGB). Zum Schutz des Kommittenten vor dem Zugriff der Gläubiger des Kommissionärs gelten solche Forderungen, auch wenn sie noch nicht abgetreten sind, **im Verhältnis zwischen Kommittent und Kommissionär** (oder dessen Gläubigern) jedoch gem. § 392 II HGB als Forderungen des Kommittenten.

374 Dementsprechend kann sich der Kommittent gegen eine Vollstreckung in die Forderung durch einen Gläubiger des Kommissionärs mittels **Drittwiderspruchsklage** gem. § 771 ZPO zur Wehr setzen.[104] § 392 II HGB vermittelt dem Kommittenten ein „die Veräußerung hinderndes Recht" iSd § 771 I ZPO. In der Insolvenz des Kommissionärs steht dem Kommittenten ein **Aussonderungsrecht** nach § 47 InsO zu.[105] Darüber hinaus ist es dem Kommissionär verwehrt, Forderungen zur Deckung oder Sicherung an einen seiner Gläubiger abzutreten; § 392 II HGB fungiert in diesem Zusammenhang als **Verfügungsbeschränkung.** Auch ein redlicher Forderungserwerb scheitert mangels tauglichen Rechtsscheinträgers (vgl. § 405 BGB).

375 Zu beachten ist allerdings, dass der **Anwendungsbereich** des § 392 II HGB auf das Verhältnis zwischen Kommittent und Kommissionär (oder dessen Gläubigern) beschränkt ist. Deshalb ist eine Abtretung der Forderung an einen Dritten ungeachtet § 392 II HGB wirksam.[106] Wegen (schuldhafter) Unmöglichkeit der Herausgabe des Erlangten gem. § 384 II HGB schuldet der Kommissionär dem Kommittenten aber jedenfalls Schadensersatz nach §§ 280 I, III, 283 S. 1 BGB (Rn. 363).

376 **Fall 34:**[107] T beauftragt K mit dem Verkauf eines Gemäldes. In Kunstliebhaber L findet er einen zahlungskräftigen Käufer. L weiß um die Tätigkeit des K als Kommissionär. Aus einem früheren Geschäft schuldet K dem L umgekehrt noch Geld. Daher erklärt L gegenüber K die Aufrechnung mit dieser Forderung. K meint hingegen, dass die Aufrechnung in diesem Fall ausgeschlossen sei.

377 Der Fall berührt die klassische Streitfrage der **teleologischen Reduktion** des § 392 II HGB für den Fall, dass es sich bei dem Gläubiger des Kommissionärs zugleich um seinen **Vertragspartner aus dem Ausführungsgeschäft** handelt. Die hM tritt in diesem Falle seit jeher für eine umfassende Einschränkung des § 392 II HGB ein.[108] Danach gilt die Forderung vorliegend nicht als an T abgetreten und die Aufrechnung ist zulässig. Etwas anderes soll nur gelten, wenn sich der Vertragspartner die Aufrechnungsmöglichkeit auf treuwidrige Weise verschafft hat,[109] wofür es vorliegend aber an Anhaltspunkten fehlt. Eine abweichende Ansicht verneint eine Einschränkung des § 392 II HGB nur für den Fall, dass es sich um eine inkonnexe Gegenforderung handelt. Stammt die Gegenforderung hingegen aus dem Ausführungsgeschäft, sei eine Aufrechnung zulässig.[110] Da die Forderung des L aus einem früheren Geschäft mit K stammt und gerade nicht aus dem Ausführungsgeschäft, scheidet nach dieser Position

---

104 BGHZ 104, 123, 127; Heymann/*Herrmann*, HGB, 2. Aufl., § 392 Rn. 5.
105 MünchKomm-HGB/*Häuser*, § 392 Rn. 36; EBJS/*Füller*, HGB, § 392 Rn. 15.
106 Baumbach/Hopt/*Hopt*, HGB, § 392 Rn. 6; *Oetker*, Handelsrecht, § 9 Rn. 19.
107 Vgl. *Muthorst* Jura 2013, 179, 183 f.; *Richter* JuS 2007, 647, 649.
108 RGZ 32, 39; BGH NJW 1969, 276; BGHZ 104, 123, 128; Baumbach/Hopt/*Hopt*, HGB, § 392 Rn. 12; *Hübner*, Handelsrecht, Rn. 888 ff.
109 Staub/*Koller*, HGB, § 392 Rn. 39, 40; *Brox/Henssler*, Handelsrecht, Rn. 445.
110 Heymann/*Herrmann*, HGB, 2. Aufl. § 392 Rn. 7; *K. Schmidt*, Handelsrecht, § 31 Rn. 135.

eine Aufrechnung aus. Eine weitere Literaturauffassung befürwortet die Aufrechnung nur für den Fall, dass der Vertragspartner von der Kommission keine Kenntnis hat. Weiß er hingegen vom Tätigwerden des anderen Teils als Kommissionär, sei er nicht schutzwürdig und könne daher auch nicht aufrechnen.[111] Danach ist aufgrund der Kenntnis des L eine Aufrechnung ausgeschlossen. Für die hM spricht insbesondere, dass der Dritte (L) jederzeit an den Kommissionär (K) leisten kann und § 392 II HGB insofern keinen Schutz vermittelt.[112] Für die Aufrechnung kann bei der gebotenen wirtschaftlichen Betrachtung im Ergebnis nichts anderes gelten.[113]

Fall 35: T beauftragt den Einkaufskommissionär K mit dem Kauf einer Maschine. Als diese von D bei K angeliefert und ihm übereignet wird, nutzt G, ein Gläubiger des K, die Gelegenheit und lässt die Maschine wegen der ihm gegen K zustehenden Forderungen pfänden. Kann T die Verwertung der Maschine verhindern?	**378**

T kann die Verwertung durch Erhebung einer **Drittwiderspruchsklage** verhindern, wenn ihm an der Maschine ein die Veräußerung hinderndes Recht iSd § 771 I ZPO zusteht. Im Rahmen der Anlieferung ist die Maschine an den Einkaufskommissionär K nach § 929 S. 1 BGB übereignet worden. K handelte im eigenen Namen, nicht als Stellvertreter des T. Auch ist bisher noch keine Übereignung von K an T erfolgt. Folglich scheidet das **Eigentum** an der Maschine als Recht iSd § 771 I ZPO aus.   **379**

Allerdings könnte ihm § 392 II HGB ein Recht nach § 771 I ZPO gewähren. Dafür müsste sich der Anwendungsbereich des § 392 II HGB indes gleichermaßen auf **Surrogate**, sprich das erworbene Kommissionsgut, erstrecken. Diese Frage ist umstritten. Die früher **hM** lehnt eine solche Erstreckung unter Hinweis auf den Willen des historischen Gesetzgebers ab.[114] Zudem handele es sich bei § 392 II HGB um eine eng auszulegende Sondervorschrift, die auf Forderungen zugeschnitten sei. Überhaupt sei das Prinzip der dinglichen Surrogation von einer ausdrücklichen Anordnung abhängig. Demgegenüber plädiert die vordringende **Gegenauffassung** für eine analoge Anwendung des § 392 II HGB auf Surrogate, wie vorliegend das Kommissionsgut oder den Erlös bei der Verkaufskommission.[115]   **380**

Tatsächlich streitet der Rechtsgedanke des § 392 II HGB im Interesse eines **effektiven Schutzes des Kommittenten** vor einem Zugriff der Gläubiger des Kommissionärs für eine Ausdehnung auf Surrogate.[116] Es muss wertungswidersprüchlich erscheinen, wenn zwar Forderungen aus dem Ausführungsgeschäft dem Kommittenten zugewiesen werden, Gläubiger des Kommissionärs indes ungehindert auf den Erlös oder das erworbene Kommissionsgut zugreifen könnten. Demgegenüber muss die restriktive Haltung des historischen Gesetzgebers zurückstehen, zumal das **Transportrechts-**   **381**

---

111 *Schwark* JuS 1980, 777, 781; *Schwarz* NJW 1969, 1942, 1943.
112 So bereits ausf. *Lieder/Wüstenberg* Jura 2016, 1229, 1236 f.
113 EBJS/*Füller*, HGB, § 392 Rn. 12; *Oetker/Bergmann*, HGB, § 392 Rn. 12.
114 BGHZ 79, 89, 94; BGH NJW 1974, 456, 457; MünchKomm-HGB/*Häuser*, § 392 Rn. 43 ff; *Fischinger*, Handelsrecht, Rn. 831.
115 Koller/Kindler/Roth/Drüen/*Roth*, HGB, § 392 Rn. 5; Röhricht/von Westphalen/Haas/*Lenz*, HGB, § 392 Rn. 6; *K. Schmidt*, Handelsrecht, § 31 Rn. 140 ff.
116 So bereits ausf. *Lieder/Wüstenberg* Jura 2016, 1229, 1232 f.

reformgesetz vom 25.6.1998[117] mit Schaffung der §§ 421 II, 457 S. 2 HGB die dingliche Surrogation in ähnlich gelagerten Konstellationen ausdrücklich anerkennt. Diese Neuregelung entfaltet Ausstrahlungswirkung auch auf das Kommissionsgeschäft.

c) Ausführungsgeschäft

382 Wie in **Fall 35** erwirbt bei der **Einkaufskommission** im Regelfall der Kommissionär zunächst das Eigentum am Kommissionsgut und überträgt es im Anschluss daran weiter an den Kommittenten (**Durchgangserwerb**).[118] Bei Bargeschäften des täglichen Lebens kommt nach allgemeinen Grundsätzen die Anwendung der Lehre vom „Geschäft für den, den es angeht"[119] in Betracht.[120] Dann erwirbt der Kommittent unmittelbar vom Dritten das Eigentum am Kommissionsgut (**Direkterwerb**).

383 Im Falle der **Verkaufskommission**, wie in **Fall 34**, ermächtigt der Kommittent den Kommissionär regelmäßig gem. § 185 I BGB zur Verfügung über das Kommissionsgut. Das führt zu einem **Direkterwerb** des Dritten vom Kommittenten, ohne dass das Eigentum zuvor auf den Kommissionär übergeht.[121] Mangelt es an der nötigen Ermächtigung kommt allein der Erwerb vom Nichtberechtigten in Betracht. Da er mit seinem Auftreten als Kommissionär aber zumindest implizit erklärt, nicht Eigentümer des Kommissionsgutes zu sein, scheidet ein Erwerb nach Maßgabe der §§ 932 ff. BGB aus. Vertraut der Dritte auf die tatsächlich nicht bestehende Verfügungsbefugnis des Kommissionärs, kann er nach § 366 I HGB erwerben.

384 **Fall 36:** T beauftragt und ermächtigt K zum Verkauf eines in Wahrheit dem E gehörenden Wohnbootes. K veräußert das Boot im Vertrauen auf das Eigentum des T an den redlichen D. Als E davon erfährt, möchte er das Boot zurück, hilfsweise fordert er von K und T den – bereits an T weitergeleiteten – Erlös heraus.

385 Zunächst könnte E wegen des **Wohnbootes** ein **Herausgabeanspruch** gem. § 985 BGB zustehen. Da es sich bei dem Wohnboot nicht um ein Schiff handelt, findet die Spezialbestimmung des § 929a BGB keine Anwendung.[122] Vielmehr vollzieht sich die Übereignung von Wohnbooten nach den allgemeinen Vorschriften der §§ 929 ff., 932 ff. BGB. Mangels Eigentümerstellung des T kann D aber ungeachtet der tatsächlich erteilten Ermächtigung des K nicht wirksam nach §§ 929 S. 1, 185 I BGB erwerben. Auch ein redlicher Erwerb nach § 932 I 1 BGB scheitert, da D um die mangelnde Eigentümerstellung des Kommissionärs (K) wusste. Allerdings vertraute er auf eine dem Kommissionär vom wahren Eigentümer erteilte Ermächtigung, so dass D hier nach § 366 I HGB iVm § 932 I 1 BGB wirksam erworben hat.[123] Der Herausgabeanspruch scheitert daher mangels Eigentümerstellung des E.

---

117 BGBl. I 1998, 1588.
118 *Lettl*, Handelsrecht, § 12 Rn. 118; *Roth/Weller/Prütting*, Handels- und Gesellschaftsrecht, § 32 Rn. 955.
119 Dazu allgemein *Bork*, BGB AT, Rn. 1397 ff.; *Wolf/Neuner*, BGB AT, § 49 Rn. 47 ff.
120 Staub/*Koller*, HGB, § 383 Rn. 182; MünchKomm-HGB/*Häuser*, § 383 Rn. 79; zurückhaltend *Oetker*, Handelsrecht, § 9 Rn. 26.
121 *Canaris*, Handelsrecht, § 30 Rn. 70; *Lettl*, Handelsrecht, § 12 Rn. 119.
122 Palandt/*Herrler*, BGB, § 929a Rn. 1; BeckOK-BGB/*Kindl*, § 929a Rn. 1 f.
123 Dass das Wohnboot iSd § 935 I 1 BGB dem E abhandengekommen ist, lässt sich dem Sachverhalt nicht entnehmen.

Allerdings könnte E einen **Erlösherausgabeanspruch** gegen K gem. § 816 I 1 BGB **386** haben. Das wird von einer Literaturauffassung unter Hinweis auf den Regelungsgedanken des § 392 II HGB und den wirtschaftlichen Hintergrund der Kommission als mittelbare Stellvertretung verneint.[124] Die hM lehnt eine abweichende Interpretation des Verfügungsbegriffs iSd § 816 I 1 BGB hingegen ab.[125] Verfügt hat nach dieser Auffassung ausschließlich K, und diese Verfügung ist E gegenüber wegen §§ 366 I HGB, 932 I 1 BGB auch wirksam. Allerdings hat K den Erlös bereits an T abgeführt. Die durch die Verfügung erzielte Bereicherung befindet sich folglich nicht mehr in seinem Vermögen. K ist aus diesem Grund nach § 818 III BGB **entreichert**. Dementsprechend kann auch eine Streitentscheidung dahinstehen. Es besteht kein Erlösherausgabeanspruch des E gegen K.

Schließlich könnte E aber einen **Erlösherausgabeanspruch** gegen T haben. Ob dies **387** in Betracht kommt, ist sehr umstritten. Die **hM** sieht ausschließlich den Kommissionär als Verfügenden iSd § 816 I 1 BGB an (Rn. 386) und kann hierfür auf die Verkehrsanschauung verweisen: Im Handelsverkehr und insbesondere gegenüber dem redlichen Dritten tritt allein der Kommissionär in Erscheinung, nicht aber der Kommittent als wirtschaftlicher Drahtzieher der Transaktion. Die Herausgabepflicht des T ergibt sich nach dieser Auffassung aus § 822 BGB.[126] Mit der abweichenden Literaturauffassung kann nach § 816 I 1 BGB (analog) auf T zugegriffen werden.[127] Nach beiden Auffassungen besteht folglich ein Erlösherausgabeanspruch des E gegen T.

III. Transportgeschäfte

Die Transportgeschäfte des HGB (Frachtvertrag, Umzugsvertrag, Speditionsvertrag **388** und Lagervertrag) stehen nicht im Mittelpunkt der juristischen Ausbildung[128]. Daher beschränken sich die nachfolgenden Überlegungen auf die unentbehrlichen Grundzüge des Frachtvertrags.

Durch den **Frachtvertrag** verpflichtet sich der Frachtführer gem. § 407 I HGB, das **389** Frachtgut zum Bestimmungsort zu befördern und dort an den Empfänger abzuliefern. Umgekehrt verpflichtet sich der Absender gem. § 407 II HGB, das hierfür vereinbarte Entgelt – die Fracht – zu zahlen. Der sachliche und personelle Anwendungsbereich des Frachtgeschäfts ist in § 407 III HGB näher ausgestaltet.

Besonderheiten gelten beim Frachtvertrag für die **Haftung der Vertragsparteien**. So **390** haftet der **Absender** verschuldensunabhängig nach § 414 I HGB für die Verletzung der dort enumerativ aufgeführten Kardinalpflichten, insbesondere wegen ungenügender Verpackung oder Kennzeichnung sowie unzureichenden Angaben im Frachtbrief. Der **Frachtführer** haftet gem. § 425 I HGB für Verluste und Beschädigungen des

---

124   Koller/Kindler/Roth/Drüen/*Roth*, HGB, § 383 Rn. 17 aE; *Canaris*, Handelsrecht, § 30 Rn. 90 ff.
125   OLG Hamburg MDR 1954, 356, 357; Oetker/*Martinek*, HGB, § 383 Rn. 37.
126   Staub/*Koller*, HGB, 4. Aufl., § 383 Rn. 86; Oetker/*Martinek*, HGB, § 383 Rn. 37.
127   *Canaris*, Handelsrecht, § 30 Rn. 91.
128   Aus der Ausbildungsliteratur siehe *Bellardita*, Einführung in das Transport- und Speditionsrecht, JuS 2006, 136 ff.; *Oetker*, Versendungskauf, Frachtrecht und Drittschadensliquidation, JuS 2001, 833 ff.

Frachtguts und die Überschreitung der Lieferfrist. Von der Ersatzpflicht kann er sich gem. § 426 HGB nur exkulpieren, wenn er die Schäden „auch bei größter Sorgfalt" nicht hätte vermeiden können oder ein Fall des § 427 HGB vorliegt. Zudem haftet der Frachtführer für eigene Leute und Dritte, die er zur Beförderung einsetzt (§ 428 HGB). Allerdings ist die Haftung durch **Höchstbeträge** nach Maßgabe der §§ 431 ff. HGB eingeschränkt, es sei denn, er oder seine Leute haben vorsätzlich oder leichtfertig und in dem Bewusstsein gehandelt, dass ein Schaden mit Wahrscheinlichkeit eintreten werde (§§ 435, 436 S. 2 HGB).[129]

391   **Fall 37:** V und K vereinbaren einen Versendungskauf. V beauftragt mit dem Transport den gewerblichen Frachtführer F. Auf dem Weg von V zu K geht der Kaufgegenstand aus später nicht mehr aufzuklärenden Gründen verloren. Daher möchte K den F auf Schadensersatz in Anspruch nehmen. Mit Erfolg?

392   Spielte der Fall in einem rein bürgerlichrechtlichen Umfeld, etwa bei einem Transport der Sache durch einen Freund, der V noch einen Gefallen schuldet, kämen hier die bekannten Probleme der **Drittschadensliquidation** zum Tragen, die bereits im Zusammenhang mit dem Kommissiongeschäft in **Fall 33** thematisiert worden sind (Rn. 369). Hier hat nun ein gewerblicher Frachtführer gehandelt. Für diesen Fall gewährt § 421 I 2 HGB dem Empfänger einen **eigenständigen Schadensersatzanspruch** gegen den Frachtführer,[130] obgleich der Frachtvertrag nicht mit dem Empfänger, sondern mit dem Absender geschlossen worden ist. Dieser Ersatzanspruch verdrängt die Grundsätze der Drittschadensliquidation. Denn dem Empfänger stehen exakt die gleichen Ansprüche zu wie dem Absender.[131] Insbesondere unterliegen beide Ersatzansprüche den Sondervorschriften der §§ 425 ff. HGB, einschließlich der Haftungshöchstbeträge. Ungeachtet des Umstands, ob der Absender oder der Empfänger den Schaden erlitten hat, wird der Frachtführer aufgrund des bestehenden Ersatzanspruchs aus § 421 I 2 HGB nicht unbillig entlastet. Für die Drittschadensliquidation ist folglich kein Raum.

---

129   Dazu die Grundsatzentscheidung BGHZ 158, 322 = JuS 2004, 1108 *(K. Schmidt)*.
130   So die ganz hM: Baumbach/Hopt/*Merkt*, HGB, § 421 Rn. 2; *Hübner*, Handelsrecht, Rn. 998; *Becker* AcP 202 (2002), 722, 725 ff.; aA *Büdenbender* NJW 2000, 986, 988 Fn. 15: Prozessstandschaft.
131   Dazu eingehend *Oetker* JuS 2001, 833, 838 f.

§ 8 Gegenstand des Gesellschaftsrechts, Strukturen und Rechtsformen im Überblick

I. Gesellschaftsrecht als Sonderprivatrecht und als Teil des Wirtschaftsrechts

1. Begriff und Bedeutung

Gesellschaftsrecht ist das Recht der **privatrechtlichen Personenvereinigungen**[1], die **393** durch Rechtsgeschäft mit einem bestimmten Zweck errichtet werden.[2] Es ist somit Sonderprivatrecht.[3] Nicht zum Gesellschaftsrecht zählt das Recht öffentlichrechtlicher Organisationen, wie etwa das Recht der Körperschaften, Anstalten und Stiftungen des öffentlichen Rechts. Anderes gilt hingegen für in privatrechtlicher Form organisierte **Unternehmen der öffentlichen Hand**, wie zB die in Form einer GmbH betriebene kommunale Schwimm- oder Stadthalle. Sie unterstehen grundsätzlich dem (privaten) Gesellschaftsrecht,[4] wobei im Einzelfall Konflikte mit dem öffentlichen Recht nicht ausgeschlossen sind; zudem besteht eine verstärkte Grundrechtsbindung von gemischtwirtschaftlichen Unternehmen.[5]

Negativ ist das Gesellschaftsrecht vom Recht solcher Organisationen abzugrenzen, **394** die nicht durch Rechtsgeschäft, sondern kraft Gesetzes entstehen – wie insbesondere die **Bruchteilsgemeinschaft** gem. §§ 741 ff. BGB[6] oder die **Erbengemeinschaft** gem. §§ 2032 ff. BGB[7] – oder nicht zu einem bestimmten Zweck errichtet werden, sondern etwa wie die Ehe oder auch die **eheliche Gütergemeinschaft** auf familienrechtlicher Grundlage geschaffen werden.[8] Trotz vielfältiger Berührungspunkte zählt auch das Recht der **privatrechtlichen Stiftung** (§§ 80 ff. BGB) nicht zum Gesellschaftsrecht, denn die Stiftung ist als Organisation ohne Mitglieder keine Personenvereinigung.[9]

---

1   Einschließlich der heute anerkannten Einpersonen-Kapitalgesellschaft; dazu näher unten Rn. 491; für einen Überblick zum Gesellschaftsrecht vgl. *Hübner* Jura 2017, 130 ff., 257 ff.
2   In diesem Sinne *Windbichler*, Gesellschaftsrecht, § 1 Rn. 1; ähnlich *Grunewald*, Gesellschaftsrecht, Einf Rn. 1; ausf. *K. Schmidt*, Gesellschaftsrecht, § 1 I 1. a).
3   Zum Handelsrecht als Sonderprivatrecht siehe bereits oben Rn. 1.
4   *K. Schmidt*, Gesellschaftsrecht, § 1 II 1. a); *Kindler*, Grundkurs Handels- und Gesellschaftsrecht, § 9 Rn. 5.
5   Zum letzten Punkt eingehend BVerfGE 128, 226 = NJW 2011, 1201; dazu *Gurlit* NZG 2012, 249 ff.
6   Zur Bruchteilsgemeinschaft als Unternehmensträger *Madaus* ZHR 178 (2014), 98 ff.; zur Möglichkeit einer Innengesellschaft *Fest* AcP 215 (2015), 766, 788 ff.
7   Zur mangelnden Rechtsfähigkeit der Erbengemeinschaft BGH NJW 2006, 3715 Rn. 7; Erman/*Bayer*, BGB, § 2032 Rn. 1; *Beuthien* NJW 2005, 855, 857; aA *Grunewald* AcP 197 (1997), 305 ff.; *Ann*, Die Erbengemeinschaft, 2001, S. 397 ff.; zur Möglichkeit einer Innengesellschaft *Fest* AcP 215 (2015), 766, 779 ff.
8   Allerdings können auch Ehegatten oder Eltern mit ihren Kindern für einen bestimmten Zweck Gesellschaften errichten; dazu näher unten Rn. 450 ff., 461 ff.
9   Zum Verhältnis von Stiftungs- und Gesellschaftsrecht siehe etwa Palandt/*Ellenberger*, BGB, Vorb. v. § 80 Rn. 8; *Windbichler*, Gesellschaftsrecht, § 1 Rn. 2.

2. Wirtschaftsordnung und Gesellschaftsrecht

395   Gesellschaftsrecht ist **Teil des Wirtschaftsrechts**[10] und daher in weiten Teilen auch hochpolitisches Recht.[11] Es ist systemgebunden an eine freiheitliche Rechtsordnung (Stichwort: Vertragsfreiheit) und an eine marktwirtschaftliche Ordnung, wobei die Soziale Marktwirtschaft[12] – wie wir unsere aktuelle Wirtschaftsordnung beschreiben – jedoch von der Verfassung nicht vorgegeben wird[13], sondern als Folge der Entwicklung in der Zeit nach 1945 das Ergebnis der Wirtschafts- und Sozialpolitik des demokratisch legitimierten Gesetzgebers der Bundesrepublik Deutschland ist. Diese Wirtschaftsordnung bestimmt auch die Aufgaben des Gesellschaftsrechts.

3. Verhältnis zu anderen Rechtsgebieten

396   Berührungen zum *allgemeinen Privatrecht* des BGB sind häufig und teilweise konfliktträchtig, weil die allgemeinen Vorschriften nicht immer passen. Das gilt für die Rechtsgeschäftslehre und das Leistungsstörungsrecht ebenso wie für die dingliche Zuordnung von Vermögenspositionen zur Gesellschaft und zum Gesellschafter, aber auch für das Trennungs- und Abstraktionsprinzip, den deliktischen Unternehmensschutz,[14] Genehmigungserfordernisse des Familienrechts (zB §§ 1821, 1822, 1643 BGB) und die erbrechtlichen Grundprinzipien der Universalsukzession und des Vonselbsterwerbs. Zur Erläuterung zwei Fälle, die später ausführlich behandelt werden:

397   **Fall 38:**[15] Y ist als Gesellschafter in die X-OHG eingetreten, nachdem er vom geschäftsführenden Gesellschafter X arglistig über die geschäftliche Entwicklung getäuscht worden war. Kann Y die Wirkungen seines Eintritts durch Anfechtung gem. §§ 123, 142 I BGB beseitigen?

398   **Fall 39:**[16] A ist der Senior der Rechtsanwaltskanzlei A & Partner. Es ist im Gesellschaftsvertrag vereinbart, dass im Falle seines Todes sein Sohn S nachfolgen solle, sobald er sein 2. Juristisches Staatsexamen erfolgreich absolviert und die Anwaltszulassung erhalten hat. Als A stirbt, wird er von seiner Frau F, seinem Sohn S und Tochter T beerbt. Wer wird Nachfolger in der Anwaltskanzlei?

---

10   Zum Begriff: *K. Schmidt*, Handelsrecht, § 1 Rn. 30; *Rinck/Schwark*, Wirtschaftsrecht, Rn. 17 ff.
11   Dies gilt insbesondere für das Recht der Aktiengesellschaft; vgl. dazu *Bayer*, Gutachten für den 67. DJT, 2008, E 39 ff. mwN; siehe ferner exemplarisch das Gesetz zur gleichberechtigten Teilhabe von Frauen und Männern an Führungspositionen in der Privatwirtschaft und im öffentlichen Dienst v. 24.4.2015, BGBl. I, S. 642; dazu *Stüber* DStR 2015, 947 ff.
12   Dazu näher *Dietzfelbinger*, Soziale Marktwirtschaft als Wirtschaftsstil, 1998, S. 222 ff., 280 ff.; *Hauer*, Leitbilder der Gerechtigkeit in den marktwirtschaftlichen Konzeptionen von Adam Smith, John Stuart Mill und Alfred Müller-Armack, 1991, S. 357 ff.
13   BVerfGE 50, 290, 336 ff.
14   Für Grundfälle vgl. *Staake/v. Bressendorf* JuS 2016, 297 ff.; aus der Rechtsprechung s. BGH NZG 2018, 797: Eingriff in das Unternehmerpersönlichkeitsrecht einer Gesellschaft durch Meinungsäußerung im Rahmen eines Gesellschafterstreits; zum Unternehmenspersönlichkeitsrecht im digitalen Raum und im IPR *Magnus* RabelsZ 84 (2020), 1 ff.
15   Ausf. unten Rn. 805.
16   Ausf. unten Rn. 785 f.

Vielfältig sind außerdem die Verflechtungen zum **399**

- *Handelsrecht* (so sind im HGB neben dem Recht der Personenhandelsgesellschaften – OHG und KG – und der stillen Gesellschaft[17] etwa das Firmenrecht und das Bilanzrecht geregelt),
- *Arbeitsrecht* (insbesondere unterliegen Aktiengesellschaften und GmbH ab einer Arbeitnehmerzahl von 500 der Unternehmensmitbestimmung),
- *Kapitalmarktrecht* (insbesondere für börsennotierte Aktiengesellschaften gelten spezielle Anlegerschutzvorschriften),
- *Kartell- und Wettbewerbsrecht* (etwa die Fusionskontrolle oder das Kartellverbot),
- *Steuerrecht* (gesellschaftsrechtliche Gestaltungen werden – leider – allzu oft von steuerrechtlichen Aspekten bestimmt) und
- *Insolvenzrecht* (da der typische Insolvenzfall von einer Handelsgesellschaft herbeigeführt wird, sind hier Gesellschafts- und Insolvenzrecht eng verzahnt).[18]

Darüber hinaus wirkt das öffentliche Recht in vielfältiger Weise in das Gesellschafts- **400** recht hinein, sei es durch das *allgemeine Verwaltungs-, Ordnungs-* oder *Strafrecht*,[19] sei es durch das *Verfassungsrecht*. Insbesondere ist die Gründungsfreiheit von Gesellschaften verfassungsrechtlich durch das Grundrecht auf Vereinigungsfreiheit (Art. 9 I GG) geschützt. Die wirtschaftliche Betätigung von Unternehmen ist durch die Berufs- und Gewerbefreiheit nach Art. 12 I GG gewährleistet. Die Mitgliedschaft in privatrechtlichen Verbänden ist nach Art. 14 I GG eigentumskräftig verfestigt. Im Übrigen partizipieren Gesellschaften von der allgemeinen wirtschaftlichen Handlungsfreiheit nach Art. 2 I GG. Das gilt für juristische Personen und andere Personenzusammenschlüsse nach Maßgabe des Art. 19 III GG. Ferner erstreckt sich der durch die deutsche Verfassung gewährleistete Schutz auch auf juristische Personen aus anderen Mitgliedstaaten der EU. Das folgt letztlich aus dem Anwendungsvorrang der Grundfreiheiten (Art. 26 II AEUV) und dem allgemeinen Diskriminierungsverbot (Art. 18 AEUV).[20] Demgegenüber wird juristischen Personen, die ihren Sitz außerhalb der EU haben, kein vergleichbarer Grundrechtsschutz zuteil.[21]

II. Funktion des Gesellschaftsrechts

Auf die Vorfrage, zu welchem Zweck Gesellschaften errichtet werden, gibt es keine **401** generelle Antwort, da der Gesellschaftszweck höchst verschieden sein kann.[22] Für unternehmerisch tätige Gesellschaften lassen sich vor allem drei wesentliche Motive ausmachen:

---

17 Zur stillen Publikumsgesellschaft vgl. *Wiedemann* WM 2014, 1985 ff.
18 Dazu näher *Windbichler*, Gesellschaftsrecht, § 1 Rn. 6 ff.; ausf. *K. Schmidt*, Gesellschaftsrecht, § 1 II 3.–7. mwN.
19 Näher *K. Schmidt*, Gesellschaftsrecht, § 1 II 1. b) mwN.
20 BVerfG NZG 2011, 1262; dazu *Wernsmann* NZG 2011, 1241 ff.; ferner BVerfG NJW 2017, 217 ff.; dazu *Goldhammer/Sieber* JuS 2018, 22 ff.; vgl. weiter *Gundel* ZHR 180 (2016), 323 ff.
21 BVerfG NJW 2018, 2385 ff., 2392 ff., 2395 ff.; dazu *Kruchen* AG 2018, 616 ff.; *Momsen* NJW 2018, 2362 ff.
22 Dazu insbesondere unten Rn. 436.

– Die beabsichtigte wirtschaftliche Tätigkeit überfordert den Einzelnen. Daher schließt er sich mit anderen Personen zusammen, die sich ebenfalls *unternehmerisch betätigen* wollen, und sie errichten gemeinsam eine BGB-Gesellschaft, OHG oder GmbH.

– Dem Einzelunternehmer fehlt ausreichendes *Kapital* (sei es Eigen- oder Fremdkapital): In diesem Fall kann er entweder Kapitalgeber aufnehmen, die ihm persönlich bekannt sind, und mit ihnen eine KG (so die klassische Gesellschaftsform für den Zusammenschluss von Einzelunternehmer und Kapitalgeber) oder eine GmbH (so heute der Regelfall) errichten, oder er wählt die Rechtsform der (börsennotierten) Aktiengesellschaft, die über den Kapitalmarkt (Börse) und damit regelmäßig anonym Kapital sammelt (Stichwort: Kapitalsammelfunktion der AG; Börsengang mittelständischer Unternehmen mit hohem Finanzbedarf). Insoweit kommt auch die Errichtung einer Publikumspersonengesellschaft (GbR oder KG) in Betracht.[23]

– Der Unternehmer möchte die *Haftung* mit seinem Privatvermögen (= persönliche Haftung) ausschließen. Durch die Zwischenschaltung einer Kapitalgesellschaft (in der Praxis regelmäßig eine GmbH) wird die Haftung auf das Gesellschaftsvermögen und damit aus Sicht des Unternehmers auf das eingebrachte Kapital begrenzt (Stichwort: Haftungsbegrenzungsfunktion).

402 Das Gesellschaftsrecht regelt insbesondere drei Problemkreise: Zum einen den **äußeren Rahmen**, in dem sich die Gesellschafter bei der Gestaltung ihrer Rechtsbeziehungen bewegen können; hierbei werden verschiedene Gesellschaftsformen als Grundmodelle zur Verfügung gestellt, die teilweise einen sehr großen, teilweise nur einen recht kleinen Spielraum lassen.[24]

403 Zum anderen werden – rechtsformspezifisch – die **Rechtsbeziehungen zwischen den Gesellschaftern**, aber auch **zwischen den Gesellschaftern und der Gesellschaft** geregelt (insbesondere Organisations- und Entscheidungsstruktur, Interessenausgleich im Falle eines Mehrheits-/Minderheitskonflikts, Geschäftsführung). Bei der Aktiengesellschaft tritt als Besonderheit die Kompetenzabgrenzung und Funktionentrennung zwischen Management und Aktionären hinzu. Ein besonderer Anwendungsfall des Mehrheits-/Minderheitskonflikts ist die Konzernproblematik (zwischen der beherrschenden Konzernmuttergesellschaft und den Minderheitsgesellschaftern der Konzerntochtergesellschaft).

404 Die bislang genannten Aufgaben des Gesellschaftsrechts werden als Recht der Innenbeziehungen oder als Innenrecht bezeichnet. Schließlich regelt das Gesellschaftsrecht aber auch – wiederum mit Unterschieden im Hinblick auf die jeweilige Rechtsform – das **Auftreten der Gesellschaft im Rechtsverkehr** (Recht der Außenbeziehungen oder Außenrecht). Im Vordergrund stehen hierbei die Vertretungsregeln sowie Haftungsfragen (Stichwort: Gläubigerschutz).

405 Rechtsformunabhängig lässt sich feststellen, dass das Gesellschaftsrecht neben seiner allgemeinen Funktion als **Organisationsrecht** strukturell **Schutzrecht** für die **Gesell-**

---

23 Dazu *Schürnbrand* ZGR 2014, 256 ff; *Walter* JuS 2020, 14 ff.
24 Dazu Rn. 413 f.

schafter-Minderheit (denn die Gesellschafter-Mehrheit hat regelmäßig die Herrschaftsmacht) und für die **Gesellschaftsgläubiger** ist.

III. Personengesellschaft/Körperschaft/Kapitalgesellschaft

Wir müssen einerseits Personengesellschaften von Körperschaften und andererseits **406** Personen- und Kapitalgesellschaften voneinander unterscheiden. Der strukturelle *Unterschied zwischen Personengesellschaft und Körperschaft* manifestiert sich im BGB in den gegensätzlichen Grundtypen der BGB-Gesellschaft (§§ 705 ff. BGB) und des eingetragenen Vereins (§§ 21 ff. BGB):

Die **idealtypische Personengesellschaft** wird durch folgende Merkmale geprägt[25]: **407**
– kleiner Gesellschafterkreis, enge persönliche Bindung;
– persönlicher Einsatz aller Gesellschafter;
– fortgesetzte Zugehörigkeit aller Mitglieder, d.h. keine Übertragung der Mitgliedschaft ohne Zustimmung der Mitgesellschafter, Auflösung der Gesellschaft mit dem Tod auch nur eines Gesellschafters (§ 727 I BGB; vgl. aber abweichend für OHG und KG § 131 III Nr. 1 HGB);
– Einstimmigkeit der Gesellschafterentscheidungen;
– Gleichbehandlung der Gesellschafter: jeder Gesellschafter hat grundsätzlich eine Stimme, es besteht die gleiche Beitragspflicht (vgl. § 706 I BGB) und der gleiche Anteil am Gewinn und Verlust (vgl. § 722 I BGB);
– gesamthänderische Bindung des Gesellschaftsvermögens;
– Grundsatz der Selbstorganschaft: Vertretung und Geschäftsführung erfolgt durch die Gesellschafter, nicht durch außenstehende Dritte;
– persönliche Haftung aller Gesellschafter mit ihrem Privatvermögen, allerdings mit Modifikationen bei der KG: Der Kommanditist haftet nur beschränkt (§§ 171, 172 HGB) und ist im Gegenzug von der Geschäftsführung und Vertretung ausgeschlossen (§§ 164, 170 HGB);
– insgesamt lässt das Gesetz viel Spielraum für abweichende Vereinbarungen (Stichwort: Vertragsfreiheit[26]).

Wichtigste Rechtsformen sind: BGB-Gesellschaft, Offene Handelsgesellschaft **408** (OHG), Kommanditgesellschaft (KG), Partnerschaftsgesellschaft (PartG), Europäische Wirtschaftliche Interessenvereinigung (EWIV).

Für die **idealtypische Körperschaft** gelten folgende Merkmale: **409**
– auf größere Mitgliederzahl angelegt;
– Gesellschaftszweck soll Mitgliedschaft in der Körperschaft im Grundsatz überdauern;
– Bestand der Körperschaft ist unabhängig von der Zugehörigkeit der jeweiligen Mitglieder, d.h. ein Ein- und Austritt von Mitgliedern bzw. eine Übertragung der Mitgliedschaft ist grundsätzlich möglich;

---

25 Vgl. auch *Beck* Jura 2013, 209 ff.
26 Ausf. bei Rn. 413 f.

- körperschaftliche Verfassung: Name, Satzung, Gesellschaftsorgane (mindestens zwei: Mitgliederversammlung und Geschäftsführungsorgan);
- Mehrheitsprinzip;
- Fremdorganschaft, d.h. eine Geschäftsführung und Vertretung der Gesellschaft durch Nichtgesellschafter ist zulässig;
- die strikte Trennung zwischen Körperschaft und Mitglied kommt deutlich zum Ausdruck in der gesetzlich angeordneten Stellung als juristische Person infolge der Eintragung in das (Vereins-, Handels- oder Genossenschafts-)Register.

410 Wichtigste Rechtsformen sind: eingetragener Verein (e.V.), Aktiengesellschaft (AG); schon mit stärker personalistischem Einschlag: gesetzlicher Typus der Gesellschaft mit beschränkter Haftung (GmbH); stark personalistisch: eingetragene Genossenschaft (eG).[27]

411 Die **Kapitalgesellschaft** ist eine spezielle Ausprägung der Körperschaft. Für sie gilt:
- die Mitgliedschaft und die Mehrheitsverhältnisse werden durch die Kapitalbeteiligung bestimmt;
- ihr können ein oder mehrere Gesellschafter angehören (§ 2 AktG, § 1 GmbHG);
- sie ist Formkaufmann (§ 6 HGB iVm § 3 AktG, § 13 III GmbHG; vgl. oben Rn. 11 ff.);
- das Kapital ist in Aktien bzw. Geschäftsanteile zerlegt (§ 1 II AktG, § 5 I GmbHG), die in ihrer Gesamtheit das Grund- bzw. Stammkapital als garantierten Haftungsfonds bilden;
- die Haftung der Gesellschafter für Verbindlichkeiten der Gesellschaft ist grundsätzlich ausgeschlossen; den Gläubigern der Gesellschaft haftet nur das Vermögen der Gesellschaft (vgl. § 13 II GmbHG, § 1 I 2 AktG);
- jedoch sind im Interesse der Gläubiger zwingende Vorschriften über die Aufbringung und Erhaltung des Haftkapitals (Kapitalschutzvorschriften) sowie Rechnungslegungs- und Publizitätsvorschriften zu beachten.

412 Die wichtigsten Kapitalgesellschaften sind die AG und die GmbH.

IV. Typenzwang und Typenmischung

413 Das Gesetz stellt eine ganze Reihe von Gesellschaftsformen zur Verfügung, unter welchen die Gesellschafter im Grundsatz frei wählen können. Allerdings ist es den Gesellschaftern (ebenso wie im Sachen-, Familien- und Erbrecht[28]) verboten, privatautonom neue Rechtsformen zu schaffen. Es gilt vielmehr ein **numerus clausus** – eine Typenfixierung und Typenlimitierung – der Gesellschaftsformen.[29] Denn bestimmte Rechtsformen sind mit nicht unerheblichen Privilegien verbunden, wie zB die beschränkte Haftung bei Kapitalgesellschaften. Diese Beschränkung soll zum

---

27 Weitere Rechtsformen: Kommanditgesellschaft auf Aktien (KGaA), Versicherungsverein auf Gegenseitigkeit (VVaG), die Europäische Aktiengesellschaft (Societas Europaea – SE), Europäische Genossenschaft (Societas Cooperativa Europaea – SCE).
28 Dazu instruktiv *Kaulbach* JuS 2011, 397 ff.
29 *Windbichler*, Gesellschaftsrecht, § 1 Rn. 5; *Kindl*, Gesellschaftsrecht, § 3 Rn. 1; *Saenger*, Gesellschaftsrecht, § 2 Rn. 36.

einen der Rechtsverkehr erkennen können. Zum anderen sind die Privilegien durch besondere Schutzbestimmungen (Kapitalaufbringung, Kapitalerhaltung, haftungsbewehrte Insolvenzantragspflicht) besonders abgesichert. Wo es an sekundären Schutzmechanismen fehlt, kommt eine Haftungsbeschränkung nicht in Betracht. Unzulässig ist daher namentlich die Schaffung einer BGB-Gesellschaft mit beschränkter Haftung **(GbR mbH)**.[30] Eine entsprechende Klausel im Gesellschaftsvertrag verstößt gegen den numerus clausus der Gesellschaftsformen sowie gegen die Wertung des – auf die GbR analog anwendbaren (unten Rn. 624) – § 128 S. 2 HGB. Ein dahingehender Hinweis auf dem Briefkopf könnte als Allgemeine Geschäftsbedingung zu werten sein, ist aber jedenfalls unangemessen iSd § 307 I BGB und ungewöhnlich iSd § 305c I BGB. Umgekehrt soll auch der Einzelne bei der Interaktion mit einer bestimmten Verbandsform wissen, wie diese Gesellschaft im Grundsatz strukturiert ist. Das ist sowohl für die Beteiligung als auch für mögliche Haftungsfolgen relevant.

Doch besteht im Rahmen der vom Gesetz enumerativ zur Wahl gestellten Gesellschaftsformen grundsätzlich **Gestaltungsfreiheit**, insbesondere im Bereich der Personengesellschaften und der GmbH (Stichwort: kapitalistische Personengesellschaft oder personalistische Kapitalgesellschaft).[31] Vor allem das Innenrecht der Personengesellschaften und der GmbH steht zur Disposition der Gesellschafter, während die Satzungsstrenge nach § 23 V AktG die Vorschriften des AktG im Wesentlichen änderungsfest ausgestaltet. Zulässig ist außerdem durch gesellschaftsvertragliche Vereinbarung eine Mischung der verschiedenen Gesellschaftsformen (Stichwort: **Grundtypenmischung**).[32] Hauptbeispiel ist die GmbH & Co. KG[33]; neuerdings sind aber zunehmend auch die GmbH & Co. KGaA[34] sowie die Unternehmergesellschaft (haftungsbeschränkt) & Co. KG[35] anzutreffen.   **414**

V. Gesamthand/Juristische Person

1. Juristische Personen und Personen(handels)gesellschaften

Für Gesellschaften, die am Rechtsverkehr teilnehmen – sog. **Außengesellschaften**   **415** (zur Abgrenzung von der reinen Innengesellschaft: Rn. 469) –, stellt sich die Frage, wer Subjekt des Gesellschaftsvermögens ist und wer für die Verbindlichkeiten der Gesellschaft haftet. Für **Körperschaften**, also auch sämtliche Kapitalgesellschaften, fällt die Antwort leicht: Als **juristische Personen** sind sie kraft Eintragung in einem staatlichen Register (vgl. §§ 1 I 1, 41 I 1 AktG; §§ 11 I, 13 I GmbHG) oder kraft

---

30 BGHZ 142, 315; dazu *K. Schmidt* JuS 2000, 188; aA *Beuthien* WM 2012, 1 ff.; zu Vertretungsbeschränkungen, die zu ähnlichen Ergebnissen führen können: *Armbrüster* ZGR 2014, 333, 353 ff.; zur haftungsbeschränkten Personengesellschaft de lege ferenda *Röder* ZHR 184 (2020), 457 ff.

31 Zur Gestaltungsfreiheit und ihren Grenzen ausf. *Armbrüster* ZGR 2014, 333 ff.

32 *Windbichler*, Gesellschaftsrecht, § 1 Rn. 5; *Saenger*, Gesellschaftsrecht, § 2 Rn. 36; *Kindl*, Gesellschaftsrecht, § 3 Rn. 2.

33 Ausf. *K. Schmidt* JZ 2008, 425 ff.; zur Haftung *Lambrich* Jura 2007, 88 ff; *Lange* Jura 2016, 225 ff.; umfassende rechtsvergleichende Untersuchung bei *Fleischer/Wansleben* GmbHR 2017, 633 ff.; zur Kautelarpraxis insgesamt *Fleischer* RabelsZ 82 (2018), 239 ff.

34 BGHZ 134, 392.

35 Rechtstatsachen bei *Bayer/Hoffmann* GmbHR 2014, R359, R360.

staatlicher Verleihung (vgl. § 22 BGB) **rechtsfähig**.[36] Rechtsträgerin des Gesell-schaftsvermögens ist die juristische Person selbst, nicht etwa die Gesamtheit ihrer Mitglieder. Die **AG** und die **GmbH** sind selbst Träger von Rechten und Pflichten und damit Rechtspersonen.[37]

416 Weitgehend unproblematisch ist auch die Feststellung der Rechtsfähigkeit bei den Personen(handels)gesellschaften. Für **OHG** und **KG** ist deren Rechtsträgereigen-schaft in § 124 I HGB (iVm § 161 II HGB) ausdrücklich festgeschrieben.[38] Gleiches gilt für die **PartG** gem. § 7 II PartGG sowie für die **EWIV** nach § 1 EWIV-AusfG. Handelt in der Klausur keine natürliche Person, so muss die Rechtsfähigkeit unter Hinweis auf die zitierten Vorschriften kurz positiv festgestellt werden.

2. Rechtsfähigkeit der BGB-Gesellschaft

417 **Fall 40:** A, B und C sind Gesellschafter der ABC-GbR. Gläubiger G hat eine offene Kauf-preisforderung gegen die ABC-GbR, die eine Zahlung kategorisch ablehnt. G möchte nun gegen die GbR Klage erheben. Ist das zulässig?

418 Große Schwierigkeiten bereitete früher die Frage nach der **Rechtsfähigkeit der BGB-Gesellschaft**.[39] Sie ist – ebenso wie die übrigen Personengesellschaften – als **Gesamthandsgesellschaft** konzipiert (§§ 718 I, 719 I BGB).[40] Danach ist das Gesell-schaftsvermögen der BGB-Gesellschaft gemeinschaftliches Vermögen der Gesell-schafter, das aber in doppelter Weise einer besonderen **gesamthänderischen Bin-dung** unterliegt: Der Gesellschafter ist sowohl im Hinblick auf seinen Anteil am Ge-sellschaftsvermögen als auch hinsichtlich seines Anteils an einzelnen Gegenständen des Gesellschaftsvermögens in der Verfügung beschränkt.[41] Umgekehrt lässt die ge-samthänderische Bindung das Privatvermögen des Gesellschafters unberührt. Das Gesamthandsvermögen wurde dementsprechend als Sondervermögen des Gesell-schafters gedacht. Gleichzeitig fehlt es für die GbR im Gegensatz zu OHG und KG an einer ausdrücklichen gesetzlichen Regelung über die Rechtsfähigkeit, so dass mit der früher hM[42] ein Umkehrschluss zu § 124 I HGB durchaus nicht fernlag.

419 Daraus folgerte die früher vorherrschende **individualistische Gesamthandslehre**, dass Rechtsträger des Gesellschaftsvermögens der GbR nur die Gesellschafter in ihrer

---

36 Zum Begriff der juristischen Person im europäischen Bank- und Kapitalmarktrecht *Klöhn/Wimmer* WM 2020, 761 ff.
37 Zum Begriff der Rechtsperson ausf. *Klingbeil* AcP 217 (2017), 848 ff.
38 Zur Bedeutung des § 14 II BGB in diesem Zusammenhang: *Petersen* Jura 2004, 683 ff.; *Bachmann*, FS K. Schmidt I, 2019, S. 49 ff.; zur Verbrauchereigenschaft der GbR vgl. BGH NJW 2017, 2752 = JuS 2018, 287 *(Schwab)*; dazu *Siemienowski* NZG 2018, 168 ff.; *Weber* JA 2018, 307 ff.
39 Instruktive Darstellung der dogmengeschichtlichen Entwicklung mit Blick auf *Flumes* Lehrbuch zum Personengesellschaftsrecht *K. Schmidt* AcP 209 (2009), 181, 186 ff.; zu Vergangenheit und Zukunft auch *Wiedemann*, FS Meincke, 2015, S. 423 ff.
40 Zum Gesamthandsprinzip ausf. *Beuthien* ZGR 2019, 664 ff.; zur Gesamthand bei der Erbengemein-schaft und der ehelichen Gütergemeinschaft vgl. *Altenhofen* Jura 2018, 205 ff.
41 *K. Schmidt*, Gesellschaftsrecht, § 59 IV 2; *Grunewald*, Gesellschaftsrecht, § 1 Rn. 104.
42 BGHZ 74, 240, 242; 79, 374, 377; *Zöllner*, FS Gernhuber, 1993, S. 563 ff.; *Hueck*, FS Zöllner, 1998, S. 275 ff.; *Kübler*, Gesellschaftsrecht, 4. Aufl. 1994, S. 51 ff.; vgl. heute noch die Überlegungen von *Bork*, BGB AT, Rn. 195.

gesamthänderischen Verbundenheit seien.[43] Die BGB-Gesellschaft wurde nach dieser bereits vom RG vertretenen Positionen nicht als selbstständige Rechtspersönlichkeit angesehen. Ihre Vertragspartner traten folglich (nur) „in unmittelbare Rechtsbeziehungen zu der in der Gesellschaft vereinigten Personenmehrheit".[44] Dieses Verständnis konnte man durchaus auch den §§ 706 II 1, 714 BGB und § 736 ZPO entnehmen.

Die heute herrschende **Gruppenlehre** sieht hingegen – mit Recht – die BGB-(Außen-)Gesellschaft als rechtsfähig an,[45] und kann dafür auf eine widerspruchsfreie Erklärung und Durchführung der Trennung des Gesellschaftsvermögens vom Privatvermögen der Gesellschafter verweisen. Für die Anerkennung der Rechtsfähigkeit der (Außen-)GbR spricht weiterhin die Identität des Haftungssubjekts sowie die identitätswahrende Umwandlung der BGB-Gesellschaft in eine OHG und umgekehrt in Abhängigkeit von Art und Umfang des von den Gesellschaftern betriebenen Gewerbes (vgl. § 1 II HGB; dazu oben Rn. 24 ff.).

420

Der dogmatische Streit ist heute im Sinne der Gruppenlehre entschieden. Denn der moderne Gesetzgeber hat im Laufe der Zeit eine Reihe von Vorschriften geschaffen, welche die Rechtsfähigkeit der GbR implizieren, wie zB § 14 II BGB, § 11 II Nr. 1 InsO und die §§ 191 II Nr. 1, 202 I Nr. 1 UmwG. Spätestens seit der **Einführung des § 899a BGB** (dazu ausf. Rn. 424 ff.) durch den bürgerlichrechtlichen Gesetzgeber kann die Rechtsfähigkeit der BGB-Gesellschaft nicht mehr zweifelhaft sein;[46] im Hinblick auf die unveränderte Fassung der §§ 718, 719 BGB gilt der Grundsatz lex posterior derogat legi priori[47]. In der Klausur bedarf es daher keiner ausführlichen Darstellung des (früheren) Streitstandes. Das befreit allerdings nicht von der Notwendigkeit, die Rechtsfähigkeit der GbR unter Überwindung des Wortlauts der §§ 718, 719 BGB kurz herzuleiten. Hierzu genügt es indes, darzulegen, dass die neuere Regelung des § 899a BGB die Rechtsfähigkeit der BGB-Gesellschaft impliziert.

421

Streitig ist allein, ob die Gesellschaft zur Erlangung der Rechtsfähigkeit über die aus § 705 BGB folgenden Wesensmerkmale hinaus einen **bestimmten Organisationsgrad** (Name, Sitz, Handlungsorganisation) aufweisen muss.[48] Das wird von einem Teil des Schrifttums im Hinblick auf die Erwartungen des Rechtsverkehrs gefordert, der bei dem Auftreten einer unkoordinierten Personenmehrheit nach §§ 421, 427 BGB von einer gesamtschuldnerischen Haftung der Beteiligten ausgehe und auch ausgehen dürfe[49]. Dieser Überlegung ist mit der vorzugswürdigen Gegenauffassung

422

---

43 BGHZ 34, 293, 296; 74, 240, 242; *Zöllner*, FS Gernhuber, 1993, S. 563 ff.
44 RGZ 85, 157, 158.
45 BGHZ 146, 341 – ARGE Weißes Ross; dazu *Habersack* BB 2001, 477 ff.; *K. Schmidt* NJW 2001, 993 ff.; *Ulmer* ZIP 2001, 585 ff.; *Westermann* NZG 2001, 289 ff.; *Kellermann* JA 2003, 648 ff.; fortgeführt durch BGH ZIP 2006, 2128 m. Anm. *K. Schmidt* JuS 2007, 185; BGH ZIP 2008, 501; BGH NJW 2009, 594 m. Anm. *K. Schmidt* JuS 2009, 278. Vorbereitende Entscheidungen: BGHZ 78, 311, 312 ff. (Erwerb GmbH-Geschäftsanteil); BGHZ 116, 86, 88 (Erwerb Mitgliedschaft eG); BGHZ 136, 254, 257 (Scheckfähigkeit). Zusf. zur Entwicklung seit BGHZ 146, 341: *Armbrüster* ZGR 2013, 366 ff.
46 Das erkennen selbst diejenigen an, die nach BGHZ 146, 341 – ARGE Weißes Ross – noch die Gegenposition vertreten haben; vgl. nur *Bork*, BGB AT, Rn. 195a aE.
47 In diesem Sinne auch *Koch*, Gesellschaftsrecht, § 3 Rn. 11.
48 Einfaches Beispiel aus der Fallbearbeitung bei *Lieder* Jura 2010, 926, 928; eingehend zum Problem *Beuthien* ZIP 2011, 1589 ff.; *Grunewald*, FS K. Schmidt I, 2019, S. 391 ff.
49 So dezidiert MünchKomm-BGB/*Schäfer*, § 705 Rn. 306; *Ulmer* ZIP 2001, 585, 594; im Ergebnis ebenso *K. Schmidt* NJW 2001, 993, 1001 f.

zu widersprechen.[50] Denn zum einen birgt die Beschränkung auf einen bestimmten Organisationsgrad die Gefahr schwerwiegender Abgrenzungsprobleme. Zum anderen wird der Rechtsverkehr in seiner Erwartung der gesamtschuldnerischen Haftung angesichts der persönlichen Gesellschafterhaftung (dazu eingehend Rn. 623) auch nicht enttäuscht.

423 Für die Lösung von **Fall 40** gibt die Anerkennung der Rechtsfähigkeit der BGB-Gesellschaft die Richtung vor. Nach Maßgabe des § 50 I ZPO ist die GbR selbst **parteifähig** und die richtige Beklagte im Zivilprozess.[51] Sie wird nach § 51 I ZPO durch die vertretungsberechtigten Gesellschafter vertreten.[52] Gleiches gilt nach § 50 II ZPO für den nichtrechtsfähigen – besser: nichteingetragenen[53] – Verein, der im Rechtsstreit die Stellung eines rechtsfähigen Vereins hat.

3. Grundbuchfähigkeit der BGB-Gesellschaft

424 Nach Anerkennung der Rechtsfähigkeit der BGB-Gesellschaft war fraglich, ob die GbR auch in das Grundbuch eingetragen werden kann.[54] Der BGH bejahte die Frage in zwei Schritten: Zunächst anerkannte er die *materielle* Grundbuchfähigkeit der BGB-Gesellschaft. Damit war klargestellt, dass die GbR selbst Eigentümerin des in das Gesellschaftsvermögen eingebrachten Grundstücks ist, nicht etwa deren Gesellschafter in gesamthänderischer Gebundenheit.[55] Wenig später bejahte der BGH auch die *formelle* Grundbuchfähigkeit mit der Folge, dass die BGB-Gesellschaft **unter ihrem Namen** in das Grundbuch eingetragen werden konnte, ohne dass es darüber hinaus auch noch der Eintragung der Gesellschafter bedurfte.[56]

425 Mangels Registrierung der GbR stellte ihre Eintragungsfähigkeit die Grundbuchpraxis indes vor große Schwierigkeiten, weil die Nachweiserfordernisse gem. §§ 20, 29 GBO ohne GbR-Register nur schwerlich zu erfüllen waren. Dies nahm der Gesetzgeber zum Anlass, um im Rahmen des ERVGBG[57] einige **Sondervorschriften** zu schaffen, die auch für gesellschaftsrechtliche Examensklausuren von Bedeutung sind: Zum einen kann die GbR gem. § 47 II 1 GBO als solche nur unter Bezeichnung ihrer

---

50 *Grunewald*, Gesellschaftsrecht, § 1 Rn. 105; *Habersack* BB 2001, 477, 478 f.; *Pohlmann* WM 2002, 1421, 1423.

51 BGH NJW 2002, 1207, 1208; dazu *Kellermann* JA 2002, 740; siehe ferner BGH NJW 2008, 1378; kritisch dazu *K. Schmidt* NJW 2008, 1841 ff.; vgl. zur Klage gegen alle Gesellschafter und zur Vollstreckung des Urteils nach § 736 ZPO *Lenenbach* WM 2011, 385 ff.; *Wertenbruch* ZIP 2019, 2082 ff.; zur Zwangsvollstreckung in das Grundstück der BGB-Gesellschaft aufgrund eines gegen sämtliche Gesellschafter gerichteten Titels BGH NJW 2004, 3632 m. Anm. *K. Schmidt* JuS 2004, 1012.

52 MünchKomm-BGB/*Schäfer*, § 705 Rn. 321; *Kübler/Assmann*, Gesellschaftsrecht, § 6 III 1b.

53 *K. Schmidt*, FS Beuthien, 2009, S. 211, 221; *Lieder* Jura 2012, 335.

54 Dazu eingehend bereits *Lieder* Jura 2012, 335 ff., an dem sich der nachfolgende Abschnitt orientiert; vgl. weiter *Wellenhofer* JuS 2010, 1048 ff.; siehe noch die Fallbearbeitungen bei *Happ/Milione* JA 2019, 653 ff; *Heller/Schumacher* JA 2017, 179 ff.; *Löhnig/Becker* JA 2015, 736 ff.; *Teichmann/Körber/Schaub* JuS 2011, 723 ff.

55 BGH NJW 2006, 3716 Rn. 10.

56 BGHZ 179, 102 Rn. 13, 19 ff.; dazu *K. Schmidt* JuS 2009, 278; vgl. zuvor noch BGH NJW 2008, 1378 Rn. 6 f.

57 Gesetz zur Einführung des elektronischen Rechtsverkehrs und der elektronischen Akte im Grundbuchverfahren sowie zur Änderung weiterer grundbuch-, register- und kostenrechtlicher Vorschriften vom 11.8.2009 (ERVGBG), BGBl. I, S. 2713.

Gesellschafter in das Grundbuch eingetragen werden. Zum anderen wird der öffentliche Glaube an die Vollständigkeit und Richtigkeit, des Grundbuchs gem. § 899a BGB auf die im Grundbuch eingetragenen Gesellschafter erstreckt.

Fall 41:[58] Die V-GbR, bestehend aus A, B und C, benötigt frisches Kapital und kommt daher mit D überein, dass sie der GbR als neue Gesellschafterin beitrete. Nach vollzogenem Beitritt veräußert die V-GbR, vertreten durch alle im Grundbuch ausgewiesenen Gesellschafter (A, B und C) das ihr gehörende Grundstück an E, der von der Aufnahme der D keine Kenntnis hat. Der Beitritt der D war zu diesem Zeitpunkt im Grundbuch noch nicht vermerkt. Nach Eintragung des E verlangt die V-GbR Grundbuchberichtigung, hilfsweise die Rückabwicklung des Grundstücksgeschäfts. Zu Recht?   **426**

Der **Grundbuchberichtigungsanspruch** nach § 894 BGB setzt voraus, dass die V-GbR noch immer Eigentümerin des Grundstücks ist. Sie könnte das Grundstück allerdings durch Übereignung an E verloren haben (§§ 873 I, 925 I BGB). Probleme bereitet die Zurechnung der Erklärung der handelnden Gesellschafter nach § 164 I 1 BGB. Organschaftliche Vertretungsmacht haben gem. §§ 714, 709 I BGB nur alle BGB-Gesellschafter gemeinsam (dazu Rn. 543). Hier haben indes nur A, B und C gehandelt, nicht hingegen auch die neu aufgekommene Gesellschafterin D. Allerdings kann dieser Mangel der Vertretungsmacht gem. § 899a S. 2 iVm §§ 892 I 1, 714, 709 I BGB überwunden werden. Danach wird das Vertrauen des Erwerbers daran geschützt, dass nur die in das Grundbuch eingetragenen Gesellschafter der V-GbR angehören[59] und sie die Gesellschaft daher auch wirksam vertreten können. Da die restlichen Übereignungsvoraussetzungen erfüllt sind, hat E das Eigentum an dem Grundstück erworben, so dass der Grundbuchberichtigungsanspruch nicht durchgreift.   **427**

Die V-GbR könnte einen **bereicherungsrechtlichen Anspruch auf Rückübertragung** des Grundeigentums haben.[60] Ein zwischen der V-GbR und E geschlossener Kaufvertrag käme allerdings als möglicher Rechtsgrund zum Behaltendürfen in Betracht. Allerdings fehlte A, B und C auch hierfür die Vertretungsmacht. Eine Zurechnung nach § 164 I 1 BGB kann sich daher wiederum allein aus dem guten Glauben an die organschaftliche Vertretungsmacht der im Grundbuch eingetragenen Gesellschafter gem. § 899 S. 2 iVm §§ 892 I 1, 714, 709 I BGB ergeben. Es stellt sich dementsprechend die – heillos umstrittene – Frage, ob § 899a BGB auch **auf schuldrechtlicher Ebene** zur Anwendung gelangt.   **428**

Unter Hinweis auf **Verkehrsschutzerwägungen** spricht sich ein Teil des Schrifttums für eine Übertragung des § 899a BGB auf das Verpflichtungsgeschäft aus.[61] Die Gegenauffassung lehnt eine solche Ausdehnung unter Hinweis auf die **systematische**   **429**

---

58 Vgl. bereits *Lieder* Jura 2012, 335, 337 ff.

59 Vgl. etwa *Bitter/Heim*, Gesellschaftsrecht, § 5 Rn. 63; *Wilhelm* BB 2011, 801, 807; *Witt* BB 2011, 259, 260 f.; aA *Altmeppen* NJW 2011, 1905, 1906 f., 1908.

60 Umstritten ist die exakte Rechtsgrundlage: Je nachdem, ob sich die Gesellschaft das Handeln der eingetragenen Gesellschafter zurechnen lassen muss, handelt es sich um eine Leistungskondiktion gem. § 812 I 1 Alt. 1 BGB (dafür *Miras* DStR 2010, 604, 607; *Kuckein/Jenn* NZG 2009, 848, 851) bzw. eine Nichtleistungskondiktion gem. § 812 I 1 Alt. 2 BGB (dafür *Lautner* DNotZ 2009, 650, 671 Fn. 79; *Wellenhofer* JuS 2010, 1048, 1050).

61 *Armbrüster* ZGR 2013, 366, 380; *Böttcher* NJW 2010, 1647, 1655; *Heinze* RNotZ 2010, 289, 297 f.; *Wertenbruch* ZIP 2010, 1884 ff.

Stellung des § 899a BGB im Sachenrecht sowie den Wortlaut („in Ansehung des eingetragenen Rechts") strikt ab,[62] will teilweise aber zumindest durch die Anwendung der allgemeinen Rechtsscheinhaftung[63], der Duldungs- und Anscheinsvollmacht[64], durch Kondiktionsausschlüsse nach Treu und Glauben[65] oder eine Teilanalogie zu § 816 I BGB[66] helfen.

430   Zutreffend erscheint ein **differenzierender Standpunkt**:[67] Das Regelungsziel des § 899a BGB, im Grundstücksverkehr unter Beteiligung der GbR für Rechtssicherheit und Rechtsklarheit zu sorgen,[68] wird nur erreicht, wenn der auf dinglicher Ebene nach § 899a BGB **wirksame Grundstückserwerb** auch **kondiktionsfest** ist. Zudem werden Transaktionskosten gesenkt, wenn sich der Erwerber darauf verlassen kann, dass die im Grundbuch eingetragenen Gesellschafter für die GbR handeln können und ihm die erlangte Rechtsposition daher auch nicht im Nachhinein durch einen bereicherungsrechtlichen Anspruch wieder entzogen werden kann. Insofern entfaltet § 899a BGB im Wege einer eingeschränkten Analogiebildung **Ausstrahlungswirkungen auf die schuldrechtliche Ebene**. Damit konnten A, B und C die GbR auch beim Abschluss des Kaufvertrags vertreten, weshalb ein bereicherungsrechtlicher Rückgewähranspruch ausscheidet.

431   Wiewohl die Erstreckung des § 899a BGB auf das Kausalgeschäft diskutiert wird und richtigerweise zu bejahen ist, kommt ein Schutz des guten Glaubens nur „in Ansehung des eingetragenen Rechts" in Betracht: Auf nicht **grundstücksbezogene Geschäfte** – gleichviel, ob Verpflichtung oder Verfügung – findet § 899a BGB unstreitig weder direkte noch analoge Anwendung. Das Grundbuch ist kein GbR-Register! Deshalb ist auch die Eintragung der Verpfändung eines BGB-Gesellschaftsanteils in das Grundbuch ausgeschlossen.[69] Mit Blick auf die Wertung des § 54 S. 1 BGB kann auch ein **nichteingetragener Verein** analog § 47 II 1 GBO nicht allein unter seinem Namen in das Grundbuch eingetragen werden.[70] Für Parteien und Gewerkschaften ist mit Blick auf ihre große Mitgliederzahl und ihre verfassungsrechtlich verbürgte Stellung (vgl. Art. 21 GG, 9 III GG) aber nicht zu verlangen, dass alle Vereinsmitglieder im Grundbuch verlautbart werden.[71]

---

62 BeckOK-BGB/*Eckert*, § 899a Rn. 5; Palandt/*Herrler*, BGB, § 899a Rn. 6, 8; jurisPK-BGB/*Toussaint*, § 899a Rn. 28; *Weiss* JuS 2016, 494 ff.
63 *Reymann*, FS Reuter, 2010, S. 271, 281 ff., 292.
64 Vgl. *Kohler* Jura 2012, 83, 85 f.; *Lehmann* DStR 2011, 1036, 1037 f.
65 *Reiff*, GS M. Wolf, 2011, S. 303, 320 f.; ähnlich *Kohler* ZIP 2011, 2277, 2282 ff., 2287 ff.
66 *Weiss* JuS 2016, 494, 497 ff.
67 So bereits Bauer/Schaub/*Bayer/Lieder*, GBO, AT J Rn. 66 ff.; *Lieder* Jura 2012, 335, 338 f.; nahestehend *Witt* BB 2011, 259, 262 ff.; *Hartmann* ZNotP 2011, 139, 141 ff.
68 *Lieder* Jura 2012, 335, 336.
69 BGH NZG 2016, 1223 = JuS 2017, 168 *(K. Schmidt)*.
70 BGH NZG 2016, 666 = JuS 2016, 646 *(K. Schmidt)*.
71 Bauer/Schaub/*Bayer/Lieder* GBO AT J Rn. 18; *Lieder* Jura 2012, 335, 342; (für Gewerkschaften) *Prütting*, FS Roth, 2011, S. 585, 589.

§ 9 Errichtung der Gesellschaft

I. BGB-Gesellschaft

1. Gesellschafter

Gesellschafter einer jeden Personengesellschaft können sowohl natürliche Personen, Personengesellschaften als auch juristische Personen sein, nicht hingegen eine Erbengemeinschaft.[1] Anders als im Falle der GmbH (§ 1 GmbHG) oder der AG (§ 2 AktG) scheidet die Gründung einer Personengesellschaft nur durch einen Gesellschafter aus. Sowohl der Wortlaut des § 705 BGB („... die Gesellschafter gegenseitig ...") als auch die Struktur der Personengesellschaft stehen der **Einpersonengründung** entgegen (Erfordernis der Mehrgliedrigkeit[2]). Nach ganz hM[3] führt auch der spätere ersatzlose Wegfall[4] des vorletzten Gesellschafters nicht zum Fortbestand einer Einpersonen-GbR. Gegenteiliges kann auch nicht aus § 140 I 2 HGB hergeleitet werden, der über die Rechtsfolgen der Ausschließungsklage gerade keine Aussage trifft. Zudem fehlt es an einem – für GmbH und AG nachgewiesenen – praktischen Bedürfnis für den dauerhaften[5] Fortbestand eingliedriger Personengesellschaften. Stattdessen geht das gesamte Gesellschaftsvermögen ipso iure durch Gesamtnachfolge auf den letzten verbleibenden Gesellschafter über.[6] Gleiches gilt, wenn alle Gesellschafter ihre Anteile auf einen verbleibenden Gesellschafter oder einen Dritten übertragen.[7] Zulässig ist es nach zutreffender Auffassung allerdings, dass ein Gesellschafter über **keinen Kapitalanteil** an der GbR verfügt, also rechnerisch – die gesamthänderische Bindung bleibt unberührt – nicht am Gesellschaftsvermögen beteiligt ist.[8]

432

Ausgehend von der Beteiligung der Gesellschafter ist auch zu bestimmen, in welchen Fällen die GbR als Verbraucherin qualifiziert werden kann. Die pauschale Aussage, dass die GbR bereits dann als **Verbraucherin** angesehen wird, wenn auch nur ein Gesellschafter Verbraucher ist,[9] ist insbesondere im Hinblick auf die ausdrückliche Regelung des § 14 II BGB kaum mehr haltbar.[10] Vielmehr muss im Einzelfall, insbesondere wenn ein Gesellschafter gewerbliche oder selbstständige berufliche Zwecke verfolgt, geprüft werden, ob auch die GbR überwiegend solchen Zwecken dient.[11] In

433

---

1 Dazu ausf. unten Rn. 784.
2 Dazu ausf. *Armbrüster* ZGR 2014, 333, 342 ff.
3 MünchKomm-BGB/*Schäfer* § 705 Rn. 60 ff. mwN; *Wiedemann/Frey*, Gesellschaftsrecht II, § 5 III 3; *Windbichler*, Gesellschaftsrecht, § 10 Rn. 2; aA *Grunewald*, Gesellschaftsrecht, § 1 Rn. 2.
4 Zur Ausschließung eines Gesellschafters aus der zweigliedrigen Gesellschaft aus wichtigem Grund siehe OLG Koblenz ZIP 2014, 2086.
5 Für Ausnahmen in besonderen erbrechtlichen Konstellationen vgl. BGHZ 98, 48, 57; BGH NJW 1996, 1284, 1286; *Grunewald*, Gesellschaftsrecht, § 1 Rn. 2; *K. Schmidt*, Gesellschaftsrecht, § 45 I 2 b bb; zurückhaltend *Flume*, Personengesellschaft, § 7 III 4.
6 BGH NJW 2008, 2992 Rn. 9; NZG 2018, 1148 Rn. 10.
7 BGH BeckRS 2018, 15661 Rn. 8.
8 OLG Frankfurt aM NZG 2013, 338; dazu *K. Schmidt* JuS 2013, 653 f.; vgl. weiter BGH WM 2015, 380 m. Anm. *Lieder/Scholz* WuB 2015, 238 ff.
9 OLG Köln BB 2017, 2390.
10 So auch MünchKomm-BGB/*Micklitz*, § 13 Rn. 20; *Otte-Gräbener* BB 2017, 1425; *Siemienowski* NZG 2018, 168, 169.
11 *Otte-Gräbener* BB 2017, 2390, 2391.

diesem Zusammenhang hat der BGH die Verbrauchereigenschaft einer GbR bei Beteiligung einer **juristischen Person als Gesellschafter** sogar unabhängig davon verneint, ob sie lediglich zu privaten oder nicht gewerblichen Zwecken tätig ist.[12] In dieser Entscheidung kommt eine Tendenz des BGH zum Ausdruck, die Anwendbarkeit des § 13 BGB auf BGB-Außengesellschaften grundsätzlich zu verneinen.[13]

2. Gesellschaftsvertrag

a) Mindestinhalt und Rechtsnatur

434 Die Errichtung einer jeden Gesellschaft setzt einen Gesellschaftsvertrag voraus. Grundnorm für die BGB-Gesellschaft – aber auch für alle anderen Personengesellschaften – ist **§ 705 BGB**, der den Mindestinhalt des Gesellschaftsvertrags festlegt und zugleich die BGB-Gesellschaft legal definiert: Danach verpflichten sich die Gesellschafter gegenseitig, die Erreichung eines gemeinsamen Zwecks (= **Gesellschaftszweck**) in der durch den Vertrag bestimmten Weise zu fördern (= **Förderungspflicht**), wozu vor allem die Leistung der vereinbarten Beiträge gehört (= **Beitragspflicht**). Darüber hinaus können fakultativ weitere Regelungen getroffen werden.[14] Die Gesellschaft entsteht mit dem Abschluss des Gesellschaftsvertrags; einer zusätzlichen Geschäftsaufnahme durch die Gesellschafter bedarf es nicht.[15]

435 Der Gesellschaftsvertrag ist zwar ein **schuldrechtlicher Vertrag**, jedoch nicht auf ein Austauschverhältnis zwischen den Vertragspartnern (= den Gesellschaftern) gerichtet; vielmehr wird die Gesellschaft als Personenverband begründet. Der Gesellschaftsvertrag ist daher vorrangig ein **Organisationsvertrag**.[16] Dies hat insbesondere zur Folge, dass die §§ 320 ff. BGB typischerweise keine Anwendung finden (unten Rn. 685).

b) Gesellschaftszweck

436 Grundsätzlich kann mit der Rechtsform der BGB-Gesellschaft jeder erlaubte (also nicht verbotene – § 134 BGB[17] – oder sittenwidrige – § 138 BGB[18] –) Zweck verfolgt werden.[19] In Betracht kommen **wirtschaftliche**, insbesondere auf den Betrieb eines

---

12 BGH NJW 2017, 2752 = JuS 2018, 287 *(Schwab)*; dazu *Linardatos* NZG 2018, 696; *Otte-Gräbener* BB 2017, 1425.
13 *Weber* JA 2018, 307; *Pfeiffer* LMK 2017, 390452.
14 *Windbichler*, Gesellschaftsrecht, § 6 Rn. 1; *Saenger*, Gesellschaftsrecht, Rn. 66.
15 Schwerdtfeger/*Lubitz*, Gesellschaftsrecht, § 705 BGB Rn. 1; Erman/*Westermann*, BGB, § 705 Rn. 1; aA *C. Schäfer*, FS Schneider, 2011, S. 1085 ff.
16 Einzelheiten str.; wie hier *Windbichler*, Gesellschaftsrecht, § 6 Rn. 2; ausf. MünchKomm-BGB/*Schäfer*, § 705 Rn. 158 mwN.
17 Beispiele: BGH ZIP 2011, 1202 (Verstoß gegen RBerG; vgl. heute RDG); OLG Hamm NJW 1986, 1487 (Kartell); OLG Koblenz WM 1979, 1435 (Steuerhinterziehung); OLG Hamm NJW-RR 2000, 1565 (Verstoß gegen HandwO).
18 Beispiele: BGH NZG 1998, 501 (Vergütungsregelungen bei Musikproduktionsgesellschaft); BGH NZG 2013, 984 (Ehegattenbürgschaft); OLG Celle OLGR 2000, 255 (Schneeballsystem); AG Berlin Charlottenburg GewArch 1988, 348 (Kettenbriefe). Zur Abgrenzung: BGH NJW-RR 2003, 1116 (Strohmann als Konzessionsträger einer Spielhalle); BGH NJW-RR 1988, 1379 (Bordell; vgl. noch § 1 S. 1 ProstG).
19 BGHZ 135, 387, 389; ausf. Übersicht bei MünchKomm-BGB/*Schäfer*, Vor § 705 Rn. 34 ff.

nichtkaufmännischen[20] oder freiberuflichen[21] Erwerbsgeschäfts oder Unternehmens gerichtete sowie vermögensverwaltende Zwecke[22], aber auch **ideelle Zwecke** (Freizeitgestaltung,[23] Wissenschaft, Kunst, Politik).[24] Davon abgesehen kann der Gesellschafterzusammenschluss auf Dauer angelegt sein; zulässig ist gleichermaßen eine Gelegenheitsgesellschaft.[25]

Der **Betrieb eines Handelsgewerbes**[26] (= Kaufmann!) führt stets in die Rechtsform **437** der OHG[27] oder KG (vgl. §§ 105 I, 161 I 1, II HGB).[28] Zudem ist die BGB-Gesellschaft von **partiarischen Rechtsgeschäften** abzugrenzen, die – wie zB ein Darlehen mit Gewinnbeteiligung[29] – nicht auf die Verfolgung eines gemeinsamen Zwecks, sondern auf die Verfolgung von Individualinteressen gerichtet sind und bei denen sich die von den Beteiligten verfolgten Einzelinteressen unterscheiden.[30]

c) Vertragsschluss

aa) Der Abschluss des Gesellschaftsvertrags ist ein zwei- oder mehrseitiges **Rechts-** **438** **geschäft**; es gelten also grundsätzlich die §§ 104 ff. BGB. Jedoch erfordern die Besonderheiten einer in Vollzug gesetzten Gesellschaft teilweise Modifikationen, speziell im Hinblick auf fehlerhafte Gesellschaftsgründungen (unten Rn. 800), doch auch darüber hinaus:

Fall 42: Zwei Bauunternehmer hatten sich zu einer Bau-ARGE zusammengeschlossen **439** (vgl. Rn. 22). Obwohl von beiden als klärungsbedürftig ausgemacht, verständigten sie sich bei Vertragsschluss nicht über die Gewinnverteilung. Das Bauvorhaben führten sie dennoch durch.

---

20 Paradebeispiel: Ehegatten-Innengesellschaft: BGH NJW-RR 1988, 260; siehe zur Führung eines Rechtsstreits: OLG Hamburg OLGE 33, 119.
21 Paradebeispiel: Anwalts- (BGHZ 56, 355; 124, 47) oder Steuerberatersozietät (BGH NJW 1995, 2843, 2844); aber auch ärztliche Gemeinschaftspraxis (BGHZ 97, 273, 276) oder professionelles Streichquartett (*Ulmer*, FS K. Schmidt, 2009, S. 1627 ff.).
22 Weitere Beispiele: Lotto-Tippgemeinschaft (BGH NJW 1974, 1705; dazu *Fleischer/Hahn* NZG 2017, 1 ff.; *Säcker* NJW 2017, 3080 f.), Sammelbestellung (LG Konstanz NJW 1987, 2521; dazu *K. Schmidt* JuS 1988, 444), Wohngemeinschaft (BGH ZIP 1998, 27, 30), Stimmrechtskonsortium (BGH ZIP 2009, 216, 218 mwN; dazu *K. Schmidt* ZIP 2009, 737 ff.); Vereinbarung zwischen AG und Aktionären über Zusammensetzung des Aktionärskreises (BGH NZG 2010, 62).
23 Beispiel: Gemeinsame Urlaubsreise (OLG Saarbrücken NJW 1985, 811) oder Fahrgemeinschaft nach Gaststättenbesuch (BGHZ 46, 313). Siehe aber zur Abgrenzung den „Kronkorken"-Fall LG Arnsberg JA 2017, 627 m. Anm. *Förster* (nur Bruchteilsgemeinschaft am erworbenen Bierkasten bei gemeinsamem Wochenendausflug).
24 MünchKomm-BGB/*Schäfer*, § 705 Rn. 144; *Windbichler*, Gesellschaftsrecht, § 5 Rn. 3.
25 Beispiel: Errichtung eines Bauwerks durch eine Arbeitsgemeinschaft (ARGE): BGHZ 61, 338, 342; Bauherrengemeinschaft: BGH WM 1979, 774; NJW 2002, 1642; Herausgabe und Vertrieb einer Buchreihe (Persönlichkeiten Europas): BGH NJW 1983, 1188; Organisation eines Börsengangs durch Bankenkonsortium: BGH WM 1992, 1225; Fallbearbeitung bei *Mittwoch* JuS Probeexamen 2017, 591 ff.
26 Zum Begriff: oben Rn. 24 ff.
27 Dazu ausf. unten Rn. 470.
28 MünchKomm-BGB/*Schäfer*, § 705 Rn. 3.
29 BGHZ 127, 176.
30 *Bitter/Heim*, Gesellschaftsrecht, § 5 Rn. 11; *Wiedemann*, Gesellschaftsrecht II, § 7 I 1 c.

440 Da die Bauunternehmer über einen wesentlichen Bestandteil des Vertrages bewusst keine Einigkeit erzielt haben, wäre der Vertrag nach § 154 I BGB im Zweifel nicht geschlossen (offener Dissens). Dieses Ergebnis ist jedoch nicht sachgerecht, wenn die Parteien den Vertrag in Vollzug gesetzt haben. Die bewusste Lücke ist im Falle des Scheiterns einer (beabsichtigten) späteren Einigung im Wege der ergänzenden Vertragsauslegung (§ 157 BGB) zu schließen (hier unter Abweichung der dispositiven Gewinnverteilungsregelung des § 722 I BGB).[31]

441 bb) Der Gesellschaftsvertrag bedarf im Regelfall **keiner Form** (siehe aber noch Rn. 458 ff., 800 ff.) und kann daher auch mündlich oder nur konkludent geschlossen werden.[32] Erforderlich ist aber stets der rechtsverbindliche Wille, den ausdrücklich oder stillschweigend beabsichtigten gemeinsamen Zweck zu fördern; die Kenntnis oder auch nur das Bewusstsein, dass eine Gesellschaft iSd § 705 BGB errichtet wird, ist hingegen nicht erforderlich.[33]

442 Die Möglichkeit des *konkludenten Vertragsschlusses* schafft allerdings in mehrfacher Hinsicht **Abgrenzungsprobleme**.

443 **Fall 43:**[34] Die Eltern von A und die Eltern von B verabreden, dass sie ihre Kinder nach der Grundschule jeweils abwechselnd beaufsichtigen.

444 **Fall 44:**[35] X und Y nehmen an der Rallye „Rund um den Braunschweiger Löwen" teil und wechseln sich als Fahrer bzw. Beifahrer ab.

445 **Fall 45:**[36] R und S bilden für die Fahrt zur Arbeit eine Fahrgemeinschaft, wobei S für die Mitnahme im Pkw der R eine Vergütung entrichtet.

446 Im Zusammenhang mit Haftungsfragen ist in allen diesen Fällen zu klären, ob die Parteien konkludent eine BGB-Gesellschaft (in Form einer sog. Gelegenheitsgesellschaft[37]) errichtet haben oder ob es sich lediglich um ein **Gefälligkeitsverhältnis** handelt. Im Anschluss an die Grundsatzentscheidung des BGH zur allgemeinen Abgrenzung von Vertrag und Gefälligkeit[38] sind auch hier die Umstände des Einzelfalls maßgeblich, wobei zum einen die Art und die wirtschaftliche Bedeutung der relevanten Handlung, zum anderen die Interessenlage für die Beteiligten zu berücksichtigen ist. In den **Fällen 43** und **44** hat der BGH eine vertragliche Bindung gänzlich abgelehnt, in **Fall 45** hingegen lediglich ein Auftragsverhältnis angenommen.[39] Diese Einordnung ist indes zweifelhaft. Ebenso zweifelhaft ist die Behandlung einer Gruppe anonymer Hausbesetzer als GbR.[40] Zutreffend wurde hingegen etwa die Verabre-

---

31 Siehe BGH NJW 1982, 2816, 2817; vgl. auch schon BGH NJW 1960, 430 (Vollzug der Gesellschaft trotz offener Uneinigkeit über die Bewertung einzubringender Gegenstände).
32 *Grunewald*, Gesellschaftsrecht, § 1 Rn. 3; *Windbichler*, Gesellschaftsrecht, § 6 Rn. 6 (allgM).
33 BGHZ 31, 197, 201 und st. Rspr.; *Windbichler*, Gesellschaftsrecht, § 6 Rn. 6; *Wiedemann*, Gesellschaftsrecht II, § 7 II 1 a.
34 Nach BGH NJW 1968, 1874.
35 BGHZ 39, 156.
36 BGH NJW 1992, 498.
37 Dazu schon oben Rn. 436.
38 BGHZ 21, 102, 106 ff.
39 Anders BGHZ 46, 313, 315 für gemeinsame Rückfahrt aus einer Gastwirtschaft im gemieteten Pkw.
40 Dazu *Friedeborn* myops 2014, 32 ff.

dung, die Kegelkasse für eine Fernreise zu verwenden,[41] oder auch die Lotto-Tippgemeinschaft[42] als Gründung einer BGB-Gesellschaft qualifiziert. Mit Recht abgelehnt wurde die Anerkennung einer Facebook-Gruppe als GbR, da bei dieser im konkreten Fall kein Rechtsbindungswille der Gruppenmitglieder erkennbar war.[43]

Fall 46:[44] Zur Organisation eines Abiballs wurde von der Jahrgangsstufe 12 des Gymnasiums L ein Abiballkomitee ins Leben gerufen. Das Komitee kümmerte sich hierbei unter anderem um die Buchung der Band (B) für den Abend. Kurz nach diesem Vertragsschluss sagte das Komitee den Auftritt der Band wieder ab, woraufhin B den gesamten Abiturjahrgang auf Zahlung der vereinbarten Gage iHv. 18.000 € verklagte. | 447

Das **LG Detmold** ordnete den Abiturjahrgang als rechts- und parteifähige **Außengesellschaft** ein, die konkludent durch den Zusammenschluss der Schüler zur gemeinsamen Organisation des Abiballs zustande gekommen sei und die auch keinen Namen als Entstehungsvoraussetzung benötige.[45] Schwierigkeiten bei der Bestimmung des genauen Gesellschafterkreises (eventuell waren einige Schüler nicht mit der Gründung der GbR einverstanden) waren aus Sicht des LG Detmold nicht geeignet, die Einordnung als GbR in Zweifel zu ziehen. Die Vertretung sei außerdem – abweichend vom Normalfall der Gesamtvertretung aller Gesellschafter nach §§ 714, 709 BGB (Rn. 543) – durch die Wahl des Komitees konkludent auf dieses übertragen worden.[46] | 448

Dieses Ergebnis steht im Einklang mit den Abgrenzungskriterien zwischen Vertrag und Gefälligkeit (Rn. 446). Die (volljährigen) Schüler, deren Wille sich auf die Organisation des Abiballs richtet, mussten vernünftigerweise davon ausgehen, dass das Komitee im Zuge der Vorbereitung und Durchführung des Balls eine Reihe rechtserheblicher Erklärungen wird abgeben müssen, die mit einem erheblichen Gesamtkostenrisiko verbunden sind. Das spricht gegen eine bloße Gefälligkeit und für den Abschluss eines Gesellschaftsvertrags mit Rechtsbindungswillen.[47] Nach dem Willen der Schüler musste die gegründete Gesellschaft zum Zweck der Ballorganisation auch nach außen im Rechtsverkehr in Erscheinung treten, namentlich um die notwendigen Räumlichkeiten anzumieten und die Band zu verpflichten. Dieser Umstand spricht ebenso gegen die Annahme einer Innengesellschaft wie das Haftungsrisiko, das in diesem Fall allein die Mitglieder des Organisationskomitees, nicht aber den gesamten Jahrgang getroffen hätte. Mit Blick auf die von allen Jahrgangsschülern intendierte Zwecksetzung entspricht die Annahme einer Innengesellschaft keiner angemessenen Nutzen- und Lastenverteilung.[48] | 449

---

41 OLG Saarbrücken NJW 1985, 811; zust. MünchKomm-BGB/*Schäfer*, § 705 Rn. 19.
42 BGH NJW 1974, 1705 mwN (jedoch mit Ablehnung einer Haftung für begangene Pflichtverletzung); dazu *Fleischer/Hahn* NZG 2017, 1 ff.; *Säcker* NJW 2017, 3080 f.
43 AG Menden NZG 2014, 661.
44 Der Fall LG Detmold NJW 2015, 3176 lief als Klausur ZR II im Examenstermin Juni 2019 in NRW und Hessen.
45 LG Detmold NJW 2015, 3176; zustimmend *Weber* JA 2017, 69, 70.
46 LG Detmold NJW 2015, 3176.
47 So auch LG Detmold NJW 2015, 3176 f.; *Weber* JA 2017, 69, 71; aA *Hippeli* NJW 2015, 3176, 3177.
48 Siehe auch *Weber* JA 2017, 69, 71; aA *Hippeli* NJW 2015, 3176, 3177; ausf. zu weiteren Fragen, insb. zur Haftung, siehe die Fallaufbereitung bei *Oechsler/Mihaylova* JA 2016, 833.

450 Problematisch ist die Annahme einer konkludent vereinbarten BGB-Gesellschaft auch in Situationen, in denen die Beteiligten bereits durch ein *anderes Rechtsverhältnis* miteinander verbunden sind. Dies gilt insbesondere im Falle von Ehegatten[49], aber auch für Vorgründungs- (Rn. 499 ff.) und andere Vorbereitungsgesellschaften[50].

451 **Fall 47:**[51] Die Eheleute M und F lebten 36 Jahre in Gütertrennung zusammen. Bevor die Ehe geschieden wurde, erwarb die nicht berufstätige F insgesamt sechs Grundstücke im Gesamtwert von 1,8 Mio. DM, die teilweise aus den Mieteinnahmen der Vorerwerbungen, teilweise aus dem Einkommen von M finanziert wurden. T ist die voreheliche Tochter und Alleinerbin des M und fordert von F Ausgleich.

452 **Fall 48:**[52] Die Eheleute M und F heirateten 1952 und lebten bis zur Scheidung im Jahre 1964 in Gütertrennung zusammen. Sie betrieben zunächst ein auf den Namen von M lautendes Hotel, veräußerten dieses dann mit Gewinn und errichteten auf mehreren, von M erworbenen Grundstücken Eigentumswohnungen, die sie vermieteten und von deren Erträgen sie lebten. Als die Ehe auf Antrag von M geschieden wurde, verlangte F einen Ausgleich für ihre Mitarbeit.

453 Im Bestreben, (vermeintliche) Schutzlücken des Ehe- bzw. Ehegüterrechts zu schließen, ist die Rechtsprechung bei der Annahme konkludent geschlossener **Ehegatten-Innengesellschaften** relativ großzügig.[53] Voraussetzung ist aber stets, dass die Ehegatten mit ihren Leistungen abredegemäß „einen über den typischen Rahmen der ehelichen Lebensgemeinschaft hinausgehenden Zweck verfolgten, indem sie etwa durch Einsatz von Vermögenswerten und Arbeitsleistungen gemeinsam ein Unternehmen aufbauten oder eine berufliche oder gewerbliche Tätigkeit gemeinsam ausübten".[54] Entgegen einer früher vertretenen Auffassung kommt im Falle der Auflösung einer solchen Ehegatten-GbR der Auseinandersetzungsanspruch grundsätzlich neben dem Zugewinnausgleich in Betracht.[55] Diese gesellschaftsrechtliche Lösung ist grundsätzlich vorzugswürdig gegenüber der zwischenzeitlich vorherrschenden Lösung, die Ehegattenleistungen als unbenannte ehebezogene Zuwendungen qualifizierte und beim Scheitern der Ehe zu einem Ausgleich über den Wegfall der Geschäftsgrundlage gelangte.[56] Während § 722 I BGB davon ausgeht, dass die Ehegatten zu gleichen Teilen am Gewinn und Verlust partizipieren, ist mit Blick auf sämtliche Umstände des

---

49 Ausf. zur Problematik auch *Lipp/Mayer*, Unirep Familienrecht, Rn. 139; zur Rückabwicklung familiärer Zuwendungen in der Fallbearbeitung *Brugger* JuS 2020, 306 ff.
50 Dazu eingehend *Lieder* DStR 2014, 2464 ff. in Auseinandersetzung mit OLG Schleswig DStR 2014, 2246; kritisch *Fallak/Huynh Cong* NZG 2016, 1291 ff.
51 Nach BGHZ 142, 137 (vereinfacht); vgl. dazu auch *K. Schmidt* JuS 2000, 186.
52 BGH NJW 1974, 2278 = JuS 1975, 188 m. Anm. *K. Schmidt.*
53 Hierzu *K. Schmidt*, Gesellschaftsrecht, § 59 I b) aa) sowie aus neuerer Zeit BGH NJW 2012, 3374; KG FamRZ 2013, 787.
54 So BGH NJW 1974, 2278; ähnlich bereits BGHZ 8, 249 (Gastwirtschaft); BGHZ 31, 197 (Metzgerei); BGHZ 47, 157 (Gastwirtschaft); BGHZ 165, 1 (Dienstleistungsunternehmen); dazu *K. Schmidt* JuS 2006, 754 ff.; *Löhnig* JA 2006, 565 ff. Ausf. auch MünchKomm-BGB/*Schäfer*, Vor § 705 Rn. 73 ff. mwN.
55 BGHZ 165, 1 (LS 1) mwN. Zu dieser Rspr kritisch indes *Bayer/Selentin*, FS E. Koch, 2019, S. 307, 313 ff. mwN.
56 So etwa BGHZ 127, 48 (Baumschule); wie hier mit ausf. Diskussion des Streitstands BGHZ 142, 137, 143 ff. mwN; instruktiv (mit Berechnung) auch OLG Schleswig NJW-RR 2004, 972 ff.

konkreten Einzelfalls sehr genau zu prüfen, ob sich die Ehegatten nicht stillschweigend auf eine abweichende Regelung verständigt haben. Ein gesellschaftsrechtlicher Ausgleich scheidet indes aus, wenn sich die Ehegatten (etwa aus steuerlichen Gründen) ausdrücklich gegen eine BGB-Innengesellschaft entschieden haben.

Zurückhaltender gegenüber der Annahme einer konkludent errichteten BGB-Gesellschaft ist die Rechtsprechung indes im Falle **nichtehelicher Lebensgemeinschaften**.[57] Hier galt zunächst lange Zeit der Grundsatz, dass „die persönlichen Beziehungen derart im Vordergrund (stehen), dass sie auch ... das vermögensmäßige Handeln der Partner bestimmen und daher nicht nur in persönlicher, sondern auch in wirtschaftlicher Hinsicht keine Rechtsgemeinschaft besteht. Wenn die Partner nicht etwas Besonderes unter sich geregelt haben, werden dementsprechend persönliche und wirtschaftliche Leistungen nicht gegeneinander aufgerechnet.“[58] Eine andere Beurteilung sollte allerdings dann in Betracht kommen, wenn „beide Partner in jahrelanger nichtehelicher Lebensgemeinschaft durch gemeinsame Arbeit, Bereitstellung von Geldmitteln und anderen Leistungen zum Bau und zur Erhaltung eines zwar auf den Namen des einen Partners eingetragenen, aber als gemeinsames Vermögen betrachteten Anwesens beigetragen" haben, vorausgesetzt, „die Parteien (haben) die Absicht verfolgt ..., mit dem Erwerb eines Vermögensgegenstandes einen – wenn auch nur wirtschaftlich – gemeinschaftlichen Wert zu schaffen, der von ihnen für die Dauer der Partnerschaft nicht nur gemeinsam benutzt werden würde, sondern ihnen nach ihrer Vorstellung auch gemeinsam gehören sollte".[59]

454

Fall 49:[60] Ingenieur I errichtete auf dem Grundstück seiner Lebensgefährtin L ein Unternehmen für elektronische Spezialgeräte. L überließ I nicht nur die Werkstatträume, sondern arbeitete auch selbst im Unternehmen mit, ohne hierfür eine Vergütung zu erhalten. Nach 14 Jahren verstarb I. Gegenüber den Erben des I machte L erfolgreich einen Abfindungsanspruch[61] geltend.

455

Diese Voraussetzungen sind nach der neueren Rechtsprechung des BGH jedoch regelmäßig nur dann erfüllt, wenn Leistungen für das Unternehmen des Partners erbracht werden,[62] nicht hingegen bei Leistungen für das gemeinsame Familienanwesen, da insoweit kein Zweck verfolgt werde, der „über die Verwirklichung der nichtehelichen Lebensgemeinschaft hinausgeht".[63] Stattdessen gewährt der BGH jedoch nunmehr[64] Ausgleichsansprüche nach den Grundsätzen über den Wegfall der Ge-

456

---

57 Überblick bei *Halfmeier* JA 2008, 97 ff.; vgl. jüngst wieder OLG Bremen NZG 2013, 134; OLG Brandenburg NZG 2015, 595.

58 So BGH NJW 1992, 906, 907; grundlegend bereits BGHZ 77, 55, 58; bestätigend BGH NJW 1996, 2727 mwN.

59 So BGH NJW 1992, 906, 907; vgl. zuvor bereits BGHZ 77, 55, 56 f. und später wieder BGH NJW 1996, 2727; ebenso, aber konkret verneinend BGH NJW 1981, 1502, 1503; BGH NJW 1983, 2375; BGH NJW 1997, 3371, 3372 = JuS 1997, 267 m. Anm. *K. Schmidt.*

60 BGHZ 84, 388 = JuS 1983, 145 m. Anm. *K. Schmidt.*

61 Zu Ansprüchen bei Auflösung der BGB-Gesellschaft: unten Rn. 840 ff.

62 Beispiel: BGHZ 84, 388, 391.

63 So BGH NJW 2008, 3277, 3278.

64 Unter Aufgabe seiner bisherigen gegenteiligen Rspr: BGH NJW 1996, 2727; BGH NJW 1997, 3371; vgl. noch OLG Brandenburg NZG 2015, 595 Rn. 13 f.

schäftsgrundlage oder auch wegen Zweckverfehlung.[65] Ausdrücklich abgelehnt wird heute die vom (früher zuständigen) II. Zivilsenat des BGH vertretene Auffassung,[66] auch bei Fehlen einer gesellschaftsvertraglichen Bindung könne die Schutzlücke in Analogie zu §§ 722, 730 ff. BGB geschlossen werden.[67]

457 Im Übrigen können Ehegatten auch Miteigentümer einer **gemeinsam gehaltenen Sache** sein. Für den Erwerb und die Verwaltung des gemeinschaftlichen Eigentums gelten dann die §§ 741 ff. BGB.[68] Für die Abgrenzung von der BGB-Gesellschaft ist entscheidend, ob ein gemeinsamer Zweck verfolgt wird, der über das reine Innehaben der Sache hinausgeht. Das ist im Zweifel zu verneinen.[69]

458 cc) Ausnahmsweise ist der Gesellschaftsvertrag **formbedürftig**, wenn er eine Beitragsverpflichtung enthält, die ihrerseits formbedürftig ist. Wichtigster Fall ist die Einbringung eines Grundstücks (vgl. § 311b I 1 BGB); gleichsteht die Einbringung eines Unternehmens (asset deal, vgl. oben Rn. 136), zu dem ein Grundstück gehört.[70] Formbedürftig ist aber auch der umgekehrte Fall, dass aus dem Gesellschaftsvertrag die Pflicht eines Gesellschafters zum Erwerb eines Grundstücks folgt.[71] Der Formmangel wird indes jeweils durch Erfüllung geheilt (§ 311b I 2 BGB), d.h. durch Übereignung des Grundstücks mittels Auflassung und Eintragung ins Grundbuch (§§ 873, 925 BGB).[72] Bis zur Heilung, deren Wirkung nur ex nunc eintritt (vgl. § 141 II BGB), gilt die Lehre vom fehlerhaften Verband (Rn. 802).

459 **Nicht formbedürftig** ist hingegen ein Gesellschaftsvertrag, nach dem die Gesellschaft (irgendwelchen) Grundbesitz erwerben und ggf. weiterveräußern soll.[73] Ebenso ist auch die Pflicht zur Übertragung von Anteilen an einer BGB-Gesellschaft, zu deren Vermögen Grundstücke gehören, nicht formbedürftig.[74] Wird ein Grundstück der Gesellschaft nur zur Nutzung überlassen, kommt § 311b BGB ebenfalls nicht zur Anwendung.[75]

460 Von der Formbedürftigkeit des Gesellschaftsvertrags ist schließlich die Frage zu unterscheiden, ob die **unentgeltliche Zuwendung** eines Gesellschaftsanteils der Form des § 518 I BGB bedarf. Dies wird im Hinblick auf die persönliche Haftung von der hM verneint (keine Schenkung).[76]

---

65 BGHZ 177, 193 (LS 1); OLG Brandenburg NZG 2015, 595 Rn. 10 ff.; dazu *von Proff* NJW 2008, 3266 ff.

66 So BGH NJW 1997, 3371; nachdrücklich auch heute noch MünchKomm-BGB/*Schäfer*, Vor § 705 Rn. 83.

67 So bereits BGHZ 165, 1, 10; bestätigt durch BGH NJW 2008, 3277, 3280.

68 BGH NJW 1982, 170 = JuS 1982, 300 *(K. Schmidt)*.

69 BGH NJW 1995, 3383; Palandt/*Sprau*, BGB, § 705 Rn. 39.

70 Vgl. BGH BB 1979, 469; *Böttcher/Fischer* NZG 2010, 1332.

71 BGH NJW 1978, 2505: Eintritt in KG und Erwerb einer Eigentumswohnung durch den Kommanditisten.

72 MünchKomm-BGB/*Schäfer*, § 705 Rn. 41; *Kindl*, Gesellschaftsrecht, § 5 Rn. 7.

73 BGH NJW 1996, 1279; *Grunewald*, Gesellschaftsrecht, § 1 Rn. 10.

74 BGH NJW 1983, 1110; MünchKomm-BGB/*Schäfer*, § 705 Rn. 36.

75 *Windbichler*, Gesellschaftsrecht, § 6 Rn. 6.

76 Nachw. bei MünchKomm-BGB/*Schäfer*, § 705 Rn. 43, jedoch mit Kritik an der hM. Siehe für den Kommanditanteil: unten Rn. 480. Zur Rückforderung gem. §§ 530 ff. BGB: BGHZ 112, 40, 46 ff.; vgl. auch OLG Karlsruhe DB 2007, 392 (Scheidungsklausel).

dd)   Sollen auch die **Eltern** an der Gesellschaft beteiligt sein, so können sie das   **461**
Kind gem. § 1629 II 1 iVm §§ 1795 II, 181 BGB nicht wirksam vertreten; vielmehr
ist hier die Mitwirkung eines **Pflegers** notwendig (§ 1909 BGB).[77] Eine Ausnahme
kommt aber bei der KG in Betracht, wenn der minderjährige Kommanditist keinerlei
wirtschaftliches Risiko zu tragen hat (unten Rn. 480).[78]

ee)   Ist Gesellschaftszweck der Betrieb eines Erwerbsgeschäfts, dann besteht für die   **462**
Beteiligung des **Kindes** das Erfordernis einer Genehmigung durch das **Familiengericht** (§ 1822 Nr. 3 BGB iVm § 1643 I BGB). Nicht genehmigungspflichtig – weil
kein Erwerbsgeschäft – ist der Erwerb eines Anteils an einer Gesellschaft, die sich auf
die Verwaltung eines selbstgenutzten Wohnhauses beschränkt.[79] Im Übrigen wird der
Gesellschaftsvertrag wirksam, sobald das volljährig gewordene Kind den Vertrag –
ausdrücklich oder stillschweigend – genehmigt.[80] Die Änderung des Gesellschaftsvertrags bedarf nach zutreffender hM hingegen keiner erneuten Genehmigung des Familiengerichts.[81] Anderes gilt hingegen für die Veräußerung eines zum Vermögen
einer GbR gehörenden Grundstücks, soweit der Gesellschaft neben den Eltern auch
das Kind angehört (§§ 1643 I, 1821 Nr. 1, 4 BGB).[82]

ff)   Bei Beteiligung eines **Ehegatten**, der im gesetzlichen Güterstand der Zugewinn-   **463**
gemeinschaft lebt, ist § 1365 BGB zu beachten.[83]

d)   Auslegung/Vertragsergänzung

Die Auslegung des Gesellschaftsvertrags erfolgt bei **Personengesellschaften** regel-   **464**
mäßig nach den allgemeinen Grundsätzen der §§ 133, 157 BGB,[84] wobei allerdings
zu berücksichtigen ist, dass die Interpretation der einzelnen Bestimmungen auch die
Fortdauer der Gesellschaft in den Blick nehmen und sichern muss.[85]

Hingegen gilt bei **Publikumsgesellschaften** und Gesellschaften, deren Anteile frei   **465**
übertragen werden können, aus Verkehrsschutzgründen (neu eintretende Gesellschafter, Interessen Dritter) ebenso wie bei **Körperschaften** der Grundsatz der objektiven
Auslegung, der sich am schriftlich niedergelegten Vertragstext orientiert.[86]

Fehlende oder unwirksame Vertragsteile werden im Zweifel durch eine am **hypothe-**   **466**
tischen Parteiwillen ausgerichtete Regelung – und nicht unter pauschalem Rückgriff

---

77   Für mehrere Minderjährige jeweils ein eigener Pfleger: BayObLG FamRZ 1959, 126.
78   OLG Jena ZEV 2013, 521; OLG Köln NZG 2018, 1187 Rn. 9; OLG Brandenburg NZG 2020, 597
Rn. 14 ff.; Oetker/*Lieder*, HGB, § 105 Rn. 17a; aA OLG Oldenburg NZG 2019, 1059 Rn. 11 f.; OLG
Schleswig NZG 2020, 593 Rn. 14 ff.; zum Ganzen ausf. *J. W. Flume* FamRZ 2016, 277 ff.; *Wertenbruch* NJW 2015, 2150 ff.; *Kaulbach* Jura 2020, 641 ff.
79   OLG München NZG 2009, 104, 105 (KG).
80   BGH BeckRS 1980, 31009773; *Bürger* RNotZ 2006, 156, 161.
81   MünchKomm-BGB/*Schäfer*, § 705 Rn. 70; Baumbach/Hopt/*Roth*, HGB, § 105 Rn. 26.
82   OLG Nürnberg WM 2013, 1479.
83   Einzelheiten bei MünchKomm-BGB/*Schäfer*, § 705 Rn. 73 mwN; Schwerdtfeger/*Lubitz*, Gesellschaftsrecht, § 705 Rn. 15.
84   *Grunewald*, Gesellschaftsrecht, § 1 Rn. 29-32; Schwerdtfeger/*Lubitz*, Gesellschaftsrecht, § 705
Rn. 31.
85   MünchKomm-BGB/*Schäfer*, § 705 Rn. 173.
86   BGH NJW 1979, 419, 420; NZG 2018, 658 und st. Rspr.; zum Ganzen eingehend *Fleischer* DB 2013,
1466 ff.

auf die dispositive gesetzliche Regelung – ergänzt bzw. ersetzt; entgegen § 139 BGB bleibt der Vertrag bei Teilnichtigkeit wirksam.[87]

e) Inhaltskontrolle

467 Das Recht der Personengesellschaften ist weitgehend dispositiv und lässt daher erheblichen Gestaltungsspielraum. Gesetzliche Schranken ergeben sich regelmäßig nur aus den **§§ 134, 138 BGB**. Wichtige Beispiele sind Hinauskündigungsklauseln (Rn. 745 f.) und Abfindungsregelungen (Rn. 752 f.), deren Wirksamkeit die hM an § 138 BGB misst. Darüber hinaus sind auch solche Klauseln unwirksam, die gegen die allgemeinen Grundsätze der **Verbandssouveränität** verstoßen, wie zB wenn bedeutsame Entscheidungen von Nichtgesellschaftern getroffen werden.[88] Zudem kann eine überlange Vertragsbindung eine unzulässige Beschränkung des Rechts zur Kündigung der BGB-Gesellschaft darstellen und ist dann gem. § 723 III BGB unwirksam.[89] Eine AGB-Kontrolle findet hingegen nicht statt (§ 310 IV 1 BGB).

468 Eine generelle und weitergehende Inhaltskontrolle nach § 242 BGB erfolgt aus Verkehrsschutzgründen (insbesondere Anlegerschutz) bei **Publikumsgesellschaften**.[90] Die Rechtsprechung nimmt in diesem Zusammenhang eine Einzelfallprüfung vor, ob die Klauseln des Gesellschaftsvertrags objektiv unbillig, unangemessen, unausgewogen sind oder gegen Grundprinzipien des Gesellschaftsrechts verstoßen.[91]

f) Innengesellschaft

469 Von der Innengesellschaft spricht man, wenn sich der Zusammenschluss der Gesellschafter in einem **reinen Internum** erschöpft und nicht nach außen in Erscheinung tritt. Typischerweise fehlt Innengesellschaften auch das Gesamthandsvermögen.[92] Sobald aber die Gesellschaft, nicht etwa nur der einzelne Gesellschafter für Rechnung der Gesellschaft, am Rechtsverkehr teilnimmt, wird sie zur Außengesellschaft.[93] Das ist in Examensklausuren fast ausnahmslos der Fall. An dieser Stelle soll daher nur kurz darauf hingewiesen werden, dass die Frage nach der Rechtsfähigkeit der Innen-GbR noch immer umstritten ist.[94]

---

87 BGH JZ 1989, 956 m. Anm. *Grunewald*.
88 EBJS/*Born*, HGB, § 109 Rn. 16; *Grunewald*, Gesellschaftsrecht, § 1 Rn. 34.
89 BGH NJW 2007, 295 m. Anm. *Römermann* (Anwaltssozietät, 30jährige Bindung): der BGH stellt hier entscheidend auf die Ausstrahlungswirkungen der Berufsfreiheit gem. Art. 12 GG ab. Gleichermaßen unzulässig ist eine Regelung, die Junganwälten für 30 Jahre und auch nach ihrem Ausscheiden aus der Kanzlei Versorgungsleistungen für Altanwälte auferlegt (BGH DStR 2008, 785).
90 BGHZ 64, 238, 241; 84, 11, 14; 102, 172; 104, 50; vgl. weiter Baumbach/Hopt/*Hopt*, HGB, Anh § 177a Rn. 68; *Grunewald*, Gesellschaftsrecht, § 1 Rn. 36; *Walter* JuS 2020, 14, 17.
91 BeckOK-BGB/*Schöne*, § 705 Rn. 75 ff.; Schwerdtfeger/*Lubitz*, Gesellschaftsrecht, § 705 Rn. 34.
92 Vgl. auch *Beuthien* NZG 2017, 201 ff.
93 Zur Abgrenzung zwischen Außen- und Innengesellschaft ausf. *Grunewald*, FS K. Schmidt I, 2019, S. 391 ff.
94 Dazu eingehend *Beuthien* NZG 2011, 161 ff.

II.   Offene Handelsgesellschaft (OHG)

1.   Definition

Um eine OHG handelt es sich nach der zwingenden gesetzlichen Definition des § 105 **470**
I HGB immer dann, wenn der Zweck der Gesellschaft „auf den **Betrieb eines Han-**
delsgewerbes gerichtet ist" und die Gesellschafter im Gesellschaftsvertrag (iSd § 705
BGB; vgl. § 105 III HGB) nicht die Rechtsform der KG oder einer Kapitalgesellschaft gewählt haben; in diesem Sinne ist das Tatbestandsmerkmal „wenn bei keinem
der Gesellschafter die Haftung gegenüber den Gesellschaftsgläubigern beschränkt
ist" zu lesen.[95] Dem weiteren Tatbestandsmerkmal „unter gemeinschaftlicher Firma"
kommt hingegen keine eigenständige Bedeutung zu.[96] Eine OHG liegt auch dann vor,
wenn keine oder eine unzulässige Firma benutzt wird.[97] Die Eintragung in das Handelsregister (§ 106 HGB) ist nur deklaratorisch.[98]

Zu prüfen ist somit nur, ob **objektiv** der Betrieb eines **Handelsgewerbes** (§ 1 II **471**
HGB) bezweckt[99] und im Gesellschaftsvertrag bei keinem Gesellschafter die Haftung
beschränkt ist. Der Wille oder auch nur das Bewusstsein, eine OHG zu errichten, ist
hingegen nicht erforderlich.[100] So ist etwa auch eine fehlgeschlagene GmbH-Gründung als OHG zu qualifizieren, sofern ein Handelsgewerbe betrieben wird.[101] Gleiches gilt für die Vorgründungsphase, noch bevor die künftigen GmbH-Gesellschafter
den GmbH-Gesellschaftsvertrag in notarieller Form abgeschlossen haben (Vorgründungsgesellschaft; s. Rn. 499).[102] Ob eine solche Rechtsformverfehlung zur Anfechtung des Gesellschaftsvertrags berechtigt, ist streitig,[103] hat jedoch aufgrund der Lehre von der fehlerhaften Gesellschaft jedenfalls keine Auswirkungen auf bereits begründete Haftungs- und sonstige Rechtsverhältnisse.[104]

Ein in der Rechtsform der BGB-Gesellschaft organisiertes Kleingewerbe wird im **472**
Wege **identitätswahrender Umwandlung zur OHG**, sobald es die Schwelle zum
Handelsgewerbe nach Maßgabe der §§ 105 I, 1 II HGB überscheitet.[105] Dabei bleibt
der Rechtsträger identisch; es verändert sich nur das rechtliche Kleid der Gesellschaft, d.h. die Gesellschaftsform. Infolge der Identität des Rechtsträgers findet – in
Parallele zum Formwechsel nach dem UmwG (§§ 190 ff. UmwG) – auch keine Ver-
mögensübertragung statt.

---

95   MünchKomm-HGB/*K. Schmidt*, § 105 Rn. 47 mwN; Staub/*Schäfer*, HGB, § 105 Rn. 36.
96   Daher in der Klausur kein eigenständig zu prüfendes Tatbestandsmerkmal: MünchKomm-HGB/
     K. Schmidt, § 105 Rn. 43 mwN zur früheren Gegenauffassung; Oetker/*Lieder*, HGB, § 105 Rn. 23.
97   *Grunewald*, Gesellschaftsrecht, § 2 Rn. 3 mwN; *Kindl*, Gesellschaftsrecht, § 14 Rn. 5.
98   Siehe hierzu Rn. 58.
99   Dazu ausf. Rn. 24 ff.
100 BGHZ 10, 91, 97 und st. Rspr; MünchKomm-HGB/*K. Schmidt*, § 105 Rn. 31; Baumbach/Hopt/*Roth*,
     HGB, § 105 Rn. 7.
101 BGHZ 22, 240; ausf. unten Rn. 518.
102 BGHZ 91, 148, 151; BGH NJW 1998, 1645; Roth/Altmeppen/*Roth*, GmbHG, § 11 Rn. 71; *Lieder*
     DStR 2014, 2464, 2465.
103 Siehe einerseits MünchKomm-HGB/*K. Schmidt*, § 105 Rn. 31; andererseits Staub/*Schäfer*, HGB,
     § 105 Rn. 158.
104 Ausf. unten Rn. 796 ff.
105 Beispiel: BGH NZG 2010, 314; dazu *K. Schmidt* JuS 2010, 446 f.

473 Gleiches gilt im *umgekehrten Fall*: Beabsichtigen die Gesellschafter die Gründung einer OHG, ohne dass die Voraussetzungen des § 105 HGB vorliegen,[106] oder entfallen die Voraussetzungen (kein Handelsgewerbe, weil nur noch Kleingewerbe[107]), dann verwandelt sich die OHG ex lege in eine BGB-Gesellschaft;[108] allerdings sind in dieser Konstellation §§ 105 II 1, 5 HGB zu beachten;[109] auch eine Rechtsscheinhaftung kommt in Betracht.[110]

474 Die Gesellschafter können indes auch ein **kleingewerbliches Unternehmen** als OHG führen (§ 105 II 1 Var. 1 HGB);[111] hier ist die Handelsregistereintragung konstitutiv.[112] Gleiches gilt für die OHG, die nur ihr eigenes **Vermögen verwaltet** (§ 105 II 1 Var. 2 HGB). Das Verhältnis zu Dritten bestimmt sich in diesem Fall nach § 123 I HGB (Fall des § 123 II Hs. 2 HGB). Die praktische Bedeutung des § 105 II HGB liegt im Zugang zur Rechtsform der KG (über § 161 II HGB).[113]

475 Hinzuweisen ist im Übrigen darauf, dass der BGH[114] § 49 II StBerG als Spezialvorschrift gegenüber §§ 1, 105, 161 HGB anerkannt hat. Demzufolge können **Steuerberatungs-OHG** und (GmbH & Co.-)KG mit dem Gesellschaftszweck „geschäftsmäßige Hilfeleistung in Steuersachen einschließlich der Treuhandtätigkeit" in das Handelsregister eingetragen werden. Der II. Zivilsenat stellte in diesem Zusammenhang klar, dass für die Eintragungsfähigkeit bereits eine untergeordnete Treuhandtätigkeit ausreicht.[115] Gleiches gilt mit Blick auf die Begründung des BGH wegen § 27 II WPO auch für **Wirtschaftsprüfungsgesellschaften**.[116]

476 Im Übrigen wird die OHG auch schon vor der Eintragung gem. § 123 II HGB mit dem Zeitpunkt des Geschäftsbeginns **nach außen wirksam**. Dafür genügen bereits Anlaufgeschäfte im Namen der Gesellschaft, solange der Gesellschaftszweck auf den Betrieb eines Handelsgewerbes gerichtet ist und Anhaltspunkte dafür vorliegen, dass das Unternehmen in Kürze eine entsprechende Ausstattung und Einrichtung erfahren wird.[117]

2. Anwendbarkeit der Vorschriften über die BGB-Gesellschaft

477 § 105 III HGB enthält einen **Generalverweis** auf die Vorschriften über die BGB-Gesellschaft, soweit nicht in den §§ 105 ff. HGB speziellere und damit vorrangige Regelungen angeordnet sind. Daher gelten im Hinblick auf den Gesellschaftsvertrag[118]

---

106 Beispiel: BGHZ 19, 269.
107 Beispiel: BGHZ 32, 307, 310.
108 Baumbach/Hopt/*Roth*, HGB, § 105 Rn. 7, 8; Staub/*Schäfer*, HGB, § 105 Rn. 27.
109 Dazu Rn. 20 sowie auch BGHZ 32, 307, 313 f.
110 Baumbach/Hopt/*Roth*, HGB, § 105 Rn. 11; MünchKomm-HGB/*K. Schmidt*, § 105 Rn. 49; ausf. zur Rechtsscheinhaftung: Rn. 112 ff.
111 Nach hM auch ein land- oder forstwirtschaftliches Unternehmen iSd § 3 HGB: MünchKomm-HGB/ *K. Schmidt*, § 105 Rn. 37 mwN.
112 Zur Parallelregelung beim Einzelkaufmann: Rn. 13.
113 Baumbach/Hopt/*Roth*, HGB, § 105 Rn. 12, 13; zur KG ausf. unten Rn. 478.
114 BGH ZIP 2014, 2030; dazu *K. Schmidt* ZIP 2014, 2226 ff.
115 BGH ZIP 2014, 2030 Rn. 10.
116 Oetker/*Lieder*, HGB, § 105 Rn. 21 aE unter Hinweis auf BGH ZIP 2014, 2030 Rn. 13 ff.
117 BGH NZG 2004, 663; dazu *K. Schmidt* JuS 2004, 727 ff.; *Staake* JA 2004, 780 ff.
118 Zum Gesellschaftsvertrag der in einer Form der OHG organisierten Fugger vgl. *Fleischer*, FS Bergmann, 2018, S. 183 ff.

weitgehend die Ausführungen zur BGB-Gesellschaft (Rn. 434 ff.).[119] Wichtigster Unterschied: Die OHG ist von sämtlichen Gesellschaftern zur Eintragung in das Handelsregister anzumelden (§§ 106, 108 HGB). Zur Errichtung einer OHG bzw. KG im Wege der **Einbringung** eines einzelkaufmännischen Unternehmens gem. § 28 HGB: Rn. 187 ff.

III. Kommanditgesellschaft (KG)

1. Definition

Die KG ist nach der Legaldefinition des § 161 I HGB eine Personengesellschaft, deren Zweck auf den Betrieb eines Handelsgewerbes gerichtet ist, wobei ein Teil der Gesellschafter gegenüber den Gesellschaftsgläubigern nur beschränkt haftet, während die Haftungsbeschränkung für den anderen Teil nicht gilt. Eine KG ist somit strukturell eine **OHG mit teilweiser Haftungsbegrenzung**.[120] Mindestens ein Gesellschafter haftet nur beschränkt (= Kommanditist), mindestens ein Gesellschafter haftet unbeschränkt (= persönlich haftender Gesellschafter oder Komplementär). Eine wichtige Rolle spielt in der Praxis die GmbH & Co. KG (KG mit einer GmbH als persönlich haftendem Gesellschafter).[121]

478

2. Anwendbarkeit der Vorschriften über die OHG und die BGB-Gesellschaft

Soweit die §§ 161 ff. HGB keine spezielleren Vorschriften enthalten, gelten gem. § 161 II HGB die Regelungen zur OHG, ergänzend (über § 105 III HGB) die Vorschriften zur BGB-Gesellschaft. Speziellere Vorschriften finden sich insbesondere zur Rechtsstellung und Haftung des **Kommanditisten**.[122]

479

Im Hinblick auf den **Gesellschaftsvertrag** kann somit ebenfalls weitgehend auf die Ausführungen zur BGB-Gesellschaft verwiesen werden (Rn. 434 ff.).[123] Allerdings ist hier anerkannt, dass ein Kommanditanteil Gegenstand eines Schenkungsvertrages sein kann.[124] Soll ein **Minderjähriger** Gesellschafter werden, ist die Genehmigung durch das Familiengericht gem. § 1822 Nr. 3 BGB grundsätzlich auch dann erforderlich, wenn er Kommanditist wird und die Gesellschaft ein Handelsgewerbe betreiben soll.[125]

480

---

119 *Grunewald*, Gesellschaftsrecht, § 2 Rn. 7, 8, 13; ausf. *Windbichler*, Gesellschaftsrecht, § 12 Rn. 9 – 21.

120 Ähnlich *Grunewald*, Gesellschaftsrecht, § 3 Rn. 1: Sonderform der OHG; *Windbichler*, Gesellschaftsrecht, § 17 Rn. 1: Abwandlung der OHG.

121 Dazu bereits oben Rn. 414.

122 Ausf. zur Kommanditistenhaftung: unten Rn. 633 ff.

123 *Grunewald*, Gesellschaftsrecht, § 3 Rn. 6, 12, 13; *Bitter/Heim*, Gesellschaftsrecht, § 6 Rn. 6.

124 BGHZ 112, 40, 44; Baumbach/Hopt/*Roth*, HGB, § 161 Rn. 7; *Grunewald*, Gesellschaftsrecht, § 3 Rn. 6; siehe hingegen zur BGB-Gesellschaft oben Rn. 460.

125 BGHZ 17, 160; MünchKomm-HGB/*K. Schmidt*, § 105 Rn. 145; *Grunewald*, Gesellschaftsrecht, § 3 Rn. 6; zum Streitstand im Falle einer unentgeltlichen Übertragung des Kommanditanteils ausf. *Menzel/Wolf* MittBayNot 2010, 186 ff. mwN.

Eine teleologische Reduktion kommt aber in Betracht, wenn der minderjährige Kommanditist keinerlei wirtschaftliches Risiko zu tragen hat.[126]

3. Handelsregistereintragung

481 Wie die OHG ist auch die KG zur Eintragung in das Handelsregister anzumelden; dabei ist zusätzlich auch der **Betrag** anzugeben, für den ein Kommanditist den Gesellschaftsgläubigern iSd §§ 171 I, 172 I HGB (unmittelbar) persönlich haftet[127] (§ 162 I 1 HGB). Für den Fall, dass eine **BGB-Gesellschaft** Kommanditistin ist, sind auch deren Gesellschafter entsprechend § 106 II HGB einzutragen (§ 162 I 2 HGB); nur auf diese Weise werden ein effektiver Gläubigerschutz und Transparenz über die Gesellschaftsverhältnisse sichergestellt. Denn anders als bei OHG und KG lässt sich die Zusammensetzung einer BGB-Gesellschaft aus keinem Register ersehen. In gleicher Weise kann die GbR als Komplementärin fungieren und eingetragen werden.[128]

IV. Gesellschaft mit beschränkter Haftung (GmbH)

1. Begriff

482 Die Gesellschaft mit beschränkter Haftung ist die in Deutschland mit einem Bestand von rund 1,3 Mio. Gesellschaften[129] am weitesten verbreitete Kapitalgesellschaft (vgl. Rn. 411). Als juristische Person ist die GmbH mit **eigener Rechtspersönlichkeit** ausgestattet (§ 13 I GmbHG), welche die Gesellschaft gem. § 11 I GmbHG mit Eintragung in das Handelsregister erlangt. Ab diesem Zeitpunkt ist die GmbH auch **Formkaufmann** (§ 6 HGB iVm § 13 III GmbHG).[130]

483 Die **Haftung** für die Verbindlichkeiten der GmbH-Gläubiger ist gem. § 13 II GmbHG **auf das Gesellschaftsvermögen beschränkt**. Es ist daher zumindest missverständlich, von einer beschränkten Gesellschafterhaftung zu sprechen. Vielmehr ist die Haftung der Gesellschafter gegenüber den Gläubigern (im Außenverhältnis) – abgesehen von der restriktiv zu handhabenden Durchgriffshaftung (Rn. 655) – komplett ausgeschlossen. Allein im Rahmen der Kapitalaufbringung haften die Gesellschafter der GmbH gegenüber (im Innenverhältnis) auf Leistung der im Gesellschaftsvertrag vereinbarten Einlage (Rn. 492 ff.).

484 Seit November 2008 steht den Gesellschaftern als Rechtsformvariante[131] der GmbH die **Unternehmergesellschaft** (haftungsbeschränkt) für ihre wirtschaftliche Betätigung zur Verfügung. Sie stellt eine Reaktion auf die Anerkennung der unionsweiten

---

126 OLG Jena ZEV 2013, 521; OLG Köln NZG 2018, 1187 Rn. 9; OLG Brandenburg NZG 2020, 597 Rn. 14 ff.; Oetker/*Lieder*, HGB, § 105 Rn. 17a; aA OLG Oldenburg NZG 2019, 1059 Rn. 11 f.; OLG Schleswig NZG 2020, 593 Rn. 14 ff.; zum Ganzen ausf. *J. W. Flume* FamRZ 2016, 277 ff.; *Wertenbruch* NJW 2015, 2150 ff.

127 Baumbach/Hopt/*Roth*, HGB, § 162 Rn. 2; dazu näher unten Rn. 634 f.

128 OLG Celle ZIP 2012, 766; EBJS/*Wertenbruch*, HGB, § 105 Rn. 143; *Armbrüster* ZGR 2013, 366, 380 f.; aA MünchKomm-BGB/*Schäfer*, § 705 Rn. 317.

129 *Kornblum* GmbHR 2020, 677, 678: 1.329.277 GmbH (einschließlich UG; Stand: 1.1.2020).

130 Dazu oben Rn. 14.

131 Zu Rechtsformvarianten als gesellschaftsrechtlicher Institution ausf. *Lieder*, FS 25 Jahre DNotI, 2018, S. 503 ff.

Niederlassungsfreiheit von Gesellschaften nach Art. 49, 54 AEUV durch den EuGH[132] und die daraufhin in Deutschland domizilierten Limiteds nach englischem Recht dar.[133] Die Einführung der Unternehmergesellschaft sollte dem drohenden Bedeutungsverlust der GmbH entgegenwirken. Sie ist als Einstiegsvariante konzipiert und kann bereits mit einem Stammkapital von 1 € pro Gesellschafter gegründet werden (§ 5a GmbHG). Besonderheiten gelten neben der Firmierung mit „UG (haftungsbeschränkt)" (§ 5a I GmbHG) namentlich für die Kapitalaufbringung (Rn. 492 ff.) und die Bildung von Rücklagen (§ 5a II, III GmbHG). Soweit für die Unternehmergesellschaft keine Sondervorschriften zur Anwendung gelangen, gelten die allgemeinen Regelungen des GmbH-Rechts.[134]

2. Gesellschaftsvertrag

a) Inhalt

Als **Mindestinhalt** muss der Gesellschaftsvertrag der GmbH gem. § 3 I GmbHG die   **485** Firma und den Sitz der Gesellschaft, den Gegenstand des Unternehmens, den Betrag des Stammkapitals sowie die Zahl und die Nennbeträge der Geschäftsanteile enthalten. Darüber hinaus werden in der Praxis noch eine ganze Reihe weiterer zweckdienlicher – **fakultativer** – **Regelungen** aufgenommen. Hintergrund ist der Umstand, dass das GmbH-Recht weitgehend nachgiebiges Recht ist (im Gegensatz zu dem von der Satzungsstrenge gem. § 23 V AktG beherrschten Aktienrecht). Ergänzende Regelungen im Gesellschaftsvertrag betreffen vielfach Sonderleistungspflichten und Sonderrechte der Gesellschafter.[135]

aa) Die Gesellschaft muss im Rechtsverkehr den **Rechtsformzusatz** „GmbH" ver-   **486** wenden (§ 4 GmbHG). Bei einem Verstoß droht den Gesellschaftern die persönliche Haftung als Gesellschafter einer Schein-OHG analog § 128 HGB (ausf. unten Rn. 828); nach der Rechtsprechung des BGH soll außerdem der den Rechtsformzusatz unterschlagende Vertreter analog § 179 BGB haften.[136]

bb) Der **Satzungssitz** der GmbH liegt nach § 4a GmbHG an dem Ort im Inland, den   **487** der Gesellschaftsvertrag bestimmt. Der **Verwaltungssitz** kann infolge der unionsrechtlich gewährleisteten Niederlassungsfreiheit (Art. 49, 54 AEUV) auch in einem anderen Mitgliedstaat der EU liegen.[137] Nach dem Satzungssitz bestimmt sich für zivilrechtliche Streitigkeiten gem. § 17 ZPO auch der allgemeine Gerichtsstand[138] der

---

132   EuGH NJW 1999, 2027 – Centros; EuGH NJW 2002, 3614 – Überseering, EuGH NJW 2003, 3331 – Inspire Art.

133   Dazu und zur Entwicklung der UG *Knaier* GmbHR 2018, 1181 ff.; für rechtsvergleichende Hinweise vgl. *Fleischer* DB 2017, 291 ff.

134   Begr. RegE, BT-Drs. 16/6140, 31; Baumbach/Hueck/*Servatius*, GmbHG, § 51 Rn. 3; Henssler/Strohn/*Schäfer*, GmbHG, § 5a Rn. 7; MünchKomm-GmbHG/*Rieder*, § 5a Rn. 1; *Lieder*, FS 25 Jahre DNotI, 2018, S. 503, 504 ff.

135   Überblick über die Regelungsfelder bei Lutter/Hommelhoff/*Bayer*, GmbHG, § 3 Rn. 64 ff.

136   BGH NJW 2012, 2871 Rn. 9 ff. mwN.; siehe auch MünchKomm-GmbHG/*Heinze*, § 4 Rn. 146b ff; kritisch zur Haftung des Handelnden bei falscher Firmierung *Beck* ZIP 2017, 1748 ff.

137   Begr. RegE zum MoMiG, BT-Drucks. 16/6140, S. 29; *Drygala/Staake/Szalai*, Kapitalgesellschaftsrecht, § 4 Rn. 29; MünchKomm-GmbHG/*Heinze*, § 4a Rn. 10a.

138   Zum Gerichtsstand der als GmbH & Co. KG verfassten Publikums-KG siehe *Bork* NJW 2018, 2985 ff.

GmbH. Dies gilt auch unabhängig davon, ob die Gesellschaft am Ort ihres durch die Satzung festgesetzten und im Handelsregister verlautbarten Sitzes noch einen Geschäftsbetrieb unterhält und ihr mithin ein Schriftstück zugestellt werden kann.[139]

488 cc) Die GmbH kann jeden gesetzlich zulässigen **Zweck** verfolgen (§ 1 GmbHG). Zulässig ist nach Maßgabe der §§ 59c ff. BRAO beispielsweise auch die Gründung einer Rechtsanwalts-GmbH.

489 dd) Die **Stammkapitalziffer** muss auf mindestens 25 000 € lauten (§ 5 I GmbHG). Eine Ausnahme hiervon ist lediglich für die – praktisch zunehmend bedeutsame[140] – **Unternehmergesellschaft** (haftungsbeschränkt) nach § 5a I GmbHG vorgesehen. Sie kann bereits mit einem Stammkapital von einem Euro je Gesellschafter errichtet werden. In beiden Fällen darf das Stammkapital wertmäßig grundsätzlich nicht an die Gesellschafter zurückgewährt werden, sondern muss ausschließlich der Unternehmung und damit dem Zugriff der GmbH-Gläubiger dienen (§ 30 I GmbHG).

490 ee) Ein Gesellschafter kann bei der Gründung mehrere **Geschäftsanteile** übernehmen, deren Nennbeträge jeweils auf volle Euro lauten müssen (§ 5 II 1 GmbHG). Im Übrigen können die Nennbeträge der einzelnen Geschäftsanteile verschieden bestimmt werden (§ 5 III 1 GmbHG). Nur muss stets gewährleistet sein, dass die Summe der Nennbeträge aller Geschäftsanteile mit der Stammkapitalziffer übereinstimmt (§ 5 III 2 GmbHG).

b) Wirksamkeit

491 Der Gesellschaftsvertrag bedarf zu seiner Wirksamkeit gem. § 2 I 1 GmbHG der **notariellen Beurkundung**. Zudem ist er von sämtlichen Gesellschaftern zu unterzeichnen (§ 2 I 2 GmbHG). Ein vereinfachtes Gründungsverfahren sieht § 2 Ia GmbHG bei Verwendung des in der Anlage zum GmbHG enthaltenen **Musterprotokolls** vor. Statthaft ist gem. § 1 GmbHG auch die **Einpersonengründung**, sowohl durch eine juristische als auch durch eine natürliche Person.[141] Die Beteiligung von Minderjährigen richtet sich nach den zur BGB-Gesellschaft dargelegten Grundsätzen (Rn. 461 f.). Insbesondere gelten auch für die GmbH-Gründung die §§ 1629 II, 1795 II, 181, 1909 BGB. Demgegenüber ist die Anwendung der §§ 1643 I, 1822 Nr. 3 BGB streitig, richtigerweise jedoch zu bejahen, weil der von der Gegenauffassung favorisierte Rückgriff auf § 1822 Nr. 10 BGB keinen umfassenden Schutz gewährleistet (etwa bei Einpersonengründung)[142].

3. Erbringung der Einlage

492 Die GmbH-rechtlichen Vorschriften über die Leistung der Einlage zielen allesamt darauf ab, eine **effektive Kapitalaufbringung** zu sichern, die im Interesse der Gesellschaftsgläubiger das Gegenstück zum Haftungsprivileg gem. § 13 II GmbHG (Rn. 483, 522) darstellt.

---

139 OLG Hamm NZG 2019, 785.
140 *Kornblum* GmbHR 2020, 677, 678: 152.710 Unternehmergesellschaften (Stand: 1.1.2020).
141 Weiterführend hierzu *Saenger*, Gesellschaftsrecht, Rn. 816-819.
142 Speziell dazu Baumbach/Hueck/*Fastrich*, GmbHG, § 2 Rn. 25 ff.; Lutter/Hommelhoff/*Bayer*, GmbHG, § 2 Rn. 6.

aa) Dabei ist zunächst zwischen Bar- und Sacheinlagen zu differenzieren. Der gesetzliche Regelfall ist die **Bareinlage**, die nach Maßgabe des § 7 II GmbHG mindestens zu einem Viertel eingezahlt werden muss, wobei insgesamt aber jedenfalls die Hälfte der Mindeststammkapitalziffer gem. § 5 I GmbHG aufgebracht werden muss, also 12 500 €. Die Leistung muss zur endgültig freien Verfügung der Geschäftsführer bewirkt werden (§ 8 II 1 GmbHG) und darf insbesondere nicht wieder an den Inferenten (Einlageschuldner) zurückgelangen. **493**

Im Gegensatz dazu ist eine **Sacheinlage** nach Maßgabe des § 5 IV 1 GmbHG im Gesellschaftsvertrag besonders festzusetzen. § 5 IV 2 GmbHG verlangt außerdem die Erstellung eines Sachgründungsberichts. Sacheinlagen sind vollständig zu bewirken (§ 7 III GmbHG) und müssen werthaltig sein (vgl. § 9c I 2 GmbHG). Andernfalls droht eine verschuldensunabhängige Differenzhaftung auf den Fehlbetrag nach Maßgabe des § 9 I GmbHG. Für falsche Angaben im Rahmen der Gesellschaftsgründung haften der GmbH im Innenverhältnis Geschäftsführer und Gesellschafter nach Maßgabe des § 9a GmbHG. **494**

bb) Von ihren Leistungspflichten können die Gesellschafter im Nachhinein **nicht befreit** werden (§ 19 II 1 GmbHG). Außerdem dürfen Gesellschafter – abgesehen vom Sonderfall einer im Gesellschaftsvertrag festgeschriebenen Forderung aus der Überlassung von Vermögensgegenständen – gegen den Einlageanspruch der GmbH **nicht aufrechnen** (§ 19 II 2 GmbHG). **495**

cc) Sondervorschriften gelten für die **verdeckte Sacheinlage**[143]: Haben sich die Gesellschafter im Gesellschaftsvertrag auf eine Bargründung geeinigt, ist aber zugleich vereinbart worden, dass die GmbH nach Errichtung einen Sachgegenstand, wie zB einen Pkw, vom Inferenten erwerben soll, dann fließt mit der Kaufpreiszahlung (teilweise) die Einlage an den Gesellschafter zurück. Dementsprechend wird der Gesellschafter in einem solchen Fall von seiner Einlageschuld nicht befreit (§ 19 IV 1 GmbHG). Allerdings ist der objektive Wert des Sachgegenstands auf die Einlageschuld anzurechnen (§ 19 IV 3 GmbHG).[144] Die Beweislast für die Werthaltigkeit des Gegenstandes trägt dabei der Gesellschafter (§ 19 IV 5 GmbHG). Die in diesem Zusammenhang geschlossenen Geschäfte sind allesamt wirksam (§ 19 IV 2 GmbHG). **496**

dd) Besonders geregelt ist außerdem das **Hin- und Herzahlen** gem. § 19 V GmbHG[145]: Typischer Anwendungsfall ist die Gewährung eines Darlehens an den Gesellschafter nach Einzahlung seiner Bareinlage. In einem solchen Fall wird der Gesellschafter von seiner Einlageschuld nur dann befreit, wenn die Leistung durch einen vollwertigen, jederzeit fälligen und liquiden Rückgewähranspruch gedeckt ist. Zudem muss die hierauf gerichtete Vereinbarung zwischen GmbH und Gesellschafter im Rahmen der Anmeldung iSd § 8 II GmbHG offengelegt werden. Ein Verstoß gegen die **Offenlegungspflicht** schließt nach Auffassung des BGH die Anwendung des § 19 V GmbHG aus; die Offenlegung wirkt danach konstitutiv.[146] Ein Großteil des Schrift- **497**

---

143 Dazu eingehend Lutter/Hommelhoff/*Bayer*, GmbHG, § 19 Rn. 54 ff.; MünchKomm-GmbHG/*Lieder*, § 56 Rn. 57 ff.

144 Zur Dogmatik der Anrechnung siehe einerseits Lutter/Hommelhoff/*Bayer*, GmbHG, § 19 Rn. 83; andererseits MünchKomm-GmbHG/*Lieder*, § 56 Rn. 79.

145 Lutter/Hommelhoff/*Bayer*, GmbHG, § 19 Rn. 101 ff.; MünchKomm-GmbHG/*Lieder*, § 56a Rn. 34 ff.

146 BGHZ 180, 83 Rn. 16; 182, 103 Rn. 24 f.

tums will Verstöße hingegen nur mit Ersatzansprüchen sanktionieren und hält die Offenlegung iSd § 19 V 2 GmbHG für lediglich deklaratorisch.[147]

498 ee) Leistet der Gesellschafter trotz Aufforderung pflichtwidrig die vereinbarte Einlage nicht, kann er im Wege der **Kaduzierung** nach Maßgabe des § 21 GmbHG aus der Gesellschaft ausgeschlossen werden. Auf den noch ausstehenden Fehlbetrag haften etwaige **Rechtsvorgänger** gem. § 22 GmbHG. Sind solche nicht vorhanden oder bleibt ein Vorgehen gegen die Vormänner erfolglos, kann der Geschäftsanteil im Wege der öffentlichen Versteigerung **verwertet** werden (§ 23 GmbHG). Für einen verbleibenden Restbetrag haftet der ausgeschlossene Gesellschafter weiter. Ist die Einlage nicht anderweitig zu erlangen, trifft die Mitgesellschafter die **Ausfallhaftung** nach Maßgabe des § 24 GmbHG.[148]

4. Vorgründungsgesellschaft

499 Vor der Eintragung in das Handelsregister – so § 11 I GmbHG – besteht die GmbH als solche nicht. Gleichwohl setzen die Vorschriften über die Kapitalaufbringung (§§ 7 II, III, 8 II GmbHG) voraus, dass bereits zu einem früheren Zeitpunkt Leistungen an den Verband erbracht werden. Diese Phase der **Vorgesellschaft** oder Vor-GmbH beginnt mit dem Abschluss des notariell beurkundeten Gesellschaftsvertrags (§ 2 I GmbHG) und erstreckt sich bis hin zur Eintragung (dazu sogleich Rn. 507 ff.). Aber selbst vor dem Abschluss des GmbH-Gesellschaftsvertrages – in der Vorgründungsphase – wirken die späteren Gesellschafter häufig schon zusammen, um die GmbH-Gründung vorzubereiten und zu planen. Sobald die Gründer mit den Verhandlungen über die Gesellschaftsgründung beginnen und zu diesem Zweck Aufwendungen tätigen,[149] namentlich gründungsspezifische Rechtsgeschäfte mit Dritten abschließen,[150] entsteht eine **Vorgründungsgesellschaft**.

500 **Fall 50:** A, B und C wollen eine GmbH gründen, um eine Biogasanlage zu betreiben. Zu diesem Zweck kommen sie überein, dass A ein Grundstück erwerben, B ein Darlehen aufnehmen und C die Projektentwicklung in die Hand nehmen soll. Als die Gründungsbemühungen endgültig scheitern, verlangt G, der A das Grundstück verkauft hat, von dem solventen C die Zahlung des Kaufpreises. C verlangt daraufhin von A und B Wertersatz für die von ihm im Rahmen der Projektentwicklung geleisteten Dienste.

501 Nach ihrer Rechtsnatur ist die Vorgründungsgesellschaft regelmäßig als **BGB-Gesellschaft** organisiert, vielfach als Innengesellschaft ohne eigenes Vermögen.[151] Nur wenn die Gesellschafter ausnahmsweise bereits ein Handelsgewerbe betreiben, han-

---

147 *Lieder* GmbHR 2009, 1177, 1179 f.; *G. H. Roth* NJW 2009, 3397 ff.
148 Näher BGH NZG 2015, 1002; dazu *Bayer/Scholz* NZG 2015, 1089; *Lieder* ZGR 2016, 760; *Schütz* DStR 2015, 2556; BGH NZG 2018, 1344; dazu *Lieder/Jena* DZWIR 2019, 401; *Schütz* DStR 2019, 111.
149 Vgl. MünchKomm-GmbHG/*Merkt*, § 11 Rn. 97; *Lieder* DStR 2014, 2464.
150 Siehe etwa BGH GmbHR 1985, 114 (Abschluss eines Darlehensvertrags); OLG Hamm BB 1992, 1081 (Kauf von Einrichtungsgegenständen); OLG Hamm GmbHR 1989, 335 (Anmietung von Geschäftsräumen); LG Düsseldorf DB 1986, 958 (Warenbestellungen).
151 Lutter/Hommelhoff/*Bayer*, GmbHG, § 11 Rn. 2; Habersack/Casper/Löbbe/*Ulmer/Habersack*, GmbHG, § 11 Rn. 30.

delt es sich um eine OHG.[152] Diese rechtsdogmatische Verortung lässt für die Anwendung von GmbH-Recht oder einem Sonderrecht, wie es für die Vorgesellschaft anerkannt ist (einschließlich der Handelndenhaftung gem. § 11 II GmbHG[153]), keinen Raum.[154] Stattdessen haften die Gesellschafter der Vorgründungsgesellschaft nach den allgemeinen Vorschriften des Personengesellschaftsrechts gem. § 128 HGB (analog).[155]

In **Fall 50** haftet daher C als Gesellschafter einer BGB-Gesellschaft analog § 128 S. 1 HGB dem G für die von A für die Vorgründungsgesellschaft begründete Kaufpreisschuld gem. § 433 II BGB. Daran ändert auch die Zweckverfehlung und Auflösung der Gesellschaft nichts (dazu sogleich Rn. 505). Die Gesellschafterhaftung bleibt analog § 159 HGB hiervon unberührt.[156]   **502**

In rechtsdogmatischer Hinsicht ist die Vorgründungsgesellschaft scharf von der „werdenden juristischen Person" (Vor-GmbH, Vor-AG) zu trennen. Es handelt sich um einen selbstständigen Rechtsträger in Form einer Personengesellschaft (OHG oder GbR), die mit der zu gründenden und später entstehenden Kapitalgesellschaft rechtlich **nicht identisch** ist. Daher müssen auch sämtliche Vermögenspositionen der Vorgründungsgesellschaft, die auf die Vorgesellschaft bzw. GmbH übergehen sollen, im Wege der Singularsukzession (Abtretung gem. §§ 398, 413 BGB; Schuldübernahme gem. §§ 414, 415 BGB; Vertragsübernahme; Übereignung gem. §§ 873, 925; §§ 929 ff. BGB) einzeln übertragen werden.[157]   **503**

Für den **Gesellschaftsvertrag** der Vorgründungsgesellschaft gilt § 2 I 1 GmbHG nicht. Er bedarf daher **keiner** besonderen **Form** und kann auch mündlich oder stillschweigend zwischen den Beteiligten geschlossen werden. Allerdings kann aus einem nicht der Form des § 2 I 1 GmbHG entsprechenden Vorgründungsvertrag nicht auf den Abschluss des Vorvertrags geklagt werden, weil andernfalls die Warn- und Belehrungsfunktion des Formerfordernisses[158] leerliefen. Die Formvorschrift findet daher auf einen Vorvertrag, durch den sich mehrere Personen zur Gründung einer GmbH verpflichten, analoge Anwendung.[159] Auch die Vollmacht zum Abschluss des GmbH-Gesellschaftsvertrags ist – abweichend von § 167 II BGB – nach Maßgabe des § 2 II GmbHG notariell zu beurkunden oder zumindest notariell zu beglaubigen.   **504**

Mit Abschluss des GmbH-Gesellschaftsvertrags tritt regelmäßig **Zweckerreichung** ein mit der Folge, dass eine als **GbR** organisierte Vorgründungsgesellschaft gem. § 726 BGB aufgelöst und – soweit Aufwendungen erbracht worden sind – nach   **505**

---

152 BGHZ 91, 148, 151; BGH NJW 1998, 1645; Scholz/*K. Schmidt*, GmbHG, § 11 Rn. 15.
153 Zum Ganzen sogleich unten Rn. 519.
154 Gehrlein/Born/Simon/*Link*, GmbHG, § 11 Rn. 2; *Lieder* DStR 2014, 2464, 2465.
155 Zur Haftung der BGB-Gesellschafter unten Rn. 623; zur Haftung der OHG-Gesellschafter unter Rn. 595.
156 Zur analogen Anwendung des § 159 HGB in der BGB-Gesellschaft vgl. BFH NJW-RR 1998, 1185; Palandt/*Sprau*, BGB, Vor § 723 Rn. 3; (zur Vorbeteiligungsgesellschaft) *Lieder* DStR 2014, 2464, 2466; aA offenbar BAG ZIP 2014, 1782, 1783.
157 BGHZ 91, 148, 152; Lutter/Hommelhoff/*Bayer*, § 11 Rn. 2; MünchKomm-GmbHG/*Merkt*, § 11 Rn. 109.
158 Zum Normzweck des § 2 I 1 GmbHG: Scholz/*Cramer*, GmbHG, § 2 Rn. 10; MünchKomm-GmbHG/*Heinze*, § 2 Rn. 22, 209.
159 BGH NJW-RR 1988, 288, 289; Lutter/Hommelhoff/*Bayer*, GmbHG, § 11 Rn. 4.

§§ 730 ff. BGB zu liquidieren ist.[160] Gleiches gilt bei Unmöglichkeit der Zweckerreichung (§ 726 BGB). Nur wenn die Gründer einen Zweck verfolgen, der über den Abschluss des GmbH-Gesellschaftsvertrages hinausgeht, besteht die Vorgründungsgesellschaft neben der GmbH fort.[161] Aufgrund des abschließenden Charakters des § 131 HGB findet § 726 BGB auf die **OHG** hingegen keine (analoge) Anwendung.[162]

506 Dementsprechend ist es C in **Fall 50** verwehrt, seine Aufwendungen im Einzelnen gegenüber den anderen Gründern geltend zu machen. Vielmehr begründen die Liquidationsvorschriften (§§ 730 ff. BGB) eine Durchsetzungssperre. Danach sind die einzelnen Forderungen der Vorgründungsgesellschafter als unselbstständige Rechnungsposten in die Auseinandersetzungsbilanz einzustellen. C kann folglich ausschließlich verlangen, entsprechend seiner Beteiligung am Liquidationserlös zu partizipieren.

5. Vorgesellschaft

507 Mit dem Abschluss des notariellen GmbH-Gesellschaftsvertrags entsteht die Vorgesellschaft oder Vor-GmbH. Der **Verbandszweck** der Vorgesellschaft ist auf die Herbeiführung der Eintragung der GmbH gerichtet. Mit der Eintragung in das Handelsregister gem. § 11 I GmbHG verwandelt sich die Vor-GmbH im Wege einer **identitätswahrenden Umwandlung** ipso iure in die (Voll-)GmbH. Die Vorgesellschaft ist folglich mit der später durch Eintragung errichteten juristischen Person (GmbH) rechtsidentisch.[163]

508 **Fall 51:**[164] Die Wissenschaftler X und Y wollen zur Erforschung von genverändertem Raps eine XY-GmbH gründen und schließen zu diesem Zweck einen notariell beurkundeten Gesellschaftsvertrag. Der Biochemiker F übernimmt den Posten des Geschäftsführers. Um teure Geräte für die Forschungsvorhaben anschaffen zu können, nimmt F mit Zustimmung von X und Y bei der Großbank G für die GmbH einen Kredit über 1 Mio. € auf. Da die internationale Konkurrenz aber schneller und besser arbeitet, kommen die Beteiligten wegen schlecht laufender Geschäfte sehr bald überein, den Geschäftsbetrieb wieder einzustellen und die Eintragung deshalb nicht weiter zu betreiben. Als die fälligen Raten ausbleiben, kündigt G wirksam den Kredit. Nun fragt sie nach Ansprüchen gegen die XY-GmbH iGr. sowie gegen X, Y und F.

a) Rechtsform eigener Art

509 Die Vorgesellschaft lässt sich nach heute einhelliger Auffassung keiner der gesetzlich normierten Gesellschaftsformen zuordnen. Stattdessen wird sie mit der zutreffenden hM als eine **Rechtsform sui generis** beschrieben.[165] Denn einerseits ist § 7 II, III

---

160 Gehrlein/Born/Simon/*Link*, GmbHG, § 11 Rn. 46; Habersack/Casper/Löbbe/*Ulmer/Löbbe*, GmbHG, § 2 Rn. 58.
161 Baumbach/Hueck/*Fastrich*, GmbHG, § 11 Rn. 39; Scholz/*K. Schmidt*, GmbHG, § 11 Rn. 14, 25.
162 Oetker/*Kamanabrou*, HGB, § 131 Rn. 16; EBJS/*Lorz*, HGB, § 131 Rn. 26.
163 BGHZ 80, 129, 132; Lutter/Hommelhoff/*Bayer*, GmbHG, § 11 Rn. 5; *Lieder* DStR 2014, 2464, 2465.
164 Rechtsfragen der Vor-GmbH sind Pflichtfachstoff; vgl. OVG Münster NJW 2020, 561, 562 f.; für eine Originalexamensklausur aus Baden-Württemberg siehe *Weller/Grifo* Jura 2020, 502 ff.
165 BGHZ 21, 242, 246; Lutter/Hommelhoff/*Bayer*, GmbHG, § 11 Rn. 5.

GmbHG implizit zu entnehmen, dass der Verband als **rechtsfähig** vorausgesetzt wird, da die Gesellschafter ihre vertraglich bedungenen Leistungspflichten gegenüber der Vorgesellschaft erfüllen müssen.[166] Andererseits besteht die GmbH nach § 11 I GmbHG vor der Eintragung in das Handelsregister als solche nicht. Damit ist die Vor-GmbH ein Verband, der Sonderrecht untersteht, welches sich sowohl aus dem Gesellschaftsvertrag als auch aus dem GmbH-Recht ergibt, soweit die Vorschriften des GmbHG die Eintragung der GmbH in das Handelsregister weder explizit noch implizit voraussetzen.[167] Da die Vorgesellschaft rechtsfähig ist (arg e § 7 II, III GmbHG), kommt die XY-GmbH iGr. in **Fall 51** als potentieller Vertragspartner der G für den Darlehensrückzahlungsanspruch gem. § 488 I 2 BGB in Betracht.

b) Haftungsverfassung

aa) Haftung der Vorgesellschaft. Wie auch alle übrigen Verbände ist die Vorgesellschaft selbst nicht handlungsfähig und handelt daher durch ihre Organe, konkret durch den Geschäftsführer. Der Grundsatz der Selbstorganschaft (Rn. 528) gilt insoweit trotz unbeschränkter Haftung der Gesellschafter (Rn. 514) nicht, da das GmbHG den Geschäftsführer auch schon vor Eintragung der GmbH kennt (vgl. nur § 8 III 1 GmbHG). Rechtsgeschäftliche Erklärungen werden der Gesellschaft gem. § 164 I 1 BGB **zugerechnet**. Auch wenn der Geschäftsführer erklärt, für eine „GmbH" zu handeln, obwohl jene mangels Eintragung in das Handelsregister noch nicht entstanden ist – wie in **Fall 51** –, kommt ein Vertragsschluss mit der Vorgesellschaft nach den Grundsätzen des **unternehmensbezogenen Geschäfts** (vgl. § 164 I 2 BGB und oben Rn. 134) in Betracht.

510

Der **Umfang der Vertretungsmacht** des Geschäftsführers einer Vor-GmbH ist allerdings umstritten. Nach der früher hM bestand ein **Vorbelastungsverbot**. Die Vertretungsmacht des Geschäftsführers war – entgegen § 37 II GmbHG – auf zwingend notwendige Gründungsgeschäfte beschränkt.[168] Eine derart restriktive Auffassung wird indes den praktischen Erfordernissen der GmbH-Gründung nicht gerecht und führt zur Handlungsunfähigkeit des Unternehmens und damit zugleich zu Vermögensverlusten, deren Vermeidung die Ansicht dem Grunde nach bezweckte. Heute ist das Vorbelastungsverbot daher einer **Vorbelastungshaftung** analog § 9 I GmbHG gewichen (dazu sogleich Rn. 515).

511

Nach wie vor ist jedoch **umstritten**, ob sich die Vertretungsmacht **auf den Zweck der Vorgesellschaft beschränkt**.[169] Die Rechtsprechung will mit dieser Begrenzung verhindern, dass die wirtschaftliche Grundlage der GmbH durch die Begründung weitreichender Verpflichtungen im Vorgesellschaftsstadium gefährdet wird. Außerdem soll die Vorbelastungshaftung im Interesse der Gesellschafter möglichst niedrig gehalten werden. Umgekehrt sind die Vorgesellschafter nicht schutzwürdig, wenn sie die Vertretungsmacht des Geschäftsführers **durch übereinstimmende Ermächti-**

512

---

166 Scholz/*K. Schmidt*, GmbHG, § 11 Rn. 35.
167 BGHZ 21, 242, 246; BGH NJW 2000, 1193, 1194; Baumbach/Hueck/*Fastrich*, GmbHG, § 11 Rn. 6.
168 So noch BGHZ 53, 210, 212; aufgegeben seit BGHZ 80, 129, 139; zur Entwicklung *G. Hueck*, FS 100 Jahre GmbHG, 1992, S. 127, 153 ff.
169 Dafür BGHZ 80, 129, 139; Lutter/Hommelhoff/*Bayer*, GmbHG, § 11 Rn. 15; Habersack/Casper/Löbbe/*Ulmer/Habersack*, GmbHG, § 11 Rn. 69.

gung erweitern.[170] So geschah es auch in **Fall 51** mit der Folge, dass F die XY-GmbH iGr. selbst nach der strengen Auffassung wirksam vertreten konnte.

513 Gleiches gilt nach der Gegenauffassung, die eine Beschränkung der Vertretungsmacht ablehnt und stattdessen für eine **uneingeschränkte Anwendung der §§ 35, 37 GmbHG** plädiert.[171] Für diese Position sprechen Aspekte des Verkehrsschutzes ebenso wie Gesichtspunkte der Rechtssicherheit. In **Fall 51** führen beiden Auffassungen zur Haftung der XY-GmbH iGr.

514 **bb) Haftung der Gesellschafter.** Mangels Eintragung partizipieren die Gesellschafter der Vor-GmbH nicht am Haftungsprivileg des § 13 II GmbHG, denn die Haftungsbeschränkung setzt teleologisch zwingend die Durchführung des kompletten Gründungs- und Kapitalaufbringungsverfahrens voraus (vgl. § 9c I 1 GmbHG). In der Folge ist die persönliche Gründerhaftung in der Vorgesellschaft **sehr umstritten**. Dabei besteht allerdings heute im Ausgangspunkt Einigkeit darüber, dass die Haftung der Gesellschafter in ihrem Umfang unbeschränkt ist.[172] Aktuell wird nur mehr über die Richtung der Gesellschafterhaftung gestritten. Während die Rechtsprechung eine unbeschränkte **Innenhaftung** gegenüber der Vor-GmbH annimmt,[173] vertritt ein Großteil des Schrifttums das Konzept einer unbeschränkten **Außenhaftung** analog §§ 128, 129 HGB direkt gegenüber den Gläubigern der Vorgesellschaft[174].

515 Für die Innenhaftung lässt sich anführen, dass auf diese Weise ein Gleichlauf für die Haftungsbegründung vor und nach der Eintragung der GmbH in das Handelsregister gewährleistet wird. Stets wird § 9 I GmbHG analog herangezogen. Allerdings verträgt sich diese Position schwerlich mit dem allgemeinen **Grundsatz der persönlichen Gesellschafterhaftung**, wie er in §§ 128, 129 HGB für die OHG-Gesellschafter eine normative Ausformung erfahren hat. Eine Ausnahme von der persönlichen Gesellschafterhaftung kommt nur in Betracht, wenn die Interessen der Gesellschaftsgläubiger durch besondere Kapitalschutzbestimmungen anderweitig abgesichert sind. Solange aber die Kapitalausstattung noch nicht im Rahmen einer registergerichtlichen Prüfung gewährleistet ist, muss auch eine Haftungsprivilegierung wie die Annahme einer Innen- anstelle einer Außenhaftung ausscheiden. Hinzu kommt, dass die Gläubiger – außerhalb der Insolvenz – ihre Ansprüche nur dergestalt durchsetzen können, dass sie zunächst einen Titel gegen die Vorgesellschaft erstreiten und aufgrund dessen die Forderung der Vorgesellschaft gegen die Gesellschafter nach Maßgabe der §§ 829, 835 ZPO pfänden und sich zur Einziehung überweisen lassen. Das ist reichlich umständlich und mit erheblichen Rechtsdurchsetzungskosten verbunden. Die Annahme einer Außenhaftung analog §§ 128, 129 HGB scheint daher vorzugswürdig.

516 Auf diese Überlegungen kommt es in unserem **Fall 51** allerdings gar nicht an, weil sich die vorstehende Streitfrage ausschließlich für die **echte Vor-GmbH** stellt, bei

---

170 Vgl. MünchKomm-GmbHG/*Merkt*, § 11 Rn. 63; Baumbach/Hueck/*Fastrich*, GmbHG, § 11 Rn. 20.
171 Scholz/*K. Schmidt*, GmbHG, § 11 Rn. 72 f. mwN.
172 Zur früheren Anlehnung an die Haftung des Kommanditisten vgl. BGHZ 72, 45; 80, 182.
173 BGHZ 134, 333, 335 ff.; Habersack/Casper/Löbbe/*Ulmer/Habersack*, GmbHG, § 11 Rn. 77; *Grunewald*, Gesellschaftsrecht, § 13 Rn. 45 f.
174 Lutter/Hommelhoff/*Bayer*, GmbHG, § 11 Rn. 20; Scholz/*K. Schmidt*, GmbHG, § 11 Rn. 91 f.; *Porzelt* GmbHR 2018, 663 ff.

welcher die Gesellschafter nach wie vor beabsichtigen, die GmbH iGr. eintragen zu lassen. In **Fall 51** hatten X und Y die Eintragungsabsicht aber bereits wieder aufgegeben. Es handelt sich daher um eine fehlgeschlagene Vor-GmbH, die ebenso als **unechte Vor-GmbH** einzustufen ist, wie die Konstellation, dass die Gründer zwar ordnungsgemäß den GmbH-Gesellschaftsvertrag abschließen, aber die Eintragung der GmbH von Beginn an nicht ernstlich anstreben.[175]

Während die Rechtsprechung früher auch in diesen Fällen eher zu einer unbeschränkten Innenhaftung tendierte,[176] hat sich der BGH später ausdrücklich zu dem Konzept der unbeschränkten **Außenhaftung** bekannt[177]. Zutreffend weist der BGH auf den Charakter der Vor-GmbH als Durchgangsstadium auf dem Weg zur juristischen Person hin. Würde man es hingegen bei einer Innenhaftung auch nach Aufgabe der Eintragungsabsicht belassen, entstünde ein Gesellschaftstyp, der zu einer privilegierten Haftung der handelnden Personen führte, obgleich feststeht, dass es zur Entstehung der GmbH nicht mehr kommen wird. Eine Außenhaftung soll weiterhin ausnahmsweise Platz greifen, wenn die Vor-GmbH vermögenslos ist[178], ein Insolvenzverfahren mangels Masse nicht durchgeführt wird[179] oder wenn es sich um eine Einpersonengründung handelt[180]. Folgt man dem hier vertretenen Außenhaftungskonzept, sind diese Sonderfälle ohne Belang. **517**

In rechtsdogmatischer Hinsicht führt die Aufgabe der Eintragungsabsicht nach zutreffender hM ipso iure zur **identitätswahrenden Umwandlung** der Vor-GmbH in eine **Personengesellschaft** bestehend aus den Gesellschaftern der ehemaligen Vor-GmbH.[181] Je nach dem, ob die Gesellschafter ein Handelsgewerbe betreiben, sind sie als OHG oder GbR organisiert. In **Fall 51** war der Verbandszweck auf die Erforschung gentechnisch veränderten Rapses gerichtet. X und Y waren damit wissenschaftlich tätig und betrieben kein Handelsgewerbe (vgl. Rn. 25). Als Gesellschafter einer GbR haften sie nach Maßgabe der Akzessorietätslehre analog § 128 S. 1 HGB (dazu unten Rn. 623) für die Verbindlichkeiten der (vormaligen) XY-GmbH iGr. persönlich und der Höhe nach unbeschränkt. **518**

cc) Handelndenhaftung. Ergänzt wird die Haftungsverfassung der Vorgesellschaft um die Handelndenhaftung gem. § 11 II GmbHG (vgl. auch § 41 I 2 AktG). **Handelnder** im Sinne der Vorschrift ist, wer als Geschäftsführer oder wie ein Geschäftsführer unmittelbar gegenüber dem Geschäftspartner in Erscheinung tritt.[182] Mithin ist nicht jeder für die Gesellschaft Handelnde auch Handelnder iSd § 11 II GmbHG. Insbesondere genügt allein die Gesellschafterstellung nach heute hM eben- **519**

---

175 Dazu eingehend Habersack/Casper/Löbbe/*Ulmer/Habersack*, GmbHG, § 11 Rn. 26; Lutter/Hommelhoff/*Bayer*, GmbHG, § 11 Rn. 22.
176 BGH ZIP 1996, 590, 592; OLG Bremen ZIP 2000, 2201, 2204; offenlassend noch BGHZ 134, 333, 341.
177 BGHZ 152, 290, 294; dazu *Peetz* GmbHR 2003, 933 ff.; *Jäckel* JA 2003, 357 ff.
178 BGH NJW-RR 2000, 1125; *Grunewald*, Gesellschaftsrecht, § 13 Rn. 46.
179 BAG NJW 2000, 2915, 2917; BSG NJW-RR 2000, 1125.
180 BGH ZIP 2001, 789.
181 BGHZ 80, 129, 142; Lutter/Hommelhoff/*Bayer*, GmbHG, § 11 Rn. 20 f.; Scholz/*K. Schmidt*, GmbHG, § 11 Rn. 162.
182 Lutter/Hommelhoff/*Bayer*, GmbHG, § 11 Rn. 30; *Grunewald*, Gesellschaftsrecht, § 13 Rn. 49.

so wenig wie die reine Zustimmung zur Aufnahme der Geschäftstätigkeit.[183] Umgekehrt reicht es aber aus, wenn ein Handeln für die Gesellschaft dem Geschäftsführer zuzurechnen ist: Bedient sich der Geschäftsführer eines Gehilfen, so trifft die Haftung aus § 11 II GmbHG allein ersteren.[184] Nach diesen Grundsätzen kommt in **Fall 51** nur F (nicht aber X und Y) als Handelnder iSd § 11 II GmbHG in Betracht.

520 Weiterhin greift die Handelndenhaftung – wie auch § 15 HGB (oben Rn. 59 ff.) und die unbeschränkte Kommanditistenhaftung gem. § 176 HGB (unten Rn. 651) – ausschließlich bei einem **rechtsgeschäftlichen Kontakt** mit dem Geschäftspartner ein.[185] Nur in diesem Fall vertraut der andere Teil auf die Haftung des ihm Gegenübertretenden. Für Verbindlichkeiten aus Delikt und anderen gesetzlichen Haftungsgründen scheidet eine persönliche Inanspruchnahme aus.[186]

521 Weiterhin ist umstritten, was unter der „**Gesellschaft**" zu verstehen ist, in deren Namen der Geschäftsführer gehandelt haben muss. Die **Rechtsprechung** verlangt, dass namens der künftigen GmbH gehandelt wird; ein Auftreten im Namen der GmbH iGr. sei nicht ausreichend.[187] Diese restriktive Linie wird damit begründet, dass es sich bei der Handelndenhaftung gem. § 11 II GmbHG um eine Notlösung für solche Fälle handele, in denen die GmbH nicht zur Entstehung gelangt und der Vertragspartner infolge dessen ohne jeden Schuldner dasteht. Die **überwiegende Lehre** unterscheidet hingegen nicht, ob im Namen der GmbH oder der Vor-GmbH gehandelt wird.[188] Zum einen komme der Vertrag nach den Grundsätzen des unternehmensbezogenen Geschäfts mit dem konkret existierenden Rechtsträger des Unternehmens zustande. Zum anderen dürfe sich der Geschäftsführer einer Handelndenhaftung nicht dadurch entziehen können, dass er nur im Namen der Vor-GmbH auftrete. In **Fall 51** ist F im Namen der „GmbH" aufgetreten, so dass selbst die Anforderungen der restriktiven Rechtsprechungslinie erfüllt sind und eine Streitentscheidung dahinstehen kann.

522 Sobald die GmbH als solche durch **Eintragung** in das Handelsregister zur Entstehung gelangt und sich die Vor-GmbH identitätswahrend in eine juristische Person verwandelt, greift auch die **Haftungsprivilegierung** des § 13 II GmbHG ein. Dies hat im Regelfall[189] den vollständigen – auch nachträglichen – Wegfall jeder persönlichen Außenhaftung zur Folge, insbesondere auch der Handelndenhaftung gem. § 11 II GmbHG[190] und der persönlichen Gesellschafterhaftung[191].

---

183 BGHZ 47, 25, 28 ff.; Scholz/*K. Schmidt*, GmbHG, § 11 Rn. 116; *Cebulla* NZG 2001, 972, 976; aA noch RGZ 55, 302, 304; BGH NJW 1955, 1228.

184 Vgl. nur Lutter/Hommelhoff/*Bayer*, GmbHG, § 11 Rn. 30 f.

185 Bork/Schäfer/*Schroeter*, GmbHG, § 11 Rn. 90; MünchKomm-GmbHG/*Merkt*, § 11 Rn. 130.

186 Rowedder/Schmidt-Leithoff/*Schmidt-Leithoff*, GmbHG, § 11 Rn. 120; Baumbach/Hueck/*Fastrich*, GmbHG, § 11 Rn. 49.

187 RGZ 143, 368, 373; BGHZ 72, 45, 47.

188 Baumbach/Hueck/*Fastrich*, GmbHG, § 11 Rn. 48; Habersack/Casper/Löbbe/*Habersack*, GmbHG, § 11 Rn. 16.

189 Zu Ausnahmen: Lutter/Hommelhoff/*Bayer*, GmbHG, § 11 Rn. 36 mwN.

190 Lutter/Hommelhoff/*Bayer*, GmbHG, § 11 Rn. 36; Habersack/Casper/Löbbe/*Ulmer/Habersack*, GmbHG, § 11 Rn. 146; aA *Beuthien* GmbHR 2013, 1, 13 f.

191 MünchKomm-GmbHG/*Merkt*, § 11 Rn. 153; Scholz/*K. Schmidt*, GmbHG, § 11 Rn. 157; Baumbach/Hueck/*Fastrich*, GmbHG, § 11 Rn. 66; aA *Beuthien* WM 2013, 1485, 1488 f.

V. Aktiengesellschaft (AG)

1. Begriff

Bei der Aktiengesellschaft (AG) handelt es sich – ebenso wie bei der GmbH **523**
(Rn. 482) – um eine Gesellschaft mit **eigener Rechtspersönlichkeit** und einer **Haftungsbeschränkung** auf das Gesellschaftsvermögen (§ 1 I AktG). Das Grundkapital
ist in Aktien zerlegt (§ 1 II AktG). Die Gesellschaft entsteht mit der Eintragung in das
Handelsregister (§ 41 I AktG). Für die zuvor ab Feststellung der Satzung durch notarielle Beurkundung (§ 23 I 1 AktG) bestehende **Vor-AG** gelten die zur Vor-GmbH
entwickelten Grundsätze entsprechend (Rn. 507 ff.). Die AG ist **Formkaufmann**
gem. § 6 HGB iVm § 3 AktG.

2. Gründungsverfahren, Satzung, Grundkapital

Die Gründungsvorschriften des Aktienrechts weisen zahlreiche Parallelen, aber auch **524**
bemerkenswerte Unterschiede zum GmbH-Recht auf. Zunächst sind es wiederum die
Gründer, die gem. § 2 AktG die Satzung festlegen, deren Mindestinhalt sich aus
§§ 4 ff. AktG ergibt. Das **Mindestgrundkapital** der AG beträgt 50 000 €. Die Aktionäre können Nennbetragsaktien oder nennwertlose (Stück-)Aktien übernehmen, die
grundsätzlich auf Namen lauten (§ 10 I 1, II AktG) und nur unter den einschränkenden Voraussetzungen des § 10 I 2, 3 AktG als Inhaberaktien ausgegeben werden können.[192]

Das **Gründungsverfahren** beginnt mit der Feststellung der Satzung durch die Grün- **525**
der in **notarieller Form** (§§ 2, 23 AktG). Die Gründer übernehmen die Aktien (und
die damit verbundene **Einlagepflicht**) und errichten auf diese Weise die AG (§ 29
AktG). Sodann bestellen die Gründer den **ersten Aufsichtsrat** und die Abschlussprüfer (§ 30 I AktG); der erste Aufsichtsrat bestellt den **ersten Vorstand** (§ 30 IV
AktG). Es folgt die Erstellung des **Gründungsberichts** durch die Gründer (§ 32
AktG) und dessen **Prüfung** durch Aufsichtsrat und Vorstand (§§ 33, 34 AktG). Sodann werden die **Mindesteinzahlungen** auf die bedungenen Einlagen geleistet (§§ 36
II, 36a, 54 III AktG) und die AG zur Eintragung in das Handelsregister **angemeldet**
(§§ 36 I, 37 I 2 AktG). Die Gründung der AG wird durch das Registergericht **geprüft**
(§ 38 AktG), in das Handelsregister **eingetragen** (§ 39 AktG) und **bekanntgemacht**
(§ 10 HGB).

---

192 Zu dieser Änderung durch die Aktienrechtsnovelle 2016 ausf. *Söhner* ZIP 2016, 151; *Götze* NZG
2016, 48.

§ 10   Geschäftsführung und Vertretung

I.   Begriff, Abgrenzung und Überblick

526   **Geschäftsführung** ist jede auf die Verfolgung des Gesellschaftszwecks gerichtete Tätigkeit; erfasst werden sowohl tatsächliche (Leitung der Produktion, Geschäftsfahrt) als auch rechtsgeschäftliche Handlungen (Vertragsschluss, Kündigung). Änderungen des Gesellschaftsvertrags gehören indes *nicht* zur Geschäftsführung[1] (vgl. § 53 I GmbHG, § 119 I Nr. 6 AktG); dies gilt darüber hinaus für sämtliche Maßnahmen, die die *Grundlagen der Gesellschaft* oder die Rechtsbeziehungen der Gesellschafter zueinander betreffen,[2] zum Beispiel die Zustimmung zu einem Gesellschafterwechsel[3] oder auch die Neuausrichtung der Geschäftspolitik.[4] Modifikationen gelten indes für die Rechtsform der AG: Hier existieren klare gesetzliche Zuständigkeitsabgrenzungen, die allein in den Grenzen der Holzmüller/Gelatine-Rechtsprechung[5] durchbrochen werden.[6]

527   **Vertretung** betrifft allein das rechtsgeschäftliche Handeln für die Gesellschaft nach außen. Geschäftsführung und Vertretung schließen sich indes nicht aus: Ein und dieselbe Handlung kann aus dem Blickwinkel des Innenverhältnisses der Gesellschaft Geschäftsführung und aus der Perspektive des Außenverhältnisses Vertretung sein.[7]

528   Bei den *Personengesellschaften* gehört die Geschäftsführung zu den Rechten und Pflichten der Gesellschafter.[8] Hier gilt nach ganz hM das Prinzip der **Selbstorganschaft**, was bedeutet, dass die *organschaftliche Vertretung* ausschließlich in den Händen der persönlich haftenden Gesellschafter liegen muss. Grund ist der Schutz der Gesellschafter: Da sie für die Verbindlichkeiten der Personengesellschaft unbeschränkt haften,[9] muss sichergestellt sein, dass sie allein über die Eingehung von Verbindlichkeiten entscheiden können.[10] Soweit daher Dritten in Personengesellschaften Vertretungsmacht eingeräumt wird, kann dies nur in den Grenzen des § 125 III HGB oder im Wege rechtsgeschäftlicher Vollmachtserteilung geschehen.[11] Dagegen soll nach BGHZ 51, 198 die *organschaftliche Geschäftsführungsbefugnis* auch ausschließlich von nicht unbeschränkt haftenden Gesellschaftern ausgeübt werden kön-

---

1   Aus der Rspr.: BGHZ 76, 160, 164 (Eintritt eines neuen Gesellschafters in KG).
2   Oetker/*Lieder*, HGB, § 114 Rn. 6; MünchKomm-HGB/*Rawert*, § 114 Rn. 9 ff. m.z.w.N. und Beispielen.
3   Dazu näher unten Rn. 773.
4   BGH NJW 1991, 1681 (GmbH); *Grunewald*, Gesellschaftsrecht, § 1 Rn. 37; *Windbichler*, Gesellschaftsrecht, § 7 Rn. 10.
5   Dazu unten Rn. 719.
6   Zur Entbehrlichkeit der Abgrenzung zwischen Geschäftsführung und Grundlagengeschäften im Aktienrecht aufgrund der speziellen Regelung in § 119 AktG auch Hüffer/Koch/*Koch*, AktG, § 77 Rn. 4; BeckOGK-AktG/*Fleischer*, § 77 Rn. 7; zur missglückten Leitsatzbildung am Bsp. Holzmüller *Fleischer* ZIP 2018, 605 ff.
7   Ähnlich *Windbichler*, Gesellschaftsrecht, § 7 Rn. 11; BeckOGK-AktG/*Fleischer*, § 77 Rn. 5.
8   Dazu bereits oben Rn. 407.
9   Ausf. unten Rn. 595 ff., 623 ff., 633 ff.
10   *Wiedemann*, Gesellschaftsrecht I, § 6 IV 1; *Steinbeck* JuS 2012, 105 f.; aus der Rspr.: BGHZ 26, 330, 332 f.; 33, 105, 108; 41, 367, 369.
11   Siehe hierzu auch unten Rn. 563 f. mit Fallbeispiel.

nen.[12] Dies kann im Hauptanwendungsbereich der KG indes nur akzeptiert werden, wenn den unbeschränkt haftenden Komplementären entsprechende Gegenrechte, wie zB ein Widerspruchsrecht oder ein Zustimmungserfordernis für ungewöhnliche Geschäfte, eingeräumt werden.[13]

Für die *GmbH* und die *AG* – aber auch für die Vorgesellschaft (oben Rn. 507 ff.) – **529** gilt hingegen das Prinzip der **Fremdorganschaft**, d.h. die Mitglieder des Vertretungsorgans (Geschäftsführer bzw. Vorstand) müssen nicht Gesellschafter sein.

II. Geschäftsführungsbefugnis und Vertretungsmacht

Wer zur Geschäftsführung berufen ist, hat Geschäftsführungsbefugnis, wobei zwi- **530** schen Einzelgeschäftsführungsbefugnis und Gesamtgeschäftsführungsbefugnis zu unterscheiden ist. Vertretungsmacht hat derjenige, der einzeln (Einzelvertretungsmacht)[14] oder gemeinschaftlich (Gesamtvertretungsmacht) im Namen der Gesellschaft Willenserklärungen abgeben kann (vgl. § 164 BGB). Dabei bezeichnet die *Geschäftsführungsbefugnis* das **rechtliche Dürfen im Innenverhältnis** (zur Gesellschaft), die *Vertretungsmacht* das **rechtliche Können im Außenverhältnis** (gegenüber dem Rechtsverkehr). Geschäftsführungsbefugnis und Vertretungsmacht können, müssen aber nicht übereinstimmen.[15]

III. Geschäftsführung

1. BGB-Gesellschaft

Nach § 709 I Hs. 1 BGB steht die **Geschäftsführungsbefugnis** grundsätzlich allen **531** Gesellschaftern gemeinschaftlich zu; für jedes Geschäft ist die (auch stillschweigende) Zustimmung aller Gesellschafter erforderlich (§ 709 I Hs. 2 BGB). Es gilt somit das Prinzip der *einstimmigen Gesamtgeschäftsführung*. Das gilt auch für die **Innengesellschaft**.[16] Maßt sich dort ein Außengesellschafter eine ihm nicht zustehende alleinige Geschäftsführungsbefugnis an, so ändert das aber nichts daran, dass die Geschäfte für die Innengesellschaft getätigt werden und mithin keine Privatgeschäfte des Handelnden darstellen.[17]

Die gesetzliche Regelung ist häufig unpraktisch. Daher wird in (schriftlichen) Gesell- **532** schaftsverträgen regelmäßig eine **abweichende Regelung** vereinbart, zB Gesamtgeschäftsführung mit Mehrheitsentscheidung oder auch **Einzelgeschäftsführung mit Widerspruchsrecht**[18] (§ 711 BGB).[19] Dabei beschränkt sich die Wirkung des Wider-

---

12 BGHZ 51, 198, 200 = JZ 1969, 469 Anm. *Wiedemann* (betr. Entzug der Geschäftsführungsbefugnis des einzigen Komplementärs in KG).
13 Hierzu noch unten Rn. 538.
14 Synonym: Alleinvertretungsmacht: BGH NJW 2007, 3287, 3288.
15 Zu den bürgerlichrechtlichen Folgen dieser Trennung und Abstraktion allgemein *Lieder* JuS 2014, 393 ff.
16 BGH NJW 2019, 161 Rn. 19 ff.
17 BGH NJW 2019, 161; dazu *Weber* JA 2019, 627.
18 Dazu näher: unten Rn. 534.
19 Ausf. *Windbichler*, Gesellschaftsrecht, § 7 Rn. 13; vgl. weiter BGHZ 16, 394, 398 f.

spruchsrechts auf das Innenverhältnis: der einzelgeschäftsführungsbefugte Gesellschafter *darf* die Maßnahme zwar nicht durchführen (§ 711 S. 2 BGB); *kann* sie aber durchführen, da die Vertretungsmacht im Außenverhältnis nicht beschränkt wird.[20] Da schon der Gesellschaftsvertrag nicht schriftlich geschlossen werden muss, ist auch die stillschweigende Übertragung der Geschäftsführung auf einen oder mehrere Gesellschafter zulässig.[21] Eine gesellschaftsvertraglich vorgesehene Einzelgeschäftsführungsbefugnis entfällt regelmäßig nach Auflösung der Gesellschaft (§ 730 II 2 BGB); dann besteht (gesetzliche) Gesamtgeschäftsführungsbefugnis.[22] Ebenso können einzelne Gesellschafter von der Geschäftsführung **ausgeschlossen** werden (§ 710 S. 1 BGB); mangels abweichender Regelung im Gesellschaftsvertrag gilt gem. §§ 710 S. 2, 709 BGB auch dann einstimmige Gesamtgeschäftsführung (durch die übrigen Gesellschafter).[23] Ein Weisungsrecht steht der Gesellschafterversammlung demnach nur zu, wenn es im Gesellschaftsvertrag angeordnet ist.[24]

533   Sind nicht alle (geschäftsführungsbefugten) Gesellschafter für eine Beschlussfassung erreichbar oder ist ein Gesellschafter vollends von der Geschäftsführung ausgeschlossen (Rn. 532), kann ein Gesellschafter gleichwohl im Innenverhältnis analog § 744 II BGB Maßnahmen der **Notgeschäftsführung** treffen, wenn diese zur raschen Abwendung einer der Gesellschaft drohenden, akuten Gefahr erforderlich sind.[25]

2.   OHG

534   Bei der OHG sind nach § 114 I HGB alle Gesellschafter zur Führung der Geschäfte berechtigt und verpflichtet. Gem. § 115 I Hs. 1 HGB besteht **Einzelgeschäftsführungsbefugnis**, doch können alle übrigen geschäftsführungsbefugten Gesellschafter[26] **widersprechen**; in diesem Fall hat die Maßnahme zu unterbleiben (115 I Hs. 2 HGB).[27] Das Widerspruchsrecht darf aufgrund der Treuepflicht[28] allerdings nur im Interesse der Gesellschaft, nicht im widerstreitenden Eigeninteresse des Gesellschafters ausgeübt werden;[29] auch kann das Recht zum Widerspruch im Einzelfall ausgeschlossen[30] sein. Aufgrund der Gleichberechtigung der Gesellschafter ist der Widerspruch jedoch grundsätzlich beachtlich, insbesondere bei unternehmerischen (Ermessens-)Entscheidungen, die einer gerichtlichen Kontrolle weitgehend entzogen sind.[31]

535   Die Geschäftsführungsbefugnis erstreckt sich (nur) auf Handlungen, „die der gewöhnliche Betrieb des Handelsgewerbes der Gesellschaft mit sich bringt" (§ 116 I

---

20   BGHZ 16, 394, 397; ausf. zum Widerspruchsrecht der Mitgesellschafter *Hippeli* Jura 2017, 1192 ff.
21   BGHZ 16, 394, 396 f.; *Lange* Jura 2015, 547, 549.
22   BGH BB 2011, 2515 (für Publikums-BGB-Gesellschaft).
23   *Grunewald*, Gesellschaftsrecht, § 1 Rn. 40; MünchKomm-BGB/*Schäfer*, § 710 Rn. 4.
24   MünchKomm-BGB/*Schäfer*, § 713 Rn. 7 mwN.
25   BGHZ 17, 181, 183; BGH NZG 2008, 588 Rn. 36; 2018, 1492 Rn. 24; *Windbichler*, Gesellschaftsrecht, § 7 Rn. 2, 13; ausf. *Bergmann* WM 2019, 189 ff.
26   Hingegen nicht von der Geschäftsführung ausgeschlossene Gesellschafter: RGZ 102, 410, 412. Denn das Widerspruchsrecht ist Teil der Geschäftsführungsbefugnis!
27   Wird die Handlung dennoch vorgenommen, so hat der Widerspruch keine Außenwirkung: BGHZ 16, 394 (zur BGB-Gesellschaft).
28   Ausf. unten Rn. 688 ff.
29   BGH NJW 1986, 844; OLG Hamm BB 1993, 165; *Windbichler*, Gesellschaftsrecht, § 13 Rn. 6.
30   Beispiel: BGH NJW 1974, 1555 (Richten in eigener Sache; Schadensersatzklage).
31   Beispiel: BGH NJW 1986, 844 (Gehaltserhöhung).

HGB).[32] Abzustellen ist dabei insbesondere auf das Geschäftsvolumen, die Bedeutung für die Gesellschaft, das Geschäftsrisiko und das übliche Verhalten innerhalb der Gesellschaft.[33] Für **ungewöhnliche** Geschäfte iSv § 116 II HGB[34] ist hingegen ein Beschluss sämtlicher Gesellschafter – auch der von der Geschäftsführung ausgeschlossenen – erforderlich, der grundsätzlich einstimmig zu fassen ist.[35] Als ungewöhnlich werden dabei in der Regel Geschäfte qualifiziert, die der bisherigen OHG fremd sind oder deren bisherigen normalen Geschäftsbetrieb übersteigen, wie zB das Eingehen langfristiger Bindung und Kreditgeschäfte oder die Veräußerung zentraler Vermögensgegenstände (Kronjuwelen).[36]

Für die **Bestellung von Prokuristen**[37] bedarf es nach § 116 III 1 HGB (als Sonderregelung zu § 115 HGB) grundsätzlich der Zustimmung aller geschäftsführungsbefugten Gesellschafter. Dagegen kann jeder geschäftsführende Gesellschafter die Prokura allein widerrufen (§ 116 III 2 HGB), auch bei Widerspruch der anderen Gesellschafter.[38] Dem liegt die Wertung zugrunde, dass die Stellung des Prokuristen in hohem Maße Vertrauenssache ist.[39]   **536**

Auch bei der OHG kann der Gesellschaftsvertrag **Abweichungen** in verschiedener Hinsicht enthalten (vgl. § 109 HGB), zB einstimmige Gesamtgeschäftsführung (§ 115 II HGB) oder auch Gesamtgeschäftsführung nach dem Mehrheitsprinzip. Weiterhin können auch Zustimmungskataloge oder Widerspruchsrechte festgelegt werden.[40] Ein Weisungsrecht der Gesellschafterversammlung besteht nur, wenn es im Gesellschaftsvertrag angeordnet ist.[41]   **537**

3. KG

Bei der KG gilt Einzelgeschäftsführungsbefugnis der **Komplementäre** mit Widerspruchsrecht der übrigen geschäftsführungsbefugten Gesellschafter (§ 161 II iVm §§ 114, 115 HGB). Die **Kommanditisten** sind nach der gesetzlichen Regelung von der Geschäftsführung ausgeschlossen (§ 164 S. 1 Hs. 1 HGB). Ungewöhnliche Geschäfte bedürfen aber – wie bei der OHG – analog § 116 II HGB der Zustimmung aller Gesellschafter.[42] Die Kommanditisten haben entgegen dem missverständlichen Wortlaut von § 164 S. 1 Hs. 2 HGB nicht lediglich ein Widerspruchsrecht.[43] Auch die Prokuristenbe-   **538**

---

32 Siehe zur parallelen Vorschrift des § 49 HGB: Rn. 218 ff.
33 Oetker/*Lieder*, HGB, § 116 Rn. 4; *Lange* Jura 2015, 665, 668.
34 Auch wenn die Abgrenzung teilweise problematisch sein kann, so sind ungewöhnliche Geschäfte dennoch Maßnahmen der Geschäftsführung und somit von den Grundlagengeschäften (oben Rn. 526) zu unterscheiden, die gerade keine ungewöhnlichen Geschäfte sind; ausf. hierzu etwa MünchKomm-HGB/*Jickeli*, § 116 Rn. 6 ff.; EBJS/*Drescher*, HGB, § 116 Rn. 6 f.
35 Zu Abweichungen vom Mehrheitsprinzip: oben Rn. 532.
36 Oetker/*Lieder*, HGB, § 116 Rn. 8; vgl. weiter *Lange* Jura 2015, 665, 668.
37 Dazu ausf. Rn. 200 ff.
38 Baumbach/Hopt/*Roth*, HGB, § 116 Rn. 9; MünchKomm-HGB/*Jickeli*, § 116 Rn. 57.
39 *Windbichler*, Gesellschaftsrecht, § 13 Rn. 5; Oetker/*Lieder*, HGB, § 116 Rn. 21.
40 *Grunewald*, Gesellschaftsrecht, § 2 Rn. 15; *Windbichler*, Gesellschaftsrecht, § 13 Rn. 3.
41 MünchKomm-HGB/*Rawert*, § 114 Rn. 38 mwN; Oetker/*Lieder*, HGB, § 114 Rn. 23.
42 Dazu oben Rn. 535.
43 RGZ 158, 302, 305; Baumbach/Hopt/*Roth*, HGB, § 164 Rn. 2; *Grunewald*, Gesellschaftsrecht, § 3 Rn. 15; obiter auch BGHZ 76, 160, 164; zum Teil kritisch, im Ergebnis aber ebenso *Beuthien* NZG 2013, 967 ff.

stellung bestimmt sich aufgrund der Verweisung des § 164 S. 2 HGB, wie bei der OHG, nach § 116 III HGB. Nach zutreffender Auffassung[44] wirken die Kommanditisten mit, wenn es sich bei der Prokuraerteilung um ein außergewöhnliches Geschäft handelt.[45] Der Gesellschaftsvertrag kann indes Abweichendes regeln, insbesondere auch die Kommanditisten zur organschaftlichen Geschäftsführung berufen.[46] Ob dies auch unter Verdrängung sämtlicher Komplementäre zulässig ist – Verstoß gegen das Prinzip der Selbstorganschaft? –, erscheint zweifelhaft.[47] Jedenfalls müssen dann aber den unbeschränkt haftenden Komplementären entsprechende Gegenrechte (Widerspruchsrecht, Zustimmungserfordernis für ungewöhnliche Geschäfte) eingeräumt werden.[48]

4. GmbH

539 Die **Geschäftsführer** werden gem. § 6 III 2 GmbHG entweder im Gesellschaftsvertrag oder durch Gesellschafterbeschluss gem. § 46 Nr. 5 GmbHG bestellt; die Abberufung erfolgt stets nur durch Gesellschafterbeschluss. Eine Delegation der Entscheidung auf einen Beirat bzw. Aufsichtsrat ist zulässig, nicht aber auf Dritte.[49] Für Gesellschafter kann die Geschäftsführungsbefugnis als sog. *Sonderrecht* im Gesellschaftsvertrag festgelegt sein.[50] Außerdem ist die Person des Geschäftsführers im Handelsregister einzutragen (§§ 10 I, 39 GmbHG). Neben der Bestellung zum Geschäftsführer wird idR ein **Dienstvertrag** abgeschlossen.[51] Ist der Geschäftsführer nicht zugleich mit einer Sperrminorität (25 %) am Stammkapital beteiligt, handelt er beim Abschluss des Anstellungsvertrages als **Verbraucher**, so dass die Inhaltskontrolle der §§ 305 ff. BGB zur Anwendung gelangt.[52] Anders als in der AG und auch in Abweichung zum dispositiven Recht der Personengesellschaft ist die Geschäftsführung in der GmbH an **Weisungen** der Gesellschafterversammlung gebunden (vgl. § 37 I GmbHG).[53] Sonderregelungen bestehen für die mitbestimmte GmbH.[54]

5. AG

540 Bei der AG wird der **Vorstand** vom Aufsichtsrat auf die Dauer von (zunächst) höchstens 5 Jahren bestellt (§ 84 I 1 AktG). Neben der Bestellung zum Vorstandsmitglied wird stets ein Dienstvertrag abgeschlossen.[55] Der Vorstand leitet die Gesellschaft ei-

---

44 Baumbach/Hopt/*Roth*, HGB, § 164 Rn. 5; Oetker/*Oetker*, HGB, § 164 Rn. 15; EBJS/*Weipert*, § 164 Rn. 8; aA MünchKomm-HGB/*Grunewald*, § 164 Rn. 20; Koller/Kindler/Roth/Drüen/*Kindler*, § 164 Rn. 4.
45 Zur Problematik des Widerrufs der Prokura des Kommanditisten entgegen der Regelung im Gesellschaftsvertrag: Rn. 219.
46 BGH NJW 1989, 2687; MünchKomm-HGB/*Grunewald*, § 164 Rn. 24.
47 Dafür BGHZ 51, 198, 201; siehe bereits oben Rn. 528.
48 So richtig Baumbach/Hopt/*Roth*, HGB, § 164 Rn. 7; MünchKomm-HGB/*Grunewald*, § 164 Rn. 25.
49 Lutter/Hommelhoff/*Bayer*, GmbHG, § 46 Rn. 23; Baumbach/Hueck/*Zöllner/Noack*, GmbHG, § 46 Rn. 34a.
50 Zum Sonderrecht: oben Rn. 219.
51 Zum gesamten Problemkreis der Anstellung und Kündigung eines GmbH-Geschäftsführers siehe die Klausurbearbeitung bei *Körber/König* JuS 2020, 340 ff.
52 BAG NJW 2010, 2827; *Hümmerich* NZA 2006, 709, 711.
53 Lutter/Hommelhoff/*Bayer*, GmbHG, § 46 Rn. 1; Baumbach/Hueck/*Zöllner/Noack*, GmbHG, § 46 Rn. 91.
54 Dazu näher *Grunewald*, Gesellschaftsrecht, § 13 Rn. 84 ff.
55 Zum Ganzen *Grunewald*, Gesellschaftsrecht, § 10 Rn. 15; *Drygala/Staake/Szalai*, Kapitalgesellschaftsrecht, § 21 Rn. 65.

genverantwortlich (vgl. § 76 AktG); d.h. es besteht weder ein Weisungsrecht des Aufsichtsrats noch der Hauptversammlung (vgl. § 119 II AktG) oder gar eines (Mehrheits-)Aktionärs.[56] Allerdings existieren regelmäßig Zustimmungsvorbehalte des Aufsichtsrates gem. § 111 IV 2 AktG. Für Grundlagengeschäfte bestehen Sonderregelungen.[57] Zusätzlich ist es zulässig, die Geschäftsführungsbefugnis des Vorstandes im Innenverhältnis zu beschränken (§ 82 II AktG).[58]

Der **Aufsichtsrat** wird von der Hauptversammlung grundsätzlich mit einfacher Mehrheit gewählt (§§ 101 I, 119 I Nr. 1, 133 I AktG). Ist die AG mitbestimmt, so wird der Aufsichtsrat entweder zu einem Drittel (§§ 1 I Nr. 1, 4 DrittelbG) oder zur Hälfte (§§ 1 I Nr. 1, 7 MitbestG) um Vertreter der Arbeitnehmer ergänzt.[59] Mitbestimmten, börsennotierten AG müssen zudem mindestens 30% Frauen und 30% Männer angehören (§ 96 II AktG).[60] Zu den Aufgaben des Aufsichtsrats zählen neben der Bestellung (und Abberufung) des Vorstands (§ 84 I, III AktG) auch dessen Beratung und Überwachung (§ 111 I AktG).[61] **541**

IV. Vertretung

1. BGB-Gesellschaft

a) Vertretung der BGB-Gesellschaft

Vertreten wird – entgegen dem Wortlaut des § 714 BGB – allein die BGB-Gesellschaft.[62] Die frühere Auffassung, dass die Gesamtheit der Gesellschafter vertreten würde, nicht aber die Gesellschaft selbst,[63] ist heute – nach Anerkennung der Rechtsfähigkeit der GbR (oben Rn. 418 ff.) – überholt. Macht ein vertretungsberechtigter Gesellschafter Ansprüche der BGB-Gesellschaft geltend, so kann er stets nur Leistung an die Gesellschaft, nicht aber an sich selbst verlangen.[64] **542**

b) Gesamtvertretungsmacht und abweichende Regelungen

Die Vertretungsmacht folgt nach der dispositiven Regelung in § 714 BGB (analog) der Geschäftsführungsbefugnis; es gilt daher **Gesamtvertretung aller Gesellschafter**[65] (§ 709 BGB)[66]. Für die Klage einer GbR bedeutet dies, dass alle Gesellschafter ausnahmslos der **Prozessführung** zustimmen müssen.[67] Die Vertretung der GbR **543**

---

56 Zu Ausnahmen im Vertragskonzern: *Drygala/Staake/Szalai*, Kapitalgesellschaftsrecht, § 32 Rn. 1, 24 ff.
57 Dazu näher Rn. 719.
58 Vgl. nur *Lange* Jura 2016, 333, 336.
59 Ausf. *Grunewald*, Gesellschaftsrecht, § 10 Rn. 68 ff.; *Schäfer*, Gesellschaftsrecht, § 41 Rn. 17 a.E.
60 Für eine Zwischenbilanz der Quote vgl. *Bayer/Hoffmann* AG 2016, R238.
61 Zu den Funktionen des Aufsichtsrats ausf. *Lieder*, Der Aufsichtsrat im Wandel der Zeit, 2006, S. 647 ff. und öfter.
62 BGHZ 146, 341 ff.; *Grunewald*, Gesellschaftsrecht, § 1 Rn. 57.
63 BGHZ 23, 307, 313; vgl. weiter Soergel/*Hadding*, BGB, 11. Aufl. 1985, § 714 Rn. 2.
64 *Grunewald*, Gesellschaftsrecht, § 1 Rn. 58.
65 BGH NZG 2005, 345; ausf. zur Gesamtvertretung *Bayer*, FS G. Krieger, 2020, S. 77 ff.
66 Dazu oben Rn. 531.
67 OLG Stuttgart NZG 2010, 1223: Rechtsmissbräuchlichkeit der Verweigerung einzelner Gesellschafter ist nicht inzident zu prüfen, sondern es bedarf eines vorgelagerten Prozesses gegen die Verweigerer.

durch nur einen Gesellschafter ist in Ermangelung einer abweichenden Regelung im Gesellschaftsvertrag dann unzulässig. Der Vertretungsmangel kann aber durch den Eintritt der übrigen Gesellschafter und die Genehmigung der bisherigen Prozessführung geheilt werden.[68] Liegt ein Vollstreckungstitel gegen die Gesellschaft vor, steht auch die Befugnis zur Erhebung der Vollstreckungsgegenklage der Gesellschaft selbst zu und nicht ihren Gesellschaftern.[69]

544 Von der Gesamtvertretung kann allerdings im **Gesellschaftsvertrag** auf der Ebene der Geschäftsführung

545 **Fall 52a:** A und B sind einzelgeschäftsführungsbefugt, C und D ausgeschlossen. A und B haben nach der Auslegungsregel des § 714 BGB Einzelvertretungsmacht.

oder (nur) auf der Ebene der Vertretung

546 **Fall 52b:** A, B, C und D haben die gesetzliche Regelung nicht verändert und sind daher gem. § 709 BGB gesamtgeschäftsführungsbefugt, haben jedoch A allein und B, C und D jeweils zu zweit Gesamtvertretungsmacht eingeräumt.

abgewichen werden. Ebenso kann der Gesellschaftsvertrag die Vertretungsmacht sachlich einschränken.

547 **Fall 52c:** Im Gesellschaftsvertrag der X-GbR wurde Einzelvertretung vereinbart, jedoch „Gesamtvertretung bei Verfügungen im Wert von mehr als 5000 €" angeordnet.

548 Entgegen dem OLG Naumburg hat der BGH zutreffend geurteilt, dass diese Beschränkung im Wege der Auslegung nicht nur Verfügungs-, sondern auch Verpflichtungsgeschäfte erfasst.[70]

549 **Fall 52d:**[71] Die AB-GbR, bestehend aus A und B, klagt rückständigen Mietzins gegen B und C ein. Zwischen den Mietern B und C auf der einen Seite sowie der AB-GbR auf der anderen Seite wurde in einer nachträglichen Ergänzung des Mietvertrages vereinbart, dass B und C den Mietzins jeweils nur zur Hälfte zahlen und nicht für die Gesamtmiete haften sollen. Allerdings unterzeichnete diese Vereinbarung auf der Seite der AB-GbR nur B. Nach der Insolvenz des B wendet sich die AB-GbR an C und verlangt die rückständige Miete in voller Höhe. Mit Recht?

550 Fraglich ist in diesem Fall, ob sich die Beteiligten wirksam auf eine **Teilschuld** geeinigt haben, denn aus dem Vertragsschluss der AB-GbR mit B und C resultiert nach der gesetzlichen Vermutung des § 427 BGB grundsätzlich eine **Gesamtschuld**. Eine abweichende Vereinbarung setzt eine wirksame Vertretung der AB-GbR voraus. Nach der gesetzlichen Vertretungsregel muss die AB-GbR durch A und B **gemeinschaftlich** vertreten werden. Hier handelte aufseiten der AB-GbR indes nur B. Zudem hat B hierbei sowohl für die AB-GbR als auch für sich selbst gehandelt und damit ge-

---

68 BGH ZIP 2010, 1639 Rn. 8.
69 BGH NZG 2016, 221; dazu *K. Schmidt* JuS 2016, 560.
70 BGH NJW-RR 2004, 1265.
71 In Anlehnung an BGH NJW 2010, 861; dazu *K. Schmidt* JuS 2010, 353 ff.

gen das **Verbot des Selbstkontrahierens** gem. § 181 BGB verstoßen. Auch aus diesem Grund ist die getroffene Vereinbarung unwirksam. Nach dem Schutzzweck des § 181 BGB scheidet auch eine **konkludente Genehmigung** analog § 177 I BGB durch die AB-GbR kraft Wissenszurechnung von B aus.[72] Daher muss C in gesamter Höhe für den rückständigen Mietzins aufkommen.

c) Einzelfragen

aa) Die Gesamtvertretung erfordert zwar ein gemeinschaftliches, aber nicht zwingend ein gleichzeitiges Handeln. Vielmehr kann ein gesamtvertretungsberechtigter Gesellschafter – auch konkludent – zum alleinigen rechtsgeschäftlichen Handeln **ermächtigt** werden.[73] Um die angeordnete Gesamtvertretung nicht zu unterlaufen, ist die Ermächtigung in ihrer Reichweite zu beschränken.[74] Die Ermächtigung kann sich auf bestimmte Geschäfte oder auf bestimmte Arten von Geschäften beziehen (vgl. § 125 II 2 HGB; § 78 IV 1 AktG).[75] Bis zur Vornahme des Geschäfts ist die Ermächtigung widerruflich.[76] Sofern ein Gesamtvertreter ohne die erforderliche Ermächtigung handelt, ist die Willenserklärung grundsätzlich schwebend unwirksam und somit genehmigungsfähig.[77]   **551**

bb) Ein Widerspruch nach § 711 BGB ist im Außenverhältnis unbeachtlich, berührt somit die Vertretungsmacht grundsätzlich nicht.[78]   **552**

Fall 52e: Widerspricht im **Fall 52a** A einem von B beabsichtigten Vertragsschluss, so hat die Maßnahme gem. § 711 S. 2 BGB zu unterbleiben. Ein von B dennoch geschlossener Vertrag bindet indes die BGB-Gesellschaft.   **553**

Dies gilt in gleicher Weise, wenn ein im Gesellschaftsvertrag (entsprechend § 116 II HGB)[79] für ungewöhnliche Geschäfte vorgesehener Gesellschafterbeschluss fehlt.[80] Der Vertrag kommt hingegen nicht zustande, wenn der einzelvertretungsberechtigte Gesellschafter – für den Vertragspartner erkennbar – die Zustimmung der anderen Gesellschafter zur Wirksamkeitsvoraussetzung gemacht hat, etwa in der Weise, dass die Unterschriften der übrigen Gesellschafter in der Vertragsurkunde vorgesehen werden. Ein Vertragsschluss ist dann regelmäßig noch nicht anzunehmen, wenn der den Vertrag vorbereitende einzelvertretungsberechtigte Gesellschafter unterzeichnet hat, sondern erst, wenn die übrigen Gesellschafter, deren Zustimmung vorgesehen war, die notwendigen Willenserklärungen abgegeben haben.[81]   **554**

---

72 BGH NJW 2010, 861 Rn. 23 f.
73 BGHZ 16, 394, 396 f.; MünchKomm-BGB/*Schäfer*, § 714 Rn. 27; eingehend *Bayer*, FS G. Krieger, 2020, S. 77, 83 f.
74 BGHZ 34, 27, 30 f.; BGH WM 1975, 790, 791 (jeweils zu GmbH-Geschäftsführern); BGH ZIP 1986, 501, 503 (Bau-ARGE); Baumbach/Hopt/*Roth*, HGB, § 125 Rn. 17 (OHG); Staudinger/*Schilken*, BGB, § 167 Rn. 55.
75 BGHZ 34, 27, 30; OLG München GmbHR 2013, 1208, 1209 (jeweils zu GmbH-Geschäftsführern); MünchKomm-BGB/*Schubert*, § 164 Rn. 202.
76 MünchKomm-HGB/*K. Schmidt*, § 125 Rn. 46; EBJS/*Hillmann*, HGB, § 125 Rn. 33.
77 MünchKomm-BGB/*Schubert*, § 164 Rn. 204.
78 BGHZ 16, 394, 398; BGH ZIP 2008, 1582, 1586; *Windbichler*, Gesellschaftsrecht, § 8 Rn. 1.
79 Dazu oben Rn. 535.
80 So BGH ZIP 2008, 1582.
81 BGH ZIP 2008, 1582 im Anschluss an RGZ 90, 21 (OHG) und BGH NJW 1997, 2678 (GmbH).

555   cc)   Handelt ein angeblich vertretungsberechtigter Gesellschafter für eine BGB-Gesellschaft, die **nicht existiert**, so haftet er dem Vertragspartner gem. § 179 I BGB.[82] Die Haftung entfällt indes nach § 179 III BGB, wenn der Vertragspartner den Mangel der Vertretungsmacht kannte oder kennen musste. Dabei beschränkt sich der Anwendungsbereich des § 179 III BGB im Falle der Vertretung einer nicht existierenden Person nicht auf den Einwand, der Vertragspartner habe um die Nichtexistenz des Vertretenen gewusst oder hätte darum wissen müssen:

556   **Fall 53:** Im notariellen Kaufvertrag über ein Grundstück wurde R „als vollmachtloser Vertreter" für die Käuferin, die R & Partner-GbR, bezeichnet, die indes nicht existierte.

557   Das **OLG Brandenburg** hat in diesem Fall eine Haftung des R nach § 179 I BGB noch unter Hinweis darauf bejaht, dass § 179 III 1 BGB keine Anwendung finde, wenn dem Vertragspartner die mangelnde Existenz des Vertretenen unbekannt war. Selbst wenn man dies anders sehen wollte, sei dem Vertreter nach § 242 BGB jedenfalls die Berufung auf § 179 III 1 BGB verwehrt.[83] Mit Recht lässt der **BGH** hingegen die Haftung aus § 179 I BGB nach wortlautgetreuer Anwendung des § 179 III 1 BGB entfallen, weil dem Vertragspartner bekannt war, dass der Vertreter ohne Vollmacht handelte.[84] Der Regelung liegt der Gedanke zugrunde, dass ein Vertragspartner, der davon Kenntnis hat, dass er einen Vertrag mit einem vollmachtlos handelnden Vertreter schließt, auf das Wirksamwerden des Vertrags nicht vertrauen kann; daher macht es auch keinen Unterschied, ob die Genehmigung im Nachhinein nicht erteilt wird oder schon deshalb ausscheidet, weil der vorgebliche Geschäftsherr tatsächlich nicht existiert.[85] Auch eine Berufung auf § 242 BGB kommt nicht in Betracht, da R, der sich nicht einmal als Vertreter mit Vertretungsmacht geriert hat, allenfalls einen Vertrauenstatbestand für das Bestehen der GbR, nicht aber für das Wirksamwerden des Vertrages gesetzt hat.[86]

558   dd)   Gibt der allein vertretungsberechtigte Gesellschafter eine einseitige empfangsbedürftige Willenserklärung ab, wie zB eine Kündigung, kann der Erklärungsempfänger das Rechtsgeschäft gem. **§ 174 S. 1 BGB** unverzüglich **zurückweisen**, soweit der Gesellschafter seine Vertretungsberechtigung nicht ordnungsgemäß nachweist; das Rechtsgeschäft ist dann unwirksam. Zwar gilt § 174 BGB seinem Wortlaut nach nur für die Bevollmächtigung (= durch Rechtsgeschäft erteilte Vertretungsmacht, § 166 II BGB) und findet daher auf die organschaftliche Vertretung grundsätzlich keine Anwendung. Die **Nichtanwendung** des § 174 BGB rechtfertigt sich indes, weil die organschaftliche Vertretungsmacht von **juristischen Personen und Personenhandelsgesellschaften** ohne weiteres aus der Eintragung in einem öffentlichen Register erkennbar ist (vgl. § 67 BGB, § 81 I AktG, § 39 I GmbHG, § 28 I GenG; §§ 106 II Nr. 4, 161 II HGB); da es hieran bei der GbR fehlt, ist die Situation mit der einer Bevollmächtigung vergleichbar, so dass § 174 BGB insoweit **analog** zur Anwendung

---

82 BGHZ 178, 307 Rn. 10; 105, 283, 285; 91, 148, 152; Erman/*Maier-Reimer/Finkenauer*, BGB, § 179 BGB Rn. 23.
83 OLG Brandenburg BeckRS 2008, 09708.
84 BGHZ 178, 307 Rn. 15.
85 BGHZ 178, 307 Rn. 16.
86 BGHZ 178, 307 Rn. 17 f.

gelangt.[87] Zu diesem Zweck muss der **BGB-Gesellschafter** entweder den Gesellschaftsvertrag, eine Vollmacht der übrigen Gesellschafter oder eine Erklärung derselben vorlegen, aus der sich seine Befugnis zur alleinigen Vertretung der Gesellschaft ergibt.[88] Eine Zurückweisung nach § 174 BGB scheidet gem. § 242 BGB aus, wenn der Empfänger den Vertreter auch ohne Vorlage einer Vollmachtsurkunde anerkennt, solange keine begründeten Zweifel am Bestehen der Vollmacht auftreten und daher ein Vertrauenstatbestand für den Vertretenen besteht. Das erfordert, dass der Empfänger zu erkennen gibt, von der Befugnis des Vertreters auszugehen.[89]

2. OHG

Die OHG-Gesellschafter sind nach § 125 I HGB **einzelvertretungsbefugt**. Eine Kopplung an die Geschäftsführungsbefugnis besteht – anders als bei der GbR (Rn. 531) – nicht. Die Einzelvertretungsmacht ist nur begrenzt **abänderbar**, und zwar durch einen Ausschluss der Vertretungsmacht (§ 125 I Hs. 2 HGB) oder die Anordnung einer echten (§ 125 II HGB) bzw. unechten (§ 125 III HGB) Gesamtvertretung. Solche Abweichungen sind gem. § 106 II Nr. 4 HGB in das Handelsregister **einzutragen**. Bei sämtlichen Abweichungen ist stets der Grundsatz der Selbstorganschaft zu beachten.[90]
559

Die wirksame Ausübung der Gesamtvertretung erfordert wiederum kein gleichzeitiges Auftreten mehrerer Gesellschafter gegenüber dem Geschäftspartner, sondern insbesondere reicht das alleinige Handeln eines **ermächtigten** gesamtvertretungsbefugten Gesellschafters aus (§ 125 II 2 HGB; siehe auch schon Rn. 551).[91] Zur **Passivvertretung** ist nach § 125 II 3 HGB auch bei Gesamtvertretung jeder Gesellschafter einzeln befugt.
560

Der Umfang der Vertretungsmacht erstreckt sich auf **sämtliche Rechtsgeschäfte** (§ 126 I HGB). Inhaltliche Beschränkungen sind gem. § 126 II HGB Dritten gegenüber unbeachtlich. Dementsprechend schlagen Abweichungen der Geschäftsführungsbefugnis im Innenverhältnis aus Gründen des Verkehrsschutzes grundsätzlich nicht auf das Außenverhältnis (zu einem Vertragspartner) durch. Es gilt der Grundsatz der Trennung und Abstraktion von Geschäftsführungsbefugnis und Vertretungsmacht.[92]
561

Eine **Ausnahme** gilt – im Wege teleologischer Reduktion des § 126 II HGB – bei Geschäften zwischen der OHG und ihren **Gesellschaftern**, weil die Gesellschafter nicht den allgemeinen Rechtsverkehr repräsentieren und damit nicht als Dritte im Sinne der Vorschrift anzusehen sind.[93] Die normalerweise für die Unbeschränkbarkeit der Vertretungsmacht streitenden Verkehrsschutzgründe greifen hier ausnahmsweise nicht
562

---

87 BAG NZG 2020, 623 Rn. 39 ff.; BGH ZIP 2002, 174, 175; MünchKomm-BGB/*Schubert*, § 174 Rn. 15; Staudinger/*Schilken*, BGB, § 174 Rn. 8.

88 BGH ZIP 2002, 174; vgl. auch BAG NZG 2020, 623 Rn. 53.

89 BAG NZG 2020, 623 Rn. 59 f.

90 BGHZ 26, 330, 332 f.

91 BGHZ 64, 72; 77 (KG); *Koch*, Gesellschaftsrecht, § 13 Rn. 31; EBJS/*Hillmann*, HGB, § 125 Rn. 29; siehe noch die Fallbearbeitung bei *Beck* Jura 2015, 383, 384 ff.

92 Dazu allgemein *Lieder* JuS 2014, 393 ff.; *Bayer*, FS E. Vetter, 2019, S. 51 ff.

93 Im Ergebnis ebenso BGHZ 38, 26, 34; *Kindl*, Gesellschaftsrecht, § 16 Rn. 11.

ein. Gleiches gilt nach allgemeinen Grundsätzen im Falle des **Missbrauchs** der Vertretungsmacht (Rn. 222 ff.) und der **Kollusion** (Rn. 225).[94]

Ein beliebtes Examensproblem zur **unechten Gesamtvertretung** stellt sich in:

563   **Fall 54:** In der A & B-OHG ist A von der Vertretung ausgeschlossen, B und Prokurist P sind unechte Gesamtvertreter. Diese Regelung des Gesellschaftsvertrages ist im Handelsregister eingetragen und bekanntgemacht. B kauft im Namen der OHG allein einen Pkw bei V; P verweigert seine Zustimmung. Ist der Kaufvertrag wirksam?

564   Die Wirksamkeit des Kaufvertrages hängt davon ab, ob B die A & B-OHG wirksam vertreten hat (§ 164 I 1 BGB). B hat nach der gesellschaftsvertraglichen Regelung **unechte Gesamtvertretungsmacht**; insofern konnte er allein, da P seine Zustimmung verweigerte, die OHG nicht wirksam vertreten. Fraglich ist indes, ob diese Vertretungsregelung wirksam ist. Zunächst geht § 125 HGB in Abs. 1 vom Grundsatz der Einzelvertretungsmacht jedes Gesellschafters aus, lässt aber nach Abs. 3 die Vereinbarung unechter Gesamtvertretung zu. Das ist hier geschehen. Es ist jedoch zu bedenken, dass die vereinbarte unechte Gesamtvertretung als **ausschließliche Vertretungsregelung** getroffen ist. Die Zulässigkeit dieser Gestaltung ist umstritten. Während ein Teil des Schrifttums keine Bedenken hegt,[95] spricht sich die hM mit Recht gegen die Wirksamkeit einer solchen Vertretungsregelung aus.[96] Bereits der Wortlaut des § 125 III 1 HGB („wenn nicht mehrere zusammen handeln") spricht dafür, dass unechte Gesamtvertretung nur **neben** Einzel- oder echter Gesamtvertretung möglich ist. Außerdem würde bei ausschließlich unechter Gesamtvertretung das Prinzip der **Selbstorganschaft** (Rn. 528) verletzt, da die Gesellschaft nicht mehr allein durch die Gesellschafter vertreten wird; denn der Prokurist ist als nicht unbeschränkt haftender „Dritter" anzusehen. Eine unechte Gesamtvertretung ist daher nur zulässig, wenn daneben Einzelvertretung oder echte Gesamtvertretung besteht.[97] Die Regelung in der A & B-OHG ist insoweit unwirksam.[98]

565   Allerdings hätte B die OHG wirksam vertreten, wenn an die Stelle der unwirksamen gesellschaftsvertraglichen Regelung der gesetzliche **Grundsatz der Einzelvertretung** getreten wäre (§ 125 I HGB). Dieses Ergebnis ist jedoch nicht interessengerecht, weil die gesellschaftsvertragliche Regelung deutlich zum Ausdruck bringt, dass B **nicht allein** vertretungsberechtigt sein soll. Die hM nimmt denn auch bei einem Verstoß gegen das Verbot der Fremdorganschaft eine **Gesamtvertretung aller Gesellschafter** statt der gesetzlichen Einzelvertretung an (ergänzende Vertragsauslegung gem. § 157 BGB).[99] Daher bestand auch in der A & B-OHG echte Gesamtvertretungsmacht und B konnte die Gesellschaft allein nicht wirksam vertreten.

566   Allerdings kann diese – nach § 106 II Nr. 4 HGB eintragungspflichtige – Beschränkung der Vertretungsmacht des B dem Vertragspartner aufgrund der **negativen Pu-**

---

94   *Bitter/Heim*, Gesellschaftsrecht, § 6 Rn. 37; *Kindl*, Gesellschaftsrecht, § 16 Rn. 12.
95   MünchKomm-HGB/*Krebs*, § 48 Rn. 83 ff.
96   BGHZ 26, 330, 332 f.; *Bitter/Heim*, Gesellschaftsrecht, § 6 Rn. 41.
97   BGHZ 26, 330, 332 f.
98   *Grunewald*, Gesellschaftsrecht, § 2 Rn. 21; *Schäfer*, Gesellschaftsrecht, § 7 Rn. 4.
99   BGHZ 51, 198, 201 f.; *Schäfer*, Gesellschaftsrecht, § 7 Rn. 4.

blizitätswirkung des Handelsregisters gem. § 15 I HGB nicht entgegengehalten werden, da das Vorliegen einer echten Gesamtvertretung nicht in das Handelsregister eingetragen und bekanntgemacht ist (näher oben Rn. 559). Daher ist der Kaufvertrag am Ende gleichwohl wirksam zustande gekommen.

3. KG

Die KG wird von den **Komplementären** vertreten (§§ 161 II, 125, 126 HGB), während **Kommanditisten** gem. § 170 HGB von der Vertretung **ausgeschlossen** sind. 567

> **Fall 55:** Der Komplementär A sowie die Kommanditisten B und C bilden die A-KG. Neben A soll auch der Kommanditist B, dem im Gesellschaftsvertrag Prokura erteilt wurde, geschäftsführungsbefugt sein. Weiter sieht der Gesellschaftsvertrag vor, dass nur A und B gemeinsam die Gesellschaft vertreten können. Ist die Regelung wirksam? 568

Auch für die KG gilt der **Grundsatz der Selbstorganschaft**; § 170 HGB ist eine Modifikation dieses Prinzips.[100] Zulässig ist über die Verweisung des § 161 II HGB aber sowohl die echte als auch die unechte Gesamtvertretung iSd § 125 II, III HGB. Dabei kann der Kommanditist als Prokurist im Rahmen einer unechten Gesamtvertretung mitwirken.[101] Mit Blick auf den Grundsatz der Selbstorganschaft und die den Komplementär treffende unbeschränkte persönliche Haftung verstößt aber eine Mitwirkung des Kommanditisten im Rahmen einer **ausschließlichen unechten Gesamtvertretung** – d.h. wenn der einzige Komplementär an die Mitwirkung des Kommanditisten gebunden ist – gegen die zwingende Wertung des § 170 HGB.[102] § 125 II, III iVm § 161 II HGB ist daher iSv „wenn nicht mehrere Komplementäre zusammen handeln" zu verstehen. Die gesellschaftsvertragliche Regelung in **Fall 55** ist dementsprechend unwirksam. 569

4. GmbH

Der **Geschäftsführer** vertritt die GmbH in allen Angelegenheiten (§ 35 I GmbHG). Mehrere Geschäftsführer haben nach § 35 II GmbHG Gesamtvertretungsbefugnis. Bei Führungslosigkeit der GmbH sind die Gesellschafter passivvertretungsbefugt (§ 35 I 2 GmbHG).[103] Im Übrigen ist die Vertretungsmacht nach Maßgabe des § 37 II GmbHG unabhängig von der Geschäftsführungsbefugnis und auch inhaltlich aus Verkehrsschutzgründen unbeschränkbar.[104] Anderes gilt nur, wenn es mit dem Dritten vereinbart worden ist[105] sowie in teleologischer Reduktion gegenüber Gesellschaftern, wobei allerdings umstritten ist, ob die Gesellschafter von der Beschränkung 570

---

100 Oetker/*Oetker*, HGB, § 170 Rn. 4.
101 MünchKomm-HGB/*Grunewald*, § 170 Rn. 2; Baumbach/Hopt/*Roth*, HGB, § 170 Rn. 1.
102 BGHZ 41, 367, 369; Oetker/*Oetker*, HGB, § 170 Rn. 5; aA *Brox*, FS H. Westermann, 1974, S. 21 ff.
103 Zur Parteifähigkeit siehe BGH NZG 2011, 26; dazu *K. Schmidt* GmbHR 2011, 113 ff.
104 Baumbach/Hueck/*Beurskens*, GmbHG, § 37 Rn. 51; Henssler/Strohn/*Oetker*, Gesellschaftsrecht, § 37 GmbHG Rn. 1.
105 BGH GmbHR 1997, 836; Baumbach/Hueck/*Beurskens*, GmbHG, § 37 Rn. 55.

auch Kenntnis haben müssen.[106] Nach § 35 III GmbHG gilt das **Verbot des Selbst-kontrahierens** (§ 181 BGB) auch bei Einpersonengesellschaften; eine Befreiung durch Gesellschaftsvertrag ist zulässig.[107]

571 Im Zusammenhang mit § 181 BGB ist ein vom GmbH-Geschäftsführer vorgenommenes Insichgeschäft, das zwar zur Erfüllung einer Verbindlichkeit führt, jedoch unter Verstoß der im Innenverhältnis bestehenden Beschränkungen vorgenommen wird, nach Auffassung des BGH nur dann unter dem Gesichtspunkt des **Missbrauchs der Vertretungsmacht** unwirksam, wenn das Insichgeschäft für die vertretene GmbH nachteilig ist.[108] Diese Einschränkung ist mit Blick auf die unterschiedlichen Zielrichtungen des Verbots des Selbstkontrahierens nach § 181 BGB und des Missbrauchs der Vertretungsmacht abzulehnen. Beide Rechtsinstitute bilden funktional voneinander unabhängige Schranken der (organschaftlichen) Vertretungsmacht.[109]

572 Das **Wissen** der Geschäftsführer ist der GmbH nach allgemeinen Grundsätzen (vgl. § 166 I BGB) zuzurechnen.[110] Ausreichend für die **Zurechnung** ist bereits das Wissen eines in der fraglichen Angelegenheit vertretungsberechtigten Organmitglieds,[111] und zwar auch dann, wenn das Mitglied an dem konkreten Geschäft nicht mitgewirkt hat.[112]

5. AG

573 Die AG wird durch den **Vorstand** gem. § 78 I 1 AktG vertreten. In der Regel besteht Gesamtvertretung durch sämtliche Vorstandsmitglieder (vgl. § 78 II AktG). Um der **Schriftform des § 550 BGB** zu genügen, müssen sämtliche gesamtvertretungsberechtigten Vorstandsmitglieder unterzeichnen oder bei der Unterschrift darauf hinweisen, dass der Unterzeichner auch für die nicht unterzeichnenden Vorstandsmitglieder unterzeichnet.[113] Die Vertretungsmacht ist unabhängig von der Geschäftsführungsbefugnis (§ 82 I AktG). Um Interessenkonflikte zu vermeiden, wird die AG bei Geschäften gegenüber Vorstandsmitgliedern nach § 112 AktG durch den **Aufsichtsrat** vertreten.[114]

---

106 Für generelle Unanwendbarkeit von § 37 II 1 GmbHG bei Geschäften gegenüber Gesellschaftern Scholz/*Schneider/Schneider*, GmbHG, § 35 Rn. 30; abweichend Lutter/Hommelhoff/*Kleindiek*, GmbHG, § 35 Rn. 25; für Evidenzerfordernis bei Drittgeschäften Roth/Altmeppen/*Altmeppen*, GmbHG, § 37 Rn. 48 f.; *Zacher* GmbHR 1994, 842, 846 f. Zur Problematik näher *Bayer*, FS E. Vetter, 2019, S. 51, 67 ff.
107 Lutter/Hommelhoff/*Kleindiek*, GmbHG, § 35 Rn. 52; Baumbach/Hueck/*Beurskens*, GmbHG, § 35 Rn. 55 ff.
108 BGH NZG 2018, 221; dazu *K. Schmidt* JuS 2018, 997.
109 *Bayer*, FS E. Vetter, 2019, S. 51, 74 ff.; *Scholz* ZfPW 2019, 297 ff.
110 Vgl. noch BGH NJW 2001, 359; dazu *Löhnig* JA 2001, 265 ff.; Fallbearbeitung bei *Lieder* JuS 2014, 1009, 1010 (zur AG); zur Wissenszurechnung aus der reichhaltigen Literatur der jüngeren Vergangenheit *Armbrüster/Kosich* ZIP 2020, 1494 ff.; *Guski* ZHR 184 (2020), 363 ff.; *Risse* NZG 2020, 856 ff.; *Seidel* ZIP 2020, 1506 ff.
111 BGHZ 20, 149, 153; 109, 327, 328.
112 BGHZ 109, 327, 330.
113 BGH NJW 2010, 1453.
114 Aus der Rechtsprechung vgl. etwa BGHZ 220, 377.

V. Entzug der Geschäftsführungsbefugnis und Vertretungsmacht/Abberufung der Geschäftsführer und Vorstandsmitglieder

1. BGB-Gesellschaft

Die Geschäftsführungsbefugnis kann einem Gesellschafter nach § 712 BGB (nur) aus wichtigem Grund entzogen werden.[115] Entsprechendes gilt für den Entzug der Vertretungsmacht nach § 715 BGB. Erforderlich, aber auch ausreichend, ist hierfür ein **einstimmiger Gesellschafterbeschluss**, es sei denn, der Gesellschaftsvertrag enthält in zulässiger Weise[116] eine Mehrheitsklausel (§ 712 I BGB). Der betroffene Gesellschafter ist selbst nicht stimmberechtigt.[117] Will er die Entscheidung nicht akzeptieren, muss er den Beschluss angreifen.[118] **Wichtiger Grund** ist insbesondere eine grobe Pflichtverletzung[119] oder die Unfähigkeit zur ordnungsgemäßen Geschäftsführung (etwa wegen Krankheit).[120] Vom Wortlaut her erfasst § 712 BGB nur die im Gesellschaftsvertrag „übertragene" Geschäftsführung, somit nicht den Fall der gesetzlich angeordneten Gesamtgeschäftsführung gem. § 709 BGB.[121] Doch gilt hier nach zutreffender hM nichts anderes.[122] Streitig sind jedoch die **Rechtsfolgen** der Entziehung:

574

> **Fall 56:** A, B, C und D sind Gesellschafter der A+B-GbR, A und B sind gesamtgeschäftsführungsbefugt, C und D von der Geschäftsführung ausgeschlossen. Nach einer groben Pflichtverletzung wird A die Geschäftsführungsbefugnis entzogen. Ist nunmehr B einzelgeschäftsführungsbefugt[123] oder besteht Gesamtgeschäftsführung von B, C und D gem. § 709 BGB?

575

Mit dem BGH[124] ist hier eine **Gesamtgeschäftsführung** anzunehmen, da eine Einzelgeschäftsführungsbefugnis von B allein dem Willen der Gesellschafter nicht entsprechen dürfte.[125] In anderen Konstellationen hat jedoch die Entziehung der Geschäftsführung keine Auswirkungen auf die Geschäftsführungsbefugnis anderer Gesellschafter.[126]

576

---

115 Aus der Rechtsprechung exemplarisch BGH NZG 2008, 298.

116 Dazu unten Rn. 715 ff.

117 Ausf. unten Rn. 713 f.

118 Zu Einzelheiten unten Rn. 717.

119 BGH NZG 2008, 298: Verhältnis der übrigen Gesellschafter zum Geschäftsführer ist nachhaltig gestört und es ist den übrigen Gesellschaftern nicht zumutbar, dass der Geschäftsführer weiterhin auf die Belange der GbR Einfluss nehmen kann.

120 *Grunewald*, Gesellschaftsrecht, § 1 Rn. 47; *Windbichler*, Gesellschaftsrecht, § 7 Rn. 14.

121 Dazu näher MünchKomm-BGB/*Schäfer*, § 712 Rn. 1; Henssler/Strohn/*Servatius*, Gesellschaftsrecht, § 712 BGB Rn. 2.

122 Staudinger/*Habermeier*, BGB, § 712 Rn. 5; *Grunewald*, Gesellschaftsrecht, § 1 Rn. 47; *Windbichler*, Gesellschaftsrecht, § 7 Rn. 14; aA OLG Braunschweig NZG 2010, 1104.

123 Vgl. *Grunewald*, Gesellschaftsrecht, § 1 Rn. 47.

124 So BGHZ 33, 105, 108 für den Fall, dass dem einzigen geschäftsführungsbefugten Gesellschafter einer OHG die Geschäftsführungsbefugnis entzogen wird; ebenso BGHZ 51, 198, 201 beim Entzug der Geschäftsführungsbefugnis gegenüber dem einzigen Komplementär einer KG.

125 So auch MünchKomm-BGB/*Schäfer*, § 712 Rn. 20; Henssler/Strohn/*Servatius*, Gesellschaftsrecht, § 712 BGB Rn. 10

126 Richtig MünchKomm-BGB/*Schäfer*, § 712 Rn. 20; Erman/*Westermann*, BGB, § 712 Rn. 8.

577   **Fall 57:**[127] A ist allein geschäftsführungsbefugter Gesellschafter der A-GbR. Dieser gehören außer A noch B und C an, die von der Geschäftsführung ausgeschlossen sind. Nachdem A die Geschäftsführungsbefugnis entzogen worden ist, entsteht Streit über die Geschäftsführung innerhalb der Gesellschaft. B beantragt daraufhin die Bestellung eines Notgeschäftsführers analog § 29 BGB. Mit Recht?

578   Die für das Vereinsrecht konzipierte Vorschrift des § 29 BGB fände im Recht der BGB-Gesellschaft nur im Wege der Analogiebildung Anwendung. Indes mangelt es mit dem BGH[128] und in Übereinstimmung mit der hL[129] an einer planwidrigen Regelungslücke. Die Bestellung eines Notvorstands soll im Vereinsrecht die vorübergehende Handlungsunfähigkeit der juristischen Person vermeiden. Fällt hingegen der geschäftsführungsbefugte Gesellschafter einer GbR weg, ordnet § 709 I BGB Gesamtgeschäftsführungsbefugnis der verbleibenden Gesellschafter an.[130] Die GbR bleibt damit (rechtlich) handlungsfähig. Eine hieraus womöglich entstehende (faktische) Blockadesituation nimmt das Gesetz ausdrücklich in Kauf.

2.   OHG

579   Für den Entzug der **Geschäftsführungsbefugnis** gelten die Ausführungen zur BGB-Gesellschaft entsprechend,[131] allerdings mit dem Unterschied, dass ein Gesellschafterbeschluss nicht ausreichend, sondern ein **gerichtliches Gestaltungsurteil** erforderlich ist, das nur ergehen kann, wenn die übrigen (auch die nicht zur Geschäftsführung befugten) Gesellschafter die Entziehung im Wege der Klage beantragt haben (§ 117 HGB).[132] Verweigert ein Gesellschafter die Mitwirkung, so ist die Klage abzuweisen.[133] Allerdings kommt eine Mitwirkungspflicht der nicht klagenden Gesellschafter aus der gesellschaftsrechtlichen Treuepflichtbindung in Betracht.[134] Im Übrigen kann im **Gesellschaftsvertrag** auch die Entziehung durch (einstimmigen oder mehrheitlich getroffenen) Gesellschafterbeschluss vereinbart werden.[135]

580   Die organschaftliche **Vertretungsmacht** (in jeglicher Ausgestaltung) kann unter denselben Voraussetzungen gem. § 127 HGB entzogen werden. Dem **einzigen persönlich haftenden Gesellschafter** kann indes nach Auffassung des BGH die Vertretungsmacht nicht entzogen werden,[136] da der dann eintretende Rechtszustand dem Prinzip der Selbstorganschaft widerspricht.[137] Das im Schrifttum heute favorisierte Gegenmodell[138] lässt die Entziehung auch in dieser Konstellation zu mit der Folge,

---

127   In Anlehnung an BGH NJW 2014, 3779.
128   BGH NJW 2014, 3779 Rn. 13 ff.
129   MünchKomm-BGB/*Leuschner*, § 29 Rn. 5; BeckOK-BGB/*Schöpflin*, § 29 Rn. 2.
130   BGH NJW 2014, 3779 Rn. 14.
131   Oben Rn. 574.
132   *Grunewald*, Gesellschaftsrecht, § 2 Rn. 18; *Windbichler*, Gesellschaftsrecht, § 13 Rn. 7.
133   MünchKomm-HGB/*Jickeli*, § 117 Rn. 6, 59; EBJS/*Drescher*, HGB, § 117 Rn. 15.
134   BGHZ 64, 253, 257 (zu § 140 HGB); BGH NJW 1984, 173 (zur KG); Baumbach/Hopt/*Roth*, HGB, § 117 Rn. 6.
135   BGHZ 86, 177, 178; 107, 351.
136   BGHZ 51, 189, 200; BGH NJW 1998, 1225; BGH NJW-RR 2002, 540 (alle zur KG).
137   Zur Selbstorganschaft: oben Rn. 528.
138   Ausf. MünchKomm-HGB/*K. Schmidt*, § 127 Rn. 7; zust. Baumbach/Hopt/*Roth*, HGB, § 127 Rn. 3.

dass die Gesellschaft aufgelöst wird und die Gesellschafter zu Liquidatoren berufen sind.[139] Im Rahmen der Liquidation steht es den Gesellschaftern aber frei, einen Fortsetzungsbeschluss zu fassen.[140]

3. GmbH

Die Geschäftsführer der GmbH können jederzeit und **ohne Grund** gem. § 38 I GmbHG durch **Mehrheitsbeschluss** der Gesellschafter (§ 46 Nr. 5 GmbHG) abberufen werden. Allerdings enthält der Gesellschaftsvertrag häufig Einschränkungen (siehe § 38 II GmbHG). Soweit eine Geschäftsführerin ihre Tätigkeit für eine bestimmte Zeit nach der Weisung oder unter Aufsicht eines anderen Organs dieser Gesellschaft ausübt und für die Tätigkeit als Gegenleistung ein Entgelt erhält, ist sie als Arbeitnehmerin iSd Mutterschutzrichtlinie (92/85/EWG) zu qualifizieren und eine Abberufung wegen **Schwangerschaft** unzulässig.[141] Der neben dem Bestellungsverhältnis geschlossene **Anstellungsvertrag** endet nicht automatisch mit der Abberufung, sondern muss durch **Kündigung** eigens beendet werden.[142] Zudem sind bei der Kündigung des Dienstvertrages eines Fremdgeschäftsführers als Arbeitnehmer iSd § 6 I 1 Nr. 1 AGG bei europarechtskonformer Auslegung die Vorgaben des AGG zu beachten, soweit der sachliche Anwendungsbereich des § 2 I Nr. 2 AGG eröffnet ist.[143]

581

4. AG

Die Abberufung von Vorstandsmitgliedern durch den Aufsichtsrat setzt nach § 84 III 1 AktG das Vorliegen eines **wichtigen Grundes** voraus, wie zB den Vertrauensentzug durch die Hauptversammlung (§ 84 III 2 AktG). Auch wenn die Hauptversammlung dem Vorstand das Vertrauen entzieht, entscheidet der Aufsichtsrat über den Widerruf der Bestellung nach pflichtgemäßem Ermessen.[144] Der Anstellungsvertrag muss wiederum eigens **gekündigt** werden; in der Abberufung kann indes zugleich eine Kündigung nach allgemeinen Grundsätzen liegen.[145]

582

VI. Pflichtwidrige Geschäftsführung

1. Personengesellschaften

Verstoßen die geschäftsführenden Gesellschafter gegen ihre Pflichten im Innenverhältnis zur Gesellschaft, sind sie gem. **§ 280 I BGB** iVm dem Gesellschaftsvertrag (vgl. § 705 BGB, § 105 HGB, § 161 HGB) zum Schadensersatz verpflichtet. Das gilt

583

---

139 Zur Liquidation: unten Rn. 845.
140 Weiterführend *K. Schmidt* ZGR 2004, 227, 240 ff.
141 EuGH NZA 2011, 143.
142 Dazu *Grunewald*, Gesellschaftsrecht, § 13 Rn. 59 ff.; Baumbach/Hueck/*Beurskens*, GmbHG, § 38 Rn. 103 ff.
143 BGHZ 221, 325.
144 KölnKomm-AktG/*Mertens/Cahn*, § 84 Rn. 129; *Raiser/Veil*, Kapitalgesellschaftsrecht, § 14 Rn. 38.
145 *Grunewald*, Gesellschaftsrecht, § 10 Rn. 56; *Drygala/Staake/Szalai*, Kapitalgesellschaftsrecht, § 21 Rn. 69, § 11 Rn. 46 ff.

insbesondere wegen der Überschreitung der Geschäftsführungsbefugnis[146] oder wegen Verstoßes gegen die organschaftliche Treuepflicht.[147] Ein damit konkurrierender Anspruch aus §§ **677, 678 BGB** scheidet nach heute hM aus, weil nur Pflichten aus dem Gesellschaftsvertrag verletzt werden, nicht aber gänzlich „ohne Auftrag" gehandelt wird und deshalb auch kein Fall der GoA vorliegt.[148] Dementsprechend kann ein Gesellschafter bei Überschreitung der Geschäftsführungsbefugnis auch nicht pauschal darauf verweisen, es handele sich um ein Privatgeschäft.[149]

584 Der **Haftungsmaßstab** bestimmt sich nach § 708 BGB; geschuldet ist *diligentia quam in suis*.[150] Diese Privilegierung schließt idR die Haftung für leichte Fahrlässigkeit aus (§ 277 BGB), wobei kein objektiver, sondern ein subjektiver Sorgfaltsmaßstab anzulegen ist.[151] Allerdings gilt § 708 BGB nach hM nicht bei Schädigungen im Straßenverkehr, weil in diesem Zusammenhang ein objektiver Maßstab einzuhalten ist und eine Berufung auf individuelle Sorglosigkeit daher nicht in Betracht kommt.[152] Als nachgiebiges Recht können die Gesellschafter § 708 BGB (stillschweigend) abbedingen.[153]

2. GmbH

585 Geschäftsführer haften der GmbH im **Innenverhältnis** für schuldhaftes Fehlverhalten gem. § 43 GmbHG. Ihnen kommt analog § 93 I 2 AktG die Haftungsprivilegierung für unternehmerische Entscheidungen zugute (unten Rn. 587).[154] In der **GmbH & Co. KG** erstreckt sich der Schutzbereich der Geschäftsführerpflichten typischerweise auch auf die KG.[155] Die durch die Gesellschafterversammlung erteilte **Entlastung** wirkt als Erlass des Ersatzanspruchs.[156] Die Gesellschafter entscheiden über die **Geltendmachung** der Haftung durch Beschluss (§ 46 Nr. 8 GmbHG). Im Einzelfall kommt auch eine Anspruchsverfolgung durch einen einzelnen Gesellschafter in Betracht.[157]

---

146 BGH WM 1988, 968 für Geschäftsführung entgegen § 116 II HGB: Haftung auch ohne weiteres Ausführungsverschulden; BGH DStR 2008, 1599 m. Anm. *Goette*: Grundstücksveräußerung ohne erforderlichen Zustimmungsbeschluss der Gesellschafter. Im Übrigen zur Haftung wegen Kompetenzüberschreitung *Fleischer* DStR 2009, 1204 ff.

147 Exemplarisch aus der Rechtsprechung: BGH NJW 1986, 584 = JuS 1986, 482 (Hauskauf).

148 BGH WM 1988, 968, 970; *Saenger*, Gesellschaftsrecht, § 3 Rn. 153.

149 BGH NZG 2018, 1387 Rn. 25; dazu *Weber* JA 2019, 627.

150 Zur Beweislast vgl. BGH NJW 2013, 3572; dazu *Zarth* EWiR 2014, 73 f; ausführlich zu § 708 BGB *Fleischer/Danninger* NZG 2016, 481 ff.

151 Henssler/Strohn/*Servatius*, Gesellschaftsrecht, § 708 BGB Rn. 1.

152 BGHZ 46, 313; BGH VersR 2009, 558, 559; BGH JZ 1979, 101; aA *Grunewald*, Gesellschaftsrecht, § 1 Rn. 129.

153 EBJS/*Wertenbruch*, HGB, § 105 Rn. 181f.; NK-BGB/*Heidel/Hanke*, § 708 Rn. 18; Palandt/*Sprau*, BGB, § 708 Rn. 1; vorsichtig Erman/*Westermann*, BGB, § 708 Rn. 9; abl. MünchKomm-BGB/ *Schäfer*, § 708 Rn. 10.

154 BGH NJW 2008, 3361; dazu *K. Schmidt* JuS 2008, 1128 f.

155 BGH NZG 2013, 1021; dazu *K. Schmidt* JuS 2013, 1040 ff.

156 *Saenger*, Gesellschaftsrecht, Rn. 777; Baumbach/Hueck/*Zöllner/Noack*, GmbHG, § 46 Rn. 41; zur Entlastung in der GmbH & Co. KG BGH NZG 2020, 1343; dazu ausf. *Lieder/Felzen* NZG 2021, 6 ff.

157 Dazu BGH NJW 1990, 2627; *Grunewald*, Gesellschaftsrecht, § 13 Rn. 65.

Im **Außenverhältnis** gegenüber Dritten haften Geschäftsführer zunächst gem. §§ 280 **586** I, 311 II, III BGB – Fallgruppe: **Eigenhaftung des Vertreters** –, soweit sie bei einem Vertragsabschluss besonderes persönliches Vertrauen für die Erfüllung des Rechtsgeschäfts in Anspruch genommen haben[158] oder – nach sehr umstrittener Auffassung[159] – wenn ein besonderes wirtschaftliches Eigeninteresse besteht. Daneben kommt für deliktische Rechtsverletzungen eine Haftung aus § 823 I BGB in Betracht, wenn zB der Geschäftsführer einen Eigentumsvorbehalt[160] oder eine Sicherungsübereignung[161] nicht beachtet. Wird gegen die **Insolvenzantragspflicht** gem. § 15a InsO verstoßen, haften Geschäftsführer nach § 823 II BGB für den Quotenschaden der Altgläubiger sowie für den (vollen) Vertrauensschaden der rechtsgeschäftlichen Neugläubiger;[162] außervertragliche Neugläubiger können nur den Quotenschaden beanspruchen.[163]

3. AG

Vorstandsmitglieder haften der AG gem. § 93 II 1, I 1 AktG für schuldhaft verursach- **587** te Schäden.[164] Bei Entscheidungen, die durch ein besonderes Prognoseelement geprägt sind, steht dem Vorstand ein unternehmerischer Gestaltungsspielraum zu. Unter den Voraussetzungen der sog. **business judgment rule** (§ 93 I 2 AktG) sind Fehleinschätzungen haftungsrechtlich irrelevant.[165] Bestehen Ersatzansprüche, so ändert daran auch eine **Entlastung** des Vorstands durch die Hauptversammlung nichts (§ 120 II 2 AktG). Gleichwohl ist der Entlastungsbeschluss unter Umständen anfechtbar.[166] Für die **Durchsetzung** der Haftungsansprüche ist grundsätzlich der Aufsichtsrat zuständig (§ 112 AktG). Allerdings kommt unter den Voraussetzungen der §§ 147, 148 AktG auch eine Anspruchsverfolgung durch die Hauptversammlung, eine qualifizierte Aktionärsminderheit oder einen besonderen Vertreter in Betracht.

---

158 BGHZ 126, 181, 189; *Saenger*, Gesellschaftsrecht, Rn. 778.
159 Einzelheiten bei *Grunewald*, Gesellschaftsrecht, § 13 Rn. 73 ff.; restriktiv *Fritsche/Lieder* DZWIR 2004, 93, 98 f.
160 Baustofffall BGHZ 109, 297, 298; restriktiver BGH NZG 2012, 992; dazu *Schirmer* NJW 2012, 3398 ff.; abl. *Grunewald*, Gesellschaftsrecht, § 13 Rn. 77 ff. mwN.
161 OLG Saarbrücken GmbHR 2014, 481.
162 BGHZ 126, 181; dazu *Fritsche/Lieder* DZWIR 2004, 93 ff.; vgl. weiter BGH ZIP 2012, 1455.
163 BGHZ 164, 50; dazu *Bayer/Lieder* WM 2006, 1 ff.; weitergehendes Verständnis bei *Schirrmacher/Schneider* ZIP 2018, 2463 ff.
164 Dazu auch *Bayer* NJW 2014, 2546, 2548; *Bayer/Scholz* NZG 2014, 926, 934.
165 Vgl. schon BGHZ 135, 244 ff.
166 BGHZ 153, 47.

§ 11 Verbindlichkeiten der Gesellschaft und Haftung der Gesellschafter

588 Die Haftung der Gesellschaft und der Gesellschafter im Außen- und Innenverhältnis bildet oftmals den Schwerpunkt einer gesellschaftsrechtlich ausgerichteten **Examensklausur**.[1] Bei der Falllösung ist strikt zwischen den *Verbindlichkeiten der Gesellschaft* (die hierfür mit ihrem Gesellschaftsvermögen haftet) und der *Haftung der Gesellschafter* (mit ihrem Privatvermögen) zu unterscheiden.[2] Wird in der Aufgabenstellung gefragt, ob ein Gesellschafter für eine Verbindlichkeit haftet, so ist regelmäßig[3] zunächst die Haftung der Gesellschaft zu ermitteln (Rn. 589) und dann zu untersuchen, ob der Gesellschafter für diese Gesellschaftsverbindlichkeit haftet (Rn. 595). Eine Gesellschafterhaftung im *Außenverhältnis* gegenüber Dritten kommt idealtypisch bei den Personengesellschaften in Betracht (Rn. 598).[4] Bei Kapitalgesellschaften ist sie hingegen der Ausnahmefall im Rahmen der Durchgriffshaftung (Rn. 655 ff.). Hinzu kommen Regressforderungen der in Anspruch genommenen Gesellschafter im *Innenverhältnis* gegen die Gesellschaft (Rn. 662 ff.) und auch gegen ihre Mitgesellschafter (Rn. 668 ff.).

I. Verbindlichkeit der Gesellschaft

589 Verbindlichkeiten einer Personen- wie auch einer Kapitalgesellschaft können aus Vertrag, Delikt oder sonstigen Rechtsgründen resultieren. Die Gesellschaft haftet nach allgemeinen Grundsätzen auf Erfüllung und Schadensersatz. Eine **vertragliche Verpflichtung** hat zur Voraussetzung, dass die Gesellschaft wirksam vertreten wurde.[5] Soweit im Falle von Leistungsstörungen oder Schutzpflichtverletzungen ein Verschulden erforderlich ist (etwa gem. § 280 I 2 BGB), ist eine Zurechnung gem. **§ 278 BGB** für Erfüllungsgehilfen oder gem. **§ 31 BGB (analog)** für Organe oder Gesellschafter zu prüfen. Eine Anwendung des § 278 BGB auf Organe und Gesellschafter scheidet nach zutreffender hM aus, weil sie bei Handlungen für die Gesellschaft keine fremde, sondern eine eigene Verbindlichkeit erfüllen und daher nicht als Erfüllungsgehilfen iSd § 278 BGB zu qualifizieren sind.[6]

590 Die Zurechnungsnorm[7] des **§ 31 BGB** erfasst nach Wortlaut und systematischer Stellung zunächst nur den Verein[8] und ordnet an, dass der Verein für Schäden haftet, die

---

1 Siehe zB *Buck-Heeb/Dieckmann* JuS 2016, 723 ff.; *Fischinger* JA 2016, 180 ff.; *Lieder* JA 2011, 658 ff.; *Müller/Großmann* JuS 2020, 535 ff.; vgl. weiter die Grundfälle bei *Odemer* JuS 2016, 109 ff.
2 Instruktiv für die OHG: *Wünsche* JuS 2009, 980 ff.
3 Abweichend aber etwa die unmittelbare OHG-Gesellschafterhaftung für Beiträge zur gesetzlichen Unfallversicherung gem. § 150 SGB VII: BSG ZIP 2008, 1965 (zur Haftung des ausgeschiedenen Gesellschafters); vgl. weiter die Gesellschafterhaftung nach § 74 AO; dazu *Haritz* DStR 2012, 883 ff.
4 Dazu im Überblick *Sanders/Berisha/Klesfauseweh* Jura 2020, 542 ff.
5 Dazu ausf. oben Rn. 530 ff. mit der grundlegenden Unterscheidung zwischen Vertretungsmacht und Geschäftsführungsbefugnis.
6 *Saenger*, Gesellschaftsrecht, Rn. 185; *Windbichler*, Gesellschaftsrecht, § 8 Rn. 10; MünchKomm-BGB/*Grundmann*, § 278 Rn. 10; aA MünchKomm-BGB/*Schäfer*, § 718 Rn. 30.
7 § 31 BGB ist keine Anspruchsgrundlage (!): BGHZ 99, 298, 302 (allgM).
8 Beispiel: BGH NJW 1978, 2390 = JuS 1978, 563 m. Anm. *K. Schmidt*.

seine verfassungsmäßig berufenen Vertreter in Ausführung der ihnen zustehenden Verrichtungen Dritten zufügen.[9] Die Vorschrift ist indes Ausdruck einer allgemeinen Repräsentantenhaftung als Ausgleich für das Versagen individualrechtlicher Zurechnungsmaßstäbe (insbesondere § 831 BGB, unten Rn. 593).[10] Sie gilt daher sowohl für alle juristischen Personen[11] (AG, GmbH usw.) – auch des öffentlichen Rechts (vgl. § 89 BGB) – als auch gewohnheitsrechtlich im Wege der Analogiebildung für alle Personenhandelsgesellschaften (OHG, KG).[12] Seit Anerkennung der Rechtsfähigkeit der GbR (oben Rn. 418 ff.) erfasst die Vorschrift unstreitig auch die BGB-Gesellschaft.[13]

Verfassungsmäßig berufene Vertreter iSd § 31 BGB sind die Geschäftsführungs- und Vertretungsorgane (Vorstand der AG, Geschäftsführer der GmbH, geschäftsführende Gesellschafter der Personengesellschaft[14]), aber auch die Liquidatoren oder der Insolvenzverwalter einer Gesellschaft. Bei juristischen Personen wird auch das Handeln **leitender Angestellter** (zB eines Prokuristen) zugerechnet.[15] Bei Personengesellschaften kommt eine so weitreichende Zurechnung grundsätzlich nicht in Betracht.[16] Denn hier geht mit der Haftung der Gesellschaft die persönliche Haftung der Gesellschafter einher (Rn. 598). Eine weitreichende Repräsentantenhaftung geriete somit in Widerspruch zur gänzlichen Unanwendbarkeit der Norm auf das einzelkaufmännische Unternehmen.[17] Hier muss sich die analoge Anwendung des § 31 BGB mithin darauf beschränken, die Besserstellung der Personengesellschaft gegenüber natürlichen Personen im Rechtsverkehr zu vermeiden, wofür eine Zurechnung des tatsächlichen Verhaltens ihrer geschäftsführenden Organe genügt. Eine Rückausnahme gilt nach diesen Grundsätzen wiederum für das Handeln leitender Angestellter von Personengesellschaften, bei denen keine natürliche Person unbeschränkt haftet (vgl. § 19 II HGB), also insbesondere bei der **GmbH & Co. KG**; hier steht einer Ausdehnung des persönlichen Anwendungsbereichs von § 31 BGB (analog) nichts im Wege. | **591**

Das zuzurechnende Handeln muss „in Ausführung der ihm zustehenden Verrichtungen", also **innerhalb des organschaftlichen Wirkungskreises** erfolgt sein. Daran kann es fehlen, wenn infolge deutlicher Überschreitung der Vertretungsmacht „das Organ (…) sein schadensstiftendes Verhalten so sehr außerhalb seines Aufgabenbereichs stellt, dass ein *innerer Zusammenhang* zwischen dem Handeln und dem allgemeinen Rahmen der ihm übertragenen Geschäfte nicht mehr erkennbar und daher der | **592**

---

9   Zur Haftung für Organe nach § 31 BGB: *Piper* JuS 2011, 490 ff.
10 Näher *K. Schmidt*, Gesellschaftsrecht, § 10 IV 1. a); MünchKomm-BGB/*Leuschner*, § 31 Rn. 2.
11 Für AG: RGZ 78, 347, 353 f.; für GmbH: RGZ 57, 93, 94 f.; für Genossenschaft: RGZ 76, 35, 48.
12 RG JW 1931, 1689, 1690; BGH NJW 1952, 537, 538.
13 BGHZ 154, 88; dazu *K. Schmidt* JuS 2003, 708 f.; *Staake* JA 2003, 739 ff.; bestätigt durch BGH ZIP 2007, 1460, 1461; dazu *K. Schmidt* JuS 2007, 1066 f.; ebenso *Grunewald*, Gesellschaftsrecht, § 1 Rn. 116; aA noch BGHZ 45, 311; dazu näher unten Rn. 623.
14 Auch Scheingesellschaft: BGH ZIP 2007, 1460 (LS 1) m. zust. Anm. *Schodder* EWiR 2007, 581; i.E. zust. auch *Damm* JR 2008, 221 ff; aA OLG Celle NJW 2006, 3431, 3433. Siehe zur Problematik noch unten Rn. 593.
15 BGHZ 101, 218 (Chefarzt); BGH NJW 1977, 2259 = JuS 1978 m. Anm. *Emmerich* (Zweigstellenleiter).
16 MünchKomm-BGB/*Leuschner*, § 31 Rn. 18; jurisPK-BGB/*Otto*, § 31 Rn. 10.
17 Richtig MünchKomm-BGB/*Leuschner*, § 31 Rn. 18.

Schluss geboten ist, das Organ habe *nur bei Gelegenheit*, nicht aber in Ausführung der ihm zustehenden Verrichtungen gehandelt".[18] Hier ist jedoch – wie bei § 831 BGB – eine restriktive Sichtweise geboten: Insbesondere lässt nicht bereits jede vorsätzliche Schädigung oder jede Kompetenzüberschreitung die Zurechnung entfallen. Dies ist nur dann der Fall, wenn jeglicher innerer Zusammenhang zur Organtätigkeit fehlt.[19] Über ihren Wortlaut hinaus erfasst die Norm nicht nur Schadensersatzansprüche, sondern rechnet der Gesellschaft ein Organverschulden auch im Hinblick auf andere Ansprüche zu (etwa im Rahmen von § 1004 BGB).[20]

593   Für **Delikte** sowie sonstige **gesetzliche Verbindlichkeiten** kommt im Hinblick auf verfassungsmäßig berufene Vertreter – mangels Sonderverbindung – keine Zurechnung gem. § 278 BGB, sondern allein analog § 31 BGB in Betracht. Darüber hinaus haftet die Gesellschaft gem. § 831 I 1, II BGB für Delikte von Verrichtungsgehilfen.[21] Bei § 831 BGB handelt es sich allerdings um keine Zurechnungsnorm, sondern um eine **Anspruchsgrundlage**, die eine Haftung für eigenes Auswahl- und Überwachungsverschulden der Gesellschaft begründet.[22] Daher ist auch für die Haftung der Gesellschaft aus § 831 BGB analog § 31 BGB auf das Verschulden ihrer organschaftlichen Vertreter abzustellen. Umgekehrt greift § 831 BGB für Organpersonen nicht ein, weil es sich bei ihnen mangels Weisungsgebundenheit nicht um Verrichtungsgehilfen handelt;[23] genau aus diesem Grund bedarf es der Zurechnung analog § 31 BGB für deliktisches Handeln (etwa aus § 823 I BGB). Im Gegensatz zu § 831 I 2 BGB kommt bei § 31 BGB keine Exkulpation in Betracht, da die Zurechnungsvorschrift indisponibel ist (arg e § 40 BGB).[24] Auch Gesellschaften kommen als Verrichtungsgehilfen nicht in Betracht; sie sind auch keine Verrichtungsgehilfen ihrer Gesellschafter. Stattdessen gelten die allgemeinen Vorschriften des Deliktsrecht sowie die Sondervorschriften des Konzernrechts.[25]

594   Eine Gesellschaftsverbindlichkeit kann schließlich auch daraus resultieren, dass ein Unternehmen im Wege der Sacheinlage in die Gesellschaft eingebracht wird und dessen **Verbindlichkeiten** dadurch **übergehen**.[26] Eine besondere Konstellation wird in **§ 28 HGB** geregelt (Einbringung eines einzelkaufmännischen Unternehmens in eine OHG oder KG).[27]

---

18 So BGHZ 99, 298, 300 = JuS 1987, 571 m. Anm. *K. Schmidt* im Anschluss an BGHZ 98, 148, 152; vgl. auch BGHZ 49, 19. – Hervorhebungen hinzugefügt von Verf.
19 Siehe auch *K. Schmidt*, Gesellschaftsrecht, § 10 IV 4; MünchKomm-BGB/*Leuschner*, § 31 Rn. 22.
20 *K. Schmidt*, Gesellschaftsrecht, § 10 IV 1. c).
21 *Grunewald*, Gesellschaftsrecht, § 1 Rn. 118; *Windbichler*, Gesellschaftsrecht, § 8 Rn. 10.
22 Zum Verständnis des § 831 BGB vgl. nur BeckOK-BGB/*Förster*, § 831 Rn. 1 f.; Palandt/*Sprau*, § 831 Rn. 1.
23 *Grunewald*, Gesellschaftsrecht, § 1 Rn. 118; *Koch*, Gesellschaftsrecht, § 7 Rn. 8.
24 BeckOK-BGB/*Schöpflin*, § 31 Rn. 26; Palandt/*Ellenberger*, § 31 Rn. 4.
25 Zum Ganzen ausf. *Grunewald* NZG 2018, 481 ff.
26 Dazu oben Rn. 157.
27 Dazu näher oben Rn. 187 ff.

II. Haftung der Gesellschafter im Außenverhältnis

1. OHG

a) Grundlagen

Nach dem **Grundmodell des § 128 HGB** haften die Gesellschafter einer OHG den **595**
Gläubigern persönlich für die Verbindlichkeiten der Gesellschaft;[28] eine entgegenstehende Vereinbarung der Gesellschafter untereinander ist Dritten gegenüber unwirksam (§ 128 S. 2 HGB).[29] Zulässig ist hingegen eine Beschränkung durch die Absprache mit Gläubigern.[30]

§ 128 HGB statuiert eine gesetzliche Haftung für **jede Art einer OHG-Verbindlich-** **596**
keit, sei sie zivil- oder öffentlichrechtlicher Natur;[31] die Anspruchsgrundlage gegenüber der OHG spielt keine Rolle.[32] Die Gesellschafter haften somit nicht nur für Ver-
tragsschulden der OHG, sondern ebenso für deliktische Verbindlichkeiten,[33] Berei-
cherungsansprüche,[34] Steuerschulden[35] wie für öffentlichrechtliche Erstattungsan-
sprüche wegen unrechtmäßig erhaltener Subventionen.[36] Erfasst werden auch sog.
Drittgläubigeransprüche von Mitgesellschaftern, nicht hingegen Sozialverbindlichkeiten der OHG.[37]

Wird von der OHG eine Altverbindlichkeit des **Einzelkaufmanns** gem. § 28 HGB **597**
übernommen,[38] so haften auch hierfür die Gesellschafter gem. § 128 HGB.[39] Wer wie
ein OHG-Gesellschafter auftritt, muss sich gegenüber gutgläubigen Dritten nach allgemeinen **Rechtsscheingrundsätzen** auch wie ein solcher behandeln lassen.[40] Auch
ein minderjähriger Gesellschafter haftet grundsätzlich nach § 128 HGB,[41] doch sind
hier die Besonderheiten des § 1629a BGB[42] zu beachten, der eine Haftungsbeschränkung durch fristgemäßes Ausscheiden nach Erreichen der Volljährigkeit anordnet.[43]

---

28   Zu den Haftungsmodalitäten instruktiv *Fleischer*, FS K. Schmidt I, 2019, S. 325 ff.
29   Ausf. hierzu MünchKomm-HGB/*K. Schmidt*, § 128 Rn. 13; *Kindl*, Gesellschaftsrecht, § 17 Rn. 2.
30   KG NZG 2011, 102; Staub/*Habersack*, HGB, § 128 Rn. 16.
31   Die Vorschrift enthält aber keine Rechtsgrundlage für ein Handeln durch Verwaltungsakt (Verwal-
      tungsaktbefugnis): LSG BW NZG 2020, 666 Rn. 25 ff.; LSG Bayern BeckRS 2019, 9936 Rn. 45; in
      der Sache ebenso für Bescheid zur Leistung eines sanierungsrechtlichen Ausgleichsbetrags OVG Ber-
      lin-Brandenburg ZIP 2015, 1782, 1783.
32   *K. Schmidt*, Gesellschaftsrecht, § 49 I 2. a); *Grunewald*, Gesellschaftsrecht, § 2 Rn. 36.
33   BGHZ 154, 88, 92 (BGB-Gesellschaft, § 826 BGB).
34   Beispiel: RGZ 93, 227, 229.
35   BFH NJW 1987, 1719; BVerwG NZG 2016, 1262 Rn. 17.
36   OVG Koblenz NJW 1986, 2129; OVG Brandenburg NJW 1998, 3513 = JuS 1999, 191 m. Anm. *K.*
      Schmidt (allerdings fordert das OVG einen gegen den haftenden Gesellschafter gerichteten Bescheid).
37   *K. Schmidt*, Gesellschaftsrecht, § 49 I 2. b); *Kindl*, Gesellschaftsrecht, § 17 Rn. 2; hierzu ausf. unten
      Rn. 668 ff.
38   Dazu oben Rn. 187 f.
39   BGH NJW 2001, 2251, 2252; Koller/Kindler/Roth/Drüen/*Kindler*, HGB, §§ 128, 129, Rn. 2; aA un-
      zutreffend *Canaris*, Handelsrecht, § 7 III 4.
40   BGHZ 17, 13 (LS 1); vgl. auch BGH NJW 1972, 1418, 1419; MünchKomm-HGB/*K. Schmidt*, § 128
      Rn. 5; dazu ausf. unten Rn. 825 ff.
41   Nicht hingegen, wenn der Beitritt zur OHG fehlerhaft erfolgt ist: MünchKomm-HGB/*K. Schmidt*,
      § 128 Rn. 68; *Grunewald* ZIP 1999, 597, 600; ausf. unten Rn. 806 ff.
42   Zur Vorgeschichte: BGHZ 92, 259 = NJW 1985, 136 m. Anm. *K. Schmidt*; BVerfGE 72, 155.
43   Ausf. MünchKomm-HGB/*K. Schmidt*, § 128 Rn. 65 ff.; Staub/*Habersack*, HGB, § 128 Rn. 9.

b) Haftungsverhältnis

598 Die Gesellschafterhaftung ist **unmittelbar, primär** und **gesamtschuldnerisch.**[44] Dies bedeutet: Die Gesellschafter haften dem Gläubiger direkt im Außenverhältnis, nicht nur im Innenverhältnis gegenüber der OHG.[45] Weiterhin kann der Gläubiger den Gesellschafter nicht nur subsidiär (wie etwa der Gläubiger den Bürgen im gesetzlichen Regelfall, vgl. § 771 BGB), sondern primär in Anspruch nehmen. Die Gesellschafter sind außerdem Gesamtschuldner (§§ 421 ff. BGB), d.h. der Gläubiger kann jeden von ihnen auf die volle Schuld in Anspruch nehmen, nicht nur pro rata im Verhältnis ihrer Beteiligung.[46]

599 Im Gegensatz dazu besteht zwischen der OHG und den Gesellschaftern kein Gesamtschuldverhältnis;[47] es handelt sich vielmehr um eine **akzessorische Haftung** (ähnlich der Haftung des Bürgen für die Hauptverbindlichkeit des Schuldners), d.h. die Gesellschafterhaftung folgt nach Grund und Inhalt der Gesellschaftsschuld.[48] Erlischt etwa die Verbindlichkeit der OHG, so erlischt auch die Gesellschafterhaftung;[49] verwandelt sich der Erfüllungsanspruch des Gläubigers gegen die OHG in einen Schadensersatzanspruch (zum Beispiel wegen Nichterfüllung), so folgt dieser Modifikation auch die Gesellschafterhaftung.[50] Die §§ 422 ff. BGB sind somit grundsätzlich nicht anwendbar.[51] Rechtlich ausgeschlossen ist daher auch der Erlass der Gesellschaftsschuld unter Beibehaltung der Gesellschafterhaftung.[52]

600 **Fall 58:**[53] Rechtsanwalt R hat im Auftrag einer sanierungsbedürftigen OHG mit einem Gläubigerkonsortium verhandelt und gegenüber der OHG, nicht aber gegenüber den Gesellschaftern auf seine Gebühren verzichtet.

601 Im Gegensatz zum Reichsgericht[54] hat BGHZ 47, 376 – allerdings mit schiefer Begründung – den gegenüber der OHG erklärten **Erlass** für **unwirksam** erklärt. Dies ist zutreffend, weil aufgrund der Akzessorietät sonst auch die Gesellschafterhaftung entfallen wäre, dies aber nicht dem Willen und auch nicht dem objektiven Inhalt der Verzichtserklärung entsprach.[55] An diesem Ergebnis ändert sich – entgegen dem BGH[56] – auch nichts, wenn die Gesellschafter zustimmen; doch kann man die dreiseitige Vereinbarung in ein **pactum de non petendo** zugunsten der OHG unter gleichzeitigem Verzicht der Gesellschafter auf die Einrede gem. § 129 HGB umdeuten.[57]

---

44 *K. Schmidt*, Gesellschaftsrecht, § 49 II 1; *Windbichler*, Gesellschaftsrecht, § 14 Rn. 20.
45 Siehe zum Modell der Innenhaftung ausf. unten Rn. 662 ff.
46 Zum Innenausgleich: unten Rn. 662 ff.
47 BGHZ 39, 319, 323; 44, 229, 233; ausf. *K. Schmidt*, Gesellschaftsrecht, § 49 II 4. b).
48 Zu Einwendungen und Einreden: unten Rn. 613 ff.
49 *K. Schmidt*, Gesellschaftsrecht, § 49 II 3. b); *Windbichler*, Gesellschaftsrecht, § 14 Rn. 20.
50 Röhricht/von Westphalen/Haas/*Haas*, HGB, § 128 Rn. 7; EBJS/*Hillmann*, HGB, § 128 Rn. 23.
51 Staub/*Habersack*, HGB, § 128 Rn. 23; Baumbach/Hopt/*Roth*, HGB, § 128 Rn. 19.
52 MünchKomm-HGB/*K. Schmidt*, § 128 Rn. 17; Staub/*Habersack*, HGB, § 128 Rn. 21.
53 Nach BGHZ 47, 376; vgl. auch *K. Schmidt*, Gesellschaftsrecht, § 49 II 3. a).
54 RG JW 1928, 2612 m. abl. Anm. *Flechtheim* JW 1929, 577.
55 Wie hier *K. Schmidt*, Gesellschaftsrecht, § 49 II. 3. a); Staub/*Habersack*, HGB, § 128 Rn. 21. Nach *Medicus/Petersen*, Bürgerliches Recht, § 7 Rn. 155 handelt es sich um eine Nichtigkeit infolge „Perplexität" (Widersprüchlichkeit).
56 BGH WM 1975, 974.
57 So auch *K. Schmidt*, Gesellschaftsrecht, § 49 II. 3. a); Staub/*Habersack*, HGB, § 128 Rn. 21; zu undifferenziert *Grunewald*, Gesellschaftsrecht, § 2 Rn. 47.

c) Inhalt der Gesellschafterhaftung

Für den Inhalt der Gesellschafterhaftung wird traditionell zwischen der **Erfüllungstheorie** und der **Haftungstheorie** unterschieden. Die Erfüllungstheorie geht davon aus, dass der Gläubiger vom Gesellschafter dieselbe Leistung wie von der OHG verlangen kann (Erfüllung, Herausgabe usw.), während die Haftungstheorie den Gesellschafter stets nur auf Geld, bei einer Nicht-Geldverbindlichkeit also nur auf Schadensersatz haften lässt.[58] Die heute hM folgt im Interesse eines weitreichenden **Gläubigerschutzes** sowie in Ermangelung eines institutionell abgesicherten Haftungsfonds der OHG grundsätzlich der Erfüllungstheorie,[59] modifiziert diese jedoch im Einzelfall, soweit die Erfüllung für den Gesellschafter entweder unmöglich oder unzumutbar ist. Auf diese Weise sucht die hM den berechtigten Bedenken der Haftungstheorie zu entsprechen, die primär darauf abzielt, die **Privatsphäre des Gesellschafters** von einer Haftung für nichtmonetäre OHG-Verbindlichkeiten freizuhalten.

602

aa) So kann – neben der OHG – zB auch der Gesellschafter zur Beseitigung von Werkmängeln[60] oder zur Erstellung einer Auseinandersetzungsbilanz[61] (= *vertretbare Handlung*, § 887 ZPO) und sogar zur Herausgabe einer im Besitz der OHG befindlichen Sache[62] (§ 884 ZPO) verurteilt werden;[63] letzteres auch dann, wenn absehbar ist, dass eine Vollstreckung wegen Unmöglichkeit nicht in Betracht kommt. In diesem Fall ist der Titel die Grundlage für einen Schadensersatzanspruch.[64]

603

bb) **Eingeschränkt** wird die Erfüllungstheorie nach hM aber in dem folgenden, instruktiven und examensrelevanten, wenngleich realitätsfernen Lehrbuchfall:[65]

604

Fall 59:[66] Die ABC-OHG veräußert durch ihren Gesellschafter A ein im Eigentum des B stehendes Grundstück an D. Kann D von B gem. § 128 HGB die Übereignung des Grundstücks etwa auch dann verlangen, wenn das Grundstück mit dem privat genutzten Einfamilienhaus des B bebaut ist?

605

Die Übereignungpflicht ist leicht zu bejahen, wenn B die Einbringung des Grundstücks als (Sach-)Einlage in die OHG schuldet. Ist das jedoch nicht der Fall, wird man hier der privaten Sphäre des B den Vorrang vor dem Gläubigerinteresse des D geben müssen. Dies ist nicht unangemessen, schließlich kann D die Eigentumslage aus dem Grundbuch erkennen; darüber hinaus haftet B gem. § 128 S. 1 HGB zumindest für

606

---

58   Nachw. bei *Windbichler*, Gesellschaftsrecht, § 14 Rn. 17; Staub/*Habersack*, HGB, § 128 Rn. 27; *Wiedemann*, Gesellschaftsrecht II, § 8 III 3 b cc; instruktiv *Lindacher* JuS 1982, 349, 350 f.
59   *Grunewald*, Gesellschaftsrecht, § 2 Rn. 38 ff.; *Windbichler*, Gesellschaftsrecht, § 14 Rn. 19; ausf. *K. Schmidt*, Gesellschaftsrecht, § 49 III.
60   BGHZ 73, 217, 222 = JuS 1979, 819 m. Anm. *K. Schmidt* = JZ 1980, 193 m. Anm. *Wiedemann*.
61   BGH ZIP 2008, 2359, 2361 mwN.
62   BGH NJW 1987, 2367, 2369 = JuS 1987, 826 m. Anm. *K. Schmidt*; Staub/*Habersack*, HGB, § 128 Rn. 31; Henssler/Strohn/*Steitz*, Gesellschaftsrecht, § 128 HGB Rn. 24; Koller/Kindler/Roth/Drüen/ *Kindler*, HGB, §§ 128, 129 Rn. 5.
63   Zusammenfassend MünchKomm-HGB/*K. Schmidt*, § 128 Rn. 24 ff; Koller/Kindler/Roth/Drüen/ *Kindler*, HGB, §§ 128, 129 Rn. 5; Staub/*Habersack*, HGB, § 128 Rn. 30 ff.
64   Vgl. § 510b ZPO; unter Berufung auf § 283 BGB a.F. bereits BGH NJW 1987, 2367, 2368.
65   *Windbichler*, Gesellschaftsrecht, § 14 Rn. 17.
66   Ähnliches Beispiel bei *Raisch* JuS 1966, 195.

den Schadensersatzanspruch, der D gegenüber der OHG aus §§ 280 I, III, 283 S. 1 BGB wegen Unmöglichkeit der Vertragserfüllung zusteht.[67]

607 cc) Weiterhin kann ein Gesellschafter **nicht** gem. § 128 HGB zur Vornahme einer von der OHG geschuldeten *unvertretbaren Handlung* (vgl. § 888 ZPO) – etwa zur Rechnungslegung – verurteilt werden.[68] Gleiches gilt für die Abgabe einer allein von der OHG geschuldeten Willenserklärung (vgl. § 894 ZPO).[69]

608 dd) Umgekehrt kann der Gläubiger gem. § 128 HGB vom Gesellschafter nicht etwas fordern, was er von der OHG nicht erhalten könnte.[70]

609 **Fall 60:** Hat sich die OHG verpflichtet, ihren geschäftlichen Bedarf an Parkettstäben ausschließlich bei D zu decken, so kann D von dem ausgeschiedenen OHG-Gesellschafter G, der nunmehr ein eigenes Unternehmen gegründet hat und Parkettstäbe von P bezieht, keine Unterlassung (vgl. § 890 ZPO) verlangen.[71]

610 Zu einem anderen Ergebnis gelangt man richtigerweise nur dann, wenn sich aus der Vereinbarung im Wege der Auslegung (§§ 133, 157 BGB) ergibt, dass sich nicht nur die OHG, sondern auch die Gesellschafter zur Unterlassung von Wettbewerb verpflichtet haben.[72] Dieses Ergebnis liegt nahe im bekannten Kiesausbeutungsfall; hier

611 **Fall 61:**[73] V überließ P durch Pachtvertrag die Kiesausbeutung auf seinem Grundstück. P verpflichtete sich, in einem bestimmten Umkreis keine sonstige Auskiesung vorzunehmen. Diese Verpflichtung ging auf die P-OHG über. Als deren Gesellschafter mittels einer zweiten Gesellschaft im vertraglich gesperrten Gebiet Auskiesungen vornahmen, wurden sie von V mit Erfolg auf Unterlassung in Anspruch genommen.[74]

612 Inzwischen hat der BGH nochmals bestätigt, dass die Gesellschafter grundsätzlich nicht unmittelbar für **Unterlassungspflichten** der OHG haften, da die Unterlassung durch den Gesellschafter etwas anderes ist als die Unterlassung durch die OHG.[75] Gesellschafter haften daher nur, falls die OHG das Unterlassungsgebot verletzt. Für eine eigene Unterlassungspflicht des Gesellschafters ist ein besonderer Schuldgrund notwendig, der sich freilich auch (durch Auslegung) aus der Unterlassungsvereinbarung mit der OHG ergeben kann.

---

67 Wie hier etwa *Windbichler*, Gesellschaftsrecht, § 14 Rn. 19; Staub/*Habersack*, HGB, § 128 Rn. 31; vgl. auch *Hadding* ZGR 1981, 577, 581 ff.; teilw. abw. *Grunewald*, Gesellschaftsrecht, § 2 Rn. 39.

68 Richtig Staub/*Habersack*, HGB, § 128 Rn. 36; ausf. *K. Schmidt*, Gesellschaftsrecht, § 49 III 2. b) mwN; aA noch BGHZ 23, 302, 306.

69 BGH WM 1983, 220; *Grunewald*, Gesellschaftsrecht, § 2 Rn. 42; für die BGB-Gesellschaft BGH NJW 2008, 1378; dazu *K. Schmidt* JuS 2008, 753 f. (dazu unten Rn. 632); aA *Koechel* NZG 2020, 127.

70 Grundlegend *Flume*, AT I/1, § 16 III 4.

71 RG JW 1902, 78; zust. *K. Schmidt*, Gesellschaftsrecht, § 49 III 2. c); Baumbach/Hopt/*Roth*, HGB, § 128 Rn. 17.

72 Richtig *Grunewald*, Gesellschaftsrecht, § 2 Rn. 40; *K. Schmidt*, Gesellschaftsrecht, § 49 III 2. c); *Windbichler*, Gesellschaftsrecht, § 14 Rn. 19.

73 Vereinfacht nach BGHZ 59, 64; dazu auch *Grunewald*, Gesellschaftsrecht, § 2 Rn. 41; *Wiedemann*, Gesellschaftsrecht II, § 8 III 3 b cc; ausf. *K. Schmidt*, Gesellschaftsrecht, § 49 III 2. c).

74 Siehe auch noch BGH WM 1974, 253, 254; BGH LM Nr. 22 zu § 128 HGB.

75 BGH NZG 2013, 1095; dazu auch *Lieder* AcP 218 (2018), 109, 124 f.; anders für Auskunftspflicht und Schadensersatz OLG Frankfurt ZIP 2015, 976, 978.

d) Einreden und Einwendungen

Gegen die Haftung aus § 128 HGB kann sich der Gesellschafter gem. § 129 I HGB **613** zum einen mit **Einwendungen** verteidigen, die in seiner Person begründet sind, zum anderen mit Einwendungen, die (noch) von der OHG erhoben werden können. Obgleich im Gesetzeswortlaut nicht erwähnt, gilt dies für **alle Einreden**.[76]

aa) Eine **persönliche Einwendung** ist insbesondere die mit dem Gläubiger getrof- **614** fene Vereinbarung, wonach der Gläubiger den Gesellschafter nicht oder nur subsidiär in Anspruch nehmen werde.[77] Darüber hinaus kann sich der Gesellschafter etwa auf eine ihm persönlich zugesagte Stundung oder auch die Haftungsbegrenzung gem. § 160 HGB[78] berufen. Gleichermaßen kommt eine Aufrechnung mit einer privaten Gegenforderung in Betracht.[79]

> **Fall 62:** A, B und C sind Gesellschafter der X-OHG und sollen einem Gläubiger G gegen- **615**
> über quotal zu je 1/3 haften für eine Verbindlichkeit iHv. 3 Mio. €. G erlangt aus dem Ge-
> sellschaftsvermögen Befriedigung iHv. 1,5 Mio. €. Was kann G von A verlangen?

Eine Beschränkung der persönlichen Gesellschafterhaftung ist durch eine Absprache **616** mit dem Gläubiger auch in der Weise zulässig und in der Praxis vor allem bei geschlossenen Immobilienfonds üblich, dass in Abweichung von der gesamtschuldnerischen Haftung nach §§ 421 ff. BGB eine bloße Quotenhaftung vereinbart wird, wie in **Fall 62**.[80] Die **bisher hM** rechnete in einem solchen Fall die aus dem Gesellschaftsvermögen erlangte Befriedigung gleichmäßig sämtlichen Gesellschaftern an.[81] Danach hätte G von A 500 000 € beanspruchen können. Die **heute hM** bestimmt die Reichweite der Anrechnung hingegen zutreffend anhand einer interessengeleiteten Auslegung der vertraglichen, auf Haftungsbeschränkung gerichteten Abrede.[82] Berücksichtigt man, dass bereits die Vereinbarung der quotalen Haftung ein Zugeständnis des Gläubigers an den persönlich haftenden Gesellschafter darstellt, ist idR davon auszugehen, dass der Gläubiger **keine weitere Haftungserleichterung** gewähren wollte als die quotale Haftung als solche. Eine teilweise Tilgung der Forderung sollte die absolute Haftsumme des Gesellschafters folglich nicht weiter mindern, so dass A nach dieser Auffassung auch weiterhin in Höhe von 1 Mio. € einzustehen hat.

Das entspricht dem Gedanken, dass eine Abweichung von der strengen Haftung nach **617** § 128 S. 1 HGB klar geregelt sein muss; **Unklarheiten** gehen zulasten der Gesellschafter. Deshalb kann sich letztlich auch **kein** Gesellschafter bei einer quotalen Haf-

---

76 Baumbach/Hopt/*Roth*, HGB, § 129 Rn. 1; MünchKomm-HGB/*K. Schmidt*, § 129 Rn. 4 (allgM).
77 *Grunewald*, Gesellschaftsrecht, § 2 Rn. 43; Baumbach/Hopt/*Roth*, HGB, § 129 Rn. 6; Heymann/*Hoffmann/Bartlitz*, HGB, § 129 Rn. 15; für BGB-Gesellschaft auch BGHZ 142, 315.
78 BGHZ 73, 217, 222.
79 *Windbichler*, Gesellschaftsrecht, § 14 Rn. 27; MünchKomm-HGB/*K. Schmidt*, § 129 Rn. 6.
80 Vgl. etwa BGH NZG 2011, 2040 und 2045 = JuS 2011, 932 (*K. Schmidt*); dazu *Priester* DStR 2011, 1278 ff.; *Westermann* NZG 2011, 1041 ff.; zur quotalen Gesellschafterhaftung in der Insolvenz OLG Koblenz NZI 2014, 509; dazu *Runge* NZI 2014, 492 ff.
81 So etwa OLG Frankfurt ZIP 2009, 1619, 1622; KG ZIP 2011, 227; MünchKomm-BGB/*Schäfer*, § 714 Rn. 62a.
82 BGH NJW 2011, 2040 Rn. 24, 2045 Rn. 23; *Schürnbrand* ZGR 2014, 256, 268; im Ergebnis auch *K. Schmidt* NJW 2011, 2001, 2006 f.

tung zu seiner Entlastung auf einen mit einem anderen Gesellschafter geschlossenen **Vergleich** berufen.[83] Ob sich die Haftungsquote der einzelnen Gesellschafter erhöht, wenn nicht alle Geschäftsanteile gezeichnet sind, ist durch Auslegung zu ermitteln; im konkreten Fall eines Immobilienfonds hat der BGH eine Erhöhung nach der Zweifelsregel abgelehnt.[84]

618 bb) Der Gesellschafter kann weiterhin alle Einreden und Einwendungen geltend machen, die **der OHG zustehen**, etwa Nichtigkeit des Vertrags (§§ 134, 138 BGB), Erfüllungseinwand (§ 362 BGB), Unmöglichkeit (§ 275 BGB), Wegfall der Gegenleistungspflicht (§ 326 BGB) oder den Abschluss eines Erlassvertrags (§ 397 BGB).[85]

619 Ebenso folgt die **Verjährung** der Gesellschafterhaftung der Verjährung der Gesellschaftsschuld.[86] Die Hemmung der Verjährung durch Klageerhebung gegenüber der OHG wirkt auch gegenüber dem Gesellschafter.[87] Wird umgekehrt der Gesellschafter in Anspruch genommen, so wird dadurch die Verjährung der Gesellschaftsschuld nicht gehemmt;[88] hierfür ist vielmehr eine Klageerhebung gegenüber der OHG erforderlich. Wie der BGH jedoch zutreffend entschieden hat,[89] kann sich der noch vor Eintritt der Verjährung verklagte Gesellschafter gegenüber dem Gläubiger nicht auf die nach Klageerhebung eintretende Verjährung der OHG-Schuld berufen.[90] Denn OHG und Gesellschafter bilden eine wirtschaftliche Einheit, so dass § 129 I HGB in diesem Fall anhand seines Normzwecks teleologisch zu reduzieren ist. Die Unterbrechung der Verjährung auch gegenüber der OHG erscheint als reine Formalie. Das unterscheidet diese Konstellation auch vom Parallelsachverhalt des verklagten Bürgen. Dort hat der BGH mit Recht anders entschieden.[91]

620 cc) Im Hinblick auf **Gestaltungsrechte** ist zu differenzieren: Ein der OHG (noch) zustehendes Gestaltungsrecht – Anfechtungsrecht, Rücktrittsrecht, Kündigungsrecht usw. –, kann der Gesellschafter nicht im eigenen Namen ausüben, da er hierzu nicht befugt ist. Jedoch folgt aus den speziell geregelten Verweigerungsrechten für die Fälle des Rechts zur Anfechtung (§ 129 II HGB) und zur Aufrechnung (§ 129 III HGB) die allgemeine Regel, dass der Gesellschafter die Leistung verweigern kann (aufschiebende Einrede), solange die OHG das Gestaltungsrecht noch ausüben kann.[92] Ist das nicht mehr der Fall (etwa bei Ablauf der Anfechtungsfrist), erlischt auch das Leistungsverweigerungsrecht.[93] Wird umgekehrt das Gestaltungsrecht von der OHG aus-

---

83   BGH NJW 2011, 2045 Rn. 40.
84   BGH NJW 2013, 1089; dazu *K. Schmidt* JuS 2013, 646.
85   *Grunewald*, Gesellschaftsrecht, § 2 Rn. 44; *Windbichler*, Gesellschaftsrecht, § 14 Rn. 25.
86   BGH NZG 2010, 264 Rn. 40 ff.; dazu *K. Schmidt* JuS 2010, 356 (zur BGB-Gesellschaft); vgl. auch MünchKomm-HGB/*K. Schmidt*, § 128 Rn. 3, § 129 Rn. 7 mwN.
87   BGHZ 73, 217, 223 f.; *K. Schmidt*, Gesellschaftsrecht, § 49 II 3. c); *C. Schäfer*, Gesellschaftsrecht, § 6 Rn. 11 (früher str.).
88   MünchKomm-HGB/*K. Schmidt*, § 129 Rn. 9; Staub/*Habersack*, HGB, § 129 Rn. 8.
89   BGHZ 104, 76 (LS) = JuS 1988, 991 m. zust. Anm. *K. Schmidt*; vgl. weiter *Thalmair* JA 2003, 22 ff.
90   Zustimmend auch *Grunewald*, Gesellschaftsrecht, § 2 Rn. 45; *K. Schmidt*, Gesellschaftsrecht, § 49 II 3. c).
91   BGHZ 139, 214 (LS 1) im Anschluss an BGHZ 76, 222; dazu etwa *Wiedemann*, Gesellschaftsrecht II, § 8 III 3 b cc; Henssler/Strohn/*Steitz*, Gesellschaftsrecht, § 129 HGB Rn. 1.
92   *Grunewald*, Gesellschaftsrecht, § 2 Rn. 44; *Windbichler*, Gesellschaftsrecht, § 14 Rn. 26.
93   BGHZ 42, 396, 397; Staub/*Habersack*, HGB, § 129 Rn. 20; Heymann/*Hoffmann/Bartlitz*, HGB, § 129 Rn. 16.

geübt, wirkt die Umgestaltung der Rechtslage kraft Akzessorietät auch für den Gesellschafter.[94]

Achtung: Bei der Formulierung des **§ 129 III HGB** hat der Gesetzgeber unsauber gearbeitet und die für die Bürgschaft geltende Regelung des § 770 II BGB unbesehen übernommen. Anders als die Bürgenhaftung ist die Gesellschafterhaftung zwar akzessorisch, aber kein Sicherungsmittel. Nach der gesetzlichen Konzeption der unmittelbaren und primären Haftung der Gesellschafter kann es allein darauf ankommen, ob die Gesellschaft (und nicht der Gläubiger) aufrechnen kann! Das **Redaktionsversehen** ist durch korrigierende, teleologische Auslegung zu berichtigen.[95] Unterliegt daher die OHG einem vertraglichen Aufrechnungsverbot, dann steht auch dem in Anspruch genommenen Gesellschafter kein Leistungsverweigerungsrecht zu.[96]

621

dd)   Die Wirkung einer **rechtskräftig abgewiesenen Klage** gegen die OHG erstreckt sich auch auf die Gesellschafterhaftung.[97] Wird umgekehrt der Klage gegen die OHG stattgegeben, dann kann der Gesellschafter nicht geltend machen, dass eine Gesellschaftsverbindlichkeit nicht besteht.[98] Bei kollusivem Zusammenwirken zwischen Gläubiger und OHG zulasten des Gesellschafters kann dieser sich jedoch mit § 826 BGB verteidigen.[99]

622

2.   BGB-Gesellschaft

a)   Grundregel

Das **akzessorische Haftungsmodell der §§ 128, 129 HGB** gilt heute in analoger Anwendung auch für die BGB-Außengesellschaft. Die anderslautende frühere Rechtsprechung ist durch die Anerkennung der Rechtsfähigkeit der GbR (oben Rn. 418 ff.) obsolet geworden.[100] Dieses Ergebnis ist sachgerecht. Denn die Gesellschafterhaftung folgt auch für die GbR aus dem allgemeinen Grundsatz, dass jeder, der eine Verbindlichkeit eingeht, hierfür auch persönlich und unbeschränkt haften muss. Etwas anderes gilt nur, wenn in einer Rechtsform gehandelt wird, die nach ihrer gesetzlichen Ausgestaltung eine Haftungsbeschränkung vorsieht, wie zB AG oder GmbH. In diesem Fall müssen aber auch die besonderen Voraussetzungen, die an dieses Haftungsprivileg geknüpft sind, eingehalten werden, namentlich die Vorschriften über Kapitalaufbringung und Kapitalerhaltung sowie die Insolvenzantragspflicht bei Überschuldung.[101] Entsprechende Schutzvorschriften existieren bei der GbR nicht; die persönliche Gesellschafterhaftung schützt stattdessen **berechtigte Gläubigerinteressen**. Hinzu kommt noch die **strukturelle Vergleichbarkeit von OHG und GbR**, die für eine analoge Anwendung der §§ 128, 129 HGB streitet.

623

---

94   MünchKomm-HGB/*K. Schmidt*, § 129 Rn. 20; Staub/*Habersack*, HGB, § 129 Rn. 2.
95   BGHZ 42, 396, 397; *Grunewald*, Gesellschaftsrecht, § 2 Rn. 45; ausf. *Schlüter*, FS H. Westermann, 1974, S. 509 ff.
96   BGHZ 42, 396, 397.
97   RGZ 49, 340, 343; Staub/*Habersack*, HGB, § 129 Rn. 10.
98   RGZ 5, 69, 71; BGHZ 54, 251, 255; MünchKomm-HGB/*K. Schmidt*, § 129 Rn. 13; zur BGB-Gesellschaft auch BGH ZIP 2006, 994, 995.
99   BGH NJW 1996, 658.
100   BGHZ 146, 341 ARGE Weißes Ross (LS 3); dazu bereits oben Rn. 420.
101   Dazu oben Rn. 492 ff. und Rn. 586; zu prozessrechtlichen Konsequenzen der akzessorischen Haftung *Stangl* NZG 2016, 568 ff.; Klausurbeispiel zur Haftung der GbR bei *Buck-Heeb/Dieckmann* JuS 2016, 723 ff.

b) Haftungsbeschränkungen

624 Danach kann die Haftung auch in der GbR analog § 128 S. 2 HGB **nicht einseitig** auf das Vermögen der Gesellschaft **beschränkt** werden (oben Rn. 595). Eine Haftungsbeschränkung kann sich daher nur aus einer **Vereinbarung mit dem Vertragspartner** ergeben,[102] die in Sonderkonstellationen auch durch AGB erfolgen kann. Das betrifft namentlich geschlossene Immobilienfonds[103], Bauherrengemeinschaften und gemeinnützige Gesellschaften.[104] Beim praktisch wichtigsten Fall der geschlossenen Immobilienfonds handelt es sich um eine Kapitalanlagegesellschaft mit einem festen Kreis von Anlegern. Bei typisierter Betrachtung stellt der Erwerb einer solchen Fondsbeteiligung eine **reine Kapitalanlage** dar. Die Übernahme der persönlichen Haftung für das gesamte Investitionsvolumen ist nach Auffassung des BGH weder dem einzelnen Anleger zumutbar, noch kann sie vernünftigerweise vom Rechtsverkehr erwartet werden. Die vom Anleger mit seiner Investition erstrebten wirtschaftlichen Vorteile stehen zu dem Risiko einer unbeschränkten persönlichen Gesellschafterhaftung außer Verhältnis. Daher lässt die Rechtsprechung selbst eine formularmäßige Abbedingung der persönlichen Haftung zu, ohne dass dies gegen § 307 BGB verstieße.

625 **Fall 63:**[105] Die A-Publikums-GbR ist ein geschlossener Immobilienfonds, der im Laufe der Zeit notleidend wurde. Nachdem ein Sanierungsversuch gescheitert war, haben sich einige Gesellschafter, die an der beabsichtigten Sanierung nicht beteiligt waren, ohne Wissen der übrigen Gesellschafter der A zur N-GbR zusammengeschlossen. N erwarb eine Darlehensforderung, die der Bank gegen A zustand, und nimmt nun B – einen an der A, nicht aber an N beteiligten Gesellschafter – wegen der Darlehensforderung entsprechend seiner ursprünglich vereinbarten Haftungsquote (Rn. 616) in Anspruch. B wendet ein, die Gesellschafter der N hätten gegen ihre Treuepflichtbindung als Gesellschafter der A-GbR verstoßen, was sich auch N entgegenhalten lassen müsse.

626 Ausgangspunkt der Lösung ist der Darlehensrückzahlungsanspruch der Bank gegen A gem. § 488 I 2 BGB, der durch Abtretung gem. § 398 BGB auf N übergegangen ist. Für diese Forderung haftet **B als Gesellschafter der A** analog § 128 S. 1 HGB – beschränkt auf die ursprünglich vereinbarte Haftungsquote (Rn. 616). Diesem Anspruch könnte B eine Forderung entgegensetzen, die ihm gegen die auch an N beteiligten Mitgesellschafter der A zustehen.

627 In Betracht kommt ein Anspruch aus § 280 I BGB wegen Verletzung der **gesellschaftsvertraglichen Treuepflicht** (ausf. Rn. 688 ff.). Einen solchen Treupflichtver-

---

102 *Grunewald*, Gesellschaftsrecht, § 1 Rn. 112; *Schürnbrand* ZGR 2014, 256, 267; für institutionelle anstatt formularvertragliche Haftungsbeschränkungen aber MünchKomm-BGB/*Schäfer*, § 714 Rn. 62 ff.; *Reiff* ZGR 2003, 550, 563 ff.

103 BGHZ 150, 1 (LS 2); dazu *K. Schmidt* JuS 2002, 812 f.; *Kellermann* JA 2003, 648, 654. Daher im Falle eines geschlossenen Immobilienfonds auch keine Haftung analog § 128 HGB für die Bereicherungsschuld der BGB-Gesellschaft gegenüber der finanzierenden Bank bei Unwirksamkeit des Darlehensvertrags: BGH ZIP 2008, 1317 m. Anm. *Maier* EWiR 2008, 561.

104 Dazu ausf. *Grobe* WM 2011, 2085 ff.; *Wedemann* NZG 2016, 645 ff.; vgl. weiter zur Haftung von Anlegern gegenüber Dritten BGH NJW 2011, 2045 sowie dazu ausf. *Westermann* NZG 2011, 1042 ff.; *K. Schmidt* NJW 2011, 2011 ff.

105 In Anlehnung an BGH NZG 2014, 385; dazu *Servatius* NZG 2014, 537 ff.; *C. A. Weber* JA 2014, 870 ff.

stoß hat der BGH im vorliegenden Fall bejaht, weil die an N beteiligten Gesellschafter den Geschäftsgegenstand der A auf N verlagern wollten, ohne den übrigen Gesellschaftern der A die Möglichkeit einzuräumen, sich an der Sanierung zu günstigen Konditionen zu beteiligen, um sich stattdessen auf Kosten der ausgeschlossenen Gesellschafter einen wirtschaftlichen Vorteil zu verschaffen.[106]

Allerdings wurde der Treupflichtverstoß von den Gesellschaftern der N begangen, **628** nicht von der N-GbR selbst, die den Haftungsanspruch gegen B geltend macht. Nach dem **Trennungsgrundsatz** sind die Sphären von GbR und Gesellschaftern rechtlich streng voneinander zu trennen.[107] Allerdings können sich die Gesellschafter auf die Selbstständigkeit der GbR nicht berufen, wenn dies gegen die Grundsätze von **Treu und Glauben** verstoßen würde.[108] Dann ist es nämlich angezeigt, rechtserhebliches Verhalten der Gesellschafter der Gesellschaft zuzurechnen (umgekehrter Durchgriff oder Zurechnungsdurchgriff).[109]

Der BGH nimmt in **Fall 63** eine **Zurechnung** an, weil (1.) die Errichtung der N-GbR **629** selbst auf dem treuwidrigen Verhalten der Gesellschafter beruhe, (2.) die gegenläufigen Forderungen in einem spezifischen Zusammenhang stünden und (3.) der N ausschließlich Gesellschafter angehörten, denen der bezeichnete Treupflichtverstoß zur Last zu legen sei. Aus diesem Grund steht B eine **dolo-agit-Einrede** gegenüber der Inanspruchnahme durch N in Höhe seines Ersatzanspruchs zu.[110] Der Anspruchsumfang richtet sich danach, wie B stehen würde, wenn seine Mitgesellschafter nicht gegen die Treupflicht verstoßen hätten.

c) Einzelfragen

aa) Ebenso wie in der OHG[111] erfasst die Gesellschafterhaftung nach hM auch **ge- 630 setzliche Verbindlichkeiten** der BGB-Gesellschaft. Dies gilt etwa für Steuerschulden[112] oder Ansprüche gem. §§ 812 ff. BGB,[113] nach hM auch für deliktische Verbindlichkeiten[114] sowie für Wettbewerbsverstöße nach dem UWG.[115] Die frühere abweichende Rechtsprechung[116] ist durch die neue akzessorische Haftung analog § 128 HGB überholt.[117]

---

106 BGH NZG 2014, 385 Rn. 14.
107 BGH NZG 2014, 385 Rn. 24 f.
108 BGH NZG 2014, 385 Rn. 24 ff.
109 Vgl. *C. A. Weber* JA 2014, 870, 872; *Schaper/Knoch* LMK 2014, 357052; dazu allgemein *K. Schmidt*, Gesellschaftsrecht, § 9 III 3; vgl. weiter *Lieder* AcP 218 (2018), 109 ff. – Zur Durchgriffshaftung im GmbH-Recht siehe unten Rn. 655 ff.
110 Ebenso *C. A. Weber* JA 2014, 870, 872; *Schaper/Knoch* LMK 2014, 357052.
111 Dazu oben Rn. 596.
112 BFH NJW 1993, 2893 und 2895; BVerwG NJW 1994, 602; NZG 2015, 1262.
113 BGH ZIP 2003, 899; *Grunewald*, Gesellschaftsrecht, § 1 Rn. 120; aA *Hadding*, FS Raiser, 2005, S. 129, 144.
114 BGHZ 154, 88 (LS 2) = JuS 2003, 708 m. Anm. *K. Schmidt* im Anschluss an *Habersack* BB 2001, 477, 481; *Ulmer* ZIP 2001, 585, 597; *Wiedemann* JZ 2001, 661, 663; bestätigt durch BGH ZIP 2007, 1460 (LS 2); zustimmend *Grunewald*, Gesellschaftsrecht, § 1 Rn. 117; *Baumbach/Hopt/Roth*, HGB, § 128 Rn. 2; *C. Schäfer*, Gesellschaftsrecht, § 6 Rn. 6.
115 BGH NZG 2015, 755.
116 BGHZ 45, 311, 312 (wo allerdings bereits die Zurechnung gem. § 31 BGB verneint wurde: dazu o. Rn. 591).
117 Kritisch gegen diese Haftungsausdehnung auf alle BGB-Außengesellschaften jedoch *Altmeppen* NJW 2003, 1553 ff.; *Armbrüster* ZGR 2005, 34, 35 ff.; *Canaris* ZGR 2004, 69, 109 ff.

631 cc) Im Falle der **Treuhand** trifft die Gesellschafterhaftung im Außenverhältnis (§ 128 HGB) allein den Treuhänder – er ist formalrechtliches Mitglied der BGB-Gesellschaft –, nicht hingegen den Treugeber, der selbst nicht Gesellschafter wird.[118] Etwas anderes gilt nur dann, wenn sich durch Auslegung ergibt, dass der Treugeber selbst Gesellschafter sein sollte.[119] Im Übrigen können Treugeber-Anleger einer Publikums-Personengesellschaft **nicht** mit etwaigen Ersatzansprüchen aus Prospekthaftung gegen die im Innenverhältnis bestehenden Freistellungsansprüche des Treuhandgesellschafters **aufrechnen**.[120]

632 dd) Zum **Inhalt der Gesellschafterhaftung** sowie zu **Einreden und Einwendungen** ergeben sich keine Unterschiede zur Rechtslage bei der OHG.[121] Insbesondere gilt auch für die BGB-Gesellschaft: Weil es sich um eine höchstpersönliche Schuld handelt, kommt eine Verurteilung der Gesellschafter zur Abgabe einer von der BGB-Gesellschaft geschuldeten Willenserklärung nicht in Betracht;[122] aus § 736 ZPO folgt nichts anderes.[123]

3. KG

a) Grundregel

633 Für die Schulden der KG haftet jeder *Komplementär* unbeschränkt und mit seinem Privatvermögen persönlich wie ein OHG-Gesellschafter (§§ 161 I, II, 128 S. 1 HGB); *Kommanditisten* haften summarisch beschränkt nach §§ 161 I, II, 128 S. 1, 171, 172 HGB.[124]

b) Kommanditistenhaftung

634 aa) **Unterscheidung zwischen Haft- und Pflichteinlage.** Der Kommanditist haftet den KG-Gläubigern vor Leistung seiner Einlage nach §§ 161 II, 128 HGB unmittelbar, primär und gesamtschuldnerisch,[125] jedoch gem. §§ 171 I Hs. 1, 172 I HGB nur beschränkt auf die Höhe der im Handelsregister eingetragenen Einlage **(Hafteinlage)**.

635 Von der Haftsumme zu unterscheiden ist die im Innenverhältnis zur KG geschuldete Einlage **(Pflichteinlage)**.[126] Die Einlage kann Geld- oder Sacheinlage sein. Pflicht-

---

118 BGHZ 178, 271 m. Bespr. *K. Schmidt* JuS 2009, 276 ff.; bestätigt durch BGH ZIP 2009, 1266 m. Anm. *Allmendiger* EWiR 2009, 643; zust. *Armbrüster* ZIP 2009, 1885 ff.; abl. *Kindler* ZIP 2009, 1146 ff.
119 BGH NZG 2011, 1023.
120 BGHZ 189, 45; zustimmend *Lieder* WuB II F. § 171 HGB 1.11; *Schürnbrand* ZGR 2014, 256, 272 f.; BGH NJW 2013, 452; dazu *K. Schmidt* JuS 2013, 355; *Stöber* NJW 2013, 832 ff.; aA einerseits *Klöhn* VGR Bd. 18, 2013, S. 143, 148 ff., 161 ff.; andererseits *C. Schäfer* ZHR 177 (2013), 619, 634 ff; zum Liquiditätsüberschuss in der Publikums-KG *Schäfer* NZG 2016, 543 ff.
121 Dazu oben Rn. 613 ff.
122 BGH NJW 2008, 1378 = JuS 2008, 753 m. zust. Anm. *K. Schmidt*.
123 Ausf. zur Problematik *K. Schmidt* NJW 2008, 1841 ff.
124 Zur Kommanditistenhaftung auch *Kindler* JuS 2006, 865 ff.; zur Haftung des herrschenden Kommanditisten BGHZ 45, 204 – Rektor-Fall; dazu *Pfeiffer/Buchinger* JA 2005, 181; zur Haftung in der GmbH & Co. KG *Lambrich* Jura 2007, 88 ff.
125 *Windbichler*, Gesellschaftsrecht, § 17 Rn. 18; *Koch*, Gesellschaftsrecht, § 22 Rn. 1 ff.; dazu auch oben Rn. 598.
126 Ausf. *K. Schmidt*, Gesellschaftsrecht, § 54 I 2; *Oetker/Oetker*, HGB, § 171 Rn. 7 ff.; instruktiver Beispielsfall: OLG Hamburg GWR 2009, 369.

einlage und Haftsumme können übereinstimmen, müssen es aber nicht (vgl. § 172 III HGB). Die im Handelsregister eingetragene Hafteinlage ist als abstrakte Rechengröße der Höchstbetrag, bis zu dem der Kommanditist den Gläubigern der KG unmittelbar haftet. Welche (Pflicht-)Einlage der Kommanditist gegenüber der KG schuldet, ergibt sich aus dem Gesellschaftsvertrag und ist für die Haftung im Außenverhältnis gegenüber den KG-Gläubigern irrelevant.

bb) Haftungsausschluss durch Einlageleistung. Die Haftung im Außenverhältnis ist ausgeschlossen, soweit der Kommanditist seine (Haft-)Einlage geleistet hat (§ 171 I Hs. 2 HGB), sei es durch Geld- oder Sachleistung, wie zB durch Einbringung von Sacheigentum, beschränkten dinglichen Rechten oder Immaterialgüterrechten.[127] Maßgeblich ist im Interesse des Gläubigerschutzes der **objektive Wert**, welcher der KG zugeflossen ist.[128] Hierfür trägt der Kommanditist die Beweislast, wobei sich die Deckung nach der Bilanz richtet.[129] In Höhe des Nennbetrags der getilgten Forderung wird der Kommanditist auch frei, wenn er vor Eröffnung des Insolvenzverfahrens über das Vermögen der KG einen beliebigen Gesellschaftsgläubiger befriedigt.[130] Hingegen wird die Leistung der Einlage nicht in das Handelsregister eingetragen und somit auch nicht registergerichtlich geprüft.[131] Abweichende Bewertungen durch die Gesellschafter betreffen nur das Innenverhältnis.

636

Fall 64:[132] Kommanditist K möchte seine Einlageleistung dadurch erbringen, dass er gegenüber der KG mit einer Darlehensforderung im Nominalwert von 100 000 € aufrechnet. Aufgrund der schwierigen wirtschaftlichen Lage der KG hat die Darlehensforderung jedoch nur einen objektiven Wert von 20 000 €. Objektiv ist der KG somit nur ein Wert von 20 000 € zugeflossen; nur insoweit wird K von seiner Haftung befreit.[133]

637

Fall 65:[134] Kommanditist K erfüllt eine Schuld der KG gegenüber dem Gläubiger G in Höhe von 100 000 €. Mit dem daraus resultierenden Aufwendungsersatzanspruch[135] kann er sich durch Aufrechnung gegenüber der KG zugleich in voller Höhe von seiner Einlageschuld befreien,[136] und zwar unabhängig davon, ob die Forderung des G vollwertig ist oder nicht.[137] Andernfalls würde der Kommanditist mit einem über seine Hafteinlage hinausgehenden Risiko belastet.[138]

638

---

127 Dazu ausf. *Hippeli* Jura 2018, 378 ff.
128 Untauglich ist daher das Versprechen einer Dienstleistung: *Grunewald*, Gesellschaftsrecht, § 3 Rn. 34; EBJS/*Strohn*, HGB, § 171 Rn. 56. Unschädlich ist hingegen die Zahlung auf ein debitorisches KG-Konto: OLG Schleswig DB 2006, 207 (LS 2).
129 BGHZ 101, 123, 127; Baumbach/Hopt/*Roth*, HGB, § 171 Rn. 10; OLG Hamm, GWR 2018, 91 ff.
130 BGH NJW 2017, 3232 Rn. 21; dazu *K. Schmidt* JuS 2018, 294 ff.
131 BGHZ 81, 82, 87; 101, 123, 128.
132 Nach BGHZ 95, 188 = JuS 1986, 159 m. Anm. *K. Schmidt*.
133 BGHZ 95, 188, 196 in Abweichung von BGHZ 51, 391, 394; zust. *K. Schmidt* ZGR 1986, 152 ff.
134 Nach BGH NJW 1984, 2290 = JuS 1984, 812 m. Anm. *K. Schmidt*.
135 Dazu unten Rn. 662.
136 Nicht bereits unmittelbar durch die Gläubigerbefriedigung: BGH NJW 1984, 2290, 2291; *K. Schmidt*, Gesellschaftsrecht, § 54 II 2. a); ungenau noch BGHZ 39, 319, 328.
137 OLG Hamm NZG 2000, 200, 201; OLG Dresden NZG 2004, 1155; Röhricht/von Westphalen/Haas/*Mock*, HGB, § 171 Rn. 51.
138 Zu den Wertungen MünchKomm-HGB/*K. Schmidt*, §§ 171, 172 Rn. 60.

639 **cc) Wiederaufleben der Haftung.** Die Haftung des Kommanditisten lebt nach § 172 IV 1 HGB wieder auf, soweit ihm seine Einlage **zurückgewährt** wird, sei es direkt oder indirekt über einen Dritten,[139] sei es durch Rückzahlung in Geld oder durch anderweitige Leistungen, etwa überhöhte Tätigkeitsvergütungen oder überhöhte Kaufpreise.[140] Entscheidend ist eine materielle Betrachtung im Sinne eines Drittvergleichs. Eine Rückgewähr scheidet danach aus, wenn die KG das gleiche Entgelt für eine vergleichbare Tätigkeit an einen beliebigen Dritten gezahlt oder den konkreten Vertrag zu den gleichen Konditionen auch mit einem Dritten geschlossen hätte.[141] Auch Abfindungszahlungen, die von der KG beim Ausscheiden an den Kommanditisten geleistet werden,[142] sind Rückzahlungen in diesem Sinne.[143] Sofern allerdings die Hafteinlage von der **Auszahlung der Pflichteinlage** an den Kommanditisten unberührt bleibt, entscheidet der Gesellschaftsvertrag darüber, ob die Ausschüttungen zurückgezahlt werden müssen.[144]

640 **Fall 66:**[145] Die KG begleicht Steuerberaterkosten und Schulden des Kommanditisten K, der sich in einer finanziellen Notlage befindet, gegenüber dem Finanzamt.

641 Eine Rückzahlung iSd § 172 IV HGB ist auch dann anzunehmen, wenn keine direkte Auszahlung an den Kommanditisten selbst erfolgt, sondern dessen private Verbindlichkeiten durch Leistung an einen seiner Gläubiger beglichen werden.[146] Denn bei der gebotenen wirtschaftlichen Betrachtungsweise macht es keinen Unterschied, ob die Einlage im **Fall 66** zunächst an K ausgezahlt wird, damit dieser seine Schulden tilgt, oder ob die Zahlung aus dem Vermögen der KG direkt an den Gläubiger des Kommanditisten erfolgt. In beiden Fällen wird der Einlagezweck, den Gläubigern das Gesellschaftsvermögen als Haftungsmasse zu erhalten, verfehlt, weil Vermögenswerte ohne angemessene Gegenleistung dem Kommanditisten zugutekommen.[147]

642 **Fall 67:** Kommanditist K erhält seine Einlage nicht von der KG, sondern vom Komplementär zurück.

643 Dies stellt **keine Rückzahlung** iSv § 172 IV 1 HGB dar, sofern der Komplementär keinen Erstattungsanspruch gegen die KG hat.[148] Denn die Gläubiger haben keinen Anspruch darauf, dass das Vermögen des Komplementärs unverändert bleibt. Zudem sind die KG und der Komplementär rechtlich verselbstständigt und voneinander unabhängig. Solange dem KG-Vermögen daher keine Werte entzogen werden, bleiben die berechtigten Interessen der KG-Gläubiger unberührt.

---

139 Beispiel: BGHZ 47, 149, 154 ff.
140 Vgl. exemplarisch BGH ZIP 2017, 77 Rn. 9; dazu *K. Schmidt* JuS 2017, 559 ff.; vgl. weiter *Grunewald*, Gesellschaftsrecht, § 3 Rn. 43; Heymann/*Borges*, HGB, § 172 Rn. 30 ff.
141 EBJS/*Strohn*, HGB, § 172 Rn. 28 f.; Heymann/*Borges*, HGB, § 172 Rn. 39.
142 Dazu ausf. unten Rn. 764.
143 Baumbach/Hopt/*Roth*, HGB, § 172 Rn. 7; *Windbichler*, Gesellschaftsrecht, § 17 Rn. 20.
144 BGH NZG 2013, 738 gegen OLG Nürnberg ZIP 2008, 2267; dazu *K. Schmidt* JuS 2013, 846.
145 Angelehnt an OLG Hamm NZG 2010, 1298.
146 BGH NJW 1976, 751, 752; Baumbach/Hopt/*Roth*, HGB, § 172 Rn. 6.
147 MünchKomm-HGB/*K. Schmidt*, § 172 Rn. 66.
148 BGHZ 93, 246 = JuS 1985, 733 m. zust. Anm. *K. Schmidt*; *Windbichler*, Gesellschaftsrecht, § 17 Rn. 20.

Fall 68: Die Einlage des Kommanditisten K in Höhe von 100 000 € wird nach dessen Aus- 644
scheiden als Darlehen „umgebucht".

BGHZ 39, 331 hat hierin zu Unrecht **keine Rückzahlung** gesehen, solange das Dar- 645
lehen nicht an K ausbezahlt wird. Richtig ist zwar, dass das Kapital nun in Form eines
Darlehens der KG noch zur Verfügung steht. Die Rückzahlung eines Darlehens (als
Fremdkapital) lässt die Eigenkapitalbasis der KG hingegen nach allgemeinen Grundsätzen unberührt. Wollte man hiervon nicht eine – wenig überzeugende – Ausnahme
machen, könnte die Einlage im Ergebnis zurückgezahlt werden, ohne dass die Haftung des Kommanditisten wiederauflebt. Für die **analoge Anwendung des § 172 IV
1 HGB** auf die Umwandlung der eingezahlten Einlage in ein Darlehen spricht außerdem eine wirtschaftliche Betrachtung des Vorgangs: Nach der Umwandlung stellen
sich die Verhältnisse so dar, als hätte der Kommanditist das Geld zunächst von der
KG zurückerhalten und der KG daraufhin das Geld als Darlehen wieder zugeführt. In
dieser Konstellation führt die Auszahlung zur unmittelbaren Haftung aus § 172 IV 1
HGB. Dass die Beteiligten diesen zweistufigen Vorgang durch eine Umwandlung
von Eigen- in Fremdkapital abkürzen, kann an der Haftungsfolge nichts ändern.[149]

Fall 69: Kommanditist K hat der KG eine Einlage in Höhe von 50 000 € gewährt; dieser 646
Betrag wird als Haftsumme in das Handelsregister eingetragen. Zusätzlich hat er als Pflichteinlage ein Aufgeld (Agio) in Höhe von 20 000 € geleistet. Nachdem die KG in wirtschaftliche Schwierigkeiten geraten ist und die 50 000 € verloren sind, erhält K die 20 000 € zurück.

Der **BGH** sieht hierin eine Rückzahlung, so dass die Haftung des K insoweit wieder 647
aufleben soll.[150] Dies **überzeugt nicht**: K hat die Haftsumme geleistet; eine darüber
hinausgehende Haftung besteht gegenüber den Gläubigern nicht. Dass die 50 000 €
durch die wirtschaftliche Tätigkeit der KG verloren sind, ändert an diesem Ergebnis
nichts.[151] Soweit der BGH auch das Aufgeld in die Kapitalbindung einbezieht, ver-
wischt er die Unterschiede zwischen Haft- und Pflichteinlage. Gläubiger der KG können nur auf die im Handelsregister publik gemachte Hafteinlage vertrauen. Darüber
hinausgehende Zahlungen tangieren das Außenverhältnis hingegen nicht. Ihr rechtliches Schicksal bestimmt sich nach dem Gesellschaftsvertrag und betrifft ausschließlich das Innenverhältnis zwischen KG und Kommanditist.[152]

Fall 70:[153] Der solvente Kommanditist K hat die geschuldete Einlage vollständig einge- 648
zahlt und erhält zu einem späteren Zeitpunkt von der KG ein angemessen verzinstes, aber
unbesichertes Darlehen in gleicher Höhe zurück.

---

149 Im Ergebnis wie hier *Grunewald*, Gesellschaftsrecht, § 3 Rn. 41; MünchKomm-HGB/*K. Schmidt*,
     §§ 171, 172 Rn. 72.
150 BGH NJW-RR 2007, 1676 Rn. 8; 2008, 1065 Rn. 10 m. abl. Anm. *Lieder* EWiR 2008, 437 f.;
     MünchKomm-HGB/*K. Schmidt*, §§ 171, 172 Rn. 67; Baumbach/Hopt/*Roth*, HGB, § 171 Rn. 4.
151 *Bayer/Lieder* ZIP 2008, 809 ff.; im Ergebnis ebenso *Wiedemann*, Gesellschaftsrecht II, § 9 III 5 b;
     aus der Instanzrechtsprechung LG Hamburg NZG 2005, 76; LG Kiel NJOZ 2006, 916.
152 Klausurbearbeitung der Problematik bei *Lieder* JA 2011, 658, 662 f.
153 Vgl. bereits *Lieder* JA 2011, 658, 664 f.

649 Ob die Darlehensgewährung an den Kommanditisten – eine Konstellation, die von der Umwandlung der Einlage in ein Darlehen der KG (!) wie in **Fall 68** streng zu unterscheiden ist – die Haftung nach § 172 IV 1 HGB wiederaufleben lässt, ist umstritten.[154] Während früher vielfach die These vertreten wurde, es handele sich hierbei um einen **unschädlichen Aktiventausch**, solange der Kommanditist nur uneingeschränkt solvent und der Darlehensrückzahlungsanspruch gem. § 488 I 2 BGB vollwertig sei, muss es gleichwohl bedenklich stimmen, dass der Kommanditist nach dieser Auffassung erst dann haftet, wenn er zur Rückzahlung des Darlehens nicht mehr imstande ist. Für die GmbH hat der BGH dieses **Prognoserisiko** zum Anlass genommen, um in BGHZ 157, 72 eine Reihe zusätzlicher Voraussetzungen für eine wirksame Darlehensausreichung zu formulieren.[155] Diese Rechtslage ist nach der Modernisierung des GmbH-Rechts obsolet[156]: Heute ermöglicht **§ 30 I 2 Hs. 2 GmbHG** eine Darlehensvergabe an den Gesellschafter, soweit sie durch einen vollwertigen Gegenanspruch gedeckt ist. Vollwertigkeit setzt namentlich voraus, dass das Darlehen angemessen verzinst ist,[157] während die zutreffende hM auf eine Besicherung des Rückzahlungsanspruchs verzichtet[158]. Diese Grundsätze sind auf die KG zu übertragen,[159] zumal mit dem Komplementär neben den Kommanditisten noch ein persönlich unbeschränkt haftender Gesellschafter die Befriedigung des Gläubigers gewährleistet. Da bei der Ausreichung an den solventen K von der Vollwertigkeit des Rückzahlungsanspruchs auszugehen ist, ist in der Darlehensgewährung keine Einlagenrückzahlung iSd § 172 IV 1 HGB zu erkennen.

650 Die Haftung lebt nach § 172 IV 2 HGB weiterhin dann auf, wenn dem Kommanditisten **Gewinne ausbezahlt** werden, obwohl seine Einlage durch Verlust gemindert ist. Selbst wenn die KG vom Kommanditisten mangels gesellschaftsvertraglicher Klausel im Innenverhältnis keine Rückzahlung ausgeschütteter Liquiditätsüberschüsse verlangen kann, kommt ein Wiederaufleben der Haftung gegenüber Gläubigern nach § 172 IV HGB in Betracht.[160] Eine Ausnahme gilt allerdings nach § 172 V HGB für solche Zahlungen, die der Kommanditist „auf Grund einer in gutem Glauben errichteten Bilanz in gutem Glauben als Gewinn bezieht". Nach BGHZ 84, 383 kommt es nicht nur auf den **guten Glauben** des Kommanditisten an die Richtigkeit der Gewinnauszahlung an; auch der die Bilanz aufstellende Komplementär muss gutgläubig sein.[161] Das Schrifttum möchte hingegen teilweise den gutgläubigen Kommanditisten auch in diesem Falle in analoger Anwendung des § 62 I 2 AktG schützen.[162] Unstreitig **nicht** von § 172 V HGB erfasst sind **Gewinnvorauszahlungen**, die zu einem Zeit-

---

154 Zum Meinungsstand MünchKomm-HGB/*K. Schmidt*, §§ 171, 172 Rn. 69.

155 Dazu ausf. *Bayer/Lieder* ZGR 2005, 133 ff.; *Habersack/Schürnbrand* NZG 2004, 689 ff.

156 Zuvor bereits BGHZ 179, 71; dazu *K. Schmidt* JuS 2009, 477; ausf. *Bayer/Lieder* AG 2010, 885 ff.

157 MünchKomm-GmbHG/*Ekkenga*, § 30 Rn. 240; *Lieder* GmbHR 2009, 1177, 1181 f.

158 Habersack/Casper/Löbbe/*Habersack*, GmbHG, § 30 Rn. 105; Scholz/*Verse*, GmbHG, § 30 Rn. 85; Lutter/Hommelhoff/*Bayer*, GmbHG, § 30 Rn. 29.

159 Ebenso Koller/Kindler/Roth/Drüen/*Kindler*, HGB, § 172 Rn. 23; MünchKomm-HGB/*K. Schmidt*, §§ 171, 172 Rn. 69.

160 BGH NZG 2016, 424 Rn. 10 f.; dazu *K. Schmidt* JuS 2016, 748 ff.; im Anschluss an BGH NZG 2013, 738 Rn. 10 ff.; dazu *K. Schmidt* JuS 2013, 846 ff.; siehe auch *Grunewald*, Gesellschaftsrecht, § 3 Rn. 45; ausf. *Könen* ZIP 2016, 2002 ff.; *Pöschke/Steenbreker* NZG 2016, 841 ff.

161 Bestätigend BGH NJW 2009, 2126,

162 So etwa für Publikums-KG: MünchKomm-HGB/*K. Schmidt*, §§ 171, 172 Rn. 91; weitergehend *Grunewald*, Gesellschaftsrecht, § 3 Rn. 43 f.

punkt geleistet wurden, als in der Bilanz noch gar kein Gewinn ausgewiesen war.[163] Im Schutzbereich des § 172 V HGB gilt der Vertrauensschutz des Kommanditisten nicht nur im Außenverhältnis, sondern auch gegenüber Rückforderungsansprüchen der KG gem. § 812 BGB.[164]

dd) Unbeschränkte Haftung vor Eintragung. Hat die KG vor ihrer Eintragung in das Handelsregister ihre Geschäfte begonnen, so haftet nach § 176 I 1 HGB jeder Kommanditist für die bis zur Eintragung begründeten Verbindlichkeiten unbeschränkt, sofern er dem Geschäftsbeginn (ggf. konkludent)[165] zugestimmt hat, es sei denn, dass dem Gläubiger der Kommanditistenstatus bekannt war.[166] Geschützt wird wie bei § 15 I HGB die Publizitätsfunktion des Handelsregisters, ohne dass es darauf ankommt, dass der Gläubiger in das Register Einblick genommen noch überhaupt Kenntnis von der Gesellschafterstellung erlangt hat.[167] Damit liegt auch § 176 I 1 HGB der Gedanke des **abstrakten Vertrauensschutzes** zugrunde. Die Vorschrift gilt – wie § 15 HGB (oben Rn. 71 ff.) – nur für rechtsgeschäftliche Verbindlichkeiten, insbesondere also nicht für Delikte.[168] Das Vertrauen des Vertragspartners spielt in diesem Fall keine Rolle, da sich niemand im Vertrauen auf eine persönliche Haftung schädigen lässt.[169]

651

4. GmbH

a) Kapitalschutz

Das Kapitalschutzsystem der GmbH besteht aus **drei Säulen**: (1.) Kapitalaufbringung, (2.) Kapitalerhaltung und (3.) die Insolvenzantragspflicht gem. § 15a InsO. Die Haftung der GmbH-Gesellschafter im Zusammenhang mit der Kapitalaufbringung und einem Verstoß gegen die Insolvenzantragspflicht sind bereits besprochen worden (s. oben Rn. 492 ff. und Rn. 586). Der in § 30 I 1 GmbHG niedergelegte Grundsatz der Kapitalerhaltung verlangt, dass das zur Erhaltung des Stammkapitals erforderliche Vermögen nicht an die Gesellschafter zurückgezahlt werden darf. Zentrales Anliegen ist die Sicherung der berechtigten **Interessen der Gesellschaftsgläubiger**, für deren Verbindlichkeiten nur das GmbH-Vermögen haftet.[170]

652

163 BGH NJW 2009, 2126 = JuS 2009, 869 m. zust. Anm. *K. Schmidt*; vgl. noch BGH NZG 2017, 984.
164 Richtig *K. Schmidt*, Gesellschaftsrecht, § 54 III 3. b); Henssler/Strohn/*Gummert*, Gesellschaftsrecht, § 172 HGB Rn. 65; aA Koller/Kindler/Roth/Drüen/*Kindler*, HGB, § 172 Rn. 25a aE.
165 Beispiel: BGHZ 82, 209, 211.
166 Dies ist regelmäßig der Fall, wenn der Gläubiger mit einer GmbH & Co. KG in Kontakt tritt, da hier typischerweise alle natürlichen Personen Kommanditisten sind: BGH NJW 1983, 2258 m. Anm. *K. Schmidt*; OLG Frankfurt/M NZG 2007, 625; *Grunewald*, Gesellschaftsrecht, § 3 Rn. 46.
167 MünchKomm-HGB/*K. Schmidt*, § 176 Rn. 1; siehe auch Heymann/*Borges*, HGB, § 176 Rn. 3; zu § 15 HGB: Rn. 47 ff. Zur teleologischen Reduktion in extremen Ausnahmesituationen: *K. Schmidt*, Gesellschaftsrecht, § 55 I 4.
168 BGHZ 82, 209, 215; *K. Schmidt*, Gesellschaftsrecht, § 55 I 1. b); *Grunewald*, Gesellschaftsrecht, § 3 Rn. 46 (hM).
169 Insgesamt zu § 176 HGB *Saenger/Wackerbeck* JA 2006, 771, 773 ff.; Fallbearbeitung bei *Wedemann/Schanze* Ad Legendum 2013, 265 ff.
170 Zum Normzweck des § 30 GmbHG: Lutter/Hommelhoff/*Hommelhoff*, GmbHG, § 30 Rn. 1; Bork/Schäfer/*Thiessen*, GmbHG, § 30 Rn. 1 ff.

653 Eine Auszahlung an den Gesellschafter muss gem. § 30 I 1 GmbHG unterbleiben, wenn das Gesellschaftsvermögen den Nennbetrag des Stammkapitals nicht mehr deckt.[171] Ausgenommen sind **Drittgeschäfte** im Sinne von Austauschgeschäften, die auch mit Nichtgesellschaftern unter sonst vergleichbaren Konditionen abgeschlossen worden wären.[172] Eine weitere zentrale Ausnahme statuiert § 30 I 2 GmbHG für die **Darlehensgewährung** an Gesellschafter: Sie ist zulässig, soweit ein vollwertiger Rückgewähranspruch begründet wird.[173]

654 Wird gegen § 30 I GmbHG verstoßen, greift der gesellschaftsrechtliche **Restitutionsanspruch** aus § 31 I GmbHG ein, der durch die Ausfallhaftung der übrigen Gesellschafter gem. § 31 III GmbHG besonders abgesichert ist. Daneben bestehen keine weiteren bereicherungsrechtlichen Ansprüche. Denn der Verstoß gegen § 30 I GmbHG führt weder zur Nichtigkeit des Verpflichtungs- noch des Verfügungsgeschäfts.[174] Die Unwirksamkeit der im Zusammenhang mit der unzulässigen Einlagenrückgewähr geschlossenen Rechtsgeschäfte kann sich nur aus den Grundsätzen des Missbrauchs der Vertretungsmacht ergeben. Dafür muss der Verstoß gegen die Kapitalbindung für den Erwerber allerdings evident sein.[175]

b) Durchgriffsfälle

655 Grundsätzlich haftet ausschließlich die GmbH als juristische Person für ihre Verbindlichkeiten. Die **Haftung der GmbH-Gesellschafter** ist nach § 13 II GmbHG **ausgeschlossen.** Von diesem Grundsatz existiert mit der Durchgriffshaftung indes eine dogmatisch reizvolle **Ausnahme,** die – infolge hoher Anforderungen – in der Praxis freilich nur selten zur Anwendung gelangt.

656 Die Durchgriffshaftung entwickelte sich ursprünglich aus den zivilrechtlichen Grundgedanken der §§ 242, 826 BGB und zielte auf einen Schutz des redlichen Rechtsverkehrs ab.[176] Rechtsmethodisch überzeugender lässt sich der Haftungsdurchgriff auf die GmbH-Gesellschafter mit einer teleologischen Reduktion der Haftungsprivilegierung des § 13 II GmbHG begründen.[177] Die **dogmatische Grundlage** der Haftung ergibt sich aus einer analogen Anwendung der §§ 128, 129 HGB.[178] Es handelt sich folglich – so auch die zutreffende hM – um eine **Außenhaftung.**[179] Die Gläubiger können direkt auf die Gesellschafter zugreifen.

657 Ein Haftungsdurchgriff kommt in Betracht, wenn die **rechtliche Selbstständigkeit** der GmbH von den Gesellschaftern rechtswidrig ausgenutzt oder **missbraucht**

---

171 Für Einzelheiten vgl. MünchKomm-GmbHG/*Ekkenga*, § 30 Rn. 11; Michalski/Heidinger/Leible/Schmidt/*Heidinger*, GmbHG, § 30 Rn. 21 ff.
172 Zu dieser Ausnahme näher Rowedder/Schmidt-Leithoff/*Pentz*, GmbHG, § 30 Rn. 5, 31 ff.
173 Dazu schon oben Rn. 649.
174 BGH NJW 2013, 1742 (zur AG); dazu *K. Schmidt* JuS 2013, 738 ff.; *Bayer/Scholz* AG 2013, 426 ff.
175 OLG Düsseldorf NZG 2012, 1150; dazu *K. Schmidt* JuS 2013, 740 f.
176 Zur Entwicklung etwa Michalski/Heidinger/Leible/Schmidt/*Lieder*, GmbHG, § 13 Rn. 376 ff.; Scholz/*Bitter*, GmbHG, § 13 Rn. 113 ff.
177 Lutter/Hommelhoff/*Bayer*, GmbHG, § 13 Rn. 11; Henssler/Strohn/*Verse*, Gesellschaftsrecht, § 13 GmbHG Rn. 36; Michalski/Heidinger/Leible/Schmidt/*Lieder*, GmbHG, § 13 Rn. 392.
178 Lutter/Hommelhoff/*Bayer*, GmbHG, § 13 Rn. 11; Scholz/*Bitter*, GmbHG, § 13 Rn. 126; Michalski/Heidinger/Leible/Schmidt/*Lieder*, GmbHG, § 13 Rn. 392.
179 AA *Grunewald*, Gesellschaftsrecht, § 13 Rn. 160 f.: Innenhaftung der Gesellschafter gegenüber der GmbH.

wird.[180] Aufgrund der Tragweite der Durchgriffsfolgen und der rechtlichen wie wirtschaftlichen Bedeutung der Haftungsprivilegierung des § 13 II GmbHG muss die Durchgriffshaftung stets **restriktiv** gehandhabt werden.[181]

Als **Fallgruppen** werden insbesondere die Vermögensvermischung, die materielle Unterkapitalisierung sowie die Existenzvernichtungshaftung diskutiert. Die **Vermögensvermischung** ist als Anwendungsfall **anerkannt**; sie liegt vor, wenn die Abgrenzung zwischen Gesellschafts- und Privatvermögen durch undurchsichtige Buchführung oder in anderer Weise verschleiert wird.[182] In diesem Fall können namentlich die Kapitalerhaltungsvorschriften der §§ 30, 31 GmbHG nicht ordnungsgemäß funktionieren, so dass es an einer angemessenen Kompensation für die Haftungsprivilegierung gem. § 13 II GmbHG mangelt: Ohne saubere Vermögensseparierung auch kein Ausschluss der persönlichen Gesellschafterhaftung.

658

Während Teile des Schrifttums die **materielle Unterkapitalisierung** als Fall des Haftungsdurchgriffs analog §§ 128, 129 HGB anerkennen,[183] lehnt die Rechtsprechung dies ab.[184] Früher hat der BGH bei völlig unzureichender Ausstattung der GmbH mit Haftkapital eine vorsätzliche sittenwidrige Schädigung der juristischen Person durch ihre Gesellschafter in Betracht gezogen; Rechtsfolge ist ein **Innenhaftungsanspruch** der GmbH aus § 826 BGB.[185] Heute geht die Tendenz in Richtung einer vorsätzlichen sittenwidrigen Schädigung der GmbH-Gläubiger, woraus ein Außenhaftungsanspruch gem. § 826 BGB folgt.[186]

659

Auch die dogmatische Verortung der **Haftung wegen existenzvernichtenden Eingriffs** ist umstritten. Nach Abkehr von der Rechtsfigur des qualifiziert faktischen Konzerns begründete der BGH in Bremer Vulkan[187] die Existenzvernichtungshaftung zunächst als Außenhaftung der Gesellschafter unmittelbar gegenüber den Gläubigern. Das ist vom Schrifttum überwiegend – und rechtsdogmatisch überzeugend[188] – als Durchgriffshaftung gedeutet worden. Seit Trihotel[189] nimmt der **BGH** eine **Innenhaftung** der Gesellschafter gegenüber der GmbH gem. § 826 BGB an. Das ist aus verschiedenen Gründen **nicht überzeugend**[190]: Zum einen verursachen existenzgefährdende Eingriffe Gläubigerschäden, die systemgerecht durch die Anerkennung einer

660

---

180 Habersack/Casper/Löbbe/*Raiser*, GmbHG, § 13 Rn. 123; Baumbach/Hueck/*Fastrich*, GmbHG, § 13 Rn. 58.

181 MünchKomm-GmbHG/*Merkt*, § 13 Rn. 344; Roth/Altmeppen/*Altmeppen*, GmbHG, § 13 Rn. 131.

182 BGHZ 125, 366, 368 ff.; 165, 85, 91 f.; Lutter/Bayer/*Bayer/Trölitzsch*, Holding-Handbuch, 6. Aufl., 2020, Rn. 8.91.

183 Scholz/*Bitter*, GmbHG, § 13 Rn. 143; Lutter/Hommelhoff/*Bayer*, GmbHG, § 13 Rn. 20 ff.; Michalski/Heidinger/Leible/Schmidt/*Lieder*, GmbHG, § 13 Rn. 415.

184 BGHZ 68, 312, 317 ff.; BGHZ 176, 204 Rn. 25.

185 Vgl. BGHZ 68, 312, 317 ff.

186 Vgl. BGHZ 176, 204 Rn. 30; *Altmeppen* ZIP 2008, 1201, 1205 f.; *Heeg/Manthey* GmbHR 2008, 798, 800 f.

187 BGHZ 149, 10; bestätigt in BGHZ 150, 61; 151, 181; BGH ZIP 2005, 117 und 250.

188 Dazu ausf. *Lieder* DZWIR 2005, 309 ff.

189 BGHZ 173, 246; bestätigt in BGHZ 176, 204; 179, 344; 193, 96; 220, 179 Rn. 29 ff.; zur letztgenannten Entscheidung ausf. *Lieder/Bialluch* ZGR 2019, 760 ff.

190 Lutter/Hommelhoff/*Bayer*, GmbHG, § 13 Rn. 46; Scholz/*Bitter*, GmbHG, § 13 Rn. 159, 171; *Lieder* DZWIR 2008, 145, 147 f.; *Lieder*, FS Pannen, 2017, S. 439, 445 ff.; Michalski/Heidinger/Leible/Schmidt/*Lieder*, GmbHG, § 13 Rn. 434 ff.; *Waclawik* NZI 2009, 291, 296.

Außenhaftung zu sanktionieren sind. Die Innenhaftung führt nur zu einer Komplizierung der Anspruchsverfolgung. Zum anderen werden mit der Anknüpfung an § 826 BGB überzogene Anforderungen an die Haftungsbegründung, namentlich an die subjektiven Voraussetzungen der Gesellschafter, gestellt und der Existenzvernichtungshaftung zudem ihr genuin gesellschaftsrechtlicher Charakter genommen.

661 Nach beiden Auffassungen ist für die **Haftungsbegründung** erforderlich, dass durch die Gesellschafter kompensationslos und betriebsfremd in das Vermögen der Gesellschaft eingegriffen und dadurch die Gesellschaftsinsolvenz verursacht oder vertieft wird.[191] Folgt man dem BGH, ist außerdem ein Sittenverstoß sowie vorsätzliches Handeln hinsichtlich Sittenwidrigkeit und Schadenszufügung erforderlich. **Ersatzfähig** ist der durch den Eingriff in das GmbH-Vermögen entstandene Schaden.

III. Ansprüche zwischen Gesellschaft und Gesellschaftern sowie der Gesellschafter untereinander

1. OHG

a) Ansprüche der Gesellschafter gegen die Gesellschaft

662 **aa) Aufwendungsersatz.** Jeder Gesellschafter kann gem. § 110 I Hs. 1 HGB von der OHG Ersatz für seine **in Gesellschaftsangelegenheiten** getätigten Aufwendungen verlangen, soweit er diese den Umständen nach für erforderlich halten durfte. Unter den **Aufwendungsbegriff** des § 110 I Hs. 1 HGB fallen sämtliche Auslagen, die der Gesellschafter zur Ausführung einer Gesellschaftsangelegenheit getätigt hat,[192] wie zB die **Befriedigung eines Gläubigers.**[193] Allgemein gesprochen muss es sich um **freiwillige Vermögensopfer** handeln, die der Gesellschafter im Interesse der Gesellschaft übernommen hat.[194] **Nicht erfasst** werden hingegen Leistungen, zu deren Erbringung der Gesellschafter kraft Gesellschaftsvertrags aufgrund seiner Beitragspflicht (gegenüber der OHG im Innenverhältnis) verpflichtet ist, sowie unfreiwillige Vermögenseinbußen, die indes als Verluste iSd § 110 I Hs. 2 HGB ersatzfähig sein können.

663 **Verluste** kann der Gesellschafter gem. § 110 I Hs. 2 HGB von der OHG ersetzt verlangen, wenn sie aus einer Gefahr herrühren, die untrennbar mit der Geschäftsführung im Interesse der Gesellschaft verbunden ist. Nach zutreffender hM sind sowohl Personen- als auch Sachschäden ersatzfähig.[195] Zentrales Kriterium für die Ersatzfähigkeit von Verlusten ist der **unmittelbare Gefahrzusammenhang** zwischen den erlittenen Verlusten und der geschäftsführenden Tätigkeit des Gesellschafters für die OHG. Es muss sich folglich eine tätigkeitsspezifische Gefahrenlage verwirklicht haben, nicht allein das allgemeine Lebensrisiko.[196]

---

191 Dazu im Überblick *Drygala/Staake/Szalai*, Kapitalgesellschaftsrecht, § 10 Rn. 22 ff.
192 Baumbach/Hopt/*Roth*, HGB, § 110 Rn. 8; Oetker/*Lieder*, HGB, § 110 Rn. 9; ausf. zum System des Aufwendungsersatzes *Großmann* NZG 2019, 456 ff.
193 Heymann/*Hoffmann/Bartlitz*, HGB, § 110 Rn. 7; EBJS/*Bergmann*, HGB, § 110 Rn. 12.
194 *Saenger*, Gesellschaftsrecht, Rn. 277; Oetker/*Lieder*, HGB, § 110 Rn. 7.
195 Röhricht/von Westphalen/Haas/*Haas*, HGB, § 110 Rn. 10; *Saenger*, Gesellschaftsrecht, Rn. 277.
196 Oetker/*Lieder*, HGB, § 110 Rn. 13; *Saenger*, Gesellschaftsrecht, Rn. 277.

Der Aufwendungsersatzanspruch kann ungeachtet anderer gegen Dritte gerichteter **664** Ansprüche unmittelbar – **nicht** nur **subsidiär** – gegen die OHG geltend gemacht werden. Allerdings kann der Gesellschafter seinerseits seine gesellschaftsrechtliche **Treuepflicht** (unten Rn. 688) zur OHG verletzen, wenn Ersatz leichter von einem Dritten zu erlangen ist als durch Inanspruchnahme der Gesellschaft.[197] Zudem ist der Gesellschafter im Fall der Inanspruchnahme der OHG aufgrund seiner Treuepflicht iVm dem Rechtsgedanken des § 255 BGB verpflichtet, ihm gegen Dritte zustehende Ersatzansprüche an die Gesellschaft abzutreten.[198] Diese Grundsätze gelten auch für Treugeberkommanditisten, soweit ihre Rechtsstellung derjenigen eines unmittelbaren Gesellschafters entsprechend ausgestaltet ist.[199]

bb) Anspruch wegen cessio legis. Ob neben dem Aufwendungsanspruch nach **665** § 110 I HGB auch **akzessorische Sicherheiten** gem. §§ 412, 401 BGB auf den Gesellschafter übergehen, ist umstritten. Voraussetzung ist dafür, dass es zu einem gesetzlichen Forderungsübergang (cessio legis) nach § 426 II BGB kommt. Dies aber verneint die hM unter dem zutreffenden Hinweis darauf, dass die Haftung der OHG und der OHG-Gesellschafter in **keinem Gesamtschuldverhältnis** stehen (oben Rn. 599).[200] Dennoch spricht sich eine Literaturauffassung für eine analoge Anwendung der §§ 426 II, 774 I BGB aus.[201] Dies ist hingegen mit der zutreffenden hM in Ermangelung einer Regelungslücke abzulehnen, denn § 110 HGB regelt die Ansprüche der Gesellschafter auf Aufwendungsersatz in abschließender Weise.[202] Gegen einen Übergang von Sicherungsrechten spricht auch die Interessenlage der am Sicherungsgeschäft Beteiligten, weil der Sicherungsgeber davon ausgehen durfte, dass er nur dann in Anspruch genommen wird, wenn weder die Gesellschaft noch der Gesellschafter (nach § 128 S. 1 HGB) für die Hauptforderung aufkommt.[203]

> **Fall 71:** Gesellschafter A wird auf Erfüllung einer Gesellschaftsschuld der AB-OHG in **666** Anspruch genommen, die durch eine Grundschuld gesichert ist. Er verweigert die Erfüllung unter Hinweis auf einen Zug-um-Zug zu erfüllenden Anspruch auf anteilige Übertragung der Sicherheit. Mit Recht?

Bei der Grundschuld, die hier für die Gesellschaftsschuld bestellt ist, handelt es sich **667** um eine fiduziarische – **nichtakzessorische** – Sicherheit, so dass § 401 I BGB nicht eingreift.[204] Allerdings trifft den Zedent im Rahmen einer rechtsgeschäftlichen Abtretung regelmäßig aus dem Zessionsvertrag die schuldrechtliche Nebenpflicht, dem Zessionar auf die Hauptforderung bezogene fiduziarische Sicherungsrechte zu über-

---

197 EBJS/*Bergmann*, HGB, § 110 Rn. 28; Henssler/Strohn/*Finckh*, Gesellschaftsrecht, § 110 HGB Rn. 7.

198 Henssler/Strohn/*Finckh*, Gesellschaftsrecht, § 110 HGB Rn. 6; Koller/Kindler/Roth/Drüen/*Kindler*, HGB, § 110 Rn. 4.

199 BGH NJW 2015, 3789; dazu *K. Schmidt* JuS 2016, 361 ff.; *Altmeppen* NJW 2016, 1761 ff.

200 Staub/*Habersack*, HGB, § 128 Rn. 48; EBJS/*Hillmann*, HGB, § 128 Rn. 30; vgl. noch BGHZ 39, 319, 323 f.; BGHZ 146, 341, 358.

201 *K. Schmidt*, Gesellschaftsrecht, § 49 V 1; *Grunewald*, Gesellschaftsrecht, § 1 Rn. 123 f.; *Habersack* AcP 198 (1998), 152, 159; *Hammen* WM 2019, 945 ff.

202 BGH NZG 2011, 1023 Rn. 60; Oetker/*Lieder*, HGB, § 110 Rn. 22; Staub/*C. Schäfer*, HGB, § 110 Rn. 5; *Preuß* ZHR 160 (1996) 163, 173.

203 *Großmann* NZG 2019, 456, 457.

204 BGHZ 80, 228, 232; BGH NJW 1974, 100, 101; BeckOGK-BGB/*Lieder*, § 401 Rn. 44.

tragen.[205] Grundvoraussetzung für die Anerkennung eines solchen Anspruchs ist allerdings wiederum, dass die Forderung des Gläubigers gem. § 426 II BGB auf den Gesellschafter übergeht. Andernfalls fehlt es an dem für den Übertragungsanspruch notwendigen schuldrechtlichen Band. Da nun aber zwischen OHG und Gesellschafter kein Gesamtschuldverhältnis besteht und § 110 HGB im Übrigen eine abschließende Regelung trifft (Rn. 665), kommt auch eine anteilige Übertragung der Sicherheit nicht in Betracht.

b) Ausgleichsanspruch gegen Mitgesellschafter

668   Bei dem Regressanspruch der Gesellschafter untereinander ist zu unterscheiden zwischen Sozialverbindlichkeiten der Gesellschaft und Verbindlichkeiten aus Drittgeschäften:

669   **aa) Sozialverbindlichkeiten.** Für Sozialverbindlichkeiten – d.h. vermögensrechtliche Ansprüche des Gesellschafters, die aus dem Gesellschaftsvertrag gegen die Gesellschaft resultieren – haften die **Mitgesellschafter** persönlich **grundsätzlich nicht** nach § 128 S. 1 HGB.[206] Klassische Fälle sind Gewinnansprüche des Gesellschafters (§ 122 HGB)[207] oder Aufwendungsersatzansprüche (§ 110 HGB).[208] Das folgt aus § 707 BGB, wonach die Gesellschafter – bei Fehlen einer anderslautenden Vereinbarung – generell nicht zu einer Erhöhung ihrer Beiträge verpflichtet sind.[209] Im Übrigen ist die unbeschränkte persönliche Haftung nach § 128 S. 1 HGB ersichtlich auf das Außenverhältnis, d.h. auf die Haftung der Gesellschafter gegenüber Dritten zugeschnitten.[210]

670   Ein **Sozialanspruch** ist daher generell nur gegenüber der Gesellschaft, nicht gegenüber den geschäftsführungsbefugten Gesellschaftern geltend zu machen,[211] da diese nur der Gesellschaft gegenüber zur Geschäftsführung verpflichtet sind, hingegen nicht gegenüber ihren Mitgesellschaftern.[212]

671   Eine **Ausnahme** gilt indes für **Regressansprüche eines Gesellschafters**, der infolge seiner Außenhaftung gegenüber dem Gläubiger gem. § 128 HGB – freiwillig oder zwangsweise – persönlich eine Gesellschaftsschuld erfüllt hat. Kann er hier gem. § 110 HGB[213] keinen Ersatz von der Gesellschaft erlangen,[214] so haften ihm subsidiär

205   BGH NJW 2009, 2671, 2672 f.; BGHZ 80, 228, 232; 42, 53, 56 f.; BeckOGK-BGB/*Lieder*, § 401 Rn. 46.
206   BGH NJW 1980, 339, 340 = JuS 1980, 297 m. Anm. *K. Schmidt*; BGH ZIP 2010, 515 (LS 3); MünchKomm-BGB/*Ulmer/Schäfer*, § 705 Rn. 197; *Grunewald*, Gesellschaftsrecht, § 2 Rn. 49.
207   RGZ 120, 135, 137 ff. (KG).
208   RGZ 59, 143, 145.
209   BGHZ 37, 299, 301; *Windbichler*, Gesellschaftsrecht, § 14 Rn. 28.
210   *Kindl*, Gesellschaftsrecht, § 17 Rn. 2; Röhricht/von Westphalen/Haas/*Haas*, HGB, § 128 Rn. 5.
211   So zutreffend RGZ 120, 135, 140; 153, 305, 307; 163, 385, 387; EBJS/*Ehricke*, HGB, § 122 Rn. 14; MünchKomm-HGB/*Grunewald*, § 169 Rn. 11.
212   Die (noch) hM lässt hingegen eine direkte Klage gegen die geschäftsführenden Gesellschafter auf Gewinnauszahlung „aus der Gesellschaftskasse" zu: RGZ 170, 392, 395 f.; BGH NJW-RR 2003, 1392, 1393; Staub/*Schäfer*, HGB, § 122 Rn. 7; Heymann/*Borges*, HGB, § 169 Rn. 19.
213   BGHZ 37, 299, 301; 39, 319, 324.
214   Eine Kürzung um den eigenen Verlustanteil findet im Rahmen des Aufwendungsersatzanspruchs gegenüber der Gesellschaft nicht statt: BGH ZIP 2001, 394, 395; Staub/*Schäfer*, HGB, § 110 Rn. 29.

seine Mitgesellschafter gem. § 426 I 1 BGB.[215] Aus § 707 BGB folgt hier kein Gegenargument,[216] da die gesamtschuldnerische Haftung der Mitgesellschafter neben die Beitragspflicht tritt und Ausgleichsansprüche eine nur mittelbare Folge dieser persönlichen Haftung sind. Ein Ausgleich unter den Mitgesellschaftern muss im Übrigen auch schon deshalb zulässig sein, weil jeder Gesellschafter von einem Dritten in Anspruch genommen werden kann. Der Gesellschafter muss allerdings aufgrund der Treuepflicht **primär die Gesellschaft** in Regress nehmen.[217] Dafür genügt es, wenn die Gesellschaft kein ausreichendes freies Vermögen hat; ein vergeblicher Vollstreckungsversuch ist nicht erforderlich.[218] Zahlt die OHG also trotz Aufforderung nicht[219], so haften die Mitgesellschafter – mangels abweichender Regelung[220] – pro rata entsprechend ihrer Verlustbeteiligung, nicht etwa gesamtschuldnerisch.[221] In der Liquidation der Gesellschaft gelten allerdings Besonderheiten für die Geltendmachung von Ausgleichsansprüchen.[222]

Im Falle seiner Inanspruchnahme ist der Gesellschafter indes nicht auf Regressansprüche beschränkt, sondern kann von seinen Mitgesellschaftern anteilige **Freistellung** verlangen.[223] Denn der Gesamtschuldnerausgleichsanspruch gem. § 426 I 1 BGB entsteht nicht erst mit Befriedigung des Gläubigers, sondern schon mit Entstehung des Gesamtschuldverhältnisses.[224] Daher kann der in Anspruch genommene Gesellschafter von seinen Mitgesellschaftern im Innenverhältnis die Befreiung von der Verbindlichkeit verlangen, wenn (1.) die ernsthafte Möglichkeit einer Inanspruchnahme im Außenverhältnis besteht und (2.) die Gesellschaft selbst über nicht genügend freie Mittel zur Erfüllung der Gesellschaftsschuld verfügt.[225] Der Befreiungsanspruch umfasst auch die Verpflichtung, vom Freistellungsgläubiger, d.h. dem potenziell in Anspruch genommenen Gesellschafter, unbegründete Ansprüche abzuwehren.[226] **672**

Fall 72:[227] Entfällt auf Gesellschafter A 1/2, B 1/3 und C 1/6 des Verlustes und bezahlt A eine Gesellschaftsschuld iHv. 12 000 €, dann kann A von B 4000 € und von C 2000 € Er- **673**

---

215 BGHZ 37, 299, 303; BGH NJW 1980, 339, 340 = JuS 1980, 297 m. Anm. *K. Schmidt; NJW-RR* 2002, 455 f.; JZ 2008, 362, 363 m. Anm. *Gehrlein; Windbichler*, Gesellschaftsrecht, § 14 Rn. 28. Dies gilt auch dann, wenn ein Kommanditist zur Abwendung der Zwangsvollstreckung den Grundschuldgläubiger befriedigt: BGH ZIP 2001, 394, 396.
216 Anders noch RGZ 80, 268, 272; RGZ 31, 139, 141 (für das ADHGB).
217 BGHZ 103, 72, 76 mwN; BGH JZ 2008, 362, 363 m. Anm. *Gehrlein*.
218 OLG Düsseldorf ZIP 2013, 1860.
219 BGHZ 37, 299, 303; BGH ZIP 2001, 394, 396; BGH JZ 2008, 362, 364 m. Anm. *Gehrlein*.
220 Beispiel: BGH ZIP 2001, 394, 396. Bei alleiniger Schadensverursachung durch einen Mitgesellschafter kann diesen jedoch im Rahmen des Gesamtschuldnerausgleichs unter Heranziehung von § 254 BGB auch die alleinige Haftung treffen: BGH ZIP 2008, 1915 (für ärztliche Gemeinschaftspraxis).
221 BGH ZIP 2001, 394, 396; *K. Schmidt*, Gesellschaftsrecht, § 49 V 2; Staub/*Habersack*, HGB, § 128 Rn. 25.
222 BGHZ 37, 299, 304; 103, 72, 77; BGH JZ 2008, 362, 364 m. Anm. *Gehrlein*; dazu näher unten Rn. 845.
223 BGH JZ 2008, 362, 363 m. Anm. *Gehrlein* = JuS 2008, 283 m. Anm. *K. Schmidt; Grunewald*, Gesellschaftsrecht, § 1 Rn. 123.
224 BGHZ 35, 317, 325; 114, 117, 122; BGH JZ 2008, 362, 363 m. Anm. *Gehrlein* = JuS 2008, 283 m. Anm. *K. Schmidt*.
225 BGH JZ 2008, 362, 363 m. Anm. *Gehrlein* = JuS 2008, 283 m. zust. Anm. *K. Schmidt*.
226 BGH JZ 2008, 362, 364 m. Anm. *Gehrlein* = JuS 2008, 283 m. – insoweit krit. – Anm. *K. Schmidt*.
227 Nach *Windbichler*, Gesellschaftsrecht, § 14 Rn. 28.

satz verlangen. Ist B insolvent, dann entfällt nach Maßgabe des § 426 I 2 BGB auf A ein eigener Verlustanteil von 9000 €; von C kann er 3000 € verlangen. Bei Ausfall eines Mitgesellschafters (Insolvenz) haften die übrigen Gesellschafter (auch der Regressgläubiger) folglich im Verhältnis ihrer Verlustbeteiligung.

674 **bb) Gesellschafteransprüche aus Drittgeschäften.** Schon das Reichsgericht hat anerkannt, dass das Rechtsverhältnis eines Gesellschafters, der einer Personengesellschaft **wie ein Drittgläubiger** gegenübertritt, ein anderes ist, als bei Geltendmachung einer Sozialverbindlichkeit. Für solche Drittgläubigeransprüche haften seine Mitgesellschafter gem. **§ 128 S. 1 HGB**.[228] Dies ist heute unstreitig.[229] Drittgeschäft in diesem Sinne ist jedes Geschäft, das seinen Rechtsgrund nicht im Gesellschaftsverhältnis, sondern in einem davon zu unterscheidenden Rechtsverhältnis hat.[230]

675 **Fall 73:** A verkauft der ABCD-OHG, bestehend aus A, B, C und D, ein Grundstück für 120 000 €. Kann A von B, C und D den Kaufpreis verlangen?

676 Nach hM haften die Mitgesellschafter B, C und D gegenüber A für eine solche Drittgläubigerforderung gem. § 128 S. 1 HGB als **Gesamtschuldner**, doch wird zuvor der **(Verlust-)Anteil** von A in Abzug gebracht (dolo-agit-Einrede).[231] B, C und D haften somit in **Fall 73** gegenüber A gesamtschuldnerisch auf 90 000 €. Nach der Gegenmeinung haften B, C und D – wie in **Fall 72** (oben Rn. 673) – dem A lediglich pro rata, d.h. jeweils in Höhe von 30 000 €.[232]

677 Umstritten ist weiterhin, ob die gesellschaftsrechtliche Treuepflichtbindung auch hier gebietet, dass sich der Gläubiger-Gesellschafter zunächst an die OHG halten muss **(Subsidiarität)**. Das wurde bisher vielfach **bejaht**, außer eine Befriedigung wäre aus dem Gesellschaftsvermögen nicht zu erwarten gewesen.[233] Diese Auffassung dient vor allem dem Schutz der Mitgesellschafter, die ein Interesse daran haben, dass primär die Gesellschaft haftet und ihr Privatvermögen zunächst unversehrt bleibt.

678 Der **BGH** hat das Subsidiaritätskriterium hingegen zutreffend **abgelehnt:**[234] Die Mitgesellschafter werden auch dann nicht über Gebühr belastet, wenn der Gesellschafter unmittelbar auf sie zugreifen kann, da ihnen jedenfalls der Aufwendungsersatzanspruch nach § 110 HGB zusteht und sie schon im Vorfeld Freistellung verlangen können. Ist die Gesellschaft zur Zahlung bereit und in der Lage, muss auf das Vermögen der Gesellschafter regelmäßig nicht zugegriffen werden. Kann die Gesellschaft die Schuld hingegen nicht tilgen, müssen die Gesellschafter ohnehin einspringen.

---

228 Grundlegend RGZ 153, 305, 310 f. (für OHG); so bereits für das ADHGB RGZ 36, 60 ff.; für die BGB-Gesellschaft ebenso RGZ 85, 157, 159 ff.; für KG RGZ 120, 135, 137 f.; aA für OHG noch RGZ 77, 102, 105.
229 *Windbichler*, Gesellschaftsrecht, § 14 Rn. 29; *K. Schmidt*, Gesellschaftsrecht, § 49 I 2 b).
230 *Saenger*, Gesellschaftsrecht, Rn. 300; Heymann/*Hoffmann/Bartlitz*, HGB, § 128 Rn. 23.
231 BGH NJW 1983, 749 m. abl. Anm. *Walter* = JuS 1983, 307 m. Anm. *K. Schmidt*; MünchKomm-BGB/*Schäfer*, § 705 Rn. 202, 203, 220; Staub/*Habersack*, HGB, § 128 Rn. 25.
232 *K. Schmidt*, Gesellschaftsrecht, § 49 I 2 b) mwN; Henssler/Strohn/*Finckh*, Gesellschaftsrecht, § 110 HGB Rn. 9. So zum ADHGB auch RGZ 36, 60, 64.
233 Vgl. OLG Köln NZG 2014, 179, 182; *K. Schmidt*, Gesellschaftsrecht, § 49 I 2 b); *Windbichler*, Gesellschaftsrecht, § 14 Rn. 29.
234 BGH NZG 2013, 1334; dazu *K. Schmidt* JuS 2014, 270 ff.

Fall 74: Wie ist die Rechtslage, wenn B in Abwandlung zu **Fall 73** insolvent ist? 679

Der Ausfall des B wird hier – wie in **Fall 73** (oben Rn. 675) – verhältniswahrend auf 680
A, C und D verteilt. Die hM bringt daher nicht nur den Verlustanteil des A, sondern
auch noch den Verlustanteil von B in Abzug,[235] so dass C und D dem A **gesamtschuldnerisch auf 80 000 €** haften. Dafür spricht nicht zuletzt der Rechtsgedanke des
§ 426 I 2 BGB, der sachlich zwar für den Gesamtschuldnerausgleich konzipiert ist, jedoch zugleich Ausstrahlungswirkung auf die originäre Inanspruchnahme der Gesamtschuldner entfaltet. Nach der Gegenmeinung[236] haften C und D **proratarisch auf
40 000 €**. Die von *K. Schmidt* zur Begründung vorgebrachte Ausfallgarantie aus dem
Gedanken der gesellschaftsrechtlichen Treuepflicht ist indes gesetzesfern und daher
abzulehnen. Eine – ebenso wenig überzeugende – abweichende Auffassung vertritt
Altmeppen:[237] Danach müssen nur C und D den Ausfall des B tragen, nicht aber A, so
dass sie gegenüber A nach wie vor **gesamtschuldnerisch auf 90 000 €** haften. Dies
führt aber zu einer ungerechtfertigten Besserstellung des A und verstößt letztlich gegen den gesellschaftsrechtlichen Gleichbehandlungsgrundsatz (unten Rn. 705).

2. GbR

Ebenso wie die OHG-Gesellschafter haben auch BGB-Gesellschafter einen Anspruch 681
auf **Aufwendungsersatz** gegen die GbR, insbesondere auf Erstattung der Beträge, die
aufgewandt wurden, um gegen die Gesellschaft gerichtete Verbindlichkeiten zu begleichen. Nur die **Anspruchsgrundlage** ist noch immer unklar. Während sich der
BGH zunächst für eine Anspruchsbegründung gem. § 713 iVm § 670 BGB aus-
sprach,[238] argumentierte er wenig später mit einer analogen Anwendung des § 110 I
HGB[239]. In der Klausurbearbeitung muss auf diese Streitfrage nicht näher eingegangen werden, da die Anspruchsvoraussetzungen die gleichen sind.[240] Im Übrigen gilt
das zur OHG Gesagte sinngemäß, und zwar nicht nur, soweit es den Aufwendungsersatzanspruch der Gesellschafter gegen die GbR betrifft (Rn. 662), sondern auch be-
züglich der **Ausgleichsansprüche** gegen die Mitgesellschafter nach § 426 I BGB
(Rn. 665).

3. KG

Auch der **Kommanditist**, der einen Gläubiger ohne Verpflichtung im Außenverhält- 682
nis befriedigt, kann **von der KG** Ersatz verlangen.[241] Die Anspruchsgrundlage ist
wiederum umstritten. Aufgrund der Verweisung des § 161 II HGB sprechen hier gute

---

235 So ausdrücklich Staub/*Habersack*, HGB, § 128 Rn. 13; Baumbach/Hopt/*Roth*, HGB, § 128 Rn. 24;
     Heymann/*Hoffmann/Bartlitz*, HGB, § 128 Rn. 23.
236 So *K. Schmidt*, Gesellschaftsrecht, § 49 I 2 b); *Wiedemann*, Gesellschaftsrecht II, § 8 III 3 b aa).
237 *Altmeppen* NJW 2009, 2241 ff.
238 BGH NZG 2011, 502 Rn. 11.
239 BGH NZG 2011, 1023 Rn. 59 f.; dazu *K. Schmidt* JuS 2011, 1124 f.
240 Schon BGH NJW 1980, 339, 340 = JuS 1980, 297 m. Anm. *K. Schmidt* hat den Regress alternativ
     auf § 110 HGB analog bzw. §§ 670, 713 BGB gestützt.
241 Zur Vertiefung: BGH NZG 2002, 232; dazu *Neumann/Engl* JA 2002, 624 ff.; OLG Düsseldorf ZIP
     2013, 1860.

Gründe für die Anwendung des spezielleren § 110 I HGB[242] anstelle der allgemeinen §§ 713, 670 BGB[243]. **Gegenüber dem Komplementär** kann der Kommanditist gem. § 426 BGB ebenso Ausgleich verlangen, als wäre er selbst Komplementär.[244] Im Gegensatz zur OHG und GbR muss sich der (nur beschränkt haftende) Kommanditist im Verhältnis zum Komplementär indes keinen Verlustanteil anrechnen lassen.[245]

---

242   Vgl. OLG Köln NZG 2014, 179, 182; MünchKomm-HGB/*Langhein*, § 110 Rn. 5.
243   Für deren Anwendung etwa Beck PersGes-HdB/*Müller*, § 4 Rn. 231.
244   Baumbach/Hopt/*Roth*, HGB, § 128 Rn. 27; im Ergebnis ebenso OLG Köln NZG 2014, 179, 182.
245   BGH NZG 2002, 232, 233; Röhricht/von Westphalen/Haas/*Haas*, HGB, § 110 Rn. 18.

§ 12 Innenrecht der Gesellschaft

I. Mitgliedschaft

Grundbegriff des Innenrechts der Gesellschaft ist die *Mitgliedschaft* der Gesellschaf- **683**
ter.[1] Sie bezeichnet die **Sonderrechtsbeziehung** eines jeden Gesellschafters zur Gesellschaft, aus der eine Vielzahl von Rechten und Pflichten resultiert.[2] Dabei erschöpft sich die Mitgliedschaft allerdings nicht in einem Rechtsverhältnis. Vielmehr
ist sie gleichermaßen als **subjektives Recht** des Gesellschafters zu qualifizieren[3].
Verletzungen des Mitgliedschaftsrechts können daher Ansprüche nach § 280 BGB[4]
wie auch gem. §§ 823 I, 1004 BGB[5] nach sich ziehen. Zudem genießt die Mitgliedschaft **verfassungsrechtlichen Schutz** gem. Art. 14 I 1 GG. Ihre eigentumsrechtliche
Verfestigung zeichnet sich durch eine vermögensrechtliche und eine herrschaftsrecht-
liche Komponente aus.[6]

Um eine willkürliche Zersplitterung der aus der Mitgliedschaft folgenden Verwal- **684**
tungsrechte zu verhindern, schließt das **Abspaltungsverbot** eine Übertragung mit-
gliedschaftlicher Einzelrechte gem. § 399 Alt. 1 BGB im Grundsatz aus.[7] Die **Unteil-**
barkeit der Mitgliedschaft dient der Funktions- und Handlungsfähigkeit der Gesellschaft. Insbesondere soll verhindert werden, dass verschiedene Personen in unter-
schiedlichem Umfang innerhalb der Gesellschaft wirken können und hierdurch die in-
nergesellschaftliche Willensbildung beeinträchtigt wird. Soweit sich mitgliedschaftli-
che Rechtspositionen indes zu **selbstständigen Vermögensansprüchen** verdichtet
haben, wie zB Gewinnansprüche, sind sie auch selbstständig übertragbar.[8] Die Ein-
heitlichkeit der Mitgliedschaft schließt nach hM auch den Erwerb **eigener Anteile** an
Personengesellschaften aus.[9]

II. Beiträge

Beiträge bezeichnen alle vermögensrechtlichen Leistungen, die dem Gesellschafts- **685**
vermögen zufließen und den Gesellschaftszweck fördern sollen.[10] Diese können neben Bar- und Sacheinlagen grundsätzlich auch in der Leistung von Diensten bestehen
(vgl. aber § 27 II AktG).[11] Sie sind eine **Primärpflicht** des Gesellschafters, die regel-

---

1 Grundlegend *Lutter* AcP 180 (1980), 84 ff.; ferner *K. Schmidt* ZGR 2011, 108 ff.; *Wiedemann*,
FS Goette, 2011, S. 617 ff.
2 Vgl. *Grunewald*, Gesellschaftsrecht, § 1 Rn. 133; *Bitter/Heim*, Gesellschaftsrecht, § 5 Rn. 51.
3 Vgl. *K. Schmidt*, Gesellschaftsrecht, § 19 I 3 a; *Wiedemann*, Gesellschaftsrecht I, § 2 I b bb.
4 *K. Schmidt*, Gesellschaftsrecht, § 21 V 4; *H. Götz/J. Götz* JuS 1995, 106, 107.
5 *Grunewald*, Gesellschaftsrecht, § 1 Rn. 135; ausf. *Habersack*, Die Mitgliedschaft – subjektives und
„sonstiges Recht", 1996, S. 243 ff.
6 Vgl. einerseits zum Squeeze-out BVerfG NJW 2007, 3268; andererseits zum Delisting BVerfG NJW
2012, 3081; dem folgend BGH NJW 2014, 146.
7 BeckOGK-BGB/*Lieder*, § 399 Rn. 66; MünchKomm-BGB/*Schäfer*, § 717 Rn. 7 f., 16 ff.; vgl. noch
BGH NJW 2010, 1074 Rn. 14.
8 BeckOGK-BGB/*Lieder*, § 399 Rn. 67; MünchKomm-BGB/*Roth/Kieninger*, § 399 Rn. 14.
9 Eingehend *K. Schmidt* ZIP 2014, 493 ff. in Auseinandersetzung mit *Priester* ZIP 2014, 245 ff.
10 Dazu näher MünchKomm-BGB/*Schäfer*, § 706 Rn. 3 f.; *Grunewald*, Gesellschaftsrecht, § 1 Rn. 13.
11 Ausf. zum „Arbeitsgesellschafter" *Fleischer/Pendl* WM 2017, 881 ff.

mäßig im Gesellschaftsvertrag vereinbart wird (vgl. §§ 705, 706 BGB). Auf einzelne Beitragspflichten sind §§ 241 ff., 280 ff. BGB anwendbar. Eine Anwendung der auf gegenseitige Verträge zugeschnittenen §§ 320 ff. BGB scheitert hingegen in der Regel am **fehlenden Austauschcharakter** des Gesellschaftsvertrags und widerspricht darüber hinaus der gemeinsamen Zweckverfolgung.[12] Nur in **zweigliedrigen Gesellschaften** findet ausnahmsweise § 320 BGB Anwendung.[13] Darüber hinaus wird gegen den allgemeinen Gleichbehandlungsgrundsatz (Rn. 705) verstoßen, wenn der Beitrag ohne sachlichen Grund von einem Gesellschafter eingefordert wird, nicht aber von einem anderen (zur prozessualen Seite vgl. Rn. 722 ff.).

686 Die Gesellschafter sind nach dem grundlegenden Rechtsgedanken des § 707 BGB nicht verpflichtet, die einmal im Gesellschaftsvertrag vereinbarten Beiträge zu erhöhen. Mit anderen Worten besteht **keine Nachschusspflicht**. Das leuchtet für Personengesellschaften unmittelbar ein, weil deren Gesellschaftsvertrag nur mit Zustimmung sämtlicher Gesellschafter geändert werden kann.[14]

687 Allerdings steht § 707 BGB zur Disposition der Gesellschafter.[15] Sie können sich von vornherein darauf verständigen, dass die Beiträge durch **Mehrheitsbeschluss** erhöht werden.[16] Nachdem der BGH von seiner früheren Rechtsprechung zum Bestimmtheitsgrundsatz abgerückt ist,[17] kann eine Beschlussfassung formell ohne weiteres auf eine einfache Mehrheitsklausel gestützt werden. Soweit die Klausel allerdings nicht Ausmaß und Umfang einer möglichen zusätzlichen Beitragsbelastung erkennen lässt,[18] bedarf es einer konkreten Zustimmung der betroffenen Gesellschafter. Andernfalls entfaltet der – an sich wirksam gefasste – Beschluss gegenüber diesen Gesellschaftern keine Wirkung (relative Unwirksamkeit des Gesellschafterbeschlusses).[19] Davon abgesehen kann sich aus der gesellschaftsrechtlichen **Treuepflicht** eine Verpflichtung der Gesellschafter ergeben, einer Erhöhung der geschuldeten Beiträge zuzustimmen (Rn. 694). Aus Praktikabilitätsgründen braucht der bestehende Zustimmungsanspruch nicht mittels Leistungsklage durchgesetzt zu werden. Vielmehr findet er im Rahmen der materiellen Beschlusskontrolle entsprechende Berücksichtigung.[20]

---

12 Vgl. BGHZ 10, 44, 51; BGH NJW 1983, 1188, 1189; MünchKomm-BGB/*Schäfer*, § 705 Rn. 163.
13 MünchKomm-BGB/*Schäfer*, § 705 Rn. 169.
14 Vgl. *Grunewald*, Gesellschaftsrecht, § 1 Rn. 16; *Saenger*, Gesellschaftsrecht, § 3 Rn. 135.
15 BGH NJW 1983, 164; NZG 2008, 65 Rn. 17; *Saenger*, Gesellschaftsrecht, § 3 Rn. 135; aA *Meyer* ZIP 2015, 256, 258.
16 BGH NZG 2007, 381 und 382; dazu *K. Schmidt* JuS 2007, 782 ff.; BGH NZG 2005, 753; dazu *K. Schmidt* JuS 2005, 1040 ff; ausf. zum Minderheitenschutz *Schäfer*, FS Bergmann 2018, S. 617 ff.
17 Ausf. unten Rn. 716.
18 Zu den Anforderungen im Einzelnen *Meyer* ZIP 2015, 256, 259 f.; vgl. weiter *Schiffer* BB 2015, 584, 586.
19 BGHZ 203, 77 Rn. 17; dazu *C. A. Weber* JA 2015, 147, 149; *Wertenbruch* DB 2014, 2875, 2878; vgl. zuvor noch BGH NZG 2007, 381 Rn. 15; BGHZ 183, 1 Rn. 12; ablehnend *Ulmer* ZIP 2015, 657, 661 f., der stattdessen §§ 134 ff., 140 BGB anwenden will.
20 Vgl. BGHZ 183, 1 Rn. 23; BGH NJW 2016, 2739 Rn. 13 ff.; *Oetker/Lieder*, HGB, § 119 Rn. 63; differenzierend *Schäfer*, FS Bergmann 2018, S. 617, 633 f.

III. Gesellschaftsrechtliche Treuepflicht

1. Grundlagen

a) Ausfluss der Mitgliedschaft ist weiterhin die gesellschaftsrechtliche Treuepflicht. **688** Sie beruht auf der zwischen der Gesellschaft und den Gesellschaftern bestehenden Sonderrechtsbeziehung auf **Grundlage des Gesellschaftsvertrags**.[21] Dabei wirkt die gesellschaftsrechtliche Treuepflicht sowohl zwischen der Gesellschaft und den Gesellschaftern als auch zwischen den Gesellschaftern untereinander.[22]

Das Treupflichtkonzept ist ursprünglich für die Personengesellschaften entwickelt **689** worden,[23] gilt nach zutreffender hM aber gleichermaßen zwischen den Gesellschaftern einer Kapitalgesellschaft (AG, GmbH).[24] Heute ist anerkannt, dass es sich bei der Treuepflicht um eine **gesellschaftsrechtliche Institution** handelt, die ungeachtet der Rechtsform zur Anwendung gelangt.[25]

b) Dessen ungeachtet hängen **Intensität und Reichweite** der Treuepflicht im Ein- **690** zelfall aber maßgeblich von der Gesellschaftsform, Gesellschafterstruktur und Organisationsverfassung ab.[26] Dabei ist die Treupflichtbindung in Personengesellschaften aufgrund der starken persönlichen Verbundenheit der Gesellschafter tendenziell stärker ausgeprägt als in den Kapitalgesellschaften. Ausnahmen gelten aber mit Blick auf die besondere Realstruktur der Verbände. So zeichnet sich die personalistisch strukturierte GmbH, etwa mit nur zwei Gesellschaftern,[27] durch weitreichende Treupflichten aus, während Publikums-OHG und -KG durch schwächere Treubindungen der Anleger gekennzeichnet sind. Außerdem unterliegt ein Mehrheitsgesellschafter einer stärkeren Treuepflicht als ein Minderheitsgesellschafter.[28]

c) In der Sache verpflichtet die gesellschaftsrechtliche Treuepflicht den Gesell- **691** schafter, die **Interessen der Gesellschaft** (und der Mitgesellschafter) zu wahren und alles zu unterlassen, was das berechtigte Gesellschaftsinteresse beeinträchtigen könnte.[29] Kollidieren Interessen der Gesellschafter mit den Interessen der Gesellschaft, gebührt den Gesellschaftsinteressen der grundsätzliche Vorrang.

---

21 *Grunewald*, Gesellschaftsrecht, § 1 Rn. 17; *Saenger*, Gesellschaftsrecht, Rn. 136.
22 *Lutter* AcP 180 (1980), 84, 120 f.; für die AG Schwerdtfeger/*Mildner*, Gesellschaftsrecht, § 53a AktG Rn. 19.
23 Grundlegend A. *Hueck*, FS Hübner, 1935, S. 72, 75; *ders.*, Der Treuegedanke im modernen Privatrecht, 1947, S. 12 ff.
24 Speziell zum Kapitalgesellschaftsrecht *Lieder* RTDF 2014 Nr. 3, 33, 37 ff.
25 Vgl. Lutter/Hommelhoff/*Bayer*, GmbHG, § 14 Rn. 29; *Henze* ZHR 162 (1998), 186; *Lutter* JZ 1995, 1093.
26 Vgl. Habersack/Casper/Löbbe/*Raiser*, GmbHG, § 14 Rn. 78 f.; Lutter/Hommelhoff/*Bayer*, GmbHG, § 14 Rn. 29; Scholz/*Seibt*, GmbHG, § 14 Rn. 76.
27 Vgl. K. Schmidt/Lutter/*Fleischer*, AktG, § 53a Rn. 54; Habersack/Casper/Löbbe/*Raiser*, GmbHG, § 14 Rn. 78; *Lutter* AcP 180 (1980), 84, 102 ff.
28 MünchKomm-GmbHG/*Merkt*, § 13 Rn. 90 ff.
29 BGH ZIP 2014, 565 Rn. 16; *Grunewald*, Gesellschaftsrecht, § 1 Rn. 17; *Lutter* ZHR 162 (1998), 164 ff.

2. Fallgruppen

692 Unter dem Oberbegriff der Treuepflicht lässt sich eine ganze Reihe von Fallgruppen zusammenfassen:

693 a) Zunächst haben die Gesellschafter auf die Interessen des Verbandes und der Mitgesellschafter Rücksicht zu nehmen (**Rücksichtnahmepflichten**). Insbesondere dürfen sie zur Erzielung privater Vorteile keine Interessen der Gesellschaft und der Mitgesellschafter beeinträchtigen. Treuwidrig handeln Gesellschafter etwa, wenn sie das gesamte Vermögen einer Alt-GbR, der noch andere Personen angehören, auf eine durch sie gegründete Neu-GbR mit dem Zweck übertragen, die Alt-GbR aus dem bisherigen Geschäftsbereich zu drängen, und dadurch die übrigen Altgesellschafter schädigen.[30] Gleiches gilt, wenn der Mehrheitsaktionär die Auflösung der AG betreibt und mit dem Vorstand den Erwerb der wertvollsten Bestandteile des Gesellschaftsvermögens vereinbart.[31]

694 b) Weiterhin treffen die Gesellschafter vielfältige **Förderpflichten**, die sich ausnahmsweise zu einer positiven Stimmpflicht verdichten können. Das kommt etwa in Betracht für den Beschluss über den Jahresabschluss[32], die Änderung unzweckmäßiger Regelungen des Gesellschaftsvertrags[33] und die Sanierung notleidender Gesellschaften. Vor allem wenn sich das Unternehmen in einer Krisenlage befindet, intensiviert sich die Treuepflicht der Gesellschafter.[34] Erscheint die Sanierung der Gesellschaft machbar und erfolgversprechend, dürfen die Gesellschafter notwendige Restrukturierungsmaßnahmen nicht verhindern.[35] Stattdessen sind sie aufgrund ihrer Förderpflicht gehalten einer **Beitrags- bzw. Kapitalerhöhung zuzustimmen**, wenn diese Maßnahme (1.) zur Sanierung der Gesellschaft geeignet,[36] (2.) unter Berücksichtigung der Besonderheiten des Unternehmens (dringend) erforderlich ist und (3.) die berechtigten Interessen des Gesellschafters nicht unangemessen beeinträchtigt.[37]

695 Im Grundsatzurteil **„Sanieren oder Ausscheiden"** ging der II. Zivilsenat des BGH sogar noch einen Schritt weiter:[38] Danach können Gesellschafter verpflichtet sein, einer Änderung des Gesellschaftsvertrags zuzustimmen, wonach sie entweder der Gesellschaft frisches Kapital zur Verfügung zu stellen haben oder aus der Gesellschaft ausscheiden müssen. Dafür muss das Unternehmen (1.) objektiv sanierungsbedürftig und (2.) sanierungsfähig sein. Die sanierungsunwilligen Gesellschafter müssen (3.) eine angemessene Abfindung orientiert am objektiven Wert der Gesellschaft (einschließlich der stillen Reserven) erhalten und (4.) muss ihnen ein Ausscheiden auch

---

30 BGH ZIP 2014, 565 Rn. 17.
31 BGHZ 103, 184, 193 – Linotype.
32 Lutter/Hommelhoff/*Bayer*, GmbHG, § 14 Rn. 33.
33 BGHZ 98, 276, 280; vgl. auch MünchKomm-GmbHG/*Merkt*, § 13 Rn. 121.
34 MünchKomm-GmbHG/*Merkt*, § 13 Rn. 151; Michalski/Heidinger/Leible/Schmidt/*Lieder*, GmbHG, § 13 Rn. 187.
35 BGHZ 129, 136, 152; Scholz/*Seibt*, GmbHG, § 14 Rn. 98, 101; MünchKomm-GmbHG/*Merkt*, § 13 Rn. 151.
36 Vgl. BGH NZG 2007, 860; *Lieder* DZWIR 2007, 520, 521.
37 BGHZ 98, 276, 279; 183 Rn. 23; MünchKomm-GmbHG/*Lieder*, § 55 Rn. 33a; *Lieder*, in: Bayer/Koch, Aktuelles GmbH-Recht, 2013, S. 142, 145.
38 BGHZ 183, 1; OLG Stuttgart NZG 2013, 1061; dazu *K. Schmidt* JZ 2010, 125 ff.; *Westermann* NZG 2010, 321 ff.; *Wiedemann*, FS Hommelhoff, 2012, S. 1337, 1341 ff.

im Übrigen nach Abwägung sämtlicher Umstände des konkreten Einzelfalls zumutbar sein. Die Entscheidung des BGH betraf eine Publikumspersonengesellschaft; sie lässt sich sinngemäß aber auch auf Kapitalgesellschaften, namentlich die GmbH, übertragen.[39] Eine Zustimmungspflicht scheidet allerdings aus, wenn sich aus dem Gesellschaftsvertrag ergibt, dass Maßnahmen auch in Krisenlagen nur einstimmig beschlossen werden können.[40] Im Übrigen braucht der Gesellschaftsvertrag keine ausdrückliche Regelung für das Ausscheiden von Gesellschaftern aus gesellschaftsrechtlicher Treuepflicht zu enthalten, weil sich diese Verpflichtung unmittelbar aus der Mitgliedschaft ergibt. Die Gesellschafter können aber gesellschaftsvertragliche Regelungen dahingehend treffen, welche die Zustimmungspflicht der Gesellschafter für bestimmte Sachverhalte einschränken oder von weiteren Voraussetzungen abhängig machen.[41]

c) Nach der **Geschäftschancenlehre** (*corporate opportunity doctrine*) dürfen (geschäftsführende) Gesellschafter unternehmerische Chancen, die vom Unternehmensgegenstand gedeckt sind oder der Gesellschaft aus ihrer Geschäftstätigkeit zugewiesen sind, nicht zum eigenen Vorteil ausnutzen. Das gilt nicht nur für die Kapital-[42] und Personenhandelsgesellschaften[43], sondern auch für die unternehmerisch tätige BGB-Gesellschaft[44] und selbst für gemeinnützige Verbände[45].   **696**

Fall 75: Der Gesellschaftszweck der ABC-GbR besteht im Handel mit Grundstücken. Eines Tages erfährt der geschäftsführende Gesellschafter A aus der Zeitung von dem Verkauf eines Grundstücks, das sich zum Betrieb eines Parkplatzes eignet, und erwirbt es im eigenen Namen, um es für sich persönlich zu nutzen.   **697**

Nach der auch auf die GbR anwendbaren Geschäftschancenlehre ist es A untersagt, ein Grundstück, dessen Ankauf vom Unternehmensgegenstand der ABC-GbR gedeckt ist, zum eigenen Vorteil zu erwerben.[46] Mit dem Abschluss des Kaufvertrags verletzt er folglich die gesellschaftsrechtliche Treuepflicht zur Gesellschaft. A ist daher gem. § 280 I BGB zum Ersatz des der ABC-GbR entstandenen Schadens verpflichtet.[47] Der Schadenersatzanspruch umfasst im Wege der Naturalrestitution auch die Herausgabe der durch die Ausnutzung der unternehmerischen Geschäftschance erzielten Vorteile.[48]   **698**

---

39 MünchKomm-GmbHG/*Lieder*, § 55 Rn. 33e; *Lieder*, in: Bayer/Koch, Aktuelles GmbH-Recht, 2013, S. 142, 147 ff.; *Priester* ZIP 2010, 497, 500 ff.; aA *Nentwig*, GmbHR 2012, 664 ff.; restriktiv für die AG *Brand* KTS 2011, 481, 490 ff.

40 BGH NJW 2011, 1667; *Schneider* NZG 2011, 575 ff.; *Lieder*, in: Bayer/Koch, Aktuelles GmbH-Recht, 2013, S. 142, 149 f.

41 BGH NJW 2015, 2882; dazu *K. Schmidt* JuS 2016, 173 ff.

42 BGH WM 1967, 679; NJW 1986, 584, 585; WM 1989, 1335, 1339; OLG Koblenz NZG 2010, 1182 ff.

43 BGH NJW 1986, 584, 585; Oetker/*Lieder*, HGB, § 112 Rn. 21 ff.; Staub/*C. Schäfer*, HGB, § 112 Rn. 3.

44 BGH NZG 2013, 216 Rn. 20 ff.; dazu *K. Schmidt* JuS 2013, 462 ff.; *Fleischer* NZG 2013, 361 ff.

45 *Fleischer* NZG 2013, 361, 366 f.; *Grundmann*, Der Treuhandvertrag, 1997, S. 450 ff.; offen gelassen von BGH NZG 2013, 216 Rn. 20.

46 BGH NZG 2013, 216 Rn. 21.

47 Vgl. allgemein *Grunewald*, Gesellschaftsrecht, § 1 Rn. 23; MünchKomm-BGB/*Schäfer*, § 705 Rn. 242; *Lutter* AcP 180 (1980), 84, 119.

48 Vgl. OLG Frankfurt GmbHR 1998, 376, 377; Roth/Altmeppen/*Altmeppen*, GmbHG, § 43 Rn. 34; siehe ferner BGHZ 38, 306, 309 ff.; 89, 162, 171; BGH WM 1964, 1320, 1321.

699 d) Während für OHG (Rn. 701 ff.) und KG (Rn. 704 ff.) Sonderregelungen bestehen, ist das **Wettbewerbsverbot** der BGB-Gesellschafter Teil ihrer allgemeinen
Treupflichtbindung.[49]

700 **Fall 76:**[50] Danach ist beispielsweise ein Steuerberater, der mit einigen anderen Berufsträ-
gern eine Sozietät betreibt, daran gehindert, für sich allein im Nachbarhaus in gleichem Stil
beratend tätig zu werden. Das resultiert aus dem gemeinsamen Förderzweck der Gesellschaft, der Bedeutung der schädlichen Tätigkeit für das berufliche Fortkommen der anderen
Gesellschafter und dem überschaubaren Gesellschafterkreis.

IV. Wettbewerbsverbot

1. OHG

701 Während das Wettbewerbsverbot der BGB-Gesellschafter aus der allgemeinen Treupflichtbindung resultiert (Rn. 699), gelten für OHG-Gesellschafter die spezielleren
§§ 112, 113 HGB. Ohne Einwilligung der anderen Gesellschafter ist es OHG-Gesell-
schaftern nach Maßgabe des § 112 I HGB **untersagt**, im Handelszweig der Gesellschaft Geschäfte zu machen und an gleichartigen Handelsgesellschaften als persönlich haftende Gesellschafter beteiligt zu sein.

702 Für die **Reichweite** des Wettbewerbsverbots ist der im Gesellschaftsvertrag niedergelegte Gesellschaftszweck entscheidend.[51] In zeitlicher Hinsicht endet die Verpflichtung mit dem Ausscheiden aus der OHG.[52] **Nachvertragliche Wettbewerbsverbote**
können sich nur aus einer gesonderten Vereinbarung ergeben.[53] Allerdings müssen
sich vereinbarte Wettbewerbsverbote stets an § 138 I BGB und § 1 GWB messen lassen. Im Rahmen dieser durch die Generalklauseln vorgegebenen Gesamtabwägung
sind die tangierten Interessen der Gesellschaft und des Gesellschafters, die jeweils
auch verfassungsrechtlich durch Art. 12 I GG abgesichert sind (Stichworte: verfas-
sungskonforme Auslegung; mittelbare Drittwirkung von Grundrechten), zu einem angemessenen Ausgleich zu bringen. Ein Verstoß gegen § 1 GWB ist dann nicht zu be-
sorgen, wenn das vertragliche Wettbewerbsverbot notwendig ist, um das an sich kar-
tellrechtsneutrale Unternehmen in Bestand und Funktionsfähigkeit zu erhalten und
vor einer Zerstörung durch den Gesellschafter zu schützen.[54]

703 Ein **Verstoß** gegen das Wettbewerbsverbot zieht unterschiedliche **Folgen** nach sich.
Erstens ist der Gesellschafter gegenüber der OHG **schadensersatzpflichtig** (§ 113 I
Hs. 1 HGB). Zweitens kann die OHG auf **Unterlassung** klagen. Und drittens hat die
Gesellschaft nach Maßgabe des § 113 I Hs. 2 HGB ein **Eintrittsrecht**. Die OHG
kann also verlangen, dass der Gesellschafter die für eigene Rechnung gemachten Ge-
schäfte als für Rechnung der OHG eingegangen gelten lässt. Dabei findet allerdings

---

49 Vgl. BGH NJW 1995, 2843, 2845; *Steinbeck* JuS 2012, 105, 106.
50 BGH NJW 1995, 2843.
51 *Grunewald*, Gesellschaftsrecht, § 2 Rn. 9; *Koch*, Gesellschaftsrecht, § 14 Rn. 24.
52 MünchKomm-BGB/*Schäfer*, § 738 Rn. 7; *Bitter/Heim*, Gesellschaftsrecht, § 6 Rn. 53.
53 MünchKomm-BGB/*Schäfer*, § 738 Rn. 7; *Saenger*, Gesellschaftsrecht, Rn. 281.
54 Dazu BGH NZG 2010, 76.

kein Wechsel des Vertragspartners statt; der Gesellschafter bleibt dem anderen Teil im Außenverhältnis verpflichtet. Das Eintrittsrecht bewirkt vielmehr nur im Innenverhältnis, dass der Gesellschafter alles aus dem Geschäft Erlangte an die OHG abführen muss.[55]

2. KG

Auf die **Kommanditisten** – nicht aber die Komplementäre (§ 161 II HGB) – finden die §§ 112, 113 HGB gem. § 165 HGB keine Anwendung. Allerdings ist die Geltung eines aus der allgemeinen Treuepflicht resultierenden Wettbewerbsverbots für den Fall anerkannt, dass der Kommanditist einen **entscheidenden Einfluss** auf die Geschäftsführung ausüben kann.[56] In diesen Fällen ist auch die gesellschaftsvertragliche Vereinbarung eines Wettbewerbsverbots im Grundsatz zulässig, allerdings wiederum an § 1 GWB zu messen.[57]

704

V. Gleichbehandlungsgebot

Nach dem allgemeinen gesellschaftsrechtlichen Gleichbehandlungsgebot dürfen Gesellschafter im Verhältnis zur Gesellschaft **nicht willkürlich ungleich** behandelt werden.[58] Seine normative Grundlage findet das Gleichbehandlungsgebot für die BGB-Gesellschaft neben dem allgemeinen Prinzip von Treu und Glauben (§ 242 BGB) in §§ 706 I, 709 I, II, 722 I BGB. Werden Gesellschafter durch Beschlussfassung ungleich behandelt, ist der Beschluss rechtswidrig und daher nichtig.[59]

705

Die Geltung des Gleichbehandlungsgebots variiert in **Abhängigkeit von der Verbandsform**: So stellt die unterschiedliche Haftungsverantwortung von Kommanditist und Komplementär sowie deren Rechtsstellung innerhalb der Organisationsverfassung der **KG** ein taugliches Differenzierungskriterium dar.[60] Im **Verein** lässt § 35 BGB die Schaffung von Sonderrechten für einzelne Mitglieder zu.[61] In der **Aktiengesellschaft** findet sich eine ausdrückliche Anordnung des Gleichbehandlungsgedankens in § 53a AktG. Ein Verstoß führt gem. § 243 I AktG zur Anfechtbarkeit des Hauptversammlungsbeschlusses.[62]

706

---

55 MünchKomm-HGB/*Langhein*, § 113 Rn. 7 ff.; *Grunewald*, Gesellschaftsrecht, § 2 Rn. 12.
56 BGHZ 89, 162, 165 f.; BGH NJW 2002, 1046, 1047.
57 Dazu KG BeckRS 2014, 06778 m. Anm. *Schäfer/Wojtek* GWR 2014, 220.
58 *K. Schmidt*, Gesellschaftsrecht, § 16 II 4 b; *Wiedemann*, Gesellschaftsrecht I, § 8 II 2; monografisch *Verse*, Der Gleichbehandlungsgrundsatz im Recht der Kapitalgesellschaften (2006).
59 Vgl. BGHZ 20, 363, 369; BGH NJW 1995, 194, 195; *Grunewald*, Gesellschaftsrecht, § 1 Rn. 27, 93.
60 *Grunewald*, Gesellschaftsrecht, § 3 Rn. 11; im Ergebnis auch *K. Schmidt*, Gesellschaftsrecht, § 16 II 4b.
61 Zur Geltung der Vorschrift in anderen Gesellschaftsformen ausf. *Beuthien* ZGR 2014, 24 ff.; vgl. noch OLG Saarbrücken NZG 2019, 1206: Ehrenpräsidentschaft als Sonderrecht.
62 BGH NJW 1993, 400 ff.; MunchKomm-AktG/*Hüffer/Schäfer*, § 243 Rn. 45.

VI. Informations- und Kontrollrechte

707 Die geschäftsführenden Gesellschafter der **GbR** sind nach § 713 iVm § 666 BGB zur *Auskunftserteilung* und *Rechnungslegung* gegenüber der Gesellschaft verpflichtet.[63] Zudem haben sämtliche BGB-Gesellschafter ein *Einsichtsrecht* gem. § 716 BGB. Nach Auffassung des BGH kann dieses Recht gesellschaftsvertraglich auch nicht ausgeschlossen werden, soweit es um Auskunft über Namen und Anschrift der Mitgesellschafter geht.[64] Sollte dies im Einzelfall nicht ausreichen, steht ihnen ein *Auskunftsrecht* zu.[65] *Ausgeschiedene Gesellschafter* haben zumindest noch das Recht auf Einsicht in Urkunden gem. § 810 BGB.[66]

708 **OHG**-Gesellschafter haben gleichermaßen ein *Einsichtsrecht* nach Maßgabe des § 118 I HGB. Hinzu kommt ein *Auskunftsrecht*, falls das berechtigte Informationsinteresse der Gesellschafter auf andere Weise nicht befriedigt werden kann.[67]

709 Das Kontrollrecht des **Kommanditisten** beschränkt sich gem. § 166 I HGB darauf, eine Abschrift des Jahresabschlusses zu verlangen und dessen Richtigkeit durch Einsicht in Papiere und Bücher zu prüfen. Die weitergehenden Rechte aus § 118 HGB stehen ihm hingegen nicht zu (§ 166 II HGB). Ein umfassendes Einsichts- und Auskunftsrecht hat er nach § 166 III HGB nur aus wichtigem Grund kraft gerichtlicher Anordnung.[68] Dieses beschränkt sich sodann aber nicht auf Auskünfte, die zum Verständnis oder zur Prüfung des Jahresabschlusses nötig sind, sondern bezieht sich auch auf Auskünfte über die Geschäftsführung des Komplementärs im Allgemeinen und die damit im Zusammenhang stehenden Unterlagen.[69]

710 Das Auskunftsrecht der **Aktionäre** in der Hauptversammlung hat in § 131 AktG eine detaillierte Regelung erfahren und kann durch das besondere *Auskunftserzwingungsverfahren* nach Maßgabe des § 132 AktG durchgesetzt werden.[70] Weitergehende Regelungen gelten für das Auskunfts- und Einsichtsrecht der **GmbH-Gesellschafter** gem. §§ 51a, 51b GmbHG.[71]

VII. Gesellschafterversammlung

711 Die Gesellschafterversammlung ist das Willensbildungsorgan der Gesellschafter. Ihre Zuständigkeiten und Beschlussmodalitäten sind in Abhängigkeit von der Verbandsform unterschiedlich ausgestaltet.

---

63 Zu Informationsrechten in der BGB-Gesellschaft ausf. *Fleischer/Heinrich* DB 2020, 827 ff.
64 BGH NZG 2010, 61; NJW 2011, 921; dazu *K. Schmidt* JuS 2011, 361 ff.; BGH NZG 2013, 379; kritisch *Altmeppen* NZG 2010, 1321 ff.
65 MünchKomm-BGB/*Schäfer*, § 716 Rn. 12; *Grunewald*, Gesellschaftsrecht, § 1 Rn. 100.
66 Vgl. BGH NZG 2008, 623, 628.
67 BGH WM 1983, 910, 911; Baumbach/Hopt/*Hopt*, HGB, § 118 Rn. 7.
68 Zur Tragweite im Einzelnen OLG Köln NZG 2014, 660; dazu *Rosner* NZG 2014, 655 ff.
69 BGH NZG 2016, 1102.
70 Zum Verfahren ausf. MünchHdB GesR VII/*Lieder*, § 26 Rn. 61 ff.; *Lieder* NZG 2014, 601, 606 ff.
71 Dazu näher Lutter/Hommelhoff/*Bayer*, § 51a Rn. 1 ff., § 51b Rn. 1 ff.

1. BGB-Gesellschaft

a) Die **Zuständigkeiten** der BGB-Gesellschafterversammlung ergeben sich sowohl   **712**
aus dem Gesetz (vgl. §§ 712, 715, 737 BGB) als auch aus dem Gesellschaftsvertrag.
Die vom Gesellschafter in der Versammlung abgegebene **Stimme** ist als Willenserklärung zu qualifizieren; es gelten die §§ 104 ff. BGB.[72] Der **Beschluss** der Versammlung ist hingegen keine Willenserklärung, sondern ein Rechtsgeschäft eigener
Art.[73]

b) **Stimmberechtigt** ist prinzipiell jeder Gesellschafter. Soweit es um die Abstim-   **713**
mung über Geschäftsführungsmaßnahmen geht, können einzelne nach Maßgabe des
§ 710 BGB von der Abstimmung **ausgeschlossen** werden. Über die Änderung des
Gesellschaftsvertrags und **Grundlagenentscheidungen** müssen indes alle Gesellschafter befinden.[74] Umgekehrt kann außenstehenden Dritten (**Nichtgesellschaftern**)
wegen des Grundsatzes der Verbandssouveränität kein Stimmrecht eingeräumt werden.[75]

BGB-Gesellschafter unterliegen analog §§ 34 BGB, 47 IV GmbHG, 136 I AktG   **714**
einem **Stimmverbot** bei Maßnahmen, die sich aus wichtigem Grund gegen sie richten.[76] Gleiches gilt nach zutreffender hM analog §§ 34 BGB, 47 IV GmbHG für den
Abschluss von Rechtsgeschäften mit dem Gesellschafter.[77]

c) Für eine wirksame Beschlussfassung ist gem. § 709 I Hs. 2 BGB grundsätzlich   **715**
die **Zustimmung aller Gesellschafter** erforderlich. Allerdings kann im Gesellschaftsvertrag eine Mehrheitsentscheidung vorgesehen werden. Die Wirksamkeit solcher **Mehrheitsklauseln** wurde von Rechtsprechung und hL lange Zeit anhand des
Bestimmtheitsgrundsatzes und der Kernbereichslehre beurteilt.[78] Danach musste die
Geltung des Mehrheitserfordernisses für grundlegende Maßnahmen eindeutig bestimmt festgeschrieben werden.

Mit Grundsatzurteil vom 21.10.2014 ist der II. Zivilsenat des BGH endgültig **vom**   **716**
Bestimmtheitsgrundsatz abgerückt.[79] Danach genügt es nunmehr, wenn sich durch
Auslegung nach §§ 133, 157 BGB aus dem Gesellschaftsvertrag entnehmen lässt,
dass der Beschlussgegenstand einer Mehrheitsentscheidung unterworfen sein soll.
Das gilt auch für Grundlagengeschäfte und Maßnahmen, die in unentziehbare Rechte
der Minderheit eingreifen. Zudem kann auf den Begriff der Kernbereichslehre verzichtet werden, nicht aber auf eine **materielle Beschlusskontrolle**, die über die Prüfung eines Mehrheitsbeschlusses anhand der gesellschaftsrechtlichen Treuepflicht-

---

72 *Grunewald*, Gesellschaftsrecht, § 1 Rn. 69.
73 *K. Schmidt*, Gesellschaftsrecht, § 3 III 1 b; *Kindl*, Gesellschaftsrecht, § 8 Rn. 10.
74 *Grunewald*, Gesellschaftsrecht, § 1 R. 70; *Kindl*, Gesellschaftsrecht, § 8 Rn. 13.
75 *Kindl*, Gesellschaftsrecht, § 8 Rn. 11.
76 BGHZ 102, 172, 176; (zur OHG) MünchKomm-HGB/*Enzinger*, § 119 Rn. 32.
77 BGH NZG 2012, 625 Rn. 12; m. Anm. *Lieder* WuB II C. § 47 GmbHG 1.12; MünchKomm-BGB/
   Schäfer, § 709 Rn. 67 ff.
78 Vgl. zur OHG BGHZ 48, 251, 253; zur KG BGHZ 66, 82, 85; BGH NJW 1988, 411, 412.
79 BGH NZG 2014, 1296 Rn. 9 ff.; dazu *C. Schäfer* NZG 2014, 1401 ff.; *Ulmer* ZIP 2015, 657 ff.; *C. A.
   Weber* JA 2015, 147 ff.; *J. Weber* ZfPW 2015, 123 ff.; *Wertenbruch* DB 2014, 2875 ff.

bindung hinausgeht.[80] Im Rahmen der Inhaltskontrolle ist eine Dreiteilung vorzunehmen. Danach sind indisponible Beschlussgegenstände einer privatautonomen Regelung schlichtweg entzogen, wie zB das Kündigungsrecht aus wichtigem Grund, bestimmte Informationsrechte (§ 118 II, § 166 I HGB) und das Teilnahmerecht in der Gesellschafterversammlung.[81] Die zweite Kategorie der zustimmungspflichtigen Beschlussgegenstände bedürfen der Zustimmung des nachteilig betroffenen Gesellschafters. Das gilt namentlich für die nachträgliche Erhöhung der Beitragspflicht (Rn. 694 f.), aber auch für das Stimmrecht,[82] das Gewinnbezugsrecht[83] sowie analog § 35 BGB für Vorzugs- und Sonderrechte.[84] Handelt es sich weder um einen indisponiblen noch um einen zustimmungspflichtigen Beschlussgegenstand, kann eine Mehrheitsentscheidung nach allgemeinen Grundsätzen getroffen werden. In diesem Fall kommt in materieller Hinsicht ein Verstoß gegen die gesellschaftsrechtliche Treuepflicht in Betracht, etwa wegen einer Verletzung der Interessen der Minderheitsgesellschafter.[85]

717   d) **Beschlussmängel** führen grundsätzlich zur Unwirksamkeit des Beschlusses. Das gilt insbesondere für **Inhaltsfehler**, wie zB Verstöße gegen die gesellschaftsrechtliche Treuepflicht (Rn. 688 ff.) und den Gleichbehandlungsgrundsatz (Rn. 705 f.).[86] **Verfahrensfehler** führen nur dann zur Nichtigkeit, wenn der Beschluss auf dem Fehler beruht.[87] Die Unwirksamkeit ist durch allgemeine **Feststellungsklage** geltend zu machen.[88] Das nach § 256 I ZPO notwendige Feststellungsinteresse besteht regelmäßig auch nach Beendigung der Gesellschaft oder nach Ausscheiden des Gesellschafters fort.[89] Bei **satzungsändernden Beschlüssen** wird die Nichtigkeitsfolge unter Übertragung der Lehre vom fehlerhaften Verband (Rn. 796 ff.) ausnahmsweise durchbrochen.[90]

2.   OHG

718   Die Gesellschafter der OHG sind nach § 116 II HGB für ungewöhnliche Geschäfte und die im Gesellschaftsvertrag niedergelegten Maßnahmen zuständig. Beschlüsse bedürfen gem. § 119 I HGB im Grundsatz der **Zustimmung aller Gesellschafter**. Allerdings kann kraft Gesellschaftsvertrags auch vereinbart werden, dass eine **Mehrheit** nach Köpfen (§ 119 II HGB) oder eine Kapitalmehrheit[91] ausreicht.

---

80   MünchKomm-HGB/*Enzinger*, § 119 Rn. 82; Oetker/*Lieder*, HGB, § 119 Rn. 54; *Schäfer*, FS Bergmann, 2018, S. 617, 622 ff.; aA (Beschränkung auf Treuepflichtprüfung) EBJS/*Freitag*, HGB, § 119 Rn. 73; *Wertenbruch* DB 2014, 2875, 2876 ff.
81   Vgl. BeckOK-HGB/*Klimke*, § 119 Rn. 49 f.; Oetker/*Lieder*, HGB, § 119 Rn. 56; *Neumann* ZIP 2017, 1141, 1143.
82   MünchKomm-HGB/*Enzinger*, § 119 Rn. 72; Oetker/*Lieder*, HGB, § 119 Rn. 59; *Schäfer*, FS Bergmann, 2018, S. 617, 624.
83   BeckOK-HGB/*Klimke*, § 119 Rn. 54; Oetker/*Lieder*, HGB, § 119 Rn. 59; *Neumann* ZIP 2017, 1141, 1143; vgl. zuvor bereits BGHZ 170, 283, 288 ff.
84   Oetker/*Lieder*, HGB, § 119 Rn. 59; *Blath* RNotZ 2017, 218, 221; *Neumann* ZIP 2017, 1141, 1143.
85   BGH NZG 2012, 1296 Rn. 12; *J. Weber* ZfPW 2015, 123, 126.
86   Vgl. BGH WM 1979, 1058, 1060; BGHZ 179, 13 Rn. 17.
87   Vgl. BGH WM 1988, 23, 24; NZG 2014, 621 Rn. 13; Erman/*Westermann*, BGB, § 709 Rn. 38.
88   Dazu ausf. *Senft*, FS Spiegelberger, 2009, S. 919 ff.
89   BGH ZIP 2013, 1021 m. zust. Anm. *Vosberg/Klawa* EWiR 2013, 467 f.
90   Erman/*Westermann*, BGB, § 709 Rn. 38; *Grunewald*, Gesellschaftsrecht, § 1 Rn. 95.
91   Vgl. *Grunewald*, Gesellschaftsrecht, § 2 Rn. 30.

3. AG

In der AG ist die **Hauptversammlung** das selbstständige Beschlussorgan, in dem die   **719**
Aktionäre ihre Rechte ausüben und in welchem ihre interne Willensbildung erfolgt.
Die Zuständigkeiten der Hauptversammlung beschränken sich auf **Struktur- und
Grundlagenentscheidungen**, wie sie insbesondere in dem Katalog des § 119 I AktG
niedergelegt sind, sich aber auch aus §§ 179, 179a, 182, 222, 262, 293, 319 AktG sowie §§ 65, 125 S. 1, 176 ff., 233 UmwG ergeben. Über Geschäftsführungsmaßnahmen kann die Hauptversammlung nur beschließen, wenn der Vorstand dies verlangt
(§ 119 II AktG). Zudem sind ungeschriebene Hauptversammlungskompetenzen nach
der *Holzmüller/Gelatine*-Rechtsprechung anerkannt.[92] § 136 Abs. 1 AktG schließt für
bestimmte Beschlussgegenstände das Stimmrecht der betroffenen Aktionäre aus. Das
Beschlussmängelrecht differenziert nach nichtigen und lediglich anfechtbaren Beschlüssen (vgl. §§ 241 ff. AktG).

4. GmbH

In der GmbH fungiert die Gesellschafterversammlung als das **oberste Willensbil-**   **720**
dungsorgan[93] und zeichnet sich darüber hinaus durch eine **grundsätzliche Allzu-**
ständigkeit aus[94]. Diese herausgehobene Rechtsposition kommt nur unvollständig in
dem Zuständigkeitskatalog des § 46 GmbHG zum Ausdruck, wird indes durch zahlreiche Annexkompetenzen zu den geschriebenen Einzelzuständigkeiten unterstri-
chen.[95] Auch das GmbH-Recht enthält mit § 47 Abs. 4 GmbHG eine eigenständige
Stimmverbotsvorschrift. Für Beschlussmängel gelten grundsätzlich die §§ 241 ff.
AktG analog, wenn nicht die Besonderheiten der GmbH eine Abweichung fordern.[96]

5. KG

Für die **Beschlussfassung** in der KG gilt das zur BGB-Gesellschaft (Rn. 712 ff.) und   **721**
OHG (Rn. 718 ff.) Gesagte entsprechend. **Beschlussmängel** führen grundsätzlich zur
Nichtigkeit des Beschlusses, was mittels Feststellungsklage geltend zu machen ist.
Allerdings kann der Gesellschaftsvertrag – ebenso wie bei GbR und OHG – auch bestimmen, dass der Rechtsstreit über die Wirksamkeit des Gesellschafterbeschlusses
mit der KG auszutragen ist. Die Gesellschafter können sich zu diesem Zweck kraft
gesellschaftsvertraglicher Regelung für die Übernahme des **kapitalgesellschafts-**
rechtlichen Beschlussmängelsystems entscheiden.[97]

---

92   BGHZ 83, 122; 159, 30; BVerfG ZIP 2011, 2094; dazu *Priester* AG 2011, 654 ff.; *Ekkenga/Schneider*
     ZIP 2017, 1053.
93   Lutter/Hommelhoff/*Bayer*, GmbHG, § 45 Rn. 1; MünchKomm-GmbHG/*Liebscher*, § 45 Rn. 78 ff.
94   Roth/Altmeppen/*Altmeppen*, GmbHG, § 45 Rn. 2; Habersack/Casper/Löbbe/*Hüffer/Schäfer*,
     GmbHG, § 46 Rn. 1.
95   Zu den Annexkompetenzen der Gesellschafterversammlung ausf. *Lieder* NZG 2015, 569 ff.
96   Dazu näher Roth/Altmeppen/*Altmeppen*, GmbHG, Anh. § 47 Rn. 1 ff.; MünchKomm-GmbHG/*Wer-*
     tenbruch, Anh. § 47 Rn. 1; siehe noch das Klausurbeispiel bei *Müller* JA 2015, 740, 744 ff.
97   BGH ZIP 2011, 806; dazu *K. Schmidt* JuS 2011, 557.

VIII. Durchsetzung von Sozialansprüchen

1. Actio pro socio

722 Die actio pro socio bezeichnet eine Rechtsfigur, mit der einzelne Gesellschafter im eigenen Namen Ansprüche der Gesellschaft gegen einen Mitgesellschafter (**Sozialansprüche**) geltend machen.[98] Allerdings sind die Zulässigkeitsvoraussetzungen und die dogmatische Grundlage noch nicht abschließend geklärt.

723 **Fall 77:**[99] A, B und C sind Gesellschafter der ABC-OHG. Allein A ist gesellschaftsvertraglich zur Geschäftsführung befugt. Jeder Gesellschafter schuldet eine Einlage iHv. 10 000 €. A und B haben bereits gezahlt; C weigert sich unter Hinweis auf einen finanziellen Engpass. A erklärt, er werde gegen seinen Schwager C gerichtlich nicht vorgehen. Kann B den ausstehenden Beitrag von C einklagen?

724 Gefragt ist nach der Zulässigkeit der Klage auf Beitragsleistung gem. § 705 BGB. Die Klage ist nur dann zulässig, wenn B auch prozessführungsbefugt ist. Dafür muss er das eingeklagte Recht im eigenen Namen geltend machen. Im Grundsatz sind die **geschäftsführenden Gesellschafter** zur Durchsetzung von Sozialansprüchen der GbR gegen die Gesellschafter zuständig. Nur wenn die Geschäftsführer eine Durchsetzung pflichtwidrig verweigern, kommt ein Rückgriff auf die actio pro socio überhaupt in Betracht. Das gilt namentlich für Beitragsforderungen und Haftungsansprüche gegen die Gesellschafter.[100] Die dogmatische Einordnung des Rechtsbehelfs ist indes umstritten.

725 Zuweilen wird zur Begründung angeführt, dass Sozialansprüche nicht nur der Gesellschaft geschuldet seien, sondern dass jeder Gesellschafter auch seinen Mitgesellschaftern gegenüber zur ordnungsgemäßen Beitragsleistung verpflichtet sei.[101] Nach dieser Auffassung kann jeder Gesellschafter **aus eigenem materiellen Recht** gegen Mitgesellschafter vorgehen; er kann die Leistung aber immer nur an die Gesamtheit der Gesellschafter fordern.

726 Eine solche Anspruchsvermehrung erscheint indes arg künstlich und erweist sich auch aus Praktikabilitätsgründen als wenig sinnvoll. Mit Blick auf die Interessenlage ist kaum anzunehmen, dass die Konstruktion eines dichten Anspruchsnetzes dem mutmaßlichen Willen der Gesellschafter entspricht.[102] Vorzugswürdig ist es stattdessen, den Gesellschaftern eine Anspruchsverfolgung ausnahmsweise im Wege der **Prozessstandschaft** zu erlauben, mit der sie den Anspruch der Gesellschaft im eigenen Namen geltend machen können.[103] Die hierzu nach allgemeinen Grundsätzen notwendige Einwilligung ergibt sich aus einer ergänzenden Auslegung des Gesellschaftsvertrags, wonach jeder Gesellschafter Sozialansprüche einklagen kann, soweit

---

98 Dazu ausf. *Fleischer/Harzmeier* ZGR 2017, 239 ff.; *Mock* JuS 2017, 580 ff.
99 Vgl. auch *Steinbeck* JuS 2012, 105, 107.
100 Vgl. *Grunewald*, Gesellschaftsrecht, § 1 Rn. 64; *Saenger*, Gesellschaftsrecht, Rn. 165.
101 RGZ 91, 34, 36; BGHZ 10, 91, 101; *Flume*, BGB AT I/1, § 10 IV; *Kreutz*, FS Hadding, 2004, S. 513 ff.; vgl. noch BGH NJW 2000, 505, 506.
102 So auch *Grunewald*, Gesellschaftsrecht, § 1 Rn. 63.
103 MünchKomm-BGB/*Schäfer*, § 705 Rn. 209; *Verse*, FS U. H. Schneider, 2011, S. 1325 ff.; *Koch*, Gesellschaftsrecht, § 8 Rn. 51.

die Zuständigkeitsordnung ausnahmsweise versagt, weil der vertretungsberechtigte Gesellschafter die Rechtsdurchsetzung aus sachfremden Gründen treuwidrig verweigert.[104]

Davon abgesehen lässt die Rechtsprechung eine Klage einzelner Gesellschafter zur Durchsetzung von Ansprüchen der Gesellschaft **gegen außenstehende Dritte** im eigenen Namen ausnahmsweise zu, wenn die Gesellschafter an der Rechtsdurchsetzung ein berechtigtes Interesse haben, die vertretungsberechtigten Gesellschafter eine Anspruchsverfolgung aus sachwidrigen Gründen verweigern und auch der Schuldner an dem gesellschaftswidrigen Verhalten mitwirkt.[105] Liegen diese Voraussetzungen nicht vor, scheidet eine Geltendmachung von Ansprüchen aus Drittgeschäften hingegen aus. Gleiches gilt für Ansprüche gegen einen Nichtgesellschafter, wie zB einen Schadensersatzanspruch der KG gegen den Geschäftsführer der Komplementär-GmbH.[106] **727**

Nach heute hM[107] ist die actio pro socio gegenüber einer Anspruchsverfolgung durch die vertretungsberechtigten Gesellschafter **subsidiär**. Nur wenn die vertretungsberechtigten Gesellschafter nicht in der Lage oder willens sind, die bezeichneten Sozialansprüche zu verfolgen, können die übrigen (von der Vertretung ausgeschlossenen) Gesellschafter tätig werden. Davon abgesehen unterliegt die Geltendmachung der Sozialansprüche im Wege der actio pro socio der gesellschaftsrechtlichen **Treuepflicht** und kann sich auch dann als rechtsmissbräuchlich darstellen, wenn der Einwand des **Rechtsmissbrauchs** nach § 242 BGB aus einem Verhalten des klagenden Gesellschafters herrührt.[108] Als Beispiel für einen Ausschluss aufgrund der gesellschaftsrechtlichen Treuepflicht dient **728**

Fall 78:[109] In der A-KG wird durch einstimmige Satzungsänderung die Erhöhung der Hafteinlagen der beiden Kommanditisten K und S von 5 000 € auf jeweils 100 000 € vereinbart und zur Eintragung ins Handelsregister angemeldet. K zahlte die Einlage, S weigert sich. Daraufhin erheben sowohl K persönlich als auch die A-KG Klage gegen S auf Zahlung der erhöhten Einlage. Ist die Klage des K statthaft? **729**

Fraglich ist in **Fall 78**, ob die Regeln der actio pro socio die Klage des K zulassen. Dies ist zweifelhaft, weil schon die A-KG selbst Klage auf Zahlung gegen den S erhoben hat. Mit der erhobenen Klage begehrt K also dieselbe Leistung und würde lediglich die Kosten für die Anspruchsdurchsetzung erhöhen. Das ist vom Rechtsgedanken der actio pro socio nicht gedeckt. Entweder man verneint in diesem Fall die Subsidiarität der actio pro socio (Rn. 728)[110], oder man erkennt darin mit dem **BGH** **730**

---

104 Vgl. BGH ZIP 2010, 1232: rechtsmissbräuchliche Ausübung der actio pro socio; ferner OLG Karlsruhe NZG 2010, 1023 (zur GmbH).
105 BGHZ 102, 152, 154 f.; BGH ZIP 2008, 1582, 1585; OLG Düsseldorf NZG 2012, 1148; zum Ganzen ausf. *Hippeli* GWR 2018, 61 ff.; sachlich weitergehend *Grunewald/Otte* ZIP 2017, 1737 ff.
106 BGH NZG 2018, 220 Rn. 12 ff.
107 OLG Naumburg GmbHR 2013, 932 Rn. 41; OLG Koblenz NZG 2014, 65; Oetker/*Lieder*, HGB, § 105 Rn. 73.
108 BGHZ 25, 47, 50; BGH WM 2008, 1453, 1454; DStR 2010, 1346 Rn. 3.
109 Vereinfacht nach BGH NZG 2019, 702 ff.
110 *Windbichler*, Gesellschaftsrecht, § 7 Rn. 6; *K. Schmidt*, Gesellschaftsrecht, § 21 IV 4a; *Mock* JuS 2015, 590, *Fleischer/Harzmeier* ZGR 2017, 239, 267.

einen Verstoß gegen die gesellschaftsrechtliche Treuepflicht.[111] Denn die Klageerhebung durch K war in **Fall 78** unverhältnismäßig, genügte insbesondere nicht den Anforderungen an eine möglichst schonende Ausübung der gesellschaftsrechtlichen Befugnisse und war zudem für die Durchsetzung der Leistung nicht erforderlich, sondern produzierte allein unnötige Prozesskosten.[112] Es liegt damit ein Verstoß gegen die gesellschaftsrechtliche Treuepflicht vor, der zum Ausschluss der actio pro socio führt. Die Klage des K ist unzulässig.

2. Bestellung eines besonderen Vertreters

731 Zur Durchsetzung von Ansprüchen gegen die **Geschäftsführer** sowie **Vorstands- und Aufsichtsratsmitglieder** kann die Gesellschafterversammlung der GmbH gem. § 46 Nr. 8 Alt. 2 GmbHG und die Hauptversammlung der AG gem. § 147 II 1 AktG einen besonderen Vertreter bestellen. Diese Möglichkeit ist analog §§ 46 Nr. 8 Alt. 2 GmbHG, 147 II 1 AktG auch den Gesellschaftern einer **Personengesellschaft** eröffnet.[113]

---

111 Hierzu schon BGH NJW-RR 2010, 1123.
112 BGH NZG 2019, 702.
113 BGH NZG 2010, 1381; dazu *K. Schmidt* JuS 2011, 179 ff.

§ 13 Veränderungen im Gesellschafterkreis

I. Beitritt

1. OHG

a) Da **alle Gesellschafter** im Rahmen des Gesellschaftsvertrags rechtsgeschäftlich **732** miteinander verbunden sind und der Beitritt zu einer Änderung des Gesellschaftsvertrages führt[1], setzt der Beitritt eines neuen Gesellschafters in Personengesellschaften grundsätzlich einen Vertragsschluss mit sämtlichen Altgesellschaftern voraus.[2]

Allerdings ist auch die Vereinbarung einer **Mehrheitsklausel** zulässig. Nach Aufga- **733** be des Bestimmtheitsgrundsatzes muss sich dafür aus dem Gesellschaftsvertrag nur durch Auslegung nach §§ 133, 157 BGB ergeben, dass über den Beitritt neuer Gesellschafter mit einfacher Mehrheit entschieden wird (Rn. 716). Auch wird die Rechtsstellung der Altgesellschafter durch den Beitritt neuer Gesellschafter nicht so stark beeinträchtigt, dass ein Beitritt aus materiellrechtlichen Gründen stets nur mit ihrer persönlichen Zustimmung erfolgen kann. Davon abgesehen können auch die organschaftlichen Vertreter im Gesellschaftsvertrag zur Aufnahme neuer Gesellschafter ermächtigt werden.[3]

b) Mit dem Beitritt **wächst** dem in die Gesellschaft Eintretenden ohne sein Zutun **734** analog § 738 I 1 BGB ein Teil des Gesellschaftsvermögens **an.** Den Altgesellschaftern wächst spiegelbildlich ein Vermögensanteil in Abhängigkeit ihrer Beteiligungsquote **ab.** An der Zuordnung des Gesellschaftsvermögens zur OHG ändert dieser Vorgang nichts. Allein die fiktiven Anteile am Gesellschaftsvermögen sind nach dem Beitritt anders verteilt.

c) Neu eintretende Gesellschafter[4] haften gem. § 130 HGB auch für bestehende **Alt-** **735** **schulden** der OHG nach Maßgabe der §§ 128, 129 HGB.[5] Dies gilt in Parallele zur Lehre vom fehlerhaften Verband (Rn. 796 ff.) auch für den Fall eines **fehlerhaften Beitritts** (Rn. 799).[6] Die Haftung ist zwingend; auf die Kenntnis des neuen Gesellschafters kommt es ebenso wenig an wie auf den Rechtsgrund und die Anspruchsgrundlage der Verbindlichkeit. Zudem braucht der Beitritt nach zutreffender hM auch nicht nach außen wirksam geworden zu sein.[7] Abweichende Vereinbarungen der Gesellschafter untereinander sind gem. § 130 II HGB Dritten gegenüber unwirksam; zulässig sind aber haftungsbeschränkende Individualabreden mit Dritten[8]. Im Übrigen

---

1 Vgl. BGH ZIP 1997, 2197, 2198; *Grunewald*, Gesellschaftsrecht, § 1 Rn. 136.
2 *Bitter/Heim*, Gesellschaftsrecht, § 6 Rn. 59 iVm § 5 Rn. 109; *Windbichler*, Gesellschaftsrecht, § 15 Rn. 1 iVm § 9 Rn. 2.
3 Vgl. (zur KG) BGH NZG 2011, 551 Rn. 9; BGH WM 1987, 1336 f.; *Windbichler*, Gesellschaftsrecht, § 15 Rn. 1 iVm. § 9 Rn. 2.
4 Dazu MünchKomm-HGB/*K. Schmidt*, § 130 Rn. 14. § 130 HGB gilt auch für Erben-Nachfolger, die von der Haftungsbeschränkung gem. § 139 HGB keinen Gebrauch machen: BGH NJW 1982, 45 (dazu näher unten Rn. 791).
5 *Grunewald*, Gesellschaftsrecht, § 2 Rn. 59; *Windbichler*, Gesellschaftsrecht, § 15 Rn. 22.
6 MünchKomm-HGB/*K. Schmidt*, § 130 Rn. 15 mwN; Staub/*Habersack*, HGB, § 130 Rn. 8.
7 MünchKomm-HGB/*K. Schmidt*, § 123 Rn. 1a; Röhricht/von Westphalen/Haas/*Haas*, HGB, § 123 Rn. 12; aA Baumbach/Hopt/*Roth*, HGB, § 123 Rn. 4.
8 *Saenger*, Gesellschaftsrecht, Rn. 296; Henssler/Strohn/*Steitz*, Gesellschaftsrecht, § 130 HGB Rn. 9.

ist der Eintretende nach § 107 HGB als neuer OHG-Gesellschafter in das Handelsregister **einzutragen**. Die Eintragung ist allerdings nur deklaratorischer Natur.[9] Für **Neuschulden** haftet der (beigetretene) Gesellschafter unmittelbar nach § 128 S. 1 HGB.

2.   GbR

736   a)   Für die **Tatbestandsvoraussetzungen** eines wirksamen Beitritts und die **Anwachsungsproblematik** gilt das zur OHG (Rn. 732 ff.) Gesagte entsprechend. Insbesondere ist auch der Totalaustausch aller Gesellschafter im Wege einer Anteilsübertragung zulässig.[10]

737   b)   Zudem ist nach Anerkennung der Rechtsfähigkeit der GbR (Rn. 418 ff.) nebst Akzessorietätslehre (Rn. 623) das Haftungsregime der OHG auf die BGB-Gesellschaft zu übertragen. Für (nach seinem Beitritt begründete) **Neuverbindlichkeiten** haftet der eingetretene Gesellschafter demnach analog § 128 S. 1 HGB.

738   Positiv entschieden hat BGHZ 154, 370 – unter Aufgabe der früheren Rechtsprechung[11] – den Streit[12], ob der neu eintretende Gesellschafter für **Altverbindlichkeiten** der BGB-Gesellschaft analog § 130 HGB haftet.[13] Dieses Ergebnis erscheint angesichts der auch ansonsten anerkannten Übertragung der OHG-Haftungsstrukturen auf die GbR (vgl. Rn. 632) nur konsequent und dient zugleich dem Schutz berechtigter Gläubigerinteressen. Zudem wird verhindert, dass sich Gesellschafter einer Haftung mit dem Argument zu entziehen versuchen, sie seien zum Zeitpunkt des Vertragsschlusses der GbR noch nicht beigetreten gewesen. Im Übrigen erscheint es wertungskohärent, dass der Neugesellschafter, der kraft Anwachsung analog § 738 I 1 BGB (Rn. 734) an den Vorteilen aus den Altgeschäften der GbR partizipiert, auch die korrespondierenden Nachteile in Form der persönlichen Haftung für Altschulden tragen muss.

739   Wird dagegen durch Eintritt in die Kanzlei eines Einzelanwalts eine Anwaltssozietät neu errichtet, so gehen die Altverbindlichkeiten des Einzelanwalts nicht kraft Gesetzes auf die Sozietät über; **§ 28 HGB** kommt hier nach herrschender und zutreffender Auffassung **nicht analog zur Anwendung** (Rn. 189 ff.).[14]

---

9   Staub/*Habersack*, HGB, § 130 Rn. 13; Oetker/*Boesche*, HGB, § 123 Rn. 7; aA Baumbach/Hopt/*Roth*, HGB, § 123 Rn. 4.

10   BGH NZG 2016, 221; EBJS/*Wertenbruch*, HGB, § 105 Rn. 222; *K. Schmidt*, Gesellschaftsrecht, § 45 II 4.

11   BGHZ 74, 240 = JuS 1979, 818 m. Anm. *K. Schmidt*; BGH JZ 2001, 655 m. Anm. *Wiedemann*; NJW 2002, 1642.

12   Dafür OLG Hamm NJW-RR 2002, 495; *Flume*, BGB AT I/1, § 16 IV 7; *K. Schmidt*, FS Fleck, 1988, S. 271 ff.; dagegen OLG Düsseldorf ZIP 2002, 616; *Habersack* BB 2001, 477, 482; *Westermann* NZG 2001, 289, 295.

13   BGHZ 154, 370 (LS 1) m. Bespr. *Habersack/Schürnbrand* JuS 2003, 739 ff.; *Casper/Eberspächer* Jura 2003, 770 ff.; zust. *K. Schmidt* NJW 2003, 1897, 1901; *Ulmer* ZIP 2003, 1113, 1115; bestätigt durch BGH NJW 2006, 765 m. Bespr. *K. Schmidt* JuS 2006, 374; *Kaubisch* Jura 2006, 610 ff.; *Ann* JA 2006, 322 ff.; bestätigt auch vom BVerfG NZG 2013, 96; abl. *Canaris* ZGR 2004, 69 ff.; *Dauner-Lieb*, FS Ulmer, 2003, S. 73 ff.; *Armbrüster*, FS Raiser, 2005, S. 49 ff.; *Schäfer* ZIP 2003, 1225, 1229 f.

14   BGHZ 157, 361.

3. KG

Tritt ein Kommanditist in die KG ein, so haftet er sowohl für **Neuverbindlichkeiten** 740
als auch für **Altverbindlichkeiten**[15] gem. § 173 HGB nach Maßgabe der §§ 171, 172
HGB. Dieser Eintritt ist gem. § 162 III HGB in das Handelsregister einzutragen. Zwar
hat die Eintragung für den Beitritt nur deklaratorische Bedeutung.[16] Zwischen Beitritt
und Eintragung trifft den Kommanditisten indes gem. § 176 II HGB eine **unbeschränkte Haftung**, soweit dem Gläubiger die beschränkte Haftung nicht bekannt
ist. Die Haftungsregelung erfasst alle Verbindlichkeiten, die in der Zeit **zwischen seinem Eintritt und dessen Handelsregistereintragung begründet** werden (Neuverbindlichkeiten). Verbindlichkeiten, die vor seinem Beitritt begründet worden sind
(Altverbindlichkeiten), sind von § 176 II HGB indes nicht erfasst, denn insoweit
konnten die Gläubiger nicht auf die unbeschränkte persönliche Haftung des Kommanditisten vertrauen.[17] Da die KG schon existiert, ist für eine Haftungsbegründung
ferner die Zustimmung zum Geschäftsbeginn entbehrlich[18] bzw. ist sie schon mit dem
Beitritt erklärt.[19] Vor der unbeschränkten Haftung kann sich der Kommanditist schützen, indem der Beitritt gesellschaftsvertraglich unter die aufschiebende Bedingung
der Handelsregistereintragung gestellt wird.[20]

II. Ausscheiden

1. GbR

a) Gesetzliche Kündigungs- und Ausschlussrechte

Die BGB-Gesellschaft wird mit der Kündigung durch einen Gesellschafter gem. 741
§§ 723 f. BGB grundsätzlich **aufgelöst** (Rn. 836). Allerdings kann im Gesellschaftsvertrag gem. § 736 I BGB auch vereinbart werden, dass die Kündigung durch einen
Gesellschafter lediglich zu dessen Ausscheiden führt, während die Gesellschaft mit
den übrigen Gesellschaftern fortgesetzt wird. Ist eine solche **Fortsetzungsklausel**
vereinbart, kann ein Gesellschafter – unter Fortbestand der GbR – umgekehrt nach
§ 737 S. 1 iVm § 723 I 2 BGB aus wichtigem Grund **ausgeschlossen** werden. Das
kommt gem. § 723 I 3 BGB etwa in Betracht, wenn der Gesellschafter grob pflichtwidrig gehandelt hat. Im Übrigen setzt ein wichtiger Grund voraus, dass ein Verbleib
des fraglichen Gesellschafters in der GbR mit Blick auf die berechtigten Interessen
der übrigen Gesellschafter **unzumutbar** erscheint, da andernfalls die Erreichung des
Gesellschaftszwecks vereitelt würde. In jedem Fall ist die Ausschließung ultima ra-
tio.[21] Bei einer **Zerstörung des Vertrauensverhältnisses** unter den Gesellschaftern
ist das Verhalten der Mitgesellschafter zu berücksichtigen. Sind auch letztere durch

---

15 Zur Abgrenzung oben Rn. 172.
16 Koller/Kindler/Roth/Drüen/*Kindler*, HGB, § 162 Rn. 3; Oetker/*Oetker*, HGB, § 162 Rn. 14.
17 Heymann/*Borges*, HGB, § 176 Rn. 58, 23; EBJS/*Strohn*, HGB, § 176 Rn. 36.
18 BGHZ 82, 209, 211; Baumbach/Hopt/*Roth*, HGB, § 176 Rn. 9.
19 So RGZ 128, 172, 180.
20 BGHZ 82, 209, 212; Baumbach/Hopt/*Roth*, HGB, § 176 Rn. 9.
21 OLG Koblenz ZIP 2014, 2086, 2087; (zur OHG) BGHZ 16, 317, 322; Baumbach/Hopt/*Roth*, HGB,
    § 140 Rn. 6, § 133 Rn. 5 f.

Pflichtwidrigkeiten hervorgetreten, setzt ein Ausschluss eine „überwiegende Verursachung des Zerwürfnisses" durch den auszuschließenden Gesellschafter voraus.[22]

742 Umgekehrt steht auch dem einzelnen Gesellschafter ein **außerordentliches Kündigungsrecht** gem. § 723 I 2 BGB zu, wenn ihm die Fortsetzung der Gesellschaft bis zum Vertragsende oder bis zum nächsten ordentlichen Kündigungstermin **nicht zuzumuten** ist, weil das Vertrauensverhältnis zwischen den Gesellschaftern gestört oder ein gedeihliches Zusammenwirken aus einem anderen Grund nicht mehr möglich ist.[23] Hierfür muss das Individualinteresse des ausscheidungswilligen Gesellschafters an der Beendigung seiner Mitgliedschaft größer sein als das Interesse der übrigen Gesellschafter an dem unveränderten Fortbestand der Gesellschaft.[24]

743 Diese Grundsätze finden nach den Rechtsgedanken der §§ 737 S. 1 BGB, 140 I 2 HGB auch in der **zweigliedrigen GbR** prinzipielle Anwendung, soweit der Gesellschaftsvertrag für den Fall der Kündigung oder Ausschließung eine Übernahme- oder Fortsetzungsklausel enthält.[25] Freilich kann die GbR mit nur einem verbleibenden Gesellschafter nicht fortgesetzt werden. Vielmehr geht das Gesellschaftsvermögen auf den letzten verbleibenden Gesellschafter über (Rn. 432). Das Recht wird durch einseitige Erklärung gegenüber dem anderen Teilhaber ausgeübt, ohne dass es zuvor einer besonderen Beschlussfassung oder einer Gestaltungsklage nach dem Vorbild des § 140 HGB bedarf.

744 Im Übrigen darf das **Kündigungsrecht** des Gesellschafters gem. § 723 III BGB nicht in unzulässiger Weise **beschränkt** werden. Das ist zB bei einer Regelung der Fall, die dem Gesellschafter einer Kapitalanlagegesellschaft bürgerlichen Rechts erstmals nach 30 Jahren die ordentliche Kündigung gestattet.[26]

b) Vertragliche Ausschlussklauseln

745 Neben den gesetzlichen Austrittsgründen können die Gesellschafter gesellschaftsvertragliche Ausschlussklauseln (Hinauskündigungsklauseln, Shoot-out-Klauseln) schaffen.[27]

746 **Fall 79:**[28] D wird in die traditionsreiche Arztpraxis ABC-GbR aufgenommen. Er hat dafür keine Einlage zu leisten und ist auch im Innenverhältnis von der Haftung für Altverbindlichkeiten freigestellt. Zudem ist er mit 2% am Gewinn beteiligt. Im Gesellschaftsvertrag vereinbaren die Beteiligten weiter, dass D innerhalb einer Probezeit von 10 Jahren ohne Vorliegen eines wichtigen Grundes auf Verlangen der übrigen Gesellschafter ausscheiden muss. Nach 9 Jahren erfolgt der Ausschluss. Ist dieser wirksam?

---

22 BGH NZG 2003, 625, 627 (zur GbR); OLG Koblenz ZIP 2014, 2086, 2087.
23 BGHZ 4, 108, 113; 84, 379, 382 f.; BGH ZIP 2000, 1772, 1773; 2012, 1500 Rn. 28.
24 BGHZ 84, 379, 383; 169, 270 Rn. 13, 15; BGHZ ZIP 2012, 1500 Rn. 28.
25 OLG München NZG 1998, 937; OLG Hamm ZIP 1999, 1484, 1485 f.; OLG Koblenz ZIP 2014, 2086, 2087 m. Anm. *Beck* EWiR 2015, 73 f.; vgl. weiter *Grunewald*, Gesellschaftsrecht, § 1 Rn. 142 aE.
26 BGH DB 2012, 1860 = NZG 2012, 984; vgl. auch BGH NJW 2007, 295.
27 Ausf. *Fleischer/Schneider* DB 2010, 2173 ff.; *Nassall* NZG 2008, 851 ff; *Heusel/Goette* DStR 2015, 1315 ff.
28 In Anlehnung an BGH NJW 2004, 2013; dazu *K. Schmidt* JuS 2004, 631 ff.; vgl. noch BGH NJW-RR 2007, 1256.

Ausschlussklauseln werfen grundsätzliche Probleme im Spannungsverhältnis von   **747**
Privatautonomie und Gesellschafterschutz auf. Zur Auflösung der widerstreitenden
Wertungen und Interessen sind im Wesentlichen **drei Ansätze** entwickelt worden:
Nach der Lehre vom **Gesellschafter minderen Rechts** ist es zulässig, die Stellung
einzelner Gesellschafter mehr- oder minderberechtigt auszugestalten.[29] Ein weiterer
Ansatz hält die Klauseln im Grundsatz für wirksam und prüft ausschließlich im Rahmen einer **Ausübungskontrolle**, ob der Verlust der Gesellschafterstellung im Hinblick auf die Gesellschaftsverhältnisse und die wirtschaftlichen Folgen des Ausscheidens – einschließlich der Abfindung – angemessen war (Gesamtbetrachtungslö-
sung).[30] Der BGH erklärt Ausschlussklauseln hingegen in ständiger Rechtsprechung
gem. § 138 I BGB für **nichtig**, es sei denn, die Klausel ist aufgrund besonderer Umstände sachlich gerechtfertigt.[31]

Der Rechtsprechungslinie ist zu folgen:[32] Dass sich ein Gesellschafter bei der Über-   **748**
nahme eines Geschäftsanteils freiwillig in eine minderberechtigte Position drängen
lässt, ist mit modernen rechts- und sozialethischen Wertvorstellungen grundsätzlich
nicht in Einklang zu bringen. Muss der Gesellschafter nämlich jederzeit mit dem
grundlosen Ausschluss rechnen, ist er der **Willkürherrschaft** des bevorrechtigten Gesellschafters schutzlos ausgeliefert. Es besteht die Gefahr, dass der von der Vereinbarung Betroffene von seinen gesetzlichen und gesellschaftsvertraglichen Rechten keinen Gebrauch macht und die ihm obliegenden Pflichten nicht ordnungsgemäß erfüllt.
Möchte er auch weiterhin Gesellschafter bleiben, ist er gezwungen, den Wünschen des
Berechtigten zu entsprechen und auf das ihm grundsätzlich zugebilligte **Recht auf
konstruktive Opposition** zu verzichten, selbst wenn das Vorgehen des hinauskündi-
gungsberechtigten Gesellschafters sachlich nicht gerechtfertigt ist.[33] Vor diesem Hintergrund kann weder die Lehre vom Gesellschafter minderen Rechts noch die Gesamt-
betrachtungslösung überzeugen, da sich beide mit der bezeichneten Zwangslage kur-
zerhand abfinden. Daran vermag auch eine angemessene Abfindung nichts zu ändern.

Allerdings kommt in **Fall 79** eine **sachliche Rechtfertigung** der Ausschlussklausel in   **749**
Betracht. Denn **Freiberufler** haben ein berechtigtes Interesse daran, während einer
angemessenen Probezeit herauszufinden, ob alle Gesellschafter beruflich harmonie-
ren.[34] Das ist bei Ärzten mit ihren hohen berufsethischen Standards von großer Bedeutung. Gerade wenn der neue Gesellschafter ohne Einlageleistung aufgenommen
worden ist, erscheint ein voraussetzungsloses Ausschlussrecht angemessen, da den
Altgesellschaftern andernfalls nur die Möglichkeit bliebe, selbst auszuscheiden oder
die Auflösung der Praxis zu betreiben und damit das gemeinsam Aufgebaute zu zer-
schlagen. Die sachliche Rechtfertigung der Probephase hängt aber maßgeblich von
dem Zeitraum einer möglichen Hinauskündigung ab. Dieser ist mit 10 Jahren in jedem Fall überschritten.[35]

---

29   Roth/Altmeppen/*Altmeppen*, GmbHG, § 34 Rn. 50 ff., 58; *Flume*, BGB AT I/1, § 10 III.
30   *Benecke* ZIP 2005, 1437, 1440 ff.; *Grunewald* DStR 2004, 1750, 1751 f.; *Schockenhoff* ZIP 2005,
     1009, 1012 ff.
31   BGHZ 68, 212, 215; 81, 263, 265 ff.; 104, 50, 57 ff.; 164, 98 und 107.
32   So schon *Lieder* DZWIR 2006, 63 ff.
33   BGHZ 81, 263, 267.
34   Dazu und zum Folgenden BGH NJW 2004, 2013, 2015.
35   BGH NJW 2004, 2013, 2015.

750 Davon abgesehen sind noch **weitere Gründe** anerkannt, die eine Ausschlussklausel sachlich zu rechtfertigen vermögen, wie zB bei der Beteiligung von Managern und Mitarbeitern auf Zeit[36] oder im Rahmen einer testamentarischen Verfügung[37]. Gleiches gilt im Grundsatz für sog. **Russian-Roulette-Klauseln**, wonach in einer zweigliedrigen Gesellschaft ein Gesellschafter das Ankaufangebot seines Partners entweder annehmen oder selbst seinen Anteil zu den vorgeschlagenen Konditionen verkaufen muss.[38] Die sachliche Rechtfertigung liegt hier in der Auflösung von Pattsituationen und der mangelnden Notwendigkeit zur Ermittlung der dem Ausscheidenden zu zahlenden Abfindung. Allerdings kann die Ausnutzung der Klausel im Einzelfall treuwidrig sein, wenn zB der das Ausschlussverfahren initiierende Gesellschafter die wirtschaftliche Schwäche des anderen Teils bewusst zum eigenen Vorteil ausnutzt.[39] Demgegenüber ist eine wirtschaftlich unbedeutende Kapitalbeteiligung nicht ohne weiteres als sachlicher Ausschlussgrund anzuerkennen.[40]

c) Rechtsfolgen des Ausscheidens

751 aa) Mit dem Ausscheiden des Gesellschafters endet seine Mitgliedschaft. Der ihm zugewiesene Anteil am Gesellschaftsvermögen **wächst** den verbleibenden Gesellschaftern gem. § 738 I 1 BGB ex lege **an**, ohne dass es einer zusätzlichen rechtsgeschäftlichen Übertragung bedarf. Falls nach dem Ausscheiden **nur ein Gesellschafter verbleibt**, ist die Gesellschaft aufgelöst und das Vermögen geht ohne Liquidation im Wege der Gesamtnachfolge auf den letztverbleibenden Gesellschafter über, ohne dass es einer Übernahmeerklärung oder eines Übertragungsaktes bedarf.[41] Wenn der Gesellschaftsvertrag eine Fortsetzungsklausel iSd § 736 I BGB enthält, ist der infolge einer Kündigung des anderen Gesellschafters verbleibende Gesellschafter nicht zur Fortführung des Unternehmens verpflichtet; er kann die Gesellschafterstellung vielmehr ebenfalls kündigen mit der Folge, dass die Gesellschaft nach allgemeinen Grundsätzen abzuwickeln ist.[42]

752 bb) Der Verlust der Gesellschafterstellung wird durch den **Abfindungsanspruch** nach § 738 I 2 BGB kompensiert. Seine Höhe richtet sich grundsätzlich nach dem wahren Wert der Beteiligung an dem Unternehmen. Schuldner des Anspruchs ist in erster Linie die GbR;[43] akzessorisch haften daneben analog § 128 S. 1 HGB auch die verbleibenden Gesellschafter[44]. Daneben ist dann aber für einen – vom Abfindungsanspruch zu trennenden – **Ausgleichsanspruch** gegen die in der Gesellschaft verbleibenden Gesellschafter kein Raum mehr.[45] Nach dem Ausscheiden kann der Gesell-

---

36 BGHZ 164, 98 und 107; dazu ausf. *Lieder* DZWIR 2006, 63 ff.
37 BGH NJW-RR 2007, 913.
38 OLG Nürnberg NZG 2014, 222; dazu *Lieder* WuB II A. § 84 AktG 1.14; *Schmolke* ZIP 2014, 897 ff.
39 Dazu im Einzelnen *Lieder* WuB II A. § 84 AktG 1.14.
40 EBJS/*Lorz*, HGB, § 140 Rn. 61; Baumbach/Hopt/*Roth*, HGB, § 140 Rn. 31; Staub/*Schäfer*, HGB, § 140 Rn. 64; aA *Heusel/Goette* DStR 2015, 1315.
41 BGH NZG 2008, 704 Rn. 9 (GbR); dazu *Trams* NZG 2008, 736 ff.
42 OLG Karlsruhe ZIP 2007, 1908.
43 BGH NJW 2016, 3597 Rn. 14; ZIP 2011, 1359 Rn. 11; Staudinger/*Habermeier*, BGB, § 738 Rn. 12.
44 BGH ZIP 2011, 1359 Rn. 12; vgl. schon BGHZ 148, 201, 206 f.; aA Soergel/*Hadding/Kießling*, BGB, § 738 Rn. 40; *Buck-Heeb/Dieckmann* JuS 2016, 723, 728, die den Abfindungsanspruch als eine gegen die Gesellschafter undurchsetzbare Sozialverbindlichkeit ansehen.
45 BGH NJW 2016, 3597 mit zust. Anm. *Graf Wolffskeel v. Reichenberg*; zust. auch *Paulus* EWiR 2016, 619; kritisch zum Ganzen *Hippeli* DZWIR 2016, 510.

schafter die ihm gegen die Gesellschaft zustehenden Einzelansprüche – etwa Aufwendungsersatz aus §§ 713, 670 BGB – grundsätzlich nicht mehr selbstständig durchsetzen **(Durchsetzungssperre)**. Sie sind vielmehr unselbstständige Rechnungsposten, die in die Schlussrechnung aufzunehmen sind. Der aus der Schlussrechnung resultierende Saldo kann vom Gesellschafter bzw. der Gesellschaft eingefordert werden.[46]

Die Abfindungsregelung des § 738 I 2 BGB ist dispositiver Natur und lässt **Beschränkungen** durch gesellschaftsvertragliche Vereinbarung zu, um den Kapitalabfluss im Interesse des Fortbestands der Gesellschaft zu minimieren und die Berechnung des Abfindungsanspruchs zu vereinfachen.[47] Zu diesem Zweck wird die Abfindungshöhe in der Praxis vielfach auf den Buchwert begrenzt. Die Abfindung bestimmt sich dann nach dem reinen Bilanzwert; stille Reserven und der übrige Firmenwert bleiben unberücksichtigt.[48]   **753**

Die **Wirksamkeit** abfindungsbeschränkender Vereinbarungen ist an § 723 III BGB und § 138 I BGB zu messen.[49] Eine Buchwertklausel ist wegen Verstoßes gegen **§ 723 III BGB** unwirksam, wenn sie die Freiheit des Gesellschafters, sich zur Kündigung zu entschließen, unvertretbar verengt.[50] Maßgeblich für die Beurteilung ist allerdings der Zeitpunkt der Vereinbarung[51], so dass gegen eine Buchwertklausel regelmäßig keine Bedenken bestehen, soweit der Buchwert – wie typischerweise bei Gesellschaftsgründung – auch dem wirklichen Wert des Unternehmens entspricht.[52]   **754**

Gleiches gilt für einen möglichen Verstoß gegen **§ 138 I BGB**. Eine Abfindungsbeschränkung verstößt gegen die guten Sitten, wenn sie über das zur Erhaltung des Fortbestands der Gesellschaft erforderliche Maß hinausgeht und daher unverhältnismäßig in die Rechtsstellung des Gesellschafters eingreift.[53] Wiederum ist auf den Zeitpunkt der Vereinbarung der Klausel abzustellen, so dass eine Buchwertklausel, die bei Gründung vereinbart worden ist, in der Regel nicht zu beanstanden ist.[54] Anderes gilt allerdings, wenn die Abfindung von Anfang an lediglich auf die Hälfte des Buchwerts beschränkt ist[55] oder wenn die Abfindung im Fall einer (groben) Verletzung der Interessen der Gesellschaft oder der Pflichten des Gesellschafters vollends ausgeschlossen ist. Die zuletzt genannte Regelung ist auch als Vertragsstrafe nicht grundsätzlich   **755**

---

46 BGH ZIP 2005, 1068, 1070; 2006, 994 Rn. 17; 2008, 1276 Rn. 30; 2011, 1359 Rn. 14.
47 Vgl. *Grunewald*, Gesellschaftsrecht, § 1 Rn. 146; *Saenger*, Gesellschaftsrecht, Rn. 217; ausf. *Fleischer/Bong* WM 2017, 1957 ff.; ausf. zur Wirksamkeit *Skusa/Thürauf* NJW 2015, 3478 ff.
48 Vgl. dazu noch BGH WM 1978, 1044, 1045.
49 Zusammenfassend *Herff* GmbHR 2012, 621 ff.; speziell zur Freiberuflersozietät *Freund* ZIP 2009, 941 ff.; vgl. weiter *Casper/Altgen* DStR 2008, 2319 ff.
50 Koller/Kindler/Roth/Drüen/*Kindler*, HGB, § 131 Rn. 18; Oetker/*Kamanabrou*, HGB, § 131 Rn. 73, 78.
51 BGHZ 123, 281, 284; OLG Frankfurt ZIP 2013, 975.
52 Staub/*Schäfer*, HGB, § 131 Rn. 189; Röhricht/von Westphalen/Haas/*Haas*, HGB, § 131 Rn. 68.
53 So vor allem für den vollständigen Ausschluss MünchKomm-HGB/*K. Schmidt*, § 131 Rn. 166; EBJS/*Lorz*, HGB, § 131 Rn. 125 f.
54 Staub/*Schäfer*, HGB, § 131 Rn. 189; Röhricht/von Westphalen/Haas/*Haas*, HGB, § 131 Rn. 68.
55 BGH NJW 1989, 2685, 2686; *Henssler/Michel* NZG 2012, 401, 406; vgl. noch Soergel/*Hadding/Kießling*, BGB, § 738 Rn. 47.

zulässig.[56] Weitere Einschränkungen sollen aber möglich sein, wenn der Gesellschafter die Beteiligung als Erbe erworben hat.[57]

756 Falls sich ein grobes Missverhältnis zwischen dem wirklichen Unternehmenswert und der geschuldeten Abfindung erst **im Laufe der Zeit** entwickelt, helfen die §§ 138 I, 723 III BGB nach dem bisher Gesagten nicht weiter. Die Rechtsprechung behilft sich in diesen Fällen mit einer **ergänzenden Vertragsauslegung unter Berücksichtigung von Treu und Glauben** und bejaht einen Abfindungsanspruch, der sich an den veränderten Umständen zu orientieren hat.[58] Als Faustformel kann die Hälfte des objektiven Anteilswerts als angemessen betrachtet werden.[59]

757 cc) Während ein ausgeschiedener Gesellschafter für **Neuverbindlichkeiten** der GbR nicht mehr haftet, besteht seine Haftung für **Altverbindlichkeiten** fort. Eine Altverbindlichkeit liegt vor, wenn deren Rechtsgrundlage bereits im Zeitpunkt des Ausscheidens des Gesellschafters gelegt worden ist, unabhängig davon, wann der gegen die Gesellschaft gerichtete Anspruch fällig wird.[60] Dies gilt auch im Hinblick auf einen Schadensersatzanspruch, der aus einer späteren Pflichtverletzung resultiert:

758 **Fall 80:** K deponierte bei einer als OHG betriebenen Bank Aktien, die nach dem Ausscheiden des Gesellschafters G irrtümlich an einen Nichtberechtigten herausgegeben wurden. Hier haftet – neben der OHG[61] – auch G gem. § 128 HGB auf Schadensersatz.[62]

759 Die **Nachhaftung** für Altschulden ist indes gem. § 736 II BGB iVm § 160 HGB[63] auf 5 Jahre **begrenzt**.[64] Die Frist beginnt nach dem Wortlaut von § 160 I 2 HGB erst im Zeitpunkt der Eintragung des Ausscheidens im Handelsregister. Da es hierzu bei der GbR nicht kommen kann, ist in sinngemäßer Anwendung des § 160 HGB die positive Kenntnis des Gläubigers vom Ausscheiden des Gesellschafters entscheidend (was gleichermaßen für OHG und KG gilt, unten Rn. 763).[65] Unabhängig von § 160 HGB

---

56 BGH NZG 2014, 820 Rn. 15; dazu *K. Schmidt* JuS 2014, 1126 ff. (zur GmbH); für die Personengesellschaft ebenso MünchKomm-BGB/*Schäfer*, § 738 Rn. 45, 61; *Behnke* NZG 1999, 112, 113; aA *Flume*, BGB AT I/1, § 12 III; *Reuter*, Privatrechtliche Schranken der Perpetuierung von Unternehmen, 1973, S. 406.

57 OLG Bremen NJW 2013, 2527.

58 BGHZ 123, 281, 284 f.; BGH NJW 1993, 2101, 2103; NZG 2011, 1420, 1421; OLG Frankfurt ZIP 2013, 975, 976; kritisch *Grunewald*, Gesellschaftsrecht, § 1 Rn. 147; *Ulmer/Schäfer* ZGR 1995, 134, 148 ff.; *Henze*, FS K. Schmidt, 2009, S. 619 ff.; ausf. *Foerster* ZGR 2014, 396 ff.

59 Vgl. BGHZ 123, 281, 284 ff.; BGH NJW 1993, 2101, 2103; NZG 2011, 1420, 1421; OLG Frankfurt ZIP 2013, 975, 976.

60 BGHZ 55, 267, 269 f. (zum vertraglichen Erfüllungsanspruch); BGH NJW 1986, 1690 = JuS 1986, 813 m. Anm. *K. Schmidt* (zum Aufwendungsersatzanspruch aus §§ 670, 677, 683 BGB); BGHZ 174, 7, 9 = JuS 2008, 184 m. Anm. *K. Schmidt* (zum Darlehensrückzahlungsanspruch); BGH NZG 2012, 221 Rn. 13 (verneint für eine nach Ausscheiden erfolgte Doppelzahlung eines Gesellschaftsschuldners); abweichend *Lüneborg* ZIP 2012, 2229 ff.: einseitige Bindung der Gesellschaft ist ausreichend.

61 Dazu oben Rn. 589 ff.

62 BGHZ 36, 224 ff.; vgl. weiter BGHZ 48, 203 ff.

63 Die Nachhaftungsregelung des § 160 HGB gilt für jeden Fall des Ausscheidens: Koller/Kindler/Roth/Drüen/*Kindler*, HGB, § 160 Rn. 2; EBJS/*Hillmann*, HGB, § 160 Rn. 5; Henssler/Strohn/*Klöhn*, Gesellschaftsrecht, § 160 HGB Rn. 7.

64 Einzelheiten bei MünchKomm-HGB/*K. Schmidt*, § 160 Rn. 26 ff.; Staub/*Habersack*, HGB, § 160 Rn. 15 ff.

65 BGHZ 174, 7 = JuS 2008, 184 m. Anm. *K. Schmidt*; VGH München DStR 2013, 1791; mit anderer Begründung zustimmend *Häublein* Jura 2008, 617 ff.

kann der Gesellschafter jedoch auch eine früher eintretende Verjährung – sowohl des gegen ihn gerichteten Anspruchs als auch der Gesellschaftsverbindlichkeit (§ 129 I HGB analog) – einredeweise geltend machen.[66] Zudem kann der ausgeschiedene Gesellschafter bei seinen Mitgesellschaftern nach § 426 BGB Regress nehmen (Rn. 671), und zwar ohne vorher Befriedigung aus dem Gesellschaftsvermögen suchen zu müssen.[67]

2. OHG

a) Die **gesetzlichen Gründe**, die – in Ermangelung abweichender Regelungen – zum Ausscheiden des Gesellschafters aus der OHG führen, sind in § 131 III HGB niedergelegt. Besondere Kündigungsvorschriften finden sich in §§ 132, 134 HGB. Zudem kann ein Gesellschafter nach Maßgabe des § 140 HGB aus wichtigem Grund ausgeschlossen werden. Der **Ausschluss** erfolgt nicht – wie bei der BGB-Gesellschaft (Rn. 741 ff.) – durch Beschluss, sondern durch eine Gestaltungsklage. Allerdings kann der Gesellschaftsvertrag auch einen Ausschluss kraft Gesellschafterbeschlusses vorsehen.[68] Eine Ausschlussklage ist erfolgreich, wenn in der Person des Gesellschafters ein Umstand eingetreten ist, der die übrigen Gesellschafter nach § 133 HGB berechtigt, die Auflösung der Gesellschaft zu verlangen. Dafür bedarf es nach hM eines **besonders schwerwiegenden Grundes** in der Person des beklagten Gesellschafters; andernfalls kommt nur eine Auflösungsklage gem. § 133 HGB in Betracht.[69] Die übrigen Gesellschafter können aufgrund ihrer Treuepflicht verpflichtet sein, der Klage zuzustimmen, aber nur wenn dies für den Fortbestand der Gesellschaft dringend erforderlich und auch zumutbar ist.[70] Mit Rechtskraft des **Gestaltungsurteils** scheidet der beklagte Gesellschafter aus der fortbestehenden OHG aus, ohne dass noch weitere Vollstreckungshandlungen erforderlich sind.[71] **760**

b) Für **Anwachsung** und **Abfindung** gilt gem. § 105 III HGB iVm § 738 I BGB das zur GbR (Rn. 751 ff.) Gesagte entsprechend. **761**

c) Den ausgeschiedenen Gesellschafter trifft für **Neuverbindlichkeiten** nach § 128 HGB im Grundsatz keine Haftung. Ist allerdings sein Ausscheiden entgegen § 143 II HGB nicht ordnungsgemäß in das Handelsregister eingetragen worden, kann dieser Umstand den Gläubigern der Gesellschaft aufgrund der **negativen Publizitätswirkung** des Handelsregisters gem. § 15 I HGB nicht entgegengehalten werden. **762**

Die Haftung für **Altverbindlichkeiten** besteht fort, ist aber gem. § 160 HGB auf die Dauer von 5 Jahren beschränkt. Diese Frist beginnt gem. § 160 I 2 HGB mit der Ein- **763**

---

66 Koller/Kindler/Roth/Drüen/*Kindler*, HGB, § 160 Rn. 3; Henssler/Strohn/*Klöhn*, Gesellschaftsrecht, § 160 HGB Rn. 2.
67 BGH NJW 1980, 339, 340; *Grunewald*, Gesellschaftsrecht, § 1 Rn. 150; aA *Hadding/Häuser* WM 1988, 1585, 1590.
68 BGHZ 81, 263, 265 f.; 107, 351, 356; BGH NZG 2011, 901; dazu *K. Schmidt* JuS 2012, 256 ff.; aA *Behr* ZGR 1985, 475, 501 ff.
69 Henssler/Strohn/*Klöhn*, Gesellschaftsrecht, § 140 HGB Rn. 5; Oetker/*Kamanabrou*, HGB, § 140 Rn. 6.
70 BGHZ 64, 253, 258; EBJS/*Lorz*, HGB, § 140 Rn. 30.
71 Henssler/Strohn/*Klöhn*, Gesellschaftsrecht, § 140 HGB Rn. 32; MünchKomm-HGB/*K. Schmidt*, § 140 Rn. 83.

tragung des Ausscheidens in das Handelsregister. Doch setzt bereits die positive Kenntnis des einzelnen Gläubigers – wie bei der GbR (Rn. 759) – diesem gegenüber die Frist in Gang, da § 160 I 2 HGB die Gesellschafter lediglich der Notwendigkeit entheben soll, alle Gläubiger einzeln in Kenntnis zu setzen.[72] Eine vergleichbare Nachhaftungsbeschränkung greift nach Maßgabe des § 160 III HGB Platz, wenn ein OHG-Gesellschafter seine Mitgliedschaft in einen Kommanditanteil umwandelt.

3. KG

764 Das Ausscheiden eines Kommanditisten ist nach § 162 III HGB in das Handelsregister **einzutragen**. Bei Unterlassen droht eine Haftung nach § 15 I HGB.[73] Dem steht § 162 II Hs. 2 HGB nicht entgegen, da sich der Ausschluss des § 15 HGB nach **zutreffender Auffassung** nur auf die Bekanntmachung bezieht. Auf die Eintragung der Kommanditisten ist § 15 HGB auch weiterhin anwendbar. Die ablehnende **Gegenauffassung**, die sich stattdessen mit der Anwendung allgemeiner Rechtsscheingrundsätze behilft,[74] überschätzt die Bedeutung der Änderung des § 162 II HGB durch das NaStraG. Den Gesetzesmaterialien[75] ist unschwer zu entnehmen, dass eine Änderung der materiellen Rechtslage gerade nicht intendiert war.[76] Darüber hinaus beeinträchtigt die Gegenauffassung die Funktionsfähigkeit des Handelsregisters und behindert die Sicherheit und Leichtigkeit des Rechts- und Handelsverkehrs. Wird die Abfindung an den Kommanditisten von der KG bezahlt, lebt die Einlageschuld nach § 172 IV 1 HGB wieder auf.[77] Die **Nachhaftungsregelung** des § 160 I HGB (Rn. 759) gilt gem. § 161 II HGB für Komplementäre wie Kommanditisten.[78] Analoge Anwendung findet § 160 HGB auf eine Herabsetzung des Haftkapitals.[79] Die Frist beginnt zu laufen, wenn die Herabsetzung entweder in das Handelsregister eingetragen wird oder aber die Gläubiger hiervon positive Kenntnis haben.[80]

III. Gesellschafterwechsel

1. GbR

765 Die Übertragung der Mitgliedschaft an Personengesellschaften ist nach heute einhelliger Auffassung **zulässig**, wenn dies entweder im **Gesellschaftsvertrag** vorgesehen ist oder alle Gesellschafter **zustimmen**.[81] In rechtsdogmatischer Hinsicht wird die

---

72 BGHZ 174, 7 Rn. 18 f. = JuS 2008, 184 m. Anm. *K. Schmidt*.
73 Oetker/*Oetker*, HGB, § 162 Rn. 16, 18; *Grunewald*, Gesellschaftsrecht, § 3 Rn. 59; *Wilhelm* DB 2002, 1979, 1982 f.; aA *K. Schmidt* ZIP 2002, 413, 417; *Mattheus/Schwab* ZGR 2008, 65, 84.
74 MünchKomm-HGB/*K. Schmidt*, § 173 Rn. 36; ähnlich Baumbach/Hopt/*Roth*, HGB, § 173 Rn. 13.
75 Vgl. Begr. RegE, BT-Drucks. 14/4051, S. 19.
76 MünchKomm-HGB/*Grunewald*, § 162 Rn. 13.
77 EBJS/*Strohn*, HGB, § 172 Rn. 38; MünchKomm-HGB/*K. Schmidt*, § 172 Rn. 73.
78 MünchKomm-HGB/*K. Schmidt*, § 160 Rn. 20 f.; Oetker/*Boesche*, HGB, § 160 Rn. 4.
79 OLG Hamburg NZG 2020, 664 Rn. 17; EBJS/*Strohn*, HGB, § 174 Rn. 4; BeckOK-HGB/*Häublein*, § 174 Rn. 9.
80 OLG Hamburg NZG 2020, 664 Rn. 19 ff.; BeckOK-HGB/*Häublein*, § 174 Rn. 9.
81 *Saenger*, Gesellschaftsrecht, Rn. 233; *Windbichler*, Gesellschaftsrecht, § 9 Rn. 15; ausf. *Lieder* ZfPW 2016, 205 ff.

Gesellschafterstellung als sonstiges Recht iSd § 413 BGB nach Maßgabe des § 398 BGB abgetreten.[82] Der Rechtsübergang vollzieht sich im Wege der **rechtsgeschäftlichen Sukzession**, so dass der Gesellschaftsanteil identitätswahrend vom Veräußerer auf den Erwerber übergeht.[83] Eine An- und Abwachsung gem. § 738 I 1 BGB (analog) findet grundsätzlich nicht statt.[84] Auch hat der ausscheidende Gesellschafter (Veräußerer) keinen Abfindungsanspruch; er realisiert den Wert seiner Beteiligung in Form des Kaufpreises. Seine Nachhaftung bestimmt sich gem. § 736 II BGB iVm § 160 HGB (Rn. 759). Der Erwerber haftet analog § 130 HGB auch für die vor dem Erwerb begründeten Verbindlichkeiten (Rn. 738).

2. OHG

Für den Wechsel in der OHG gilt das zur GbR (Rn. 765) Gesagte entsprechend. Die Haftung des **Erwerbers** richtet sich nach § 130 HGB.[85] Zugunsten des **Veräußerers** greift die Nachhaftungsbegrenzung des § 160 HGB (oben Rn. 759). Der Gesellschafterwechsel ist gem. §§ 107, 143 HGB in das Handelsregister **einzutragen**. Verstöße können eine Haftung des Veräußerers für Neuverbindlichkeiten nach § 128 iVm § 15 I HGB auslösen.

766

3. KG

Die Übertragung von Kommanditanteilen ist nach §§ 398, 413 BGB **zulässig**.[86] Auch der Komplementär kann einen Kommanditanteil erwerben. Allerdings kann ein Gesellschafter nicht zugleich beschränkt und unbeschränkt haften, so dass der Kommanditanteil in diesem Fall untergeht.[87] Ist die Einlage im Zeitpunkt des Übergangs noch nicht (vollständig) gezahlt, **haften** Alt- und Neukommanditist gesamtschuldnerisch.[88] Die spätere Einlageleistung durch den Neukommanditisten führt auch zum Wegfall der Haftung des Altkommanditisten. Veräußerer und Erwerber können sich in dieser Konstellation also gleichermaßen auf die Einlageleistung berufen. Umgekehrt haftet der Erwerber für an den Veräußerer vor der Anteilsübertragung geleistete, nach § 172 IV 1 HGB haftungsrelevante Zahlungen nach Maßgabe des § 173 iVm §§ 171, 172 HGB.[89]

767

Im Zuge der Übertragung des Kommanditanteils bleibt das Vermögen der KG im Grundsatz unberührt. Allerdings verlangt die hM die Eintragung eines **Rechtsnachfolgevermerks** in das Handelsregister, um den Gesellschafterwechsel für den Rechtsverkehr erkennbar zu machen und zu dokumentieren, dass kein neuer Kommanditist

768

---

82 *Bitter/Heim*, Gesellschaftsrecht, § 5 Rn. 110; *K. Schmidt*, Gesellschaftsrecht, § 45 III 3.
83 Dazu allgemein *Lieder*, Die rechtsgeschäftliche Sukzession (2015).
84 Grundsatzentscheidung RG (GS) DNotZ 1944, 195, 198 m. Anm. *Donner*; ausf. *Reiff/Nannt* DStR 2009, 2367 ff.
85 Zur Konstruktion MünchKomm-HGB/*K. Schmidt*, § 130 Rn. 10, 12; Koller/Kindler/Roth/Drüen/ *Kindler*, HGB, § 130 Rn. 1.
86 Statt vieler *Schäfer*, Gesellschaftsrecht, § 16 Rn. 8 ff.
87 ThürOLG DStR 2011, 1916; dazu *Auerbach* GWR 2011, 469; Röhricht/von Westphalen/Haas/*Haas*, HGB, § 105 Rn. 4a; aA MünchKomm-HGB/*Priester*, § 120 Rn. 93.
88 BGHZ 81, 82, 85; Oetker/*Oetker*, HGB, § 173 Rn. 24; Heymann/*Borges*, HGB, § 172 Rn. 55.
89 OLG Hamm NZG 2018, 940 Rn. 11 ff.; dazu *K. Schmidt* JuS 2018, 1007 ff.

eingetreten, sondern ein Kommanditanteil lediglich veräußert worden ist.[90] Der Nachfolgevermerk wird nach zweifelhafter hM nur aufgrund einer negativen Abfindungsversicherung in das Handelsregister eingetragen.[91]

769   **Fall 81:**[92] Die seit 1.1.2020 betriebene ABC-KG besteht aus dem Komplementär A und den beiden Kommanditisten B und C. Beide haben eine Hafteinlage von je 50 000 € gezahlt. Der Gesellschaftsvertrag erlaubt es den Kommanditisten ausdrücklich, ihren Gesellschaftsanteil zu übertragen. Alsbald verliert C das Interesse; in dem Pensionär P findet er einen Interessenten für seinen Kommanditanteil. Am 1.2.2021 kommen beide überein, dass C gegen Zahlung von 50 000 € seinen Anteil an der ABC-KG auf P überträgt. Im Handelsregister werden sowohl das Ausscheiden des C als auch der Eintritt des P vermerkt. Darüber hinaus erfolgt die Eintragung eines Nachfolgevermerks, nach welchem der Kommanditanteil von C im Wege der Einzelnachfolge auf P übergegangen ist. Sodann meldet sich X bei der ABC-KG. X war am 2.1.2020 der erste Vertragspartner der ABC-KG und hatte dieser Bürobedarf in einem Wert von 10 000 € geliefert. Noch immer wartet er jedoch auf die Zahlung des Betrages. Kann X gegen C und P vorgehen?

a) Haftung des Altkommanditisten

770   aa)   Sind **Gesellschafterwechsel** und **Rechtsnachfolgevermerk** ordnungsgemäß eingetragen, sollte der bisherige Kommanditist nach **früher hM** gleichwohl **analog § 172 IV HGB** haften. Denn die Kaufpreiszahlung des Neukommanditisten entspreche bei wirtschaftlicher Betrachtung einer Rückzahlung der Einlage durch einen Dritten (vgl. § 267 BGB) und sei zugleich als Tilgung der Einlageschuld gegenüber der KG durch Zahlung an einen Dritten zu qualifizieren (vgl. § 362 II BGB).[93] Die juristische Aufspaltung der einheitlichen Kaufpreiszahlung zwischen Veräußerer und Erwerber erscheint indes vollkommen lebensfremd. Das gilt umso mehr, als das Vermögen der KG von diesem Vorgang in keiner Weise berührt wird. Daher spricht sich die **heute hM** mit Recht gegen eine Haftung des Altkommanditisten aus, vorausgesetzt, es fließt kein Geld aus dem KG-Vermögen an den Veräußerer ab.[94]

771   Auch eine Haftung nach **§ 15 I HGB** wegen unterlassener Eintragung des Ausscheidens des Altkommanditisten scheidet aus, weil der Kommanditistenwechsel im Wege der rechtsgeschäftlichen Nachfolge ordnungsgemäß im Handelsregister dokumentiert ist; der Eindruck einer zusätzlichen Haftsumme ist mit hinreichender Deutlichkeit zerstört.[95] Daher scheidet ein Haftung des C in **Fall 81** aus.

772   Wird allerdings die **Hafteinlage** ganz oder teilweise an den Neukommanditisten **ausgezahlt**, bejaht die **hM** eine **Haftung des Altkommanditisten** analog § 172 IV HGB.[96] Dem liegt der Gedanke zugrunde, dass den Gläubigern der Gesellschaft ohne deren Zustimmung kein anderer Schuldner aufgezwungen werden darf. Dies wäre in-

---

90   BGHZ 81, 82, 86 f.; *Bueren* ZHR 178 (2014), 715 ff.
91   BGH DNotZ 2013, 433 m. Anm. *Vossius*; vgl. auch – Vorinstanz – OLG Nürnberg NZG 2012, 1270 m. Anm. *Wachter* EWiR 2012, 727 f.; aA *Röhl* DNotZ 2013, 657 ff.
92   In Anlehnung an *Timm/Schöne*, Fälle zum Handels- und Gesellschaftsrecht, Bd. 1, S. 201.
93   RGZ 83, 312, 314 f.; 162, 264 ff.
94   Röhricht/von Westphalen/Haas/*Mock*, HGB, § 173 Rn. 14 f.; *Huber* ZGR 1984, 146, 148.
95   BGHZ 81, 82, 87; EBJS/*Strohn*, HGB, § 173 Rn. 21.
96   BGH NJW 1976, 751, 752; MünchKomm-HGB/*K. Schmidt*, § 173 Rn. 33.

des der Fall, wenn sie nun nicht auf den Alt-, sondern ausschließlich auf den Neukommanditisten zugreifen könnten. **Dagegen** spricht indes, dass § 172 IV HGB eine
Haftung nur für den Empfänger der Einlagenrückzahlung wiederaufleben lässt. Zudem fehlt es überhaupt an einer rechtlichen Grundlage für diese zusätzliche Begünsti-
gung der Gläubiger. Deshalb ist mit der zutreffenden Gegenauffassung eine Haftung
des Altkommanditisten abzulehnen.[97]

bb) Sind **kein Gesellschafterwechsel** und auch **kein Nachfolgevermerk** eingetra- **773**
gen, kann gutgläubigen Dritten die Tatsache der Nachfolge gem. § 15 I HGB nicht
entgegengehalten werden.[98] Das löst die bekannten Haftungsfolgen für den Altkommanditisten aus. Er kann sich gegenüber dem Neugläubiger nicht darauf berufen, dass
er durch Anteilsübertragung aus der KG ausgeschieden ist, sondern haftet nach § 15 I
iVm §§ 171, 172 HGB.

cc) Ist zwar der **Gesellschafterwechsel**, aber **kein Nachfolgevermerk** eingetragen, **774**
lebt die Haftung des Altkommanditisten trotz Einlageleistung nach zutreffender **hM
analog § 172 IV HGB** wieder auf.[99] Denn die Eintragung des neuen Kommanditisten
erweckt den Eindruck einer zusätzlichen Haftsumme. Allerdings ist die Hafteinlage
nur einmal durch den Altkommanditisten aufgebracht worden. Mit der Übertragung
des Kommanditanteils und der Zahlung des Kaufpreises an den Altkommanditisten
hat der Neukommanditist auch das Recht erworben, sich auf die vom Altkommanditisten ursprünglich geleistete Einlage zu berufen. Spiegelbildlich scheidet eine Berufung auf ein und dieselbe Einlageleistung durch den Altkommanditisten aus, wenn
der Eindruck zweier Einlagen erweckt wurde; die noch für ihn eingetragene Haftsumme muss daher gegenüber dem Rechtsverkehr als durch die frühere Einlageleistung
nicht mehr gedeckt gelten.

Auf die wahre Rechtslage (Übertragung des Kommanditanteils) kann sich der Alt- **775**
kommanditist nach zutreffender hM trotz § 162 II Hs. 2 HGB gem. **§ 15 I HGB** nicht
berufen. Denn § 162 II Hs. 2 HGB schließt die Anwendung des § 15 HGB nur für Be-
kanntmachungsfehler aus, während die Verletzung der Eintragungspflicht auch weiterhin gem. § 15 I HGB sanktioniert werden kann (oben Rn. 59 f.)[100]. Da es sich beim
Nachfolgevermerk um eine eintragungspflichtige Tatsache handelt, muss sich der
Altkommanditist bei fehlender Eintragung des Vermerks so behandeln lassen, als sei
er unabhängig vom Eintritt des Neukommanditisten ausgetreten, was zu einer entsprechenden Heranziehung von § 172 IV HGB führt.

b) Haftung des Neukommanditisten

aa) Sind **Gesellschafterwechsel** und **Rechtsnachfolgevermerk** ordnungsgemäß **776**
eingetragen, haftet der neue Kommanditist zwar analog § 173 HGB iVm §§ 171, 172
HGB für Altschulden. Allerdings kann er sich auf die ursprüngliche Einlageleistung

---

97 Koller/Kindler/Drüen/Roth/*Kindler*, HGB, §§ 171, 172 Rn. 27; Baumbach/Hopt/*Roth*, HGB, § 173
     Rn. 12; *Michel* ZGR 1993, 118, 121 ff.
98 MünchKomm-HGB/*Grunewald*, § 162 Rn. 13.
99 BGHZ 81, 82, 88 f.; *Bitter/Heim*, Gesellschaftsrecht, § 7 Rn. 24.
100 EBJS/*Strohn*, HGB, § 173 Rn. 18; *Wilhelm* DB 2002, 1979, 1984; zu den innerhalb dieser Auffas-
      sung bestehenden Meinungsverschiedenheiten vgl. *Bueren* ZHR 179 (2014), 715, 741 ff.

des Altkommanditisten berufen, die mit der Übertragung des Kommanditanteils auf ihn übergegangen ist.[101] Deshalb scheidet in **Fall 81** auch eine Inanspruchnahme des P aus.

777 bb) Sind **kein Gesellschafterwechsel** und auch **kein Nachfolgevermerk** eingetragen, kann sich der neue Kommanditist gleichermaßen auf die im Gesellschaftsvermögen befindliche Einlage berufen.[102] Sehr umstritten ist allerdings, ob den Neukommanditisten außerdem eine persönliche Haftung nach **§ 176 II HGB** trifft. Das bejaht die **Rechtsprechung** zur Gewährleistung eines effektiven Gläubigerschutzes. Die **hL** lehnt eine persönliche Haftung hingegen mit Recht ab, weil sich der Gesellschafterwechsel für die Gläubiger der KG nicht als Eintritt darstellt.[103] Insbesondere wird das Haftvermögen der KG von dem Wechsel nicht berührt.

778 cc) Ist zwar der **Gesellschafterwechsel**, aber **kein Nachfolgevermerk** eingetragen, befürwortete die **früher hM** wegen des Anscheins des Eintritts eines weiteren Kommanditisten einen Anspruch aus § 15 I iVm § 173 iVm §§ 171, 172 HGB.[104] Demgegenüber verweist die **heute hM** mit Recht darauf, dass auch ohne den Vermerk eine Nachfolge stattgefunden habe und außerdem der Altkommanditist analog § 172 IV HGB hafte. Eine Haftung des Neukommanditisten erscheint vor diesem Hintergrund als Zufallsgeschenk für die Gläubiger und scheidet daher aus.[105] Ebenso wenig kommt eine Haftung nach **§ 15 I HGB** in Betracht, weil die tatsächliche Erbringung der Einlage keine eintragungspflichtige Tatsache darstellt.[106]

IV. Tod des Gesellschafters

1. GbR

779 Der Tod eines BGB-Gesellschafters führt nach § 727 I BGB grundsätzlich zur **Auflösung** der Gesellschaft (Rn. 836). Diese Rechtsfolge wird in der Praxis weithin als unpassend empfunden. Daher haben sich vielfältige **kautelarjuristische Gestaltungen** etabliert, die auch eine hohe Ausbildungs- und Examensrelevanz aufweisen.[107]

a) Fortsetzungsklausel

780 Zunächst können die Gesellschafter vertraglich vereinbaren, dass die Gesellschaft nach dem Tod eines Gesellschafters mit den verbleibenden Teilhabern fortgesetzt wird. Eine solche reine Fortsetzungsklausel führt dazu, dass den verbleibenden Gesellschaftern der Anteil des Verstorbenen am Gesellschaftsvermögen gem. § 738 I 1

---

101 BGHZ 81, 82, 84 f.; Oetker/*Oetker*, HGB, § 173 Rn. 24.
102 MünchKomm-HGB/*K. Schmidt*, § 173 Rn. 38 f. iVm Rn. 30; EBJS/*Strohn*, HGB, § 173 Rn. 16, 24.
103 *Huber*, ZGR 1984, 146, 160 ff.; Heymann/*Borges*, HGB, § 176 Rn. 51.
104 *Weipert* DR 1943, 270, 275; Staub/*Schilling*, HGB, 3. Aufl. 1970, § 173 Anm. 27.
105 MünchKomm-HGB/*K. Schmidt*, § 173 Rn. 36; Koller/Kindler/Roth/Drüen/*Kindler*, HGB, §§ 171, 172 Rn. 27.
106 BGHZ 81, 82, 87; *K. Schmidt* GmbHR 1981, 253, 257 f.
107 Zum Ganzen ausf. *Seeger* Jura 2007, 889 ff.; *Hecht* JA 2012, 372 ff.; *Hahn* JuS 2017, 720 ff.; *v. Proff* DStR 2017, 2555 ff.

BGB verhältniswahrend **anwächst**.[108] Im Gegenzug hat die Erbengemeinschaft nach dem verstorbenen Gesellschafter gem. § 738 I 2 BGB einen Abfindungsanspruch auf den wirklichen Wert des Geschäftsanteils.[109]

Der **Abfindungsanspruch** steht wiederum zur Disposition der Gesellschafter. In diesem Zusammenhang setzt § **723 III BGB** der Gestaltungsfreiheit keine Grenzen, da die Abfindungsbeschränkung keine Rückwirkungen auf das Kündigungsrecht der Gesellschafter zeitigt; sie knüpft ausschließlich an das Ableben des Gesellschafters an.[110] Auch ein Verstoß gegen § **138 I BGB** scheidet regelmäßig aus, und zwar selbst dann, wenn die Gesellschafter einvernehmlich einen vollständigen Abfindungsausschluss vereinbaren.[111] Denn in diesem Fall erweist sich die Vereinbarung als ein Risikogeschäft (und nicht etwa als Schenkung), da keiner der beteiligten Gesellschafter weiß, wann er stirbt. In der Sache geht es nicht um eine unentgeltliche Zuwendung, sondern um den Erhalt des Gesellschaftsunternehmens und dessen Fortführung durch die übrigen Gesellschafter, die nicht durch Abfindungsansprüche erschwert werden soll.[112]

781

Aus dem gleichen Grund greift grundsätzlich auch kein **Pflichtteilsergänzungsanspruch** nach § 2325 BGB Platz.[113] Anders kann der Fall aber liegen, wenn schutzwürdige Belange der Nachlassbeteiligten das Fortführungsinteresse mit Blick auf sämtliche Umstände des konkreten Einzelfalls überwiegen. Eine Schenkung hat der BGH daher angenommen für eine zweigliedrige, rein vermögensverwaltende Gesellschaft, bei welcher das Fortführungsinteresse von untergeordneter Bedeutung war, sie stattdessen der Wahrnehmung von Eigentümerpositionen zu dienen bestimmt war.[114]

782

b) Einfache erbrechtliche Nachfolgeklausel

Weiterhin können die Gesellschafter vereinbaren, dass die Gesellschaft mit den Erben des verstorbenen Gesellschafters fortgesetzt wird.[115] Eine solche einfache erbrechtliche Nachfolgeklausel muss in den **Gesellschaftsvertrag** aufgenommen werden. Eine Anordnung ausschließlich im Testament reicht dafür nicht aus.[116]

783

Der Anteilserwerb vollzieht sich nach den allgemeinen Grundsätzen des § 1922 I BGB. Die Gesellschafterstellung geht also mit dem Tod des Gesellschafters ex lege ohne weitere Zwischenschritte und Erklärungen auf die Erben über. In der Folge müsste an sich die **Erbengemeinschaft** (vgl. §§ 2032 ff. BGB) in die Gesellschaft eintreten. Diese Rechtsfolge wird aber gemeinhin als unpassend angesehen. Denn

784

---

108 Oetker/*Kamanabrou*, HGB, § 131 Rn. 40; Röhricht/von Westphalen/Haas/*Haas*, HGB, § 131 Rn. 38.

109 Erman/*Lieder*, BGB, § 1922 Rn. 26, 31; Staudinger/*Habermeier*, BGB, § 727 Rn. 21; MünchKomm-HGB/*K. Schmidt*, § 131 Rn. 102.

110 Vgl. Soergel/*Hadding/Kießling*, BGB, § 727 Rn. 14, § 738 Rn. 53; Staub/*Schäfer*, HGB, § 131 Rn. 188.

111 BGH WM 1971, 1338 f.; *Saenger*, Gesellschaftsrecht, Rn. 225.

112 Vgl. BGH DNotZ 1966, 620, 622; NJW 2020, 2396 Rn. 17.

113 Im Ergebnis auch BGH NJW 1957, 180, 181; ohne spezifischen Bezug zu § 2325 BGB Baumbach/Hopt/*Roth*, HGB, § 131 Rn. 62.

114 BGH NJW 2020, 2396 Rn. 20 ff.

115 Siehe die Fallbearbeitungen bei *Saenger/Uphoff* JA 2014, 338 ff; *Heller/Schumacher* Jura 2017, 179 ff.

116 Staub/*Schäfer*, HGB, § 139 Rn. 9; Soergel/*Hadding/Kießling*, BGB, § 139 Rn. 19.

zum einen haftet die Erbengemeinschaft nur beschränkt mit dem Nachlass; eine solche Haftungsbeschränkung ist mit der Rechtsstellung eines persönlich haftenden Personengesellschafters schwerlich in Einklang zu bringen. Zum anderen ist die Erbengemeinschaft auf Auseinandersetzung gerichtet und überhaupt ein recht schwerfälliges Gebilde. Die Willensbildung in der GbR würde durch den Eintritt der Erbengemeinschaft daher wesentlich erschwert. Deshalb findet nach zutreffender hM keine Gesamtnachfolge statt, sondern eine **Sondererbfolge**, wonach die Erben einzeln entsprechend ihrer jeweiligen Erbquote in die Gesellschaft einrücken.[117] Einen normativen Ansatzpunkt mag man in § 139 I HGB („jeder Erbe") erblicken; zwingend ist dies freilich nicht.

c) Qualifizierte erbrechtliche Nachfolgeklausel

785 Sollen nicht sämtliche, sondern nur ausgewählte Erben anstelle des verstorbenen Gesellschafters in die Gesellschaft eintreten, kann eine qualifizierte erbrechtliche Nachfolgeklausel vereinbart werden. Ist die Klausel allein im Gesellschaftsvertrag enthalten, folgen daraus noch keine Rechte der Erben, sondern der Gesellschaftsanteil wird nur vererblich gestellt.[118] Erst mit der Einsetzung im **Testament** schafft der Erblasser einen wirksamen Nachfolgetatbestand. In der Folge werden die ausgewählten Erben mit dem Tod des Erblassers gem. § 1922 I BGB automatisch und ohne ihr Zutun in Sondererbfolge Gesellschafter.[119] Schlägt die Erbeinsetzung fehl, kommt eine **ergänzende Auslegung** als Eintrittsklausel (Rn. 790) in Betracht.

786 Die **Nichtberücksichtigten** haben gegen die Gesellschaft **keinen Abfindungsanspruch**, da der Anteil des Verstorbenen nicht den verbliebenen Gesellschaftern anwächst, sondern auf die ausgewählten Erben übergeht. Ausgleichspflichten richten sich ausschließlich nach erbrechtlichen Grundsätzen;[120] d.h., der Nachfolger muss den (übergangenen) Miterben den anteiligen Wert des Gesellschaftsanteils analog § 2050 BGB ausgleichen.[121] Allerdings steht auch diese Ausgleichspflicht zur Disposition des Erblassers im Rahmen des Pflichtteilsrechts.[122]

d) Rechtsgeschäftliche Nachfolgeklausel

787 Der Erblasser kann außerdem einen beliebigen Dritten, der nicht zum Kreis seiner Erben zählt, als rechtsgeschäftlichen Nachfolger in seine Gesellschafterstellung einsetzen.

788 **Fall 82:** Im Gesellschaftsvertrag der ABC-GbR vereinbaren A, B und C, dass D nach dem Tod des A als dessen Nachfolger in die fortgeführte Gesellschaft eintreten soll. A stirbt. Ist D damit BGB-Gesellschafter geworden?

---

117 BGHZ 68, 225, 237 (KG); 98, 48, 50 f. (OHG); BGH NJW 1983, 2377; aA *Grunewald*, Gesellschaftsrecht, § 1 Rn. 157 ff.

118 MünchKomm-BGB/*Schäfer*, § 727 Rn. 28; Staub/*Schäfer*, HGB, § 139 Rn. 9 (OHG); modifizierend MünchKomm-HGB/*K. Schmidt*, § 139 Rn. 11.

119 BGHZ 68, 225, 237 f.; vgl. weiter *Saenger*, Gesellschaftsrecht, Rn. 227.

120 *Grunewald*, Gesellschaftsrecht, § 1 Rn. 163; *Kübler/Assmann*, Gesellschaftsrecht, § 7 VII 3 b cc.

121 MünchKomm-BGB/*Schäfer*, § 727 Rn. 45; *Flume*, BGB AT I/1, § 18 VI 2; *Brox/Walker*, Erbrecht, Rn. 794; für § 242 BGB BGHZ 22, 186, 197; *Steinbeck* JuS 2012, 199, 200.

122 MünchKomm-BGB/*Schäfer*, § 727 Rn. 45; Staudinger/*Habermeier*, BGB, § 727 Rn. 20.

Bei der rechtsgeschäftlichen Nachfolgeklausel handelt es sich in rechtsdogmatischer **789** Hinsicht um eine auf den Tod des Gesellschafters **aufschiebend bedingte Anteils- übertragung** unter Lebenden.[123] Folglich gilt hier das **Einigungsprinzip.** Danach wird nicht nur der Veräußerer vor einem ungewollten Rechtsverlust, sondern auch der potenzielle Erwerber vor der Aufdrängung einer unwillkommenen Vermögenspositi- on geschützt.[124] Wirksam sind rechtsgeschäftliche Nachfolgeklauseln in Gesell- schaftsverträgen daher nur dann, wenn der Erwerber am Abschluss des Gesellschafts- vertrags – oder bei nachträglicher Vereinbarung der Klausel – (als Mitgesellschafter) beteiligt war.[125] Ohne die Mitwirkung des Begünstigten ist die Nachfolgeklausel hin- gegen unwirksam. Zwar sind Verfügungen zugunsten Dritter – entgegen der hM[126] – im Grundsatz anzuerkennen[127]; hier läuft die Nachfolgeklausel indes auf einen **unzu- lässigen Vertrag zulasten Dritter** hinaus (Haftung für Altverbindlichkeiten analog § 130 HGB!).[128] Da D seine Zustimmung in **Fall 82** nicht erklärt hat, scheidet ein au- tomatischer Rechtsübergang aus. Allerdings kommt eine **Umdeutung** der Klausel nach § 140 BGB in eine Eintrittsklausel (Rn. 790) in Betracht.[129]

e) Eintrittsklausel

Aufgrund einer Eintrittsklausel soll die Gesellschaft mit einem Dritten fortgesetzt **790** werden, der selbst nicht Erbe des Verstorbenen ist und daher frei über den Eintritt ent- scheiden kann. Die Nachfolge in den Gesellschaftsanteil vollzieht sich in dieser Vari- ante also nicht automatisch mit dem Tod des Gesellschafters. Vielmehr wächst der Anteil zunächst den übrigen Gesellschaftern an; dem Dritten steht nur ein schuld- rechtlicher Eintrittsanspruch zu. In rechtsdogmatischer Hinsicht handelt es sich um einen **Vertrag zugunsten Dritter** (§ 328 BGB) auf den Todesfall.[130] Da § 2301 BGB nicht gilt, kann die Eintrittsklausel formfrei vereinbart werden.[131] Zudem steht dem Begünstigten das Zurückweisungsrecht aus § 333 BGB zu. Der **Aufnahmeanspruch** wird durch Vertragsabschluss des Dritten mit den übrigen Gesellschaftern erfüllt.[132] Da der Abfindungsanspruch in den Nachlass fällt, muss der Dritte idR als Gegenleis- tung für den Eintritt die Abfindung leisten.[133] Dies kann allerdings durch testamenta- rische Anordnung, wie zB ein Vermächtnis für den Dritten, oder eine gesellschafts- vertragliche Regelung der Abfindung (Rn. 753) ausgeschlossen werden.[134]

---

123   Soergel/*Hadding/Kießling*, BGB, § 727 Rn. 38; Staudinger/*Habermeier*, BGB, § 727 Rn. 23.
124   Dazu ausf. *Lieder*, Die rechtsgeschäftliche Sukzession, 2015, S. 232 f.; vgl. noch *Bork*, BGB AT, Rn. 657.
125   BGHZ 68, 225, 234; Staub/*Schäfer*, HGB, § 139 Rn. 14.
126   BGHZ 41, 95 f.; MünchKomm-BGB/*Gottwald* § 328 Rn. 261 ff.
127   *Bayer*, Der Vertrag zugunsten Dritter, S. 199 ff.; *Lieder* JuS 2011, 874, 878 f.; *Brox/Walker*, Erb- recht, Rn. 772.
128   *K. Schmidt*, Gesellschaftsrecht, § 45 V 6 c; BGHZ 68, 225, 232; BeckOK-BGB/*Schöne*, § 727 Rn. 19.
129   BGH NJW 1977, 1339 LS 2; EBJS/*Lorz*, HGB, § 139 Rn. 54 a.E.; Soergel/*Hadding/Kießling*, BGB, § 727 Rn. 41.
130   *Grunewald*, Gesellschaftsrecht, § 1 Rn. 164; Baumbach/Hopt/*Roth*, HGB, § 139 Rn. 51.
131   Baumbach/Hopt/*Roth*, HGB, § 139 Rn. 51; MünchKomm-HGB/*K. Schmidt*, § 139 Rn. 27.
132   Heymann/*Freitag*, HGB, § 139 Rn. 100; Oetker/*Kamanabrou*, HGB, § 139 Rn. 34.
133   MünchKomm-BGB/*Schäfer*, § 727 Rn. 58; *Grunewald*, Gesellschaftsrecht, § 1 Rn. 164.
134   Soergel/*Hadding/Kießling*, BGB, § 727 Rn. 16; *Ulmer* ZGR 1972, 195, 218 ff.

f) Haftungsfragen

791 Der Erbe haftet als neu eingetretener Gesellschafter nach allgemeinen Grundsätzen analog § 130 HGB für Altverbindlichkeiten[135] (Rn. 738) und analog § 128 S. 1 HGB für Neuverbindlichkeiten (Rn. 737). Dabei scheidet eine **Haftungsbeschränkung** in analoger Anwendung des § 139 I HGB bei der GbR aus, weil ein Kommanditanteil nicht gewährt werden kann.[136] Nur die Erbenhaftung für Nachlassverbindlichkeiten kann gem. §§ 1975 ff. BGB beschränkt werden.[137] Zudem steht dem Erben nach zutreffender hM ein **Austrittsrecht** analog § 139 II HGB zu.[138]

g) Testamentsvollstreckung

792 Eine Testamentsvollstreckung an dem geerbten Gesellschaftsanteil kommt nur unter eingeschränkten Voraussetzungen in Betracht. Zum einen müssen alle Gesellschafter der Testamentsvollstreckung **zugestimmt** haben oder der Gesellschaftsvertrag muss eine entsprechende Vereinbarung enthalten.[139] Zum anderen scheidet eine Testamentsvollstreckung nach zweifelhafter hM für Anteile an **BGB-Gesellschaft** und **OHG** aus, weil nicht mehr die Gesellschafter, die ihrerseits für die Gesellschaftsverbindlichkeiten persönlich haften, über gesellschaftsrechtliche Maßnahmen disponieren, sondern der Testamentsvollstrecker als Dritter, den selbst keine persönliche Haftung aus dem Gesellschaftsverhältnis trifft.[140]

793 In Betracht kommt die Testamentsvollstreckung aber bei **Kommanditanteilen**.[141] In diesem Fall obliegt dem Testamentsvollstrecker die Ausübung sämtlicher Gesellschafterbefugnisse einschließlich Stimmrecht und Geltendmachung von Beschlussmängeln,[142] es sei denn, der Testamentsvollstrecker unterliegt selbst einem Stimmverbot analog § 47 IV GmbHG, weil sich etwa der geltend zu machende Ersatzanspruch gegen ihn richtet[143].

2. OHG

794 Der Tod des OHG-Gesellschafters führt nach Maßgabe des § 131 III Nr. 1 HGB zu seinem **Ausscheiden** unter **Fortsetzung** der OHG. Insofern entspricht die Rechtslage der Vereinbarung einer Fortsetzungsklausel in der GbR (Rn. 780). Für die Vertragsgestaltung gilt im Übrigen das zur GbR (Rn. 783 ff.) Gesagte entsprechend; freilich kann gesellschaftsvertraglich auch die dispositive Rechtslage der GbR nachgebildet werden. Ist eine Nachfolgeklausel vereinbart, kommt nach § 139 I HGB grundsätz-

---

135 BGH NZG 2014, 696 Rn. 6 ff.; dazu *K. Schmidt* JuS 2014, 1036 f.; Fallbearbeitung bei *Saenger/Uphoff* JA 2014, 338 ff.; vgl. weiter Erman/*Lieder*, BGB, § 1922 Rn. 31.
136 Baumbach/Hopt/*Roth*, HGB, § 139 Rn. 8; *Schörnig* ZEV 2001, 129, 130.
137 Soergel/*Hadding/Kießling*, BGB, § 727 Rn. 33, 60 f.; MünchKomm-BGB/*Schäfer*, § 727 Rn. 23, 34.
138 Soergel/*Hadding/Kießling*, BGB, § 727 Rn. 36; *Mock* NZG 2004, 118, 120.
139 BGHZ 68, 225, 241; 108, 187, 191 ff.; Oetker/*Kamanabrou*, HGB, § 139 Rn. 53.
140 RGZ 132, 138, 144; BGHZ 12, 100, 102 f.; 24, 106, 113; BGH NJW 1985, 1953, 1954; *Wicke* ZGR 2015, 161, 165 f.; aA MünchKomm-HGB/*K. Schmidt*, § 139 Rn. 47; *Weidlich* NJW 2011, 641 ff.
141 BGHZ 108, 187, 191 ff.; BGH NZG 2012, 385 Rn. 14; ausf. *Schneider* NJW 2015, 1142 ff.; *Wicke* ZGR 2015, 161 ff.
142 BGH NZG 2014, 945 Rn. 14 = WuB II G. § 47 GmbHG 1.14 *(J. Schmidt)*.
143 BGH NZG 2014, 945 Rn. 23.

lich eine Umwandlung des OHG- in einen Kommanditanteil in Betracht. Anderes gilt nur dann, wenn der neue Gesellschafter auf Grundlage einer Eintrittsklausel in die OHG aufgenommen wird oder bereits vor dem Tod persönlich haftender Gesellschafter war.[144]

3. KG

Für die Komplementäre gilt gem. § 161 II HGB das zur OHG (Rn. 794) Gesagte entsprechend. Der Tod des Kommanditisten führt nach § 177 HGB zur **Fortsetzung der KG mit** seinen **Erben,** die in Sondererbfolge – entsprechend der Rechtslage bei Vereinbarung einer einfachen erbrechtlichen Nachfolgeklausel bei der GbR oder OHG (Rn. 783) – einzeln und entsprechend ihrer Erbquote in die Gesellschaft einrücken. Gesellschafterstellung und gezahlte Einlage gehen nach § 1922 I BGB auf die Erben über. Die Sondererbfolge führt nicht nur gesellschaftsintern (rechnerisch) zu einer Aufspaltung des Kommanditanteils, sondern auch zu einer **Aufteilung der Haftsumme.** Dementsprechend haften die Erben sowohl für Neuverbindlichkeiten (gem. §§ 171, 172 HGB) als auch für Altverbindlichkeiten (gem. § 173 HGB) nur anteilig in Höhe der auf sie entfallenden Teilhaftsumme. Die **erbrechtliche Haftung** für die zu Lebzeiten als Kommanditist begründeten Verbindlichkeiten des Erblassers bleibt hiervon jedoch unberührt, sodass alle Erben – ggf. neben der anteiligen Haftung gem. § 173 HGB – eine gesamtschuldnerische Haftung für die Altverbindlichkeiten gem. §§ 1967, 2058 BGB iVm §§ 171, 172 HGB trifft.[145] Für diese erbrechtliche Haftung besteht allerdings die Möglichkeit der Beschränkung auf den Nachlass (§§ 1975 ff. BGB) und es kommt gem. § 161 II HGB die Nachhaftungsbegrenzung des § 160 I HGB (Rn. 759) zum Zuge.[146] Für **Neuverbindlichkeiten** trifft die Erben bis zur Eintragung **keine unbeschränkte persönliche Haftung nach § 176 II HGB,** weil sich die scharfe Haftungsfolge nicht mit der beschränkbaren Erbenhaftung verträgt.[147] Auch muss die Eintragung der Erben als neue Kommanditisten mit einem Nachfolgevermerk versehen werden, da für den Rechtsverkehr andernfalls der Eindruck zweier Einlagen entsteht; fehlt es hieran, kommt auch in dieser Situation – wie bei der rechtsgeschäftlichen Übertragung des Kommanditanteils (Rn. 767) – § 172 IV HGB analog zur Anwendung.[148] Beerbt der Komplementär einen Kommanditisten, wird der Kommanditanteil rechnerisch auf den Komplementäranteil aufgeschlagen und der Kommanditanteil geht unter, weil ein Gesellschafter nicht zugleich beschränkt und unbeschränkt haften kann.[149]

795

144 MünchKomm-HGB/*K. Schmidt,* § 139 Rn. 65; EBJS/*Lorz,* HGB, § 139 Rn. 3, 99; Heymann/*Freitag,* HGB, § 139 Rn. 13, 101.

145 MünchKomm-HGB/*K. Schmidt,* § 173 Rn. 46; Koller/Kindler/Roth/Drüen/*Kindler,* HGB, § 177 Rn. 4.

146 Koller/Kindler/Roth/Drüen/*Kindler,* HGB, § 177 Rn. 4; EBJS/*Strohn,* HGB, § 173 Rn. 25.

147 BGH NJW 1989, 3152, 3155; Oetker/*Oetker,* HGB, § 176 Rn. 45.

148 EBJS/*Strohn,* HGB, § 173 Rn. 27.

149 Oetker/*Oetker,* HGB, § 177 Rn. 12; Fallbeispiel bei *Klöhn* JuS 2003, 360 ff.

§ 14 Fehlerhafte Gesellschaft und Scheingesellschaft

I. Fehlerhafte Gesellschaft

1. Dogmatische Grundlagen

796 Im Kern zielt die Lehre vom fehlerhaften Verband darauf ab, mit einer rückwirkenden Nichtigkeit verbundene **Abwicklungsschwierigkeiten** zu vermeiden und zugleich das (Vertrauens-)Interesse des redlichen Rechtsverkehrs auf die Beständigkeit gesellschaftsrechtlicher Strukturen zu schützen.[1] Insbesondere erweisen sich die §§ 812 ff. BGB zur Rückabwicklung als wenig sach- und interessengerecht, wenn die Gesellschaft bereits in Vollzug gesetzt wurde und am Markt werbend tätig geworden ist. Die Anwendung der Auseinandersetzungsvorschriften (§§ 730 ff. BGB) entspricht eher der Interessenlage und dient sowohl dem **Schutz der Mitgesellschafter** als auch der **Gesellschaftsgläubiger**. Denn die Gesellschafter haben Beiträge erbracht, Gewinnchancen genutzt und Risiken getragen. Den Gläubigern kann umgekehrt nicht zugemutet werden, dass ein Vertragspartner sich in Nichts auflöst und die Haftungsverhältnisse unklar sind.[2]

797 Nach der klassischen funktionalen Betrachtung[3] müssen daher die individuellen Interessen derjenigen, zu deren Gunsten bestimmte Anfechtungs- und Nichtigkeitsgründe bestehen, im Rahmen einer typisierten Gesamtabwägung hinter dem überindividuellen **Verkehrsinteresse** (im Außenverhältnis) sowie der Funktions- und **Handlungsfähigkeit der Gesellschaft** und ihrer Organe (im Innenverhältnis) dem Grunde nach zurücktreten.[4] Zudem erschöpft sich die Gesellschaft aus zivilrechtsdogmatischer Sicht nicht in einer schuldrechtlichen Beziehung der Gesellschafter untereinander, sondern begründet mit ihrer Entstehung zugleich ein Organisationsverhältnis (**Doppelnatur der Gesellschaft**). Dieses bleibt nach Invollzugsetzung in seinem Bestand von der Anfechtbarkeit oder Nichtigkeit der gesellschaftsvertraglichen Grundlage vorläufig unberührt und lässt eine Abwicklung nur mit **Wirkung ex nunc** zu.[5]

798 Auf die **Redlichkeit** der Gesellschafter und Gläubiger kommt es vor diesem Hintergrund nicht an.[6] Die Lehre vom fehlerhaften Verband geht vielmehr über die allgemeinen **Rechtsscheingrundsätze** hinaus (zur Lehre von der Scheingesellschaft vgl. Rn. 815). Andernfalls bestünde die Gefahr eines lediglich relativ wirksamen Gesellschaftsverhältnisses,[7] das mit erheblichen Anwendungsschwierigkeiten verbunden

---

1 Aus der Ausbildungsliteratur *Maultzsch* JuS 2003, 544 ff.; *Kummer* Jura 2006, 330 ff.; *Petersen* Jura 2011, 907 f.; *Lange* Jura 2017, 751 ff.; historische Aufarbeitung bei *Oechsler* NJW 2008, 2471 ff.; erste Entscheidung RGZ 2, 133 im Anschluss an ROHGE 20, 270, 282.
2 Vgl. *Grunewald*, Gesellschaftsrecht, § 1 Rn. 167.
3 Vgl. RGZ 51, 33, 36 f.; 76, 439, 441; 89, 97, 98; 93, 227, 229.
4 *Lieder* ZHR 178 (2014), 282, 290 für den fehlerhaften Verband und das fehlerhafte Bestellungsverhältnis; vgl. weiter MünchKomm-BGB/*Schäfer*, § 705 Rn. 347.
5 Grundlegend *Flume*, BGB AT I/1, § 2 III; fortentwickelt durch *Ulmer*, FS Flume II, 1978, S. 301, 310 ff.; vgl. weiter Staub/*Schäfer*, HGB, § 105 Rn. 326 f.; *Lieder* ZHR 178 (2014), 282, 292.
6 Vgl. *Lieder* ZHR 178 (2014), 282, 296 f.; *K. Schmidt* AcP 186 (1986), 421, 424.
7 *Grunewald*, Gesellschaftsrecht, § 1 Rn. 168.

wäre.[8] Zugleich wird verhindert, dass der andere Teil – wie es bei Rechtsscheingrundsätzen zulässig ist (Rn. 90) – sich auf die wahre Rechtslage beruft.[9]

Die Lehre vom fehlerhaften Verband gilt nicht nur für auf fehlerhafter Vertragsgrundlage errichtete Gesellschaften, für die **Innengesellschaft**[10] und insbesondere die **stille Gesellschaft**[11], sondern auch für den fehlerhaften **Beitritt** (Rn. 735)[12], für ein fehlerhaftes **Ausscheiden**[13] und den fehlerhaften **Gesellschafterwechsel**[14], für fehlerhafte **Vertragsänderungen**[15] und fehlerhafte Bestellungsverhältnisse[16]. Dogmatische Parallelen weist die Lehre vom fehlerhaften Verband außerdem zum fehlerhaften Arbeitsverhältnis[17] und zum Anstellungsverhältnis auf fehlerhafter Grundlage[18] auf. 799

2. Fehlerhafter Gesellschaftsvertrag

Die Lehre vom fehlerhaften Verband setzt voraus, dass die Gesellschafter sich zwar auf die Gründung einer Gesellschaft verständigt haben, der Gesellschaftsvertrag allerdings an einem Mangel leidet, der zu seiner Nichtigkeit oder Unwirksamkeit führt. In Betracht kommen etwa ein Verstoß gegen §§ 134, 138 BGB, eine Anfechtung gem. § 142 I iVm §§ 119, 120, 123 BGB oder Formfehler: 800

Fall 83: A, B und C vereinbaren die Gründung einer GbR. In dem privatschriftlichen Gesellschaftsvertrag verpflichtet sich B zur Einbringung eines Grundstücks. A und C erbringen ihre Geldeinlage und die Gesellschaft nimmt ihre Geschäfte auf. D gewährt der ABC-GbR sodann ein Darlehen. Wenig später wird auch das Grundstück ordnungsgemäß eingebracht. Als D die Rückzahlung des Darlehens begehrt, wendet B ein, dass die Gesellschaft niemals wirksam errichtet worden sei. Mit Recht? 801

Grundsätzlich bedarf der Abschluss eines BGB-Gesellschaftsvertrages keiner besonderen Form. Wird allerdings die Verpflichtung zur Einbringung eines Grundstücks unter den Gesellschaftern vereinbart, dann verlangt der **Schutzzweck des § 311b I 1 BGB**, dass auch der Gesellschaftsvertrag notariell beurkundet wird (Rn. 458). Zwar 802

---

8 Zu diesem Aspekt in einem anderen Zusammenhang *Lieder*, Die rechtsgeschäftliche Sukzession, 2015, S. 176 f., 192 f.
9 Vgl. *Bayer/Lieder* NZG 2012, 1, 2; *Lieder* ZHR 178 (2014), 282, 296 f.; *Schürnbrand*, Organschaft im Recht der privaten Verbände, 2007, S. 270.
10 BGHZ 55, 5, 8; BGH ZIP 2005, 753, 755; 2009, 2155.
11 BGH NJW-RR 2006, 178; dazu *Oechsler* JA 2007, 69 f.; BGH NZG 2013, 1060 und 1422; dazu *Mock* DStR 2014, 536 ff. und 598 ff.; *Schäfer* GWR 2014, 25 ff.; OLG Hamburg ZIP 2013, 1864; OLG München ZIP 2012, 2346.
12 BGHZ 44, 235 (zur OHG); speziell zur Publikumsgesellschaft BGHZ 148, 201, 207; ausf. *Kindler* NZG 2010, 603 ff.
13 BGH NJW 1992, 1503; *W. Müller*, FS Maier-Reimer, 2010, S. 497 ff.
14 BGH ZIP 2010, 1590 m. krit. Anm. *Westermann* EWiR 2010, 705; *Grunewald*, Gesellschaftsrecht, § 1 Rn. 176 ff.; *Grothe*, FS Säcker, 2011, S. 345 ff.; *Lieder* ZfPW 2016, 205, 221 ff.; *Lieder* FS K. Schmidt I, 2019, S. 815, 817 ff.; aA BGH ZIP 2007, 1271 zur Übertragung von GmbH-Geschäftsanteilen; ebenso bei fehlerhaftem Kausalgeschäft OLG Karlsruhe NZG 2016, 507; *Dehne-Niemann* Jura 2020, 247 ff.
15 Vgl. BGHZ 62, 20, 29 (zur KG); *Kübler/Assmann*, Gesellschaftsrecht, § 26 V 4; *Grunewald*, Gesellschaftsrecht, § 1 Rn. 179.
16 *Bayer/Lieder* NZG 2012, 1 ff.; *Lieder* ZHR 178 (2014), 282 ff.
17 *ErfK/Preis*, § 611 BGB Rn. 145 ff.; *Walker* JA 1985, 138.
18 Vgl. BGH NZG 2014, 780 Rn. 12, 15; *Lieder* NZG 2015, 569, 573 f.

wird der Formmangel gem. § 311b I 2 BGB mit Auflassung und Eintragung der GbR nebst Mitgliedern in das Grundbuch nach § 47 II GBO (Rn. 425) **geheilt**. Bis zu diesem Zeitpunkt hätte allerdings nach allgemeinen zivilrechtlichen Grundsätzen kein wirksamer Gesellschaftsvertrag bestanden. Für die Zwischenzeit greift nach Invollzugsetzung (Rn. 796 f.) allerdings die **Lehre vom fehlerhaften Verband** ein. Die ABC-GbR ist folglich als wirksam zu behandeln und kommt auch als Vertragspartner des D in Betracht, der nach § 488 I 2 BGB den Darlehensrückzahlungsanspruch primär gegen die Gesellschaft und analog § 128 S. 1 HGB auch gegen die Gesellschafter A, B und C geltend machen kann.

3. Vollzug des Gesellschaftsverhältnisses

803 Der Regelungsgedanke, mit Hilfe von Sonderrecht Rückabwicklungsschwierigkeiten zu vermeiden sowie im Innen- und Außenverhältnis für Rechtssicherheit zu sorgen, trägt die Anwendung der Lehre von der fehlerhaften Gesellschaft nur, wenn das Gesellschaftsverhältnis auch tatsächlich in Vollzug gesetzt worden ist. Ausreichend ist es zu diesem Zweck, dass die Gesellschafter entweder im **Außenverhältnis** für die Gesellschaft tätig werden oder aber im **Innenverhältnis** mit der Durchführung der Gesellschaft beginnen, zB durch Leistung der vereinbarten Beiträge.[19]

4. Kein Verstoß gegen höherrangige Interessen

804 Die Lehre vom fehlerhaften Verband kommt ausnahmsweise nicht zur Anwendung, wenn höherrangige Interessen der Allgemeinheit oder besonders schutzwürdiger Personen entgegenstehen.[20] Bestimmte Mängel sind so schwerwiegend, dass sie bereits vor der Auflösung der Gesellschaft berücksichtigt werden müssen und können sowohl das Gesellschaftsverhältnis als Ganzes, einen einzelnen Gesellschafter oder konkrete Vertragsbestimmungen betreffen. Die konkrete Reichweite dieser Ausnahmetatbestände ist in den jeweiligen Einzelfällen umstritten. Angesichts der grundlegenden Bedeutung, die der Lehre für die Verkehrssicherheit und die Funktionsfähigkeit der Gesellschaft zukommt, sollten Ausnahmen insgesamt **restriktiv** gehandhabt und nur dann anerkannt werden, wenn grundlegende Wertentscheidungen der Rechtsordnung entgegenstehen.[21]

a) Arglistige Täuschung

805 **Früher** wurde vielfach die Auffassung vertreten, dass die Lehre vom fehlerhaften Verband keine Anwendung finde, wenn ein Gesellschafter durch arglistige Täuschung der Mitgesellschafter zur Beteiligung an der Gründung der Gesellschaft oder

---

19 BGH NJW 2000, 2586, 2587; NZG 2005, 261, 262; *K. Schmidt* AcP 186 (1986), 421, 441; aA (Geschäftstätigkeit nach außen erforderlich) Staub/*Schäfer*, HGB, § 105 Rn. 335; *Grunewald*, Gesellschaftsrecht, § 1 Rn. 170.

20 BGHZ 62, 234, 240 f.; 75, 214, 217 f.; 153, 214, 222; BGH NZG 2005, 472; MünchKomm-BGB/*Schäfer*, § 705 Rn. 332 ff.

21 Für eine restriktive Handhabung bereits *Bayer/Lieder* NZG 2012, 1, 3; *Lieder* ZHR 178 (2014), 282, 316; *K. Schmidt* AcP 186 (1986), 421, 444 ff., 449 ff.

zum Beitritt bestimmt worden ist.[22] **Heute** geht die zutreffende **hM** davon aus, dass Gesichtspunkte des Gläubigerschutzes auch dann das individuelle Lösungsinteresse des Gesellschafters überwiegen, wenn die Mitgesellschafter aufgrund arglistiger Täuschung nicht schutzwürdig sind.[23] Ein angemessener Ausgleich der tangierten Beteiligteninteressen erfolgt im Innenverhältnis durch Regress- und Schadensersatzansprüche des getäuschten Gesellschafters gegen seine Mitgesellschafter. Im Außenverhältnis haftet der Getäuschte hingegen bei einem **fehlerhaften Beitritt** zur GbR oder OHG nach zutreffender hM gem. § 130 HGB (analog) auch für Altverbindlichkeiten.

b) Geschäftsfähigkeit

Fall 84:[24] Die 16-jährige M tritt ohne Wissen ihrer Eltern in die ABC-GbR ein und unterstützt die Gesellschaftstätigkeit nach Kräften. Nach dem Gesellschaftsvertrag hat jeder der vier Gesellschafter einen Gewinnanspruch zu 1/4. Als M am Ende des Geschäftsjahres ihren Anteil reklamiert, meinen A, B und C, das Mädchen sei mangels Zustimmung ihrer Eltern nie wirksam beigetreten und habe daher auch keinen gesellschaftsvertraglichen Gewinnanspruch. Mit Recht?

806

Im Grundsatz ist anerkannt, dass der **Minderjährigenschutz** aufgrund seines in §§ 104 ff. BGB manifestierten – überragenden – Stellenwerts als privatrechtliches Wertungsprinzip dem **Gläubigerschutz** auch in einem gesellschaftsrechtlichen Kontext dem Grunde nach vorgeht. Zugleich ist man sich einig, dass die Beteiligung eines Minderjährigen an der Gründung oder sein Gesellschaftsbeitritt an der Anwendbarkeit der Lehre vom fehlerhaften Verband im Grundsatz nichts ändert.

807

Umstritten ist allerdings, welche Auswirkungen sich ganz konkret für die Rechtsstellung des Minderjährigen ergeben. Nach **hM** werden die Interessen des Minderjährigen dadurch geschützt, dass er selbst **kein Gesellschafter** wird.[25] Dementsprechend treffen ihn weder Nachteile aus einer etwaigen Gesellschafterhaftung, noch kann er eine Gewinnbeteiligung verlangen. Nach dieser Auffassung stünde M **kein** gesellschaftsvertraglicher **Gewinnanspruch** zu. Diese Position schießt indes über das zum Schutz des Minderjährigen notwendige Maß hinaus. Minderjährigenschutz wird nicht dadurch gewährleistet, dass dem beschränkt Geschäftsfähigen ein Anspruch, der allen übrigen Gesellschaftern zusteht, vorenthalten wird. Dem gesetzlichen Regelungsplan der §§ 104 ff. BGB ist schon dann genügt, wenn Minderjährige von den mit der Gesellschafterstellung verbundenen Pflichten entbunden und von den Haftungsfolgen freigehalten werden. Aus diesem Grund ist letztlich auch eine „hinkende" Gesellschafterstellung des beschränkt Geschäftsfähigen in Kauf zu nehmen.[26] Die vorzugswürdige **Gegenauffassung** plädiert folglich dafür, dass Minderjährige zwar **Gesellschafter** werden und daher auch **Gewinnansprüche** geltend machen können; von ne-

808

---

22 BGHZ 13, 320, 323; 26, 330, 335.
23 Vgl. BGHZ 26, 330, 334 f.; 159, 280, 291; BGH NZG 2008, 460, 462; *C. Schäfer* ZHR 170 (2006), 373, 393 f.
24 Siehe auch das Klausurbeispiel bei *Weller/Schlürmann* JuS 2017, 669, 670 f.
25 BGHZ 17, 160, 167 f.; 38, 26, 29; BGH NJW 1983, 748; 1992, 1503, 1504; Soergel/*Hadding/Kießling*, BGB, § 705 Rn. 82; *Windbichler*, Gesellschaftsrecht, § 12 Rn. 17.
26 Kritisch insofern MünchKomm-BGB/*Schäfer*, § 705 Rn. 337; *Schürnbrand*, Organschaft im Recht der privaten Verbände, 2007, S. 280.

gativen Haftungsfolgen und sonstigen Rechtsnachteilen bleiben Minderjährige aber verschont.[27] Nach dieser Auffassung steht M der gesellschaftsvertragliche Gewinnanspruch zu.

c) Verstoß gegen §§ 134, 138 BGB, § 1 GWB

809 Sehr umstritten ist, ob die Lehre vom fehlerhaften Verband auch bei einem Verstoß gegen §§ 134, 138 BGB, § 1 GWB zur Anwendung gelangt, wie zB bei Gesellschaften, deren Zweck auf Steuerhinterziehung oder Verstöße gegen das Kartellrecht gerichtet ist. Das wird von der **hM** tendenziell **verneint**. Stattdessen soll eine Rückabwicklung nach den allgemeinen Vorschriften, vor allem §§ 812 ff. BGB einschließlich § 817 BGB, Platz greifen.[28] Die zutreffende **Gegenauffassung** wendet die Lehre im Grundsatz auch in diesen Fällen an.[29] Denn für Dritte, insbesondere Gläubiger der fehlerhaften Gesellschaft, ist nicht erkennbar, dass der Gesellschaftsvertrag gegen §§ 134, 138 BGB, § 1 GWB verstößt. Zudem streiten die im Allgemeinen gegen eine Rückabwicklung nach §§ 812 ff. BGB sprechenden Gründe (Abwicklungsschwierigkeiten, Verkehrsschutz und Funktionsfähigkeit der Gesellschaft) auch hier für eine vorläufige Wirksamkeit der Gesellschaft.[30]

d) Verbraucherschutz

810 Auch die Grundsätze des zivilrechtlichen Verbraucherschutzes erzwingen **keine Ausnahme** von der Lehre vom fehlerhaften Verband. Diese Position lag bereits dem Vorlagebeschluss des **BGH** an den EuGH zugrunde, indem er festgestellt wissen wollte, dass die Lehre von der fehlerhaften Gesellschaft mit der Richtlinie 85/577/EWR (Haustürgeschäfte-Richtlinie; heute: Art. 9 Verbraucherrechterichtlinie[31]) vereinbar ist.[32] Dem folgte der **EuGH** und erklärte die Lehre vom fehlerhaften Verband auch bei Bestehen eines Widerrufsrechts gem. §§ 312b, 312g, 355, 356 BGB für anwendbar.[33] Insbesondere verstoße es nicht gegen Unionsrecht, wenn der aufgrund des Widerrufsrechts ausgeschiedene Gesellschafter weniger Abfindung erhalte, als er an Wert in die Gesellschaft eingebracht hat, oder er sich gar an den Verlusten der (Fonds-)Gesellschaft beteiligen muss. Denn nach – zutreffender – Überzeugung des EuGH gewährleistet die Anwendung der Lehre einen angemessenen Ausgleich und eine gerechte Risikoverteilung zwischen den Beteiligten, soweit die Anleger einen Teil des wirtschaftlichen Risikos aus ihrer Beteiligung tragen müssen und die Mitgesellschafter und (oder) Drittgläubiger von Vermögenseinbußen zum Teil entlastet

---

27 *K. Schmidt*, Gesellschaftsrecht, § 6 III 3 c cc; MünchKomm-HGB/*K. Schmidt*, § 105 Rn. 239; (zur fehlerhaften Organbestellung) *Bayer/Lieder* NZG 2012, 1, 4; *Lieder* ZHR 178 (2014), 282, 317.
28 Vgl. BGHZ 55, 5, 8; 62, 234, 241; 75, 214, 217; 153, 214, 222; BGH NJW 2005, 1784, 1785; *Windbichler*, Gesellschaftsrecht, § 12 Rn. 17; *Theurer* BB 2013, 137 ff.; *Wessels* ZIP 2014, 101 ff. und 857 ff. (mit Replik *K. Schmidt* ZIP 2014, 863 ff.).
29 Vgl. *Grunewald*, Gesellschaftsrecht, § 1 Rn. 174; *Palzer* ZGR 2012, 631 ff.; *K. Schmidt* BB 2014, 515 ff.; *Lohse*, FS Säcker, 2011, S. 827, 832 ff.; *Lieder*, FS K. Schmidt I, 2019, S. 815, 822 ff.
30 Dazu jüngst auch BGH GmbHR 2015, 532 ff. und *K. Schmidt* GmbHR 2015, 505, 508.
31 V. 25.10.2011, ABl. v. 22.11.2011, L 304/64.
32 BGH ZIP 2008, 1018.
33 EuGH NJW 2010, 1511; dazu *K. Schmidt* JuS 2010, 642 f.; *Kliebisch* JuS 2010, 958 ff; siehe noch das Klausurbeispiel bei *Wiebe/Schur* JuS Probeexamen 2017, 584 ff.

werden, an denen sie nicht beteiligt waren. Diese EuGH-Rechtsprechung hat der **BGH** im Rahmen der späteren Entscheidung des Ausgangsfalls umgesetzt.[34]

e) Vertreter ohne Vertretungsmacht

Ob der von einem falsus procurator geschlossene Gesellschafts- oder Beitrittsvertrag **811** nach den Grundsätzen der fehlerhaften Gesellschaft wirksam sein kann, ist umstritten. Der **BGH** lehnt die Anwendung der Grundsätze mangels Zurechenbarkeit der Willenserklärung zum Geschäftsherrn prinzipiell ab, anerkennt eine Ausnahme aber, falls die übrigen Gesellschafter den Vertragsschluss für wirksam halten durften oder wenn der Abschluss des Gesellschaftsvertrags vom Auftrag des Geschäftsherrn umfasst war und sich daher auf seinen Willen zurückführen ließ, auch wenn der Vertreter ohne Vertretungsmacht gehandelt hat.[35] Eine Zurechnung scheide aber jedenfalls aus, wenn der Mitgesellschafter seine Vertretungsmacht bewusst überschreite.[36] Das **Schrifttum** verzichtet zum Teil auf die rechtsgeschäftliche Zurechnung und hält auch einen nach § 177 BGB schwebend unwirksamen Gesellschaftsvertrag für hinreichend, verlangt aber zumindest eine zurechenbare Invollzugsetzung der Gesellschaft bzw. des Beitritts durch sämtliche Gesellschafter.[37]

Richtigerweise ist mit dem BGH im Ausgangspunkt an der **Zurechenbarkeit der Er-** **812** **klärung** anzusetzen.[38] Denn ohne ein voluntatives Element aufseiten des potenziellen Gesellschafters ist für die Annahme einer – wenn auch fehlerhaften – Vertragsgrundlage kein Raum. Es bedarf in jedem Fall einer **Willensübereinstimmung** der beteiligten Gesellschafter.[39] Daran fehlt es indes grundsätzlich, wenn für den potenziellen Gesellschafter ein Vertreter ohne Vertretungsmacht gehandelt hat. Ist das Handeln des vollmachtlosen Vertreters aber aus anderen Gründen auf den natürlichen Willen des potenziellen Gesellschafters zurückzuführen, etwa aufgrund eines von ihm erteilten Auftrags zum Abschluss des Gesellschaftsvertrags, kommt eine **Zurechnung nach Wertungsgrundsätzen** ausnahmsweise in Betracht. Steht hingegen ein Missbrauch der Vertretungsmacht oder ein kollusives Zusammenwirken in Rede, gebührt bei einer wertenden Betrachtung den schutzwürdigen Interessen des Geschäftsherrn der Vorrang. Entgegen dem BGH ist indes für den Fall, dass die übrigen Gesellschafter das Vertragsverhältnis für wirksam halten durften, keine weitere Rückausnahme anzuerkennen. Entscheidend ist allein die Zurechenbarkeit für den Geschäftsherrn; der Rechtsschein einer Zurechnung vermag das zur Anwendung der Lehre vom fehlerhaften Verband notwendige voluntative Element nicht zu ersetzen. In Betracht kommt in diesem Fall allein die Anwendung der Lehre von der Scheingesellschaft (Rn. 815 ff.)

---

34 BGH NJW 2010, 3096.
35 BGH NJW 2011, 66 Rn. 20; *K. Schmidt* JuS 2010, 918 ff.; BGH NZG 2011, 1225 Rn. 12 m. Anm. *Weipert* EWiR 2012, 45 f.; dazu *K. Schmidt* JuS 2012, 72 f.; *Förster* JA 2012, 150 ff.
36 BGH NJW 2011, 66 Rn. 21; BGH NZG 2011, 1225 Rn. 12.
37 *Klimke* NZG 2012, 1361 ff.
38 Ebenso für die Lehre vom fehlerhaften Anstellungsverhältnis *Lieder* NZG 2015, 569, 573 f.
39 Zur Willensübereinstimmung auch *Bayer/Lieder* NZG 2012, 1, 3 (zur Bestellung); *Lieder* NZG 2015, 569, 574 (zur Anstellung).

5. Rechtsfolgen

813   Auf Rechtsfolgenseite führt die Anwendung der Lehre vom fehlerhaften Verband zu einer Abweichung von den allgemeinen Grundsätzen des Privatrechts. Trotz Unwirksamkeit der Vertragsgrundlage wird die fehlerhafte Gesellschaft für die Vergangenheit im Innen- und Außenverhältnis **als wirksam behandelt**.[40] Unwirksame Bestimmungen im Gesellschaftsvertrag bleiben außer Betracht.[41] Wirksame Bestimmungen sind anwendbar und gehen dem dispositiven Gesetzesrecht vor.[42]

814   Die fehlerhafte Gesellschaft kann jederzeit mit Wirkung für die Zukunft (ex nunc) **beendet** werden.[43] Die Unwirksamkeit des Gesellschaftsvertrags ist in der BGB-Gesellschaft ein wichtiger Grund zur Kündigung iSd § 723 I 2 BGB.[44] Allerdings muss die Kündigung zu diesem Zweck auch auf den zur Fehlerhaftigkeit führenden Mangel des Gesellschaftsvertrages gestützt werden.[45] Bei OHG und KG können die Gesellschafter nach §§ 133, 140 HGB vorgehen (Rn. 760).

II.   Scheingesellschaft

1.   Abgrenzung zur fehlerhaften Gesellschaft

815   Nach der Lehre von der fehlerhaften Gesellschaft werden Rechtsverhältnisse als wirksam behandelt, die nach allgemeinen zivilrechtlichen Grundsätzen unwirksam sind. Bei der Scheingesellschaft werden **tatsächliche Verhältnisse nur vorgespiegelt**, die in Wahrheit überhaupt nicht bestehen. Das zentrale Abgrenzungskriterium zwischen beiden Rechtsfiguren ist die **tatsächliche Willensübereinstimmung** der Gesellschafter. Haben die Gesellschafter einen Vertrag abgeschlossen, der auf die Gründung einer Gesellschaft gerichtet ist, und ist ihr Handeln daher von einem voluntativen Element in der Person eines jeden Gesellschafters getragen, dann kommt die Lehre vom fehlerhaften Verband zur Anwendung, auch wenn der Gesellschaftsvertrag an einem Wirksamkeitsmangel leidet. Mangelt es hingegen bereits an der zurechenbaren (Rn. 812) Abgabe einer Willenserklärung der Gesellschafter, besteht ein versteckter Dissens[46] oder wird ein **Gesellschaftsvertrag überhaupt nicht** oder gem. § 117 BGB nur zum Schein **abgeschlossen**,[47] dann werden nach Maßgabe der Lehre von der Scheingesellschaft an den im **Außenverhältnis** durch die Gesellschafter (zurechenbar) erzeugten Rechtsschein Rechtsfolgen, namentlich Haftungsfolgen, geknüpft.[48] Im **Innenverhältnis** erfolgt eine Abwicklung der erbrachten Leistungen nach Bereicherungsrecht (§§ 812 ff. BGB).

---

40   Baumbach/Hopt/*Roth*, HGB, § 105 Rn. 85; *Grunewald*, Gesellschaftsrecht, § 1 Rn. 171.
41   Soergel/*Hadding/Kießling*, BGB, § 705 Rn. 77; *Grunewald*, Gesellschaftsrecht, § 1 Rn. 173.
42   Schwerdtfeger/*Lehleiter*, Gesellschaftsrecht, § 105 HGB Rn. 93; *Windbichler*, Gesellschaftsrecht, § 12 Rn. 16.
43   Soergel/*Hadding/Kießling*, BGB, § 705 Rn. 78; *Saenger*, Gesellschaftsrecht, Rn. 91.
44   BGHZ 3, 285, 291 f. (zur KG); BGH NJW 1976, 894; MünchKomm-BGB/*Schäfer*, § 705 Rn. 345.
45   BGH NZG 2013, 1060.
46   BGHZ 3, 285, 288; BGH NJW 1992, 1501, 1502.
47   RG JW 1930, 2655; BGH NJW 1953, 1220; Oetker/*Lieder*, HGB, § 105 Rn. 130; *Bartels/Wagner* ZGR 2013, 482, 499 f.
48   Dazu eingehend *Bartels/Wagner* ZGR 2013, 482 ff.

2. Dogmatische Grundlagen

Die Lehre von der Scheingesellschaft ist eine besondere Ausprägung der **allgemeinen** **816**
Rechtsscheinhaftung,[49] die ihrerseits wiederum eine besondere Ausprägung des im
Grundsatz von Treu und Glauben (§ 242 BGB) verankerten **Verbots widersprüchli-**
chen Verhaltens (venire contra factum proprium) bildet.[50] Eine Person setzt sich zu
ihrem früheren Verhalten in Widerspruch und übt ihr Recht in unzulässiger Weise
aus, wenn sie sich im Rechtsverkehr als Gesellschafter einer Gesellschaft, der sie in
Wirklichkeit nicht angehört, ausgibt und sich anschließend darauf beruft, der Gesellschaft tatsächlich doch nicht anzugehören.

Auf **Rechtsfolgenseite** wird der andere Teil durch die Lehre von der Scheingesell- **817**
schaft so gestellt, wie er stünde, wenn die von ihm angenommene Rechtslage der
Wirklichkeit entspräche.[51] Wer also einem Dritten gegenüber in zurechenbarer Weise
einen Rechtsschein für das Bestehen einer Gesellschaft setzt, haftet dem Dritten in
Entsprechung des gesetzten Rechtsscheins. Diese weitreichende Folge dient der effektiven Verwirklichung des Verkehrsschutzgedankens, welcher der Haftung kraft
Rechtsscheins im Allgemeinen zugrundeliegt.[52] Allerdings ist der Begünstigte nicht
verpflichtet, sich auf die Scheinrechtslage zu berufen; er hat vielmehr ein **Wahlrecht**
und kann auch eine Behandlung nach der wahren Rechtslage verlangen.[53] Er kann
sich also für die aus seiner Sicht günstigere Rechtslage entscheiden, auch wenn er auf
den Rechtsschein vertraut hat. Wählt er aber die Behandlung nach der Scheinrechtslage, kann die Rechtsscheinhaftung nicht weiter gehen, als wenn der Schein der Wahrheit entspräche.[54]

3. Schein-GbR

Fall 85:[55] X buchte bei einem Unternehmen mit der Bezeichnung „A" ein Wohnmobil für **818**
den Urlaub. Inhaberin des kleinen Unternehmens „A" war allein A. B war ihr Angestellter.
Nach der Buchung erhielt X vom Unternehmen „A" eine „Rechnung/Bestätigung", die in
der maschinell geschriebenen Unterschriftszeile in Druckschrift die Namen A und B aus-
wies, wie es A und B zuvor vereinbart hatten. In dem Schreiben waren erstmals das Wohnmobil und der Mietzins konkret bestimmt. Aufgrund eines Nutzungsausfalls verlangt X von
B nun Schadensersatz; über das Vermögen der A ist zwischenzeitlich das Insolvenzverfahren eröffnet worden.

---

49 Grundlegend zur Rechtsscheinhaftung *Canaris*, Die Vertrauenshaftung im deutschen Privatrecht
    (1971).
50 Staudinger/*Looschelders/Olzen*, BGB, § 242 Rn. 318; MünchKomm-BGB/*Schubert*, § 242 Rn. 347;
    vgl. abweichend aber *Canaris*, Handelsrecht, § 6 Rn. 83 ff.
51 Vgl. *Canaris*, Handelsrecht, § 6 Rn. 80; *Bartels/Wagner* ZGR 2013, 482, 503.
52 Zu diesem Zusammenhang vgl. auch *Canaris*, Die Vertrauenshaftung im deutschen Privatrecht, 1971,
    S. 526 f.
53 Oetker/*Körber*, HGB, § 5 Rn. 55; EBJS/*Kindler*, HGB, § 5 Rn. 80.
54 Zutreffend *Canaris*, Handelsrecht, § 6 Rn. 82; vgl. aus der Rechtsprechung BGHZ 17, 13, 17; 69, 95,
    99; BGH NJW 1998, 2897; speziell mit Blick auf die Haftung von UG-Gesellschaftern, die sich als
    Gesellschafter einer GmbH ausgeben, *Lieder*, FS 25 Jahre DNotI, 2018, S. 503, 523 ff.
55 In Anlehnung an BGH NJW 2012, 3368; dazu *K. Schmidt* JuS 2013, 553 ff.

819 Der Schadensersatzanspruch könnte aus der Verletzung eines zwischen X und B geschlossenen Vertrags resultieren (§ 280 I BGB). B ist nur im Rahmen der Bestätigung in Erscheinung getreten. Entscheidend ist, ob B hierbei in eigenem oder in fremdem Namen gehandelt hat (vgl. §§ 133, 157, 164 BGB). Nach der **Lehre vom unternehmensbezogenen Geschäft** kommt der Vertrag mit dem jeweiligen Unternehmensträger bzw. Inhaber des Unternehmens zustande, in dessen Tätigkeitsbereich das rechtsgeschäftliche Handeln fällt.[56] Damit wird zum einen sichergestellt, dass dasjenige Unternehmen zur Erbringung der vertragstypischen Leistung verpflichtet wird, das aufgrund seiner Ausstattung und vertraglichen Beziehungen die hinreichenden Mittel hat, diese Leistung auch tatsächlich erfüllen zu können. Zum anderen kommt das Rechtsgeschäft mit dem jeweiligen Träger des Unternehmens zustande, weil nur der Unternehmensträger, nicht aber das Unternehmen als solches, rechtsfähig ist.[57] Dementsprechend kam der Vertrag ausschließlich mit A zustande, deren Unternehmen „A" im Rechtsverkehr gegenüber X aufgetreten war.

820 Neben der Zuordnung eines unternehmensbezogenen Rechtsgeschäfts kommt aber eine persönliche Haftung des B als **Gesellschafter einer Scheingesellschaft**[58] in Betracht.[59] Danach haftet, wer als Gesellschafter einer Scheingesellschaft auftritt für die Verbindlichkeiten der Gesellschaft ebenso wie ein wahrer Gesellschafter.[60] Dafür muss der Handelnde (1.) einen Rechtsschein (2.) in zurechenbarer Weise gesetzt haben; der Vertragspartner muss (3.) hinsichtlich des Rechtsscheins in gutem Glauben gewesen sein und muss (4.) außerdem in Ansehung des Rechtsscheins eine kausale Vermögensdisposition getätigt haben.

821 Hier ist dem Bestätigungsschreiben, das auch von B unterzeichnet worden ist, zu entnehmen, dass A und B gemeinsam Inhaber des Unternehmens „A" sind. Allerdings kommt es für die Begründung des maßgeblichen **Rechtsscheins** auf den **Zeitpunkt des Vertragsschlusses** an.[61] Ein Rechtsschein, der dem Vertragsschluss nachfolgt, vermag kein Vertrauen des anderen Teils zu begründen. Allerdings wurden die wesentlichen Vertragsbestandteile erstmals in der „Bestätigung" spezifiziert, so dass es sich bei dieser um das eigentliche Vertragsangebot handelt (§ 150 II BGB), das X später annahm. Aus der (für die Rechtsscheinhaftung maßgeblichen) Perspektive des X stellt es sich so dar, dass A und B Gesellschafter einer „A"-GbR sind und daher analog § 128 S. 1 HGB persönlich für die Gesellschaftsverbindlichkeiten einzustehen haben.[62]

822 Der mit dem Bestätigungsschreiben gesetzte Rechtsschein ist B infolge der mit A getroffenen Vereinbarung auch **zurechenbar**. Die **Gutgläubigkeit** des X ist mit Blick

---

56 BGHZ 64, 11, 14; BGH NJW 1990, 2678; 1998, 2897; 2008, 1214 Rn. 11; 2012, 3368 Rn. 10; *Bartels/Wagner* ZGR 2013, 482, 486 ff.

57 Zum Problem eingehend *K. Schmidt*, Handelsrecht, § 4 Rn. 1 ff.

58 Hauptanwendungsbeispiel: Der angestellte Rechtsanwalt, der durch Nennung auf Briefbogen und Türschild den Eindruck eines Sozius in der Anwaltskanzlei erweckt; vgl. BGHZ 70, 247; BGH NJW 1991, 1225; 1999, 3040; vgl. weiter BGH NJW 1990, 827 (Anschein einer Steuerberater-Sozietät); BGH NJW 2001, 165 (Anschein einer Wirtschaftsprüfer-Sozietät).

59 Vgl. BGH NJW 1990, 2678, 2679; 1998, 2897; 2012, 3368 Rn. 12.

60 Vgl. BGHZ 17, 13, 15; 146, 341, 359; NJW 2008, 2330 Rn. 10; 2012, 3368 Rn. 13.

61 BGH NJW 2012, 3368 Rn. 21 ff.; Baumbach/Hopt/*Hopt*, HGB, § 5 Rn. 13; Röhricht/von Westphalen/Haas/*Ries*, HGB, Anh § 5 Rn. 33.

62 Vgl. auch *K. Schmidt* JuS 2013, 553, 554.

auf den Verkehrsschutzgedanken der Lehre von der Scheingesellschaft sowie auf die Wertung der §§ 173, 405 BGB zu vermuten.[63] Gleiches gilt für die **kausale Verbindung** zwischen der von X getätigten Vertrauensdisposition (Vertragsschluss) und dem Rechtsscheintatbestand.[64] In der Folge muss sich B an dem von ihm gesetzten Rechtsschein festhalten lassen. Zwar existiert die vorgespiegelte **Scheingesellschaft** in Wahrheit nicht und kann daher nach zutreffender hM auch nicht in Anspruch genommen werden.[65] Allerdings haftet B als **Gesellschafter der Schein-GbR** in Analogie zu § 128 S. 1 HGB.[66]

Die vom VIII. Zivilsenat des BGH geäußerte Auffassung, die Haftung sei in der Anwaltssozietät **auf anwaltstypische Tätigkeiten beschränkt**[67] und erfasse somit nicht sonstige Verbindlichkeiten der BGB-Gesellschaft,[68] entbehrt einer tragfähigen rechtsdogmatischen Grundlage.[69] Mangels möglicher Kausalität kommt indes eine Haftung des neu eintretenden Scheingesellschafters für **Altverbindlichkeiten** (§ 130 HGB analog) grundsätzlich **nicht** in Betracht,[70] es sei denn, der Vertragspartner hat im Vertrauen auf die scheinbare Gesellschafterstellung Folgedispositionen getätigt.[71] Umgekehrt haftet der ausgeschiedene Scheingesellschafter nur dann auf Schadensersatz, wenn die Pflichtverletzung vor seinem Ausscheiden begangen worden ist.[72] **823**

Auch ein **ausgeschiedener Gesellschafter** kann als Scheingesellschafter für Verbindlichkeiten der Gesellschaft haften, wenn er weiterhin nach außen als Gesellschafter auftritt und sich der Dritte bei seinem rechtsgeschäftlichen Verhalten auf den Rechtsschein verlässt.[73] Das gilt namentlich für den Fall, dass ein ehemaliger Rechtsanwalt auch weiterhin auf dem Briefkopf der Sozietät geführt wird, es sei denn, aus dem Briefkopf geht mit hinreichender Deutlichkeit das Ausscheiden hervor.[74] Ebenso wie bei § 15 I HGB[75] scheidet auch eine Haftung für **gesetzliche Verbindlichkeiten** aus, da insoweit von vornherein kein Vertrauen Dritter begründet werden kann. Umgekehrt haften gem. § 31 BGB (analog) die BGB-Gesellschaft (Sozietät) und damit über § 128 HGB auch die Gesellschafter für **deliktische Handlungen** eines Scheinsozius.[76] **824**

---

63 *Canaris*, Handelsrecht, § 6 Rn. 72.
64 Oetker/*Körber*, HGB, § 5 Rn. 53; Koller/Kindler/Roth/Drüen/*Roth*, HGB, § 15 Rn. 57.
65 BGHZ 61, 59, 68 f.; Baumbach/Hopt/*Hopt*, HGB, § 5 Rn. 5, § 15 Rn. 17; aA Canaris, Handelsrecht, § 6 Rn. 32.
66 Vgl. *Grunewald*, FS Ulmer, 2003, S. 141, 144; *Gregor Roth* DB 2007, 616 ff.; *Deckenbrock/Meyer* ZIP 2014, 701 ff.
67 Hierzu BGHZ 172, 169, 174; 193, 193, 216 f.; ausf. *Heyers* MDR 2013, 1322 ff.
68 BGH ZIP 2008, 1120 (Kauf PC); abl. *Schodder* EWiR 2008, 429; ausf. zur Scheinpartnerschaft *Freund* NZG 2017, 1001 ff.
69 Wie hier *Lux* NJW 2008, 2309 ff.; *Wischmeyer/Honisch* NJW 2014, 881, 884.
70 So zuerst Baumbach/Hopt/*Roth*, HGB, § 130 Rn. 5; ebenso OLG Saarbrücken NJW 2006, 2862; dazu *K. Schmidt* JuS 2007, 82 f.; ausf. *Gregor Roth* DB 2007, 616, 617, 620; zust. Röhricht/von Westphalen/Haas/*Haas*, HGB, § 130 Rn. 6; aA *Lepczyk* NJW 2006, 3391; *Schäfer* DStR 2003, 1078, 1082, 1084.
71 Ausf. *Gregor Roth* DB 2007, 616, 617 f.
72 LG Bonn NZG 2011, 143.
73 BGH NZG 2012, 221 Rn. 20.
74 OLG Düsseldorf AnwBl 2015, 181 = BeckRS 2014, 22783.
75 Dazu oben Rn. 77.
76 BGH ZIP 2007, 1460 (LS 2) m. zust. Anm. *Schodder* EWiR 2007, 581; i. E. zust. auch *Damm* JR 2008, 221 ff.; aA OLG Celle NJW 2006, 3431, 3433. Dazu bereits o. Rn. 564.

4. Schein-OHG

825 **Fall 86:** A und B sind Gesellschafter der AB-GmbH, treten im Rechtsverkehr aber als AB-OHG auf, um seriöser zu wirken. X schließt einen schriftlichen Kaufvertrag mit A, der im Namen der AB-OHG handelt. X fragt nun, von wem er den Kaufpreis beanspruchen kann.

826 Auch wenn A vorliegend als OHG-Gesellschafter aufgetreten ist, kommt der Vertrag nach der Lehre vom unternehmensbezogenen Geschäft (Rn. 819) mit dem wahren Träger des Unternehmens – hier: der AB-GmbH – zustande. Daher besteht zunächst ein **Anspruch gegen die AB-GmbH**.

827 Ein Anspruch gegen A und B als **GmbH-Gesellschafter** scheidet hingegen aus, weil die Gesellschafter – abgesehen von den seltenen Durchgriffsfällen (Rn. 655 ff.) – für die Verbindlichkeiten der Gesellschaft nach Maßgabe des § 13 II GmbHG nicht haften. Auch ein Anspruch aus § 128 S. 1 HGB scheitert, weil die (von A und B vorgespiegelte) OHG tatsächlich nicht besteht. Auch ein Anspruch gegen die **Schein-OHG** selbst ist ausgeschlossen (Rn. 822).

828 In Betracht kommt aber eine Haftung von A und B analog § 128 S. 1 HGB als **Gesellschafter einer Schein-OHG**. Indem A und B im Rechtsverkehr als Gesellschafter einer OHG aufgetreten sind, haben sie gegenüber X den Rechtsschein einer persönlichen Gesellschafterhaftung erweckt. Dieser Rechtsschein beruht letztlich auf einer **Firmierung ohne den gebotenen Rechtsformzusatz** – eine Gestaltung, die inzwischen als eigenständige Fallgruppe der Rechtsscheinhaftung anerkannt ist.[77] Danach müssen sich die Gesellschafter, die eine fehlerhafte Führung des Rechtsformzusatzes zurechenbar veranlasst haben, gegenüber einem redlichen Geschäftspartner an dem hierdurch erzeugten Eindruck der unbeschränkten persönlichen Haftung festhalten lassen.[78] Das gilt allerdings mit Blick auf die Wertung des § 35a I GmbHG nur bei schriftlichen Erklärungen.[79] Diese Voraussetzungen sind für den Abschluss des schriftlichen Kaufvertrags zwischen X und A erfüllt. Zudem haben A und B den Rechtsschein **zurechenbar** veranlasst. X befand sich **in gutem Glauben** und tätigte daraufhin mit dem Vertragsschluss die haftungsrelevante **Vertrauensdisposition**.

829 Daran ändert sich auch nichts dadurch, dass die AB-GmbH in das Handelsregister eingetragen ist. Denn das Regelungsziel des § 4 GmbHG, den Rechtsverkehr durch die Führung des Rechtsformzusatzes auf die Haftungsbeschränkung hinzuweisen und den Geschäftspartnern den Blick in das Handelsregister zu ersparen,[80] würde verfehlt, käme hier die **positive Publizitätswirkung** des § 15 III HGB (Rn. 110 ff.) unbesehen zur Anwendung. Daher ist die Berufung auf diese Vorschrift entweder mit der Rechtsprechung als rechtsmissbräuchlich iSd § 242 BGB anzusehen[81] oder mit dem

---

77 Eingehend *Canaris*, Handelsrecht, § 6 Rn. 36 ff.; *Lieder*, FS 25 Jahre DNotI, 2018, S. 503, 516 ff; aus der Rechtsprechung exemplarisch BGHZ 71, 354, 357 f.; BGH NJW-RR 1988, 477, 478 f.

78 Vgl. BGH NJW 1991, 2627; 1996, 2645; MünchKomm-GmbHG/*Heinze* § 4 Rn. 146b ff.

79 BGH NJW 1981, 2569, 2570; 1996, 2645; Scholz/*Cziupka*, GmbHG, § 4 Rn. 85.

80 Vgl. Habersack/Casper/Löbbe/*Heinrich*, GmbHG, § 4 Rn. 2 ff.; MünchKomm-GmbHG/*Heinze*, § 4 Rn. 1.

81 BGHZ 62, 216, 222; 71, 354, 357; BGH NJW 1972, 1418, 1419; 1981, 2569.

Schrifttum für den Fall der Firmierung ohne den gebotenen Rechtsformzusatz teleologisch zu reduzieren[82].

5. Schein-KG

> **Fall 87:** Die Rechtsanwälte A, B und C treten als ABC-KG auf. Die Gesellschaft wird auch **830**
> versehentlich als KG in das Handelsregister eingetragen und bekanntgemacht; die Haftsumme des A beträgt 100 000 €, die er vollständig einbezahlt hat. Wegen einer Berufspflichtverletzung möchte X den A in Höhe von 500 000 € in Anspruch nehmen.

Zunächst scheidet eine Haftung nach § 171 HGB aus, weil die **KG** tatsächlich nicht **831** existiert. Daran ändert auch § 5 HGB nichts, weil kein Gewerbe betrieben wird (oben Rn. 25). A haftet auch nicht als Gesellschafter einer **Schein-KG** analog § 171 I HGB in Höhe von 100 000 €, weil er seine Hafteinlage schon vollständig erbracht hat. Allerdings haftet A analog § 128 S. 1 HGB als Gesellschafter einer tatsächlich bestehenden **GbR**. Fraglich ist dabei, ob sich die Haftung auch nach dieser Anspruchsgrundlage der Höhe nach auf die im Handelsregister eingetragene Haftsumme beschränkt. Bestünde nämlich tatsächlich eine KG, müsste sich X gleichermaßen die Haftungsbeschränkung nach § 171 I HGB entgegenhalten lassen.[83] Dagegen spricht indes, dass nach Aufgabe der Doppelverpflichtungslehre eine Haftungsbeschränkung durch eine einseitige, wenn auch für einen Dritten erkennbare Erklärung nicht mehr in Betracht kommt (keine „GbR mbH").[84] Zwar kommt auch eine konkludente Vereinbarung über eine Haftungsfreizeichnung mit dem Gläubiger in Betracht.[85] Dafür genügt es jedoch nicht, dass dem Gläubiger der einseitige Wille der Gesellschafter bekannt ist.[86] Es bedarf dafür einer vertraglichen Abrede. Darüber hinaus würde nach der Gegenposition der Rechtsschein außerdem zum Nachteil des X wirken.[87] In Wirklichkeit besteht nun einmal eine GbR und allein der Umstand, dass die Gesellschafter als eine Gesellschaftsform auftreten, die sie von Rechts wegen niemals wirksam hätten errichten können, darf nicht zu deren Privilegierung führen. Dafür spricht im Ergebnis auch der Umstand, dass sich der durch den Rechtsschein Begünstigte nicht an der Scheinlage festhalten lassen muss, sondern gleichermaßen die Ansprüche geltend machen kann, die nach der wahren Rechtslage bestehen. Dementsprechend hat X gegen A einen Anspruch in Höhe von 500 000 €.

> **Fall 88:** In Abwandlung zu **Fall 87** ist die ABC-KG nicht in das Handelsregister eingetra- **832**
> gen.

---

82 *Canaris*, Handelsrecht, § 5 Rn. 38; *K. Schmidt*, Handelsrecht, § 14 Rn. 2; *Lieder* FS 25 Jahre DNotI, 2018, S. 503, 520.

83 Vgl. BGHZ 61, 59, 65 f.; 69, 95, 98 f.; *Canaris*, Handelsrecht, § 6 Rn. 34.

84 BGHZ 142, 315, 319 ff.; siehe noch oben Rn. 413.

85 Dazu im Einzelnen *Dauner-Lieb* DStR 1999, 1992, 1994 f.; *Kindl* WM 2000, 697, 703; *Timme/Hülk* JuS 2001, 536, 539.

86 So aber *Ulmer* ZIP 1999, 554, 561; dagegen mit Recht *Kindl* WM 2000, 697, 702 f.; *Timme/Hülk* JuS 2001, 536, 539.

87 Ablehnend im Ergebnis auch Koller/Kindler/Roth/Drüen/*Koller*, HGB, § 176 Rn. 7; *Beyerle* BB 1975, 944 ff.; *Flume*, FS H. Westermann, 1974, S. 119, 137 f.

833 Wiederum scheidet eine Haftung nach § 171 I HGB aus, weil eine **KG** nicht zur Entstehung gelangt ist. In Betracht kommt abermals eine Haftung **analog § 171 I HGB** als Gesellschafter einer **Schein-KG**. Für die Höhe der Haftsumme ist nicht die (fehlende) Eintragung entscheidend, sondern die gesellschaftsinterne Vereinbarung der Gesellschafter untereinander. Eine Haftung scheidet hier analog § 171 I Hs. 2 HGB aber erneut aus, weil A die Haftsumme bereits geleistet hat.

834 Darüber hinaus ist umstritten, ob **§ 176 HGB (analog)** auf die Gesellschafter der Schein-KG zur Anwendung gelangt. Dagegen spricht zunächst die Wertung des § 176 I 2 HGB, der eine Anwendung der Vorschrift für – nicht eingetragene – kleingewerbliche und eigenes Vermögen verwaltende Gesellschaften ausschließt. Das spricht gleichermaßen für eine Ausnahme bei der Freiberuflergesellschaft. Dennoch plädiert ein **Teil des Schrifttums**[88] für eine (analoge) Anwendung des § 176 I 1 BGB. Im Interesse eines effektiven Gläubigerschutzes müsse sich der Scheinkommanditist so behandeln lassen, als trete die KG, der er angehört, im Rechtsverkehr auf, ohne im Handelsregister eingetragen zu sein. Entspräche diese Scheinlage der Wahrheit, beanspruchte auch § 176 I 1 HGB Geltung. Dem ist mit der **hM**[89] zu entgegnen, dass sich der durch ein Auftreten der Schein-KG erzeugte Rechtsschein auf eine ordnungsgemäß in das Handelsregister eingetragene KG bezieht. Dementsprechend kommt auch ein Vertrauen des anderen Teils auf eine unbeschränkte persönliche Haftung des Kommanditisten nicht in Betracht.

835 Im Übrigen haftet A analog § 128 S. 1 HGB als Gesellschafter der tatsächlich bestehenden ABC-**GbR**. Sie ist nach der Lehre vom unternehmenstragenden Geschäft verpflichtet worden. Aus den oben genannten Gründen (Rn. 831) entfaltet die Haftungsbeschränkung des § 171 I HGB keine Ausstrahlungswirkung auf den Anspruch aus § 128 S. 1 HGB, so dass X auch in **Fall 88** einen Anspruch in Höhe von 500 000 € geltend machen kann.

---

[88] Röhricht/von Westphalen/Haas/*Mock*, HGB, § 176 Rn. 7; Koller/Kindler/Roth/Drüen/*Koller*, HGB, § 176 Rn. 8.

[89] BGH WM 1978, 1151, 1152; Oetker/*Oetker*, HGB, § 176 Rn. 6; Heymann/*Borges*, HGB, § 176 Rn. 7; EBJS/*Strohn*, HGB, § 176 Rn. 3.

§ 15 Auflösung und Beendigung

I. Auflösungsgründe

1. GbR

Zentraler Auflösungsgrund ist die **Kündigung** durch einen Gesellschafter (§ 723 BGB), die bei auf *unbestimmte Zeit* eingegangenen BGB-Gesellschaften jederzeit und ohne Grund erfolgen kann.[1] Für die Kündigung können qua gesellschaftsvertraglicher Regelung bestimmte Termine und Fristen (vgl. § 723 I 6 BGB) vereinbart werden. Diese Klauseln sind allerdings an § 723 III BGB zu messen, wonach das Kündigungsrecht der Gesellschafter **nicht unangemessen beschränkt** werden darf (vgl. auch Rn. 744). Auf *bestimmte Zeit* eingegangene Gesellschaften können nach Maßgabe des § 723 I 2 BGB bei Vorliegen eines wichtigen Grundes gekündigt werden (dazu Rn. 742). Zudem steht den **Gläubigern eines Gesellschafters** nach Pfändung eines Gesellschaftsanteils gem. § 725 I BGB ein Kündigungsrecht zu.

Die Gesellschaft ist gem. § 726 BGB weiterhin aufgelöst, wenn der unter den Gesellschaftern vereinbarte **Zweck erreicht** oder die Zweckerreichung **unmöglich** geworden ist. Zweckerreichung einer als GbR organisierten **Vorgründungsgesellschaft** (Rn. 499) tritt zB ein, wenn mittels Abschlusses eines wirksamen GmbH-Gesellschaftsvertrages eine Vor-GmbH entstanden ist. Nur wenn die Vorgründungsgesellschaft einen Zweck verfolgt, der über den Abschluss des GmbH-Gesellschaftsvertrages hinausgeht, besteht sie neben der errichteten (Vor-)GmbH fort.[2] Zweckerreichung kann ferner eintreten, wenn mehrere Personen den gemeinsamen Erwerb von GmbH-Geschäftsanteilen vereinbaren (**Vorbereitungsgesellschaft**) und die Anteile ordnungsgemäß erworben werden.[3] Schließlich kann die Zweckerreichung unmöglich werden, wenn mehrere Personen gemeinschaftlich eine Kapitalerhöhung in der GmbH durchführen wollen (**Vorbeteiligungsgesellschaft**), die Realisierung aber infolge von Streitigkeiten am Ende scheitert.[4]

Aufgelöst wird die Gesellschaft nach § 727 I BGB auch durch den **Tod** des Gesellschafters (zu alternativen gesellschaftsvertraglichen Gestaltungsmöglichkeiten Rn. 780 ff.) sowie nach § 728 BGB mit der Eröffnung des **Insolvenzverfahrens** über das Vermögen der Gesellschaft oder eines Gesellschafters. Auflösungsgrund ist auch der Wegfall des vorletzten Gesellschafters (ausf. Rn. 751). Demgegenüber ist die Gesellschaft nicht aufgelöst, wenn unter Wahrung der Gesellschaftsidentität gleichzeitig sämtliche Gesellschafter im Wege der Anteilsübertragung ausgewechselt werden.[5]

836

837

838

---

[1] Zur stillschweigenden Abbedingung des jederzeitigen Kündigungsrechts wegen des Gesellschaftszweckes siehe OLG Naumburg NZG 2016, 346.

[2] Baumbach/Hueck/*Fastrich*, GmbHG, § 11 Rn. 39; Scholz/*K. Schmidt*, GmbHG, § 11 Rn. 14, 25; *Lieder* DStR 2014, 2464, 2465.

[3] LG Stuttgart ZIP 2014, 1330, 1331, 1333 ff., 1337; vgl. weiter *Lieder* DStR 2014, 2464, 2470; aA *Rüppell/Hoffmann* EWiR 2014, 583, 584.

[4] Dazu im Einzelnen *Lieder* DStR 2014, 2464, 2467 mit Blick auf OLG Schleswig DStR 2014, 2246; vgl. noch *Fallak/Huynh Cong* NZG 2016, 1291.

[5] BGH NZG 2016, 221; EBJS/*Wertenbruch*, HGB, § 105 Rn. 222; *K. Schmidt*, Gesellschaftsrecht, § 45 II 4.

Und schließlich können die Gesellschafter jederzeit die **Auflösung beschließen** und zu diesem Zweck auch eine Mehrheitsklausel vereinbaren (Rn. 715, 733, 741).

2. OHG

839 In der OHG sind die einzelnen Auflösungsgründe in § 131 I HGB normiert. Hierzu zählen **Zeitablauf** (Nr. 1), **Beschluss** der Gesellschafter (Nr. 2; vgl. § 119 I HGB) und die **Insolvenz** der OHG (Nr. 3; vgl. aber § 131 II Nr. 1 HGB). Zudem wird die OHG nach § 131 I Nr. 4 iVm § 133 HGB kraft **richterlicher Entscheidung** aufgelöst, wenn auf Antrag eines Gesellschafters das Vorliegen eines wichtigen Grundes[6] festgestellt wird. Keine Entsprechung hat hingegen § 726 BGB gefunden, so dass weder **Zweckerreichung** noch deren **Unmöglichkeit** zur Auflösung der OHG führen.[7]

II. Auflösungsfolgen

1. GbR

840 Die Auflösung der BGB-Gesellschaft führt zu einer **Änderung des Gesellschaftszwecks**.[8] Von nun an ist die Gesellschaft auf Auseinandersetzung gerichtet.[9] Eine von der gesetzlichen Grundregel abweichende **Geschäftsführungsbefugnis** endet und allen Gesellschaftern steht fortan die Befugnis zur Geschäftsführung gem. § 730 II 2 BGB (und damit auch die Vertretung) gemeinschaftlich zu. Nach dem Tod eines Gesellschafters sind seine Erben Mitglieder der Liquidationsgesellschaft.[10]

841 Im Rahmen der Abwicklung sind **schwebende Geschäfte** zu beenden (§ 730 II 1 BGB), der Gesellschaft von den Gesellschaftern überlassene Gegenstände zurückzugeben (§ 732 BGB), die gemeinsamen Schulden aus dem Gesellschaftsvermögen zu begleichen und etwaige Gesellschaftereinlagen zurückzuerstatten (§ 733 BGB). Ein verbleibender **Überschuss** wird gem. § 734 BGB nach Gewinnanteilen an die Gesellschafter ausgekehrt. Vertragliche Gewinnansprüche bestehen daneben aber nicht mehr, sondern nur noch der anteilige Anspruch am Auseinandersetzungsguthaben.[11] Für Fehlbeträge besteht eine **Nachschusspflicht** gem. § 735 BGB.[12] Die Gesellschafterhaftung bleibt von der Auflösung analog § 159 HGB unberührt.[13]

842 Für Einzelansprüche aus dem Gesellschaftsverhältnis besteht eine **Durchsetzungssperre** (Rn. 752); Forderungen werden zu unselbstständigen Rechnungsposten und

---

6 Dazu Baumbach/Hopt/*Roth*, HGB, § 133 Rn. 5; MünchKomm-HGB/*K. Schmidt*, § 133 Rn. 11.
7 EBJS/*Lorz*, HGB, § 131 Rn. 26; Staub/*C. Schäfer*, HGB, § 131 Rn. 44.
8 *Grunewald*, Gesellschaftsrecht, § 1 Rn. 195; *Steinbeck* JuS 2012, 199; aA *K. Schmidt* ZHR 153 (1989), 270, 281 f.
9 Zum Ganzen speziell für Freiberuflergesellschaften *Wolff* NJW 2009, 1302 ff.
10 BayObLG NJW-RR 1992, 228, 229; OLG München NZG 2010, 1138; MünchKomm-BGB/*Schäfer*, § 727 Rn. 13.
11 OLG Frankfurt NZG 2018, 1141.
12 Zur Verjährung BGH ZIP 2010, 1637 und 1639; kritisch und abweichend *K. Schmidt* DB 2010, 2093 ff.
13 BFH NJW-RR 1998, 1185; Palandt/*Sprau*, BGB, Vor § 723 Rn. 3; *Lieder* DStR 2014, 2464, 2466; aA offenbar BAG ZIP 2014, 1782, 1783.

sind in die Schlussrechnung einzustellen. Nur der jeweilige Saldo ist dann durch die Gesellschaft bzw. den Gesellschafter auszugleichen.[14] Davon abgesehen können die Gesellschafter jederzeit nach Beseitigung des Auflösungsgrundes beschließen, dass die Gesellschaft wieder in das werbende Stadium eintreten soll, und die Abwicklung damit beenden.[15] Eine Besonderheit gilt für die Auseinandersetzung zweigliedriger GbR ohne zu liquidierendes Vermögen. Dort kann der sein Guthaben beanspruchende Gesellschafter unmittelbar aufgrund einer vereinfachten Auseinandersetzungsrechnung gegen den ausgleichspflichtigen Gesellschafter vorgehen, ohne dass es einer festgestellten Auseinandersetzungsbilanz bedarf.[16]

> **Fall 89:**[17] A, B und C haben in Form einer GbR ein Grundstück erworben. Nach heftigen Streitigkeiten kündigt A die Gesellschaft und beantragt die Teilungsversteigerung des Grundstücks. C hält dies für unzulässig. Mit Recht?

843

Nach Anerkennung der Rechtsfähigkeit (Rn. 418 ff.) ist die **BGB-Gesellschaft Eigentümerin** des Grundstücks (vgl. § 899a BGB),[18] so dass § 180 I ZVG unmittelbar keine Anwendung findet.[19] Allerdings gelten für die Auseinandersetzung des Vermögens der aufgelösten GbR gem. § 731 S. 2 BGB die **Regelungen für die Gemeinschaft**, so dass die Teilung des Grundstücks nach Maßgabe des § 753 I BGB durch Teilungsversteigerung gem. §§ 181 ff. ZVG erfolgen kann.[20] Das Recht zur Antragstellung steht nach Auffassung des BGH **jedem einzelnen Gesellschafter** zu.[21] Die anderen Gesellschafter können sich hiergegen mittels **Widerspruchsklage** analog § 771 ZPO zur Wehr setzen, wie zB wenn es an einer wirksamen Kündigung der Gesellschaft fehlte.[22]

844

2. OHG

Bei der OHG ist die Auflösung gem. § 143 I HGB im Handelsregister **einzutragen**. Die Abwicklung erfolgt grundsätzlich durch sämtliche Gesellschafter als **Liquidatoren** (§ 146 I HGB), die gleichermaßen ins Handelsregister einzutragen sind (§ 148 I HGB). Sie haben die laufenden Geschäfte abzuwickeln und die Gläubiger zu befriedigen (§ 149 S. 1 HGB). Dabei haben die Liquidatoren **Gesamtgeschäftsführungsbefugnis und -vertretungsmacht** (§ 150 HGB), die im Innenverhältnis auf den Liquidationszweck beschränkt sind. Diese Beschränkung schlägt nach allgemeinen Grundsätzen nur dann auf das Außenverhältnis durch, wenn der andere Teil von der Beschränkung positiv wusste oder sie für ihn objektiv evident war.[23] Weiterhin haben

845

---

14 Für Einzelheiten siehe Soergel/*Hadding/Kießling*, BGB, § 730 Rn. 9; MünchKomm-BGB/*Schäfer*, § 730 Rn. 49 ff.
15 Vgl. BGH NJW 1995, 2843, 2844; *Kübler/Assmann*, Gesellschaftsrecht, § 6 IV 1 c; *Grunewald*, Gesellschaftsrecht, § 1 Rn. 199.
16 BGH NZG 2016, 218.
17 In Anlehnung an BGH ZIP 2013, 1763.
18 BGHZ 179, 102, 107 f.
19 BGH ZIP 2013, 1763 Rn. 7.
20 BGH ZIP 2013, 1763 Rn. 8; vgl. implizit auch BGH NJW-RR 2008, 1547, 1548.
21 BGH ZIP 2013, 1763 Rn. 12 ff.
22 BGH ZIP 2013, 1763 Rn. 30.
23 Vgl. BGH NJW 1984, 982; Baumbach/Hopt/*Roth*, HGB, § 149 Rn. 7; *K. Schmidt* ZHR 153 (1989), 270, 291 f.

die Liquidatoren **Fehlbeträge** durch die Einforderung von Nachschüssen auszugleichen.[24] **Überschüsse** werden gem. § 155 I HGB an die Gesellschafter verteilt. Auch für die OHG gilt die **Durchsetzungssperre** (Rn. 752, 842).

III. Beendigung

846 Erst wenn das **Vermögen** der Gesellschaft **verteilt** und die Abwicklung sämtlicher Vertragsbeziehungen vollständig abgeschlossen ist, tritt Beendigung der Gesellschaft ein.[25] Dieser Umstand ist bei OHG und KG gem. § 157 I HGB (iVm § 161 II HGB) in das Handelsregister **einzutragen**. Die Eintragung hat nur deklaratorische Bedeutung.[26]

---

24 Staub/*Habersack*, HGB, § 149 Rn. 31; *Grunewald*, Gesellschaftsrecht, § 2 Rn. 87; aA *Windbichler*, Gesellschaftsrecht, § 12 Rn. 34; offen gelassen von BGH ZIP 2012, 2299, 2300.

25 Vgl. OLG Brandenburg DStR 2008, 1201 (LS 1); MünchKomm-BGB/*Schäfer*, § 730 Rn. 38; Henssler/Strohn/*Kilian*, Gesellschaftsrecht, § 730 BGB Rn. 12; siehe noch *Beurskens/Rottmann* JZ 2018, 272 ff., die eine Vollbeendigung mit Tilgung aller erkennbaren Verbindlichkeiten annehmen und eine Begrenzung der Nachhaftung analog § 159 HGB für möglich halten.

26 BGH NJW 1979, 1987; Baumbach/Hopt/*Roth*, HGB, § 157 Rn. 3.

Stichwortverzeichnis